Study on Uncertain Legal Concepts

不确定法律概念研究

吴国喆 / 著

The Commercial Press

图书在版编目(CIP)数据

不确定法律概念研究/吴国喆著.—北京:商务印书馆,2024
ISBN 978-7-100-23452-8

Ⅰ.①不… Ⅱ.①吴… Ⅲ.①法律—研究 Ⅳ.①D9

中国国家版本馆 CIP 数据核字(2024)第 044995 号

权利保留,侵权必究。

不确定法律概念研究
吴国喆 著

商 务 印 书 馆 出 版
(北京王府井大街36号 邮政编码100710)
商 务 印 书 馆 发 行
北京市艺辉印刷有限公司印刷
ISBN 978-7-100-23452-8

2024年4月第1版　　　开本 880×1230　1/32
2024年4月北京第1次印刷　印张 12 3/8
定价:85.00元

前　言

　　成文法当中存在大量的不确定法律概念，由于词汇比较模糊，导致其内涵和外延均不确定，只有借助于具体的个案事实才能明确其意义。司法实践所面临的重大问题是，如何将这类不确定法律概念应用于具体个案？从裁判的视角看，是对实际案件具体法律问题的解决，从法律概念的角度看，则属于不确定法律概念的具体化。本书的基本问题意识是，如何恰当地实现不确定法律概念的具体化？

　　对这一问题的研究具有重大理论和实践价值，特别是方法论方面的意义。从我国目前的研究成果看，往往是在专门的方法论著作中涉及这一问题，或者在专门讨论某一具体不确定法律概念时，涉及具体化的方法，整体说来对问题没有展开，也没有专门系统化的深入研究。现有研究需要改进的地方表现在：对不确定法律概念存在的价值缺乏深入理解和论证，导致在对其进行研究的过程中，尝试让其非常具体确定，而这恰恰会与不确定法律概念原本的宗旨目的相冲突，从而走向其对立面；对于有关法律方法，比如利益衡量、法律解释和类型化，只进行一般性的研究，而没有揭示出应用它们实现不确定法律概念具体化的特殊性，缺少研究特色；很多研究停留在理论探讨的层面，没有跟我国的具体司法实践相结合，特别是对我国司法实践中所积累的大量经验，缺乏体系化的梳理和总结，进而形成独具特色的方法；对于方法应用的具体细节关注不够。本书旨在对这些不足进行一定程度的弥补，并在现有研究基础上深入分析、试图寻求突破。

本书聚焦于两大问题，也是本书的上下篇。其一是不确定法律概念自身的基本理论，包括概念界定、相关概念、生成原因、类型及价值等；其二是不确定法律概念具体化的各类方法，包括基本理论、具体化的要求、一般方法、法律解释和类型化。第一部分是第二部分的基础和前提，而第二部分才是本书所欲解决的核心和重难点问题。

本书的主要内容和核心观点如下。

不确定法律概念尽管极为抽象，但之所以能称其为概念，是因为它和确定概念一样有着可确定的界限。确定与不确定均系量的差别，而且还会存在中间地带。从构成看，不确定法律概念由核心和外围两部分构成，前者的内容往往具体明确，而后者则模糊未定，代表法律概念不确定的边际情况，这也是法律概念不确定性的典型表现。不确定法律概念具有概括性、模糊性、多义性和灵活性等基本特征，试图用有限的词语表达无尽的意义，以增强其包容性。它没有明确所指的对象，只是划定了适用对象的大致范围，需要立法者对其进行解释和补充，因此其用语所表达的明显适用范围和明显不适用范围之间存在着一个较为模糊的边界。

法律概念的精确性是所有法律人，尤其是立法者和法学家们始终追求的目标。但事实上，几乎很少有法律概念的含义是确定无疑只存在唯一解释的。不确定法律概念始终存在于成文法律之中，与之相伴相生并不断发展改进。分析其背后原因，首先是由于人的认知能力有限，即使是发挥集体智慧，立法者也无法完全预见需要规制事项的全部情况。其次是立法者为了满足社会生活的需求，往往也会使其制定法律所覆盖的范围尽可能扩大，有意选择一些相对模糊的词语，以适应不断发展变迁的社会生活。最后是语言文字本身的局限性。

不确定法律概念具有重要的价值，有助于克服成文法基于其自身的普遍性、确定性特征而产生的各种缺陷。首先，一定程度上实现法律普遍性和个案正义间的平衡。通过自身内涵的弹性和灵活性，使法官得以考虑个案发生的特殊环境并在具体情境下进行价值补充，实现个案的实质公平与正义。其次，由于不确定法律概念所具有的模糊性和多义性，对其解释适用时必须将社会主流价值观念及其变迁纳入考量范围，从而平衡相对静止的法规则与不断变动的社会要求之间的关系，使法律更加灵活，充满弹性，并克服法的滞后性。最后，不确定法律概念具有授权法官在个案中进行具体化考量的空间，也正因此，其才具有了协调法的价值的能力，可在一定程度上协调法的价值冲突。

但不可否认，不确定法律概念具有自身的消极影响，导致法律确定性在某种程度上丧失，与成文法的基本理念发生冲突，或可导致法官滥用自由裁量权，加大成文法的使用难度。因此应当通过妥当的具体化手段，来有效限制其弊端。

不确定法律概念的具体化，是法律适用者对具有概括性、抽象性的不确定法律概念，结合具体个别的案件事实进行价值判断，使得概念和条文的内容进一步具体化和明确化的过程。具体化和解释是相对立的，后者是确定规范的内容，而前者则是创造性地充实一些原则性的规定。因此，具体化本身也就包含了一些创造性的元素。若经典的解释模型不再奏效，那么创造性形塑的成分必然明显增加。其基本特征在于，不应当超出法律文义的可能范围。

不确定法律概念的具体化有明确的要求，需遵循客观标准，注意社会一般观念及伦理标准的变迁。对案件事实的判断应避免个人化倾向，客观把握社会通常观念，遵循共识性标准。判决理由彰显正义，通过说理，法律的精神才会外化为当事人能直接感知的东西。同时，将判决书置于社会公众的监督之下，表明法官的推理及思维过程，接受社会公众的质疑与批评，可以更有效地实现判决书的沟通功能。

不确定法律概念的具体化，首先借助于立法或者行政机关的相关规则。比如立法对此进行专门界定，特别是进行例示规定，应当优先适用。同时，如果当事人达成协议，就特定情形是否满足不确定概念予以安排，当然也是非常有效的具体化手段。而只有当这些方式都不存在时，最后就只能依赖于法官的司法判断。

不确定法律概念的内涵，是通过一系列相关因素决定的，这些具体因素因不同的概念而异，而这恰恰必须慎重考虑，特别是对决定性因素。同时，必须尊崇立法者的立法意图，尊重社会一般观念及道德伦理标准，以及生活常识和社会发展的需要。任何法律均有其规范意旨，探究立法目的是适用法律规范的难点，是阐明法条疑义的钥匙。追溯法律条文背后的立法目的是追求实质正义的要点。在不确定法律概念中，立法者已经做出了一定的价值指引，这在一定程度上能实现对法官的拘束，使其具体化操作有了方向性指导。不确定法律概念的判断须合于立法目的及规范意旨，法官在具体化过程中不能偏离该价值指引。

利益衡量是进行具体化时的一种重要方法，是根据现有的法律体系，探索在法律对相关利益关系没有明确规定时，符合法律体系和立法意旨的最佳调整模式，系属价值判断的一种。从适用顺位看，利益衡量处于劣后地位，立法者在制定法律规则时会进行利益衡量，把相互冲突的利益根据一定的标准予以妥当取舍和安排，因此法官在适用时自须尊重。衡量过程具有很强的主观性，当事人地位的平等互换性造成了利益衡量的艰难，增加了利益衡量的主观性，使得在双方的具体利益上往往难分伯仲。同时，由于作为认定基准的法律规范并不存在，判断标准仅停留在判例学说层面，此外还须加入判断者的个人感受，故其衡量结论难免存在弹性化倾向。利益衡量的结论是一法律判断，属于法官自由裁量的范畴，难说具有自然科学意义上的科学性，因此无法也无需通过试验进行验证。

法官在运用利益衡量前,须首先穷尽对相关法律规则探询的努力,确定所涉利益的构成与层次关系,并为具体情形下多元化的利益冲突排出位次。在我国的司法实践中,法官们通过探索发现了一些具体化方法,深刻地反映了法官的理性精神。诸如直接认定,依据专门机关的鉴定,"视为",以及参考其他法律法规的规定等。

在操作层面,具体化最常见的方法是先建构标准,然后将当下的具体情形与该标准进行比对,进而实现不确定概念的具体化。比如对于侵权法中几乎最为重要的概念——"过失"的具体化而言,各国理论和司法实践都积累了丰富的经验,建构了多样化的判断标准,可作为其他不确定概念具体化的有益参考。

通过法律解释的方式去限制法官的自由裁量权,进而规范不确定法律概念的歧义性与模糊性,是一种非常重要的具体化方法。法律解释与价值补充是同一个过程的两种表述。不确定法律概念的解释,取向于具体个案确定概念的内涵与外延,决定个案事实是否可以被该概念涵摄。在这个过程中,需要交互审视该不确定法律概念与个案事实。多种的法律解释方法均可适用,但相互之间有位次和相互配合的问题。

类型并不是对已认知对象的定义式描述,是对抽象概念的分解或者是对具体事物的有序化处理,类型可分别为归纳或具体化的结果。类型兼具抽象化和具体化的作用:使抽象者接近于具体,使具体者接近于抽象。类型化思维是以特征为判断标准,以归类列举为手段,以变动和开放为特点的思维方式。其实质是一种分类思维。经由类型思维,人们获得了经验观察认知事物之间的脉络关联,对世界的经验认知转向了思维认知。类型化的方法就是要把握特定概念的属性,将符合该属性的事物进行归纳列举,从而实现概念的具体化。

类型的特性决定了类型化可以作为不确定法律概念具体化的一

个方式。类型化的基本程序分为三个环节：建构案例群、相似性比较和建构新类型。其中第一个环节最为重要，需广泛全面搜集案例，然后对其依据一定的标准进行分类。需重点考虑所涉案例的共同特征，其选取取决于规范上的价值判断。类型化实质上是一种提炼、抽象和概括的逻辑思维过程，是将具有相同特征的事物归纳为同一类的过程。案件的分类并不是类型化的终点，仍需对已经建构的案例群进一步整理，以确保分类结果在逻辑上属于同一层次，构成并列关系。经由体系化的处理，可以得到一组层次分明、逻辑严密的类型集合。由此才能说借由类型化的操作，不确定法律概念的内涵和外延适当具体化了。

本书所用的主要文献为中外传统方法论专著，特别是黄茂荣教授的《法学方法与现代民法》、拉伦茨教授的《法学方法论》等，还包括民商法领域、其他法学学科领域，以及综合社科领域的论文著作、其他论文著作中专门对某一不确定法律概念进行研究的部分。对这些材料的使用，主要是借鉴和反思其基本观点，结合所研究的问题，关照具体化和特殊性，实现一般原理的具体应用。在研究方法上，除了文献梳理之外，还进行了大量的实地调研，特别是深入了解法官在面对不确定法律概念时的思维方式、处理方法和解释技术。也收集了大量的司法案例，力争将理论研究和司法实践相结合。

本书的基本特色是，围绕思维的基本进路，明确法官在具体化时的实际思维方式和思维路径。以实际问题的解决为导向，详细研究每一个环节的注意事项、酌定因素和规范要求，并探寻背后的支撑原理和立论基础。既不是纯粹的法官操作技术呈现，也不是纯粹的理论梳理，而是将复杂的方法论问题与具体案例相结合，通过实际案例、具体概念来说明一般化的问题。本书引用了大量的案例，试图还原法官的"心路历程"。

本书在学术上的突破性尝试与研究进展，除了对前述现有研究的不足予以一定程度的弥补之外，还表现在：明确界定不确定法律概念与一般条款、基本原则三者之间的关系，强调原则存在的抽象性与一般条款的"条文性"；从不确定法律概念的特征入手阐释其存在的价值；全面整理民法典中的不确定概念，并从语言学的角度分析其结构、类型及生成机理；具体化的重点在于对关键性影响因素的综合权衡，建立标准，然后将实际情形与该标准进行比对而得出结论，过失的认定是一个典型示范；必须强调各法律解释方法的次序性和整体性；在比对类型思维与抽象概念式思维的基础上，清晰梳理类型化的实际操作步骤。

虽然笔者竭尽全力，试图明晰不确定法律概念具体化的各种方法及其应用，但由于这一问题过于复杂，涉及多学科、多领域，特别是基于思维方法本身的多样性和经验性，本书的研究并没有解决全部问题。从法律适用的角度看，司法者最希望得到的是非常清晰的操作指引，但由于原本就不属于可以得出清晰结论的问题，因此最终仍然呈现为抽象性和宏观性的思维和方法指导。另一方面，限于笔者的知识背景，对于民法学之外的不确定法律概念，几乎没有涉及，相关的案例也搜集不够。

还请各位专家学者商榷。

吴国喆

2023 年 5 月 26 日于西安

目　　录

上篇　不确定法律概念的基本理论

第一章　不确定法律概念的界定 ………………………………… 3
第一节　基本含义 ………………………………………………… 3
第二节　本质属性 ………………………………………………… 11
一、与确定概念之间只是一种量的相对差别 ………………… 12
二、由核心和外围两部分构成 ………………………………… 15
三、是法律概念不确定性的典型表现 ………………………… 17
第三节　不确定法律概念的特征 ………………………………… 21
一、概括性 ……………………………………………………… 21
二、模糊性 ……………………………………………………… 23
三、多义性 ……………………………………………………… 26
四、灵活性 ……………………………………………………… 27

第二章　不确定法律概念与近似概念 …………………………… 29
第一节　不确定法律概念与一般条款 …………………………… 29
一、一般条款的认识论基础 …………………………………… 29
二、不确定法律概念与一般条款的关系 ……………………… 46
第二节　不确定法律概念与行政裁量 …………………………… 49
一、裁量与行政裁量 …………………………………………… 50

二、不确定法律概念的应用与行政裁量 ………………………… 51

第三章 不确定法律概念的生成原因 …………………………… 55
第一节 社会的发展变迁与人类认知能力的局限性 …………… 56
一、人的认知能力具有相对局限性 ……………………………… 56
二、社会的不断发展变化导致社会价值评价的不确定 ………… 57
三、立法者无法照顾单个人的具体情况 ………………………… 58
第二节 人类语言的不确定性 …………………………………… 59
一、语言的模糊性 ………………………………………………… 61
二、语言不确定性的根源 ………………………………………… 67
三、价值和功能 …………………………………………………… 71
四、缺陷及其弥补 ………………………………………………… 72

第四章 不确定法律概念的分类 ………………………………… 77
第一节 学理上的分类 …………………………………………… 77
一、经验性与规范性 ……………………………………………… 77
二、封闭性与开放性 ……………………………………………… 80
第二节 我国民法典中存在的不确定法律概念例示 …………… 82
一、数量比较类 …………………………………………………… 82
二、程度类 ………………………………………………………… 83
三、时间类 ………………………………………………………… 83
四、情理类 ………………………………………………………… 83
五、伦理类 ………………………………………………………… 83
六、权益类 ………………………………………………………… 84
七、情境类 ………………………………………………………… 84
八、范围类 ………………………………………………………… 84
九、其他 …………………………………………………………… 84
第三节 民法典中不确定概念的语言学分类 …………………… 85

  一、根据模糊语言的范畴分类 85
  二、根据语言模糊的生成机制分类 87
  三、根据模糊词性分类 88
  四、根据语言模糊程度区分 90

第五章 不确定法律概念的价值 93
 第一节 对成文法局限性的克服 93
  一、成文法的技术性特点及其局限性 94
  二、一定程度上可克服成文法的局限性 98
 第二节 消极影响 113
  一、法律确定性在某种程度上丧失 113
  二、与成文法的基本理念相冲突 115
  三、可能导致法官滥用自由裁量权 117
  四、增大成文法的适用难度 119
  五、加大法律解释的成本 120

下篇 不确定法律概念的具体化：价值补充

第六章 具体化的基点 125
 第一节 不确定法律概念的适用难题 125
  一、对不确定法律概念的理解分歧 126
  二、价值评价的不确定 127
 第二节 价值补充的基本含义和性质 129
  一、价值补充的概念和特征 131
  二、价值补充的性质 133
  三、价值补充的具体任务 137
 第三节 不确定法律概念具体化的法理意义 139
  一、实现个案的具体正义 140

　　二、规范法官的自由裁量权 ……………………………………… 141
　　三、克服成文法的局限性 …………………………………………145
第七章　不确定法律概念具体化的要求 …………………………… 148
　第一节　遵循客观标准 ……………………………………………… 148
　　一、对案件事实的判断应避免个人化倾向 …………………… 148
　　二、客观把握社会通常观念 …………………………………… 150
　第二节　共识性标准 …………………………………………………153
　第三节　充分说理 ……………………………………………………154
　第四节　注意社会一般观念及伦理标准的变迁 ………………… 157
　第五节　遵从社会习惯 ………………………………………………159
第八章　不确定法律概念具体化的一般方法 ……………………… 164
　第一节　具体化时的斟酌因素 ……………………………………… 164
　　一、不确定法律概念的决定因素 ……………………………… 167
　　二、立法者的立法意图 ………………………………………… 174
　　三、社会一般观念及道德伦理标准 …………………………… 177
　　四、生活常识及社会发展的需要 ……………………………… 184
　第二节　具体化时的利益衡量 ……………………………………… 186
　　一、利益衡量的特征 …………………………………………… 186
　　二、利益衡量适用的难题 ……………………………………… 190
　　三、对待利益衡量的消极态度 ………………………………… 194
　　四、利益衡量的基本做法 ……………………………………… 196
　第三节　司法实践的一些特殊方法 ………………………………… 203
　　一、直接认定 …………………………………………………… 203
　　二、依据专门机关的鉴定 ……………………………………… 205
　　三、视为 ………………………………………………………… 209
　　四、参考其他法律法规的规定 …………………………………211

第四节　具体化的方法示例：过失的认定 ·············· 213
　　　一、过失认定的核心：合理注意义务 ················ 213
　　　二、危险性标准 ································ 222
　　　三、理性人标准 ································ 233
　　　四、经济成本效益标准 ·························· 251

第九章　不确定法律概念具体化的方法——法律解释 ········ 255
　　第一节　传统司法三段论之弊及其克服 ················ 255
　　　一、传统司法三段论之弊 ························ 255
　　　二、法律推理的证成 ···························· 258
　　第二节　外部证成中的不确定法律概念 ················ 263
　　　一、外部证成对不确定法律概念的内涵界定 ·········· 263
　　　二、追求法律解释的客观性 ······················ 264
　　第三节　不确定法律概念解释的方法论 ················ 267
　　　一、不确定法律概念的解释功能 ·················· 268
　　　二、法律解释规准 ······························ 273
　　　三、法律解释规准的适用准则 ···················· 278
　　第四节　民法不确定概念解释方法的实证分析 ·········· 283
　　　一、文义解释的优位及其适用边界 ················ 283
　　　二、体系解释方法 ······························ 288
　　　三、目的解释方法 ······························ 292
　　　四、法律解释方法的融贯运作 ···················· 298

第十章　不确定法律概念具体化的方法——类型化 ·········· 301
　　第一节　抽象概念式思维及其特性 ···················· 301
　　　一、抽象概念式思维定义 ························ 301
　　　二、抽象概念式思维特性 ························ 303
　　第二节　类型的基本理论 ···························· 307

一、类型的定义 ……………………………………………… 307

　　二、类型的种类 ……………………………………………… 308

　　三、类型的特性 ……………………………………………… 311

第三节　类型化思维的基础理论 …………………………………… 314

　　一、类型化的内涵与基本内容 ……………………………… 314

　　二、类型化方法与不确定法律概念的具体化 ……………… 321

第四节　不确定法律概念类型化的技术路径 ……………………… 327

　　一、英美法判断是否属于先例的基本经验 ………………… 328

　　二、建构案例群 ……………………………………………… 336

　　三、相似性比较 ……………………………………………… 342

　　四、建构新类型 ……………………………………………… 343

第五节　示例：善良风俗的类型化 ………………………………… 345

　　一、善良风俗的含义及其基本法律效果 …………………… 346

　　二、善良风俗的类型划分 …………………………………… 351

附录：案例清单 ………………………………………………………… 366

代后记：怀念我的父亲 ………………………………………………… 370

上篇

不确定法律概念的基本理论

第一章　不确定法律概念的界定

第一节　基本含义

法律概念作为法的构成要素之一，对于法律的运作与法学研究具有重要意义，是认识法律与表达法律认识之网的纽结，即对各种有关法律的事物、状态、行为进行概括而形成的法律术语，[1]更是解决法律问题必不可少的工具。"没有限定严格的专门概念，我们便不能清楚地和理性地思考法律问题。没有概念，我们便无法将我们对法律的思考转变为语言，也无法以一种可理解的方式把这些思考传达给他人。"[2]依照学界的一般理解，法律概念是"有法律意义的概念，即对各种有关法律的事物、状态、行为进行概括而形成的术语"[3]。概念的作用在于特定价值之承认、共识、储藏，从而使之构成特定文化的一部分，产生减轻后来者为实现该特定价值所必须之思维以及说服的工作负担。[4]应当说，法律概念是法律思维的产物，是在抽象掉某一对象的非决定性特征后，保留其核心法律意义而形成的法律思维元点。法

---

[1] 张文显：《法理学》（第五版），高等教育出版社、北京大学出版社2018年版，第113页。
[2] 〔美〕E.博登海默：《法理学：法律哲学与法律方法》，邓正来译，中国政法大学出版社2017年版，第504页。
[3] 周永坤：《法理学——全球视野》（第四版），法律出版社2016年版，第172页。
[4] 黄茂荣：《法学方法与现代民法》（增订七版），纮基印刷有限公司2020年版，第174页。

律概念均包含有价值,在选取概念的本质特征时,往往面向于其所欲实现的法律价值。黄茂荣认为法律概念的基本特点在于概念所指涉的对象特征已经被穷尽地列举。[①] 当然这里所谓的"穷尽地列举",是指对于概念的设计者而言,所有为了实现这一概念的规范意旨而所需的特征,都已经全部罗列出来,并规定为这一概念的本质所必需,而对于与其规范意旨无关的特征,则一律予以剔除。由此可见,这是一种取向于目的性的考虑而做的选择。需要特别强调的是,法律概念是为着特定的目的而生,因此关于其概念的内涵,就完全是取向于目的的主观选择,至于这一概念的原本意义为何,甚至是否存在所谓原本意义,都显得不那么重要。也正由于此,法律概念与生活中及自然科学中的概念很可能完全不同,即使所用者为同一词汇。比如在生活领域,"善意"意味着"善良的心意""好意"等,是对人的行为动机的一种描述,但在民法领域,"善意"则意味着"不知情",或"不应当知情",所描述者为行为人对某种虚假事实(最典型者为权利表象)的知悉与否,对其的判断很难说是一种事实判断,而毋宁说具有法律判断属性。[②] 法律概念与自然科学中的概念的区分更为明显,后者侧重于对其指称对象本质的揭示,是尽力描述其是什么及与临近概念的区别,是从科学层面求真与求实的产物;相反,法律概念则是目的性、规范性的产物,是为了实现特定目的而有意识从指称对象的诸特征中选择出一些,将其"确定"为这一对象的本质特征,并基于这种"确定"而设立相应的法律规范。从自然科学的角度看,这些被选取的特征也许根本就不是其本质属性,但这丝毫也不影响其目的的实现。

从另一个视角看,正是由于法律概念是法律思维的元点,其本身

[①] 黄茂荣:《法学方法与现代民法》(增订七版),第155页。
[②] 吴国喆:《善意认定的属性及反推技术》,《法学研究》2007年第6期。

所用的词汇应尽量趋于简化和浓缩，一方面体现其抽象性、理论性的特点；另一方面也是概念缔造者追求理论层次的要求。将生活事实概括提炼为法律概念，并用精炼的语言表达出来，是法学理论研究的标志性成果。①因此对于新创设的概念，其抽象性和简洁性似乎是基本特点，其所涵盖的内容极其稀少。同时也为了便于交流，法律概念也应当尽量趋于简洁和抽象。

法律概念也是一个历史性现象，从最初的提出，②到随着社会发展因应社会纠纷的变化，以及道德观念等法外因素的转型，一直发展到当下，其内涵的变化是确定不移的，只是程度存在差异而已。

然而另一方面，为了使法律得以准确适用，完美实现生活事实与法律概念的匹配，减少在适用时的过度评价，特别是过分依赖于法官

---

① 陈瑞华指出，提出一些新的理论和概念，是原创性研究的基本体现形式，特别是新概念的提出，是原创性研究的标签化体现。有价值的法学研究都是"从经验到理论"的研究，即从大量的现象、事实和问题出发，在总结、概括和归纳的前提下，提出概念、揭示命题，上升为一般性的理论，是典型的归纳研究方法的应用。陈瑞华：《论法学研究方法》，法律出版社2017年版，第193—197页。

② 一个新法律概念的提出需慎之又慎，提出者要尽到详细充分的论证说理义务，一方面其内涵和外延要相对清晰；另一方面，必须有其具有较为一般意义的适用价值，而不能局限于特别狭窄且有概念能够涵盖的领域。需要特别讨论的是传统理论为何在基本概念方面不完备，以至于需要引入一个新的概念，新的概念能否以及如何发挥体系构建的功能。冯珏在对"或有期间"的概念提出质疑时，认为法学研究中对相关法现象的定性，服务于思维负担的减轻与简化。一旦能够将某种权利期间归列为除斥期间或诉讼时效，就可以借助我们关于除斥期间、诉讼时效的既有理论认知来认识新的法现象。但是，当我们将保证期间和买受人的异议期间定性为或有期间时，却无法减轻我们的思维负担，因为或有期间本身也是一个新的概念，需要我们加以认识和把握。并特别指出，从民法体系而言，概念是体系构建的基本元素，一个体系是由哪些基本概念构成的，虽然有体系构建者选择的因素，但一旦体系建成，就有了自身的逻辑和结构，能否纳入新的概念，受到体系自身的约束。就概念的界定而言，虽然概念提出者可以为概念赋予特定的内涵，但也需要受到逻辑学的约束，尤其需要使概念的内涵明确，外延清晰，与其他概念具有足够的区分度，并能够发挥建构体系的功能。概言之，如果民法学构成一个理论体系，那么民法学中的概念的提出和界定，是需要遵循一定的规则的。冯珏：《或有期间概念之质疑》，《法商研究》2017年第3期。

主观判断的情形，法律应当明确与安定，这也是基本的立法目标，而法律概念作为整个法律体系的基石，也应当是具体且明确的。正如拉伦茨（Karl Larenz,1903-1993）所述："如果立法者想形成一个概念，借以描述一种案件事实的特征时，应尽量精确，其确定方式并应达到下列要求：在个别案件中，不须回溯到评价性的观点，径以涵摄的方式即可确认案件事实的存在。"[1] 19世纪的概念法学就曾尝试通过对具体无误的法律概念进行反复运用来达成对法律的适用。对于概念法学，哈特认为："当一般化词汇不仅在某单一规则之每一适用情形中，而且是当它出现在法体系之任何规则中，皆被赋予相同之意义时，我们就造就了一个法学的概念天堂。在这个天堂里，我们再也不需要从各式各样相关议题的角度，来解释规则中的词汇了。"[2] 与此同时，概念法学也假定了一种状态，即现实生活中的方方面面都被法律涵盖，以致出现问题时均可以在法律中寻得答案。

概念法学所设计的这种理想状态，现实世界当中确实无法实现，因而受到很多的批判。但关于概念确定性的要求，并没有遭受很多实质性的挑战。现实的状况是，很多概念的内涵确实是明确而固定的，含义非常清晰，只存在一种解释，没有弹性解释的余地。比如诉讼时效、除斥期间、形成权、权利能力等，这些概念作为法律术语区别于生活概念，但在法律共同体范围内，几乎不存在歧义和误解的可能，这一类概念可称之为确定的法律概念。已相约成俗地涵盖其所描述对象的一切重要而且有意义的特征，因而内涵清楚，外延明确，适用时可以简单地按照逻辑涵摄的方式进行。

然而社会生活纷繁复杂，随着社会的不断发展，人们之间的交往

---

[1] 〔德〕卡尔·拉伦茨：《法学方法论》，黄家镇译，商务印书馆2020年版，第286页。
[2] 〔英〕哈特：《法律的概念》（第三版），许家馨、李冠宜译，法律出版社2018年版，第194页。

趋于复杂和多元，很多法律规则的设计就不再是单线条的，越来越多的立法无法像先前那样从容，而是逐渐体现出比较权衡的特点和政策指向：构成要件与法律效果的构成，无法事先做到清晰的规定，而必须依赖于个案的实际情况；并且语言本身就存在一定的局限性，这也使得概念难以做到完全性归纳。因此，其他定位法律事实的方法逐渐产生并得以应用，例如法理念、类型、原则等，由此法学中除了确定的概念之外，又多了一种正规的表述形式——不确定法律概念。

不确定法律概念是根据内涵外延是否清晰确定对法律概念进行分类而得到的一个结果。何为不确定法律概念，有学者从具体适用的角度出发，认为其系指某些概念用语，必须借助于具体的个案事实，看这些事实是否符合其内涵，如此才能具体确定其意义，进而可以实际应用的法律概念；[1] 也有学者认为其系指未明确表示而具有流动特征的一种法律概念，包括一个明确具体的概念核心以及一个多多少少广泛不清的概念外围。[2] 陈敏认为，学理上的不确定法律概念系指内容特别空泛及不明确的法律概念，大致上可分为两类：第一，经验概念，也可以称为描述概念，涉及我们可以掌握、直觉或经验的状况或事件。法律适用者可以在具体事件中根据单纯的"直觉"而理解之，有时可根据特定的"经验"而为推论，比如夜间、日落前、日出前、公众出入的场所等；第二，规范概念，又称为"需填补价值的概念"，因欠缺与真实事物之间的关系，法律适用者必须采取评价的态度才能够确定其意义，而无法根据单纯的直觉、认识或者推论来实现。诸如公共安全、公共利益、公共秩序、善良风俗、重大财产损失等。[3]

---

[1] 李建良：《不雅的名字——"不确定法律概念"之解释适用与司法审查》，载许志雄等编著：《月旦法学教室(3)公法学篇》，元照出版公司2002年版，第121页。
[2] 翁岳生：《行政法》(上)，中国法制出版社2009年版，第248页。
[3] 陈敏：《行政法总论》，作者自刊2004年版，第194—195页。

德国学者默勒斯认为，不确定法律概念存在概念核心，只是其尚需借助方法上的辅助手段予以探究或明确。可以分为三类：第一类是概念的不确定性取决于不同的案件事实（如"不必要的噪音"）；第二类是指将案件事实的评判付诸价值标准的那些概念（如"卑劣的动机"）；第三类则是在平均水平之上确定某个门槛标准的概念（如"重大""明显的不合比例"）。[1]

需要明确的是，"确定法律概念"与"不确定法律概念"的划分并非绝对，而只是一个相对存在。严格来讲，绝对确定的法律概念只有两种，其一为数字性概念，比如"六个月""一年内"，其二为被严格限定指涉对象的概念，例如民法中的"完全行为能力人""婚姻关系"。其余的法律概念都存在或多或少的不确定性，也正是基于此，可以推断基本上每一法律概念的适用，都离不开法律解释、价值判断等技术手段的应用。即使是那些最初较为确定的概念，其边界仍存在着难以明确界定的成分，所以这种"确定性"仅是相对而言，并且会随环境而变化。不确定法律概念可以通过立法、法律解释等方式变得确定，反之，原本确定的法律概念也可能会因为新的社会现象的出现而变得不确定。

由此可以得出一个基本结论：不确定法律概念系指内涵和外延均不确定，必须借助于具体的个案事实才能确定其意义的法律概念。其通常包括一个较为确定的概念核心和一个模糊不清的概念外围。根据"被定义项＝种差＋相邻属概念"的关系定义法来看不确定法律概念的内涵，其相邻属概念为"法律概念"，无需多论，更为重要的是"种差"。一般意义所谓"种差"，是指把被定义项所反映的对象同该属概

---

[1] 〔德〕托马斯·M.J.默勒斯：《法学方法论》，杜志浩译，北京大学出版社2022年版，第417页。

念下的其他种概念进行比较,被定义项所反映的对象不同于其他种概念所反映的对象的特有属性。从逻辑关系看,其属于属概念这个一般中的特殊,往往借助于独有的特征来显示。不确定法律概念的"种差"较难确定,勉为其难表述为"内涵与外延的不确定",但这一表述并无法清晰显示其与一般法律概念的区别。从这个意义上说,不确定法律概念"不能定义,只能描述"[1]。在与具体的案件事实结合之前,这些概念仅提供一种模糊的思维指引,无法确定具体的内容,非常类似于一个"空壳"。只有借助于具体的案件事实,这些概念才得以圆满而有血有肉,在此之前则只是具有强烈骨感的框架。换言之,必须借助于个案的事实才能具体化其内涵。[2] 经过解释、涵摄的过程,不确定法律概念才能具体化,就这一过程的结果来看,通常都存在固定的"唯一正解",但这并不意味着不同法官面对同一案件事实,都会得出相同的结论,也不意味着不同的结论中必有一项是错误的。

不确定法律概念的不确定程度也存在差异。一种是外延封闭但内涵模糊不确定,比如我国法上的"近亲属"[3]。由于外延封闭有着确定的范围,从精确度来看其接近于确定的法律概念,在司法实践中也基本上按照确定概念来对待;另一种是外延和内涵均不确定,即内涵不定且外延开放。如合理注意、重大事由、显失公平等,被称为类型式概念或规范性概念。[4] 其本质并不在于通常是多义的,而在于是开

---

[1] 李惠宗:《行政法要义》,台湾五南图书出版有限公司1989年版,第161页。
[2] 李震山:《行政法导论》,台湾三民书局1998年版,第65页。
[3] 我国民法典第1045条规定,"亲属包括配偶、血亲和姻亲。配偶、父母、子女、兄弟姐妹、祖父母、外祖父母、孙子女、外孙子女为近亲属。配偶、父母、子女和其他共同生活的近亲属为家庭成员。"该条明确界定了我国法上"亲属""近亲属"和"家庭成员"的外延,相对而言比较清晰,一个特定的自然人是否可以涵摄在某一个概念之下,是比较容易确定的。但如果要准确界定其内涵,充分描绘这些概念所指称对象的"特征",还是具有相当的难度。从这个意义上说,这三个概念的内涵是模糊的。
[4] "规范性概念所指称的也有相当确定的,例如婚姻、未成年人等。其所以如此,乃因它

放性的。

法律理论认为,"当一个法律问题或者一个将法律规定适用于事实的问题没有唯一正确解答的时候,法律就是不确定的"。[1]面对某一具体案件,不确定法律概念能否将其案件事实涵摄在内是不确定的,因此包含该不确定法律概念的法律规则能否适用也就是不确定的。与之相反,确定的法律概念大多已有法律对其予以明确界定,抑或学界已经存在一致的理解和认同,因此须依法解释,或者根据通说确认的含义来解释,法官的自由裁量并无适用余地。

另外,需特别予以说明的是,不确定法律概念是指成文法中使用的法律概念,一般不包括学术界和司法界使用的学术概念。[2]本书的研究对象也限定于此。

不确定法律概念是留给司法者的造法空间,在某种意义上可以说是预先设计的法律对特殊性个案的让步,使法律的适用更能接近社会事实,与法律外的规范体系建立更密切的互动关系。不确定法律概念出自立法者之手,法条制定的目的在于使其成为裁判规范。而"法律并没有为不确定概念确定明确的特征,以使法官可据以进行逻辑操作,它只是为法官指出一个方向,要他朝着这个方向进行裁判,至于

们是以叙述性的特征为其要件。如结婚,以公开仪式及二人以上的证人为其成立要件("民法"第九百八十二条第一项);成年人以满20岁为其要件("民法"第二十条)。至于其他典型的规范性概念,则以适用到具体案件前,须经评价的补充为其特征,如'恶意遗弃''重大事由''显失公平'等。至于类型式概念,基于其'一般化'与'具体化'的双向功能,构成价值向生活事实具体化,暨生活事实向价值类型化的中间站。这个角色使它自然而然与法律所追求的价值息息相关,形成了'应然'(价值)与'实然'(事实)间的接驳点。至于一般条款之需经评价地加以补充始能被适用到具体案件上来尤不待言。"黄茂荣:《法学方法与现代民法》(增订七版),第694页。

[1] Kress Ken, Legal Indeterminacy, 77(2) *California Law Review*, pp.283-337(1989).
[2] 〔德〕汉斯·J.沃尔夫、奥托·巴霍夫、罗尔夫·施托贝尔:《行政法》(第一卷),高家伟译,商务印书馆2002年版,第348页。

在这个方向上法官到底可以走多远,则让法官自己去裁判"[1]。不确定法律概念在适用过程中必须经过解释来使其含义明确化,所以西方法谚云:法官乃会说话的法律,法律乃沉默的法官。

奥地利法学家特茨纳(Tezner)在研究行政法上行政机关的自由裁量权问题时,最早提出了不确定法律概念作为专门的法学课题进行研究的设想。他首次把"不确定法律概念"和行政裁量进行分离,并为行政法中的"不确定法律概念"的研究奠定了基础。特茨纳的主要贡献是主张将"公益""合目的性""必要性"和"公共安宁与秩序"等不确定法律概念视为法律概念,而从行政裁量中分离开来。[2] 对于"不确定法律概念"的研究,德国学者的研究最为彻底。在中国台湾地区,从时间上看,林纪东较早使用这一概念;从研究深度来看,翁岳生对这一概念的研究更为系统,所以后续的很多研究,都是建立在翁氏的研究基础之上。

第二节 本质属性

法理学视角上,法律规范的逻辑结构包括构成要件和法律效果两大组成部分。为了能产生特定的法律效果,就需要对构成要件进行精心的筛选。不确定法律概念一般出现在法律规范的构成要件部分,"此种不明确的法律概念,多见于法规的构成要件层面,亦有见于法规的法律效果层面"。[3] 法律的构成要件是经过立法者筛选的、对于法

---

[1] 沈敏荣:《法律的不确定性——反垄断法规则分析》,法律出版社2001年版,第107页。
[2] 翁岳生:《论"不确定法律概念"与行政裁量之关系》,载氏著:《行政法与现代法治国家》,三民书局股份有限公司2015年版,第49—53页。
[3] 翁岳生主编:《行政法》(上),中国法制出版社2009年版,第248页。

律效果的产生具有决定意义的事实性要素。[①] 法律事实及法律要件之所以通常用不确定法律概念来规定，是因为面对多样的法律事实，法律只能概括抽象的规定，这样才能使其涵盖面更广。若法律欲通过该特定条款调整社会生活，这种调整一方面必须是普适性的，毫无差别地适用于任何人，但同时又必须考虑特殊情况，以使得法律的适用能够体现具体正义，这就需要法律要件多样化，需要相对更加抽象概括、内涵和外延更加弹性化的表述，因此，不确定法律概念的出现便成了必然。相对于法律效果，立法者在构建法律要件时，需要斟酌权衡的要素更多，特别是在民法领域，因此不确定法律概念通常出现在构成要件部分就是可以理解的。

一、与确定概念之间只是一种量的相对差别

"确定与不确定只是一种量的差别，确定概念的外延较明确，而不确定法律概念在概念内核与非概念属性间却有一中间概念。"[②] 不确定法律概念之所以能称其为概念，是因为它和确定概念一样有着可确定的界限。正如德国法学家乌勒(Ule)所说："确定概念与不确定概念均系量的差别，两者仅有相对差异。即不确定概念，如同确定概念，必有其界限，必也可确定，否则根本不成为概念。"[③] 是否存在概念属性在确定的法律概念之中是非常清晰的，即其内涵和外延相对清晰，因此可以比较容易地判断某一事实是否可以涵摄在该概念当中。而不确定法律概念却并非如此，在涵摄时需要进行复杂的价值判断和具

---

① 从逻辑的角度看，法律规范由构成要件和法律效果两个部分组成。当法定构成要件该当时，相应的法律效果就会产生。法律规范是对社会现实的高度抽象，所谓法律的构成要件就是经过立法者挑选的、对于法律效果的产生具有决定意义的事实性要素集合。
② 朱新力：《行政法律规范中的不确定法律概念及其司法审查》，《杭州大学学报》1994年第1期。
③ 翁岳生：《行政法与现代法治国家》，第64页。

体化。但这并不意味着其在具体案件中也是不确定的，相反，经过复杂的法律思维过程，具体案件事实是否符合会有一个明确的结论。换言之，在具体个案中，不确定法律概念是确定的，不存在模棱两可的空间。

另一方面，确定概念的应用也必须进行价值判断，也需要进行概念的解释。换言之，只要是法律概念，其适用的思维过程都是一样的：检索、回顾凝结在这一概念当中的核心要素，并将之与具体的案件事实相比对，看能否将生活事实涵摄在该概念之下，概不能外，只是存在思维过程、难度、复杂性等方面的程度差别而已。在确定法律概念，其涵摄的思维方式往往是线性的，而在不确定法律概念中，由于存在一个或明或暗的边际领域，因此关于某一生活事实是否包含在该概念之下的判断是复杂的、困难的，其思维方式往往是立体的。

我国民法典第585条第二款规定，约定的违约金**过分高于**造成的损失的，当事人可以请求予以调减。"过分高于"是两个数值之间进行比较的结果（如下页图），一是约定的违约金（X），为一固定数额，二是因为对方违约而遭受的实际损失（Y），为一变化的数值，而$Z=X-Y$，表示二者之间的差额，用于判断是否构成"过分高于"。在一个具体案件当中，如果$Y=X$，则$Z=0$，刚好合适，在Y确定的情况下，随着X值的增大Z值也在不断增大，此时会存在一个边际领域，确定当Z值达到一定数额时就足以构成"过分高于"。显然这不是一个很简单的问题，对于不同的判断者而言，答案也往往并不相同。需要说明的是，这并非仅仅是一个简单的数字计算与比较，还同时存在着比较与权衡，因为即使是同样数值的Z，在不同的情景中可能得出完全不同的结论。比如Z值为1万元，如果双方交易的标的额为3万元或以下，则很可能会构成"过分高于"；反之如果交易的标的额超过100万元，则结论可能相反。换言之，除了考虑Z值之外，还必须考虑双方的主体地位(特别是其身份与财产规模)、交易额的大小、违约造成的实际损失额等。任何试图通过简单化方式解决问题的思路,都可能是不慎重的,而且容易导致结论的错误。

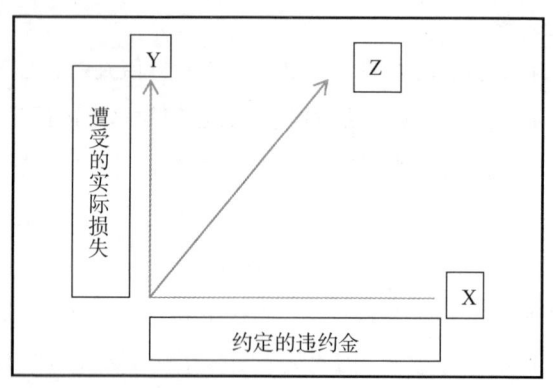

"过分高于"示意图

我国最高人民法院于 2021 年 4 月 9 日印发的《全国法院贯彻实施民法典工作会议纪要》(法〔2021〕94 号)第 9 条,显示了我国最高审判机关通过"解释"不确定法律概念从而意图让其"确定"的冲动。其第一款规定:"对于民法典第 539 条规定的明显不合理的低价或者高价,人民法院应当以交易当地一般经营者的判断,并参考交易当时交易地的物价部门指导价或者市场交易价,结合其他相关因素综合考虑予以认定。"第二款规定:"转让价格达不到交易时交易地的指导价或者市场交易价百分之七十的,一般可以视为明显不合理的低价;对转让价格高于当地指导价或者市场交易价百分之三十的,一般可以视为明显不合理的高价。"第一款是对适用方法的指示,第二款直接提出了一个相对比较容易操作的标准。应当说,从方法论的角度讲,这一解释对于恰当适用"明显不合理的低价"或"明显不合理的高价"具有一定的参考价值,但在实际操作时也只能将其作为"参考",因为这种操作仍然失之简单,忽略了其它一些特别重要的应当考虑的因素,因此无论如何远没有达到让其"确定"的目标。反过来说,如果真的让其"确定",则这一概念所包含的特定价值,特别是针对具体案情中特定当事人的实际情况进行适度调整,以达到实质正义的目标将无法实现。与之完全类似的是该纪要第 11 条,"当事人请求人民法院减少违约金的,人民法院应当以民法典第 584 条规定的损失为基础,兼顾合同的履行情况、当事人的过错程度等综合因素,根据公平原则和诚信原则予以衡量,并作出裁判。约定的违约金超过根据民法典第 584 条规定确定的损失的百分之三十的,一般可以认定为民法典第 585 条第二款规定的'过分高于造成的损失'。"其实,这一思想早在 2009 年最高人民法院发布的《最高人民法院关于适用〈中华人民共和国合同法〉若干问题的解释(二)》(法释〔2009〕5 号)第 19 条和第 29 条就有体现。上述纪要的内容,是在"合同法解释二"被废止后而作出的,充分体现了最高法院的一贯观点。

不确定法律概念的不确定性就在于其外延存在着中间地带,对于这一地带的边界的判断可以说是因人而异,因此其外延很可能是一个不断延展的"域"。在"界限案件"中,"数种可能的决定中之任何一种,因其被不确定法律概念所涵盖,而均可认为适当,并被视为合法"。这是一种主观价值判断,法院对此应予以尊重而无权审查。[①]因此,所谓"界限案件"是专属于不确定法律概念的问题,在确定法律概念中则不存在。

二、由核心和外围两部分构成

"概念核心"作为法律概念的组成部分,内容往往具体明确,而"概

---

① 张桐锐:《从"判断余地"理论谈司法审查的界限》,《宪政时代》1995 年第 3 期。

念外围"的内容模糊未定，代表法律概念不确定的"边际情况"。德国学者迪特里希·捷奇（Dietrich Jesch）认为："每一法律概念皆由'概念核心'与'概念外围'两部分组成。前者为概念内容之绝对确定部分，亦即对其概念属性毫无疑义之部分，法律秩序之安定性，系因其存在而得维护。后者为概念内容之不大确定部分，亦即对其概念属性常有疑问之部分，非经解释无法适用。"[①] 概念外围是所有的法律概念都具备的，只是不确定法律概念的范围较确定法律概念的范围更大。若将"概念外围"和"概念核心"比作两个相互嵌套的圆环，两圆环并非重叠，一般"概念外围"的范围大于"概念核心"的范围，"概念外围"是外环，"概念核心"则为内环。但这种界限并非固定不变，在司法实践中，经过法律适用者对不确定法律概念进行不断的适用之后，其概念核心会不断变大，而概念外围会相应缩小，不确定法律概念也就具备了一定的稳定性。

这种将不确定法律概念分为"概念核心"和"概念外围"的说法，与英国著名法理学家哈特（H.L.A. Hart,1907-1992）所认为的概念的"核心地带"和"边缘地带"有着异曲同工之妙。对此，哈特以1837年的《遗嘱法》来举例说明。该法规定了"推定真实条款"，即遗嘱人必须在遗嘱上签名。对于常人而言，的确能够了解"签名"的意义，也就是说，"签名"这一概念的"核心地带"是明确的，然而问题在于，"所有的规则都有一个不确定的边缘"。为此他假设了几种情况："如果立遗嘱者使用了化名怎么办？或者他被别人把着手，或者他只签了他姓名的开头字母（缩写），或者他虽然独立而正确的签了全名，却没有签在最后一页的末尾而是签在了第一页的顶端。那么，结果又会如何呢？"为此哈特追问道："所有这些情形中的'签名'仍在该项法律

[①] 翁岳生：《行政法与现代法治国家》，第66—67页。

规则的意义范围之内吗?"① 在概念的核心地带,法律适用者可按照涵摄模式准确地适用不确定法律概念,但是在模糊地带,则更多地需要价值补充和价值判断,以此来使法律概念更好地发挥其作用。

三、是法律概念不确定性的典型表现

张文显认为在法理学上,按概念的确定程度不同,可将法律概念分为确定性概念和不确定性概念。前者通常有明确的法律确定其含义,这些概念的解释不允许自由裁量,只能依法而解释;后者指没有明确的法律确定其含义,在运用时需要法官或执法者运用自由裁量权解释的概念。② 需予以明确的是,不确定法律概念并不等同于法律概念的不确定性,不确定性是法律概念的一种特征,几乎所有的法律概念都会有着或多或少的不确定性。法律概念不等于生活事实,是对生活事实的抽象和理论概括,舍弃了不合目的的其他特征,因此在将法律概念即使是确定性概念与生活事实对应时,必须对其进行解释,而适用的结果并非都是完全一致的,从这个意义上说,凡是法律概念都具有不确定性,因此所谓"确定性"只是确定程度相对较高而已。此外,这种"确定性"也会根据具体的环境而发生变化,一个不确定的法律概念通过立法或法律解释或法律适用而确定起来,另一方面,由于出现了新的事物或者新的现象,一个原本确定的法律概念也可能变得不确定。

在拉伦茨看来,法律所使用的日常用语不同于数理逻辑和科学性语言,并非外延明确的概念,毋宁是多少具有弹性的表达方式,其"可能意义在一定的波段幅度内是游移不定的,要随情况、所指的事件、

---

① 〔英〕哈特:《法律的概念》(第三版),许家馨、李冠宜译,法律出版社2018年版,第61—62页。
② 张文显:《法理学》(第五版),高等教育出版社、北京大学出版社2018年版,第115页。

言说的关联脉络、术语在句中的位置以及强调重点等等的不同而变化"。① 弗兰克提出，因为法律所面对的是人类社会中最为混乱复杂、瞬息万变的方面，法律永远是不确定的。概念的不确定会引发法律规范的不确定，进而又会影响到司法裁判的确定性。②

法律概念都会存在确定性与不确定性，这已经成为学界共识。其核心意义是确定的，而边缘含义可能不确定，因此不确定性往往只体现在关涉边缘含义的案件中。法律概念的不确定性是立法的需要，更是司法的需要。就前者而言，一定法律效果的赋予，其旨在于实现特定的立法目的，但在特定情形下，该效果的赋予切实需要斟酌个案的不同情况，需要借助于法官自由判断的协力，无法事先做到统一和清晰的规定，因此只能选用不确定的法律概念，以体现对个案公正的考量。立法者对事物的认识把控也有一个不断深化的过程，在无法做到精准和确定时，只能借助于不确定法律概念，让法官在实践中予以补充。另一方面，在法律的起草和审议过程中，不同利益集团有着不同的利益需求，为了使自身利益最大化，分歧冲突在所难免。法律概念的不确定性会使立法具有较强的包容性，有利于法律的通过。就后者而言，法律概念过于明确和确定，虽然其适用上会较为简便，但会导致法律的僵化、保守与滞后，缺乏相应的弹性。正因为如此，自人类进入成文法时代以来，法律规范的解释便是一个不可避免的问题，尽管曾有主权者颁布禁止解释法律的禁令，但实际上法律的适用一刻都离不开解释。③

比如作为侵权责任过滤装置的"违法性"要件（在不主张违法性是侵权责任构成要件的观点中，过错发挥着同样的功能），究其含义

---

① 〔德〕卡尔·拉伦茨：《法学方法论》，黄家镇译，商务印书馆2020年版，第393页。
② 沈宗灵：《现代西方法理学》，北京大学出版社1992年版，第330页。
③ 〔美〕梅利曼：《大陆法系》（第二版），禄正平、顾培东译，法律出版社2004年版，第39—40页。

来说似乎是清晰的,即违反法律或行政法规的强制性规定。王泽鉴指出:"违法性狭义而言,系指违反禁止或命令(规范违反)……广义而言,包括故意悖于善良风俗方法。"[1]但在实际案件当中,这一概念的不确定性非常明显,必须借助于价值判断的方式予以确定。中国台湾地区"终审法院"在一则判决中指出:"人格权侵害责任的成立以'不法'为要件,而不法性的认定,采法益衡量原则,就被侵害的法益、加害人的权利及社会公益,依比例原则而为判断;倘衡量的结果不足以正当化加害人的行为,该侵害始具有不法性。"[2]陈聪富列举了大量案例,分析在认定是否具有违法性时"法院"所进行的价值判断。比如在一个关于言论自由和名誉权冲突的案件中,"法院"认为,言论自由为人的基本权利,有个人实现自我、促进民主政治、实现多元意见等多重功能,维护言论自由即所以促进民主多元社会的正常发展,与个人名誉的可能损失,两相权衡,显然有较高的价值,国家应给予最大限度的保障。行为人以善意表达言论,对于可受公评之事而为适当的评论,或行为人虽不能证明言论内容为真实,但所言为真实的举证责任应有相当程度的减轻(证明强度不必至于客观的真实),且不得完全加诸行为人。倘依行为人所提证据资料,有相当理由确信其为真实,或对行为人乃出于明知不实故意捏造或因重大过失、轻率、疏忽而不知其真伪等不利的情节未善尽举证责任者,均不得谓行为人未尽注意义务而有过失。纵而事后证明其言论与事实不符,亦不能令负侵权行为的损害赔偿责任,庶几与真实恶意原则所揭橥的旨趣无悖。[3]从这一论述可以看出,某一行为是否构成违法,并不能单纯从该行为本身进行判断,毋宁需要参酌对方的行为、所争执的权利价值比较、

---

[1] 王泽鉴:《侵权行为》(第三版),北京大学出版社 2016 年版,第 270 页。
[2] 陈聪富:《民法总则》,元照出版有限公司 2019 年版,第 79 页。
[3] 同上书,第 81—82 页。

社会公共利益等因素进行权衡比较，因此其判断就不再是一个非常简单的操作，"违法性"概念的不确定性跃然纸上。

与之非常类似，我国自2021年3月3日起施行的《最高人民法院关于审理侵害知识产权民事案件适用惩罚性赔偿的解释》（法释〔2021〕4号）第1条规定，被告故意侵害他人依法享有的知识产权且情节严重的，可以要求其承担惩罚性赔偿责任，但具体如何认定"故意侵权"及"情节严重"？第3条规定，对于"故意"的认定，应当综合考虑被侵害知识产权的客体类型、权利状态和相关产品知名度、被告与原告或者利害关系人之间的关系等因素，并详细列举了可以认定为故意的六种情形。[①]第4条规定，对于"情节严重"的认定，应当综合考虑侵权手段、次数，侵权行为的持续时间、地域范围、规模、后果，侵权人在诉讼中的行为等因素，并列举了可以认定为情节严重的七种情形。[②]可见，即使是最为常见的"故意"和"情节严重"这两个法律概念，其适用都存在非常复杂的问题，需要综合考量多种因素才能确定，最高法院的前述司法解释，实质就在于对二者的认定予以具体化。另一个重大问题是损害的数额及惩罚性赔偿的倍数，第5条规定，在确定惩罚性赔偿数额时，应当分别依照相关法律，以原告实际损失数

[①] 对于下列情形，人民法院可以初步认定被告具有侵害知识产权的故意：（一）被告经原告或者利害关系人通知、警告后，仍继续实施侵权行为的；（二）被告或其法定代表人、管理人是原告或者利害关系人的法定代表人、管理人、实际控制人的；（三）被告与原告或者利害关系人之间存在劳动、劳务、合作、许可、经销、代理、代表等关系，且接触过被侵害的知识产权的；（四）被告与原告或者利害关系人之间有业务往来或者为达成合同等进行过磋商，且接触过被侵害的知识产权的；（五）被告实施盗版、假冒注册商标行为的；（六）其他可以认定为故意的情形。

[②] 被告有下列情形的，人民法院可以认定为情节严重：（一）因侵权被行政处罚或者法院裁判承担责任后，再次实施相同或者类似侵权行为；（二）以侵害知识产权为业；（三）伪造、毁坏或者隐匿侵权证据；（四）拒不履行保全裁定；（五）侵权获利或者权利人受损巨大；（六）侵权行为可能危害国家安全、公共利益或者人身健康；（七）其他可以认定为情节严重的情形。

额、被告违法所得数额或者因侵权所获得的利益作为计算基数。该基数不包括原告为制止侵权所支付的合理开支；法律另有规定的，依照其规定。如果实际损失数额、违法所得数额、因侵权所获得的利益均难以计算的，人民法院可依法参照该权利许可使用费的倍数合理确定，并以此作为惩罚性赔偿数额的计算基数。第 6 条规定，在确定惩罚性赔偿的倍数时，应当综合考虑被告主观过错程度、侵权行为的情节严重程度等因素。因同一侵权行为已经被处以行政罚款或者刑事罚金且执行完毕，被告主张减免惩罚性赔偿责任的，人民法院不予支持，但在确定前款所称倍数时可以综合考虑。

综上，从性质来看，不确定法律概念和法律的不确定性之间存在联系，亦有本质区别。一个是法律概念的类型，另一个是法律概念所具备的特征，但需承认，法律概念的不确定性亦是不确定法律概念产生的原因之一。

第三节　不确定法律概念的特征

不确定法律概念属于法律概念的一种类型，它除了具有法律概念的一般特征之外，还具有属于自己的独特特征。

一、概括性

由于语言中的词义是有限的，而所要表达的语义是无限的，这就决定了一些语言必然具有概括性。麦考密克（Neil MacComick, 1941-2009）曾明确阐释了法学与语言学的关系，"法学其实不过是一门法律语言学"。[1] 徐国栋也对语言学对法学的重要意义做了阐述："欲治

---

[1] 吴伟平：《语言与法律：司法领域的语言学研究》，上海外语教育出版社 2002 年版，第 14 页。

法学，必先治语言学。欲当罗马法学家，必先当语言学家。"[1] 既然法律与语言之间有着如此密切的关系，那么以语言为载体的不确定法律概念也必然就具有语言所特有的特征：概括性。语言用有限的词语表达了无尽的意义，所以它必须具有概括性，以增强其包容性。不确定法律概念的概括性更强，这是因为法律无法把具体纠纷中所有的事实都包容进去，"明示一事物则意味排斥它事物"是立法解释的一般规则，这个规则同样说明了法律概括性的必要，如果一个法律中罗列所有情节，不仅会浪费大量的立法成本，而且会使执法者变得被动，给法律留下漏洞。

不确定法律概念的概括性，来自于成文法的法律技术要求。法律欲规范一类生活事实，但这一事实在现实层面的表现丰富多彩，无法用比较准确、清晰的语言来表述。比如为了保障交易的公平，法律规定在符合特定条件时，"显失公平"的合同为可以撤销。"显失公平"在现实中的表现多种多样，因人、因时、因地而有不同的内容。比如说对于一个非常穷困的农村小学生而言，花费5元钱购买一个价值1元的东西，可能就构成显失公平，但对于一个成年人而言，则结论可能会相反。总体说来，显失公平意味着交易价格与交易对象的市场价值之间存在较大差距，这类差距无法用具体的数值做统一规定。不仅如此，显失公平也不是单纯可以依照交易结果的这种反差（即给付与对待给付之间量的比较）来确定，而必须考虑交易过程中一方是否利用了对方的某种弱点、急迫情势等，[2] 于是不得已创造出一个非常概括

---

[1] 徐国栋：《法学与语言学》，载于李剑波：《法律英语世界》，法律出版社1999年版，第46页。
[2] 我国民法典第151条意味着我国对于显失公平的判断，需要结合交易结果和交易过程两方面的具体情形来进行，具体的判断因素可能包括当事人进行交易时的主观背景、资力情况、交易额度等。

的概念"显失公平",以此把各种情况包含在内。这一概念之下包含的很多情形是立法者难以判明、无法表达清楚的,依赖于法律适用者的具体化操作。如此既提高了法律规范的适用效率,又使其具有高度普适性。

再比如,公司人格否认在实践中的表现非常复杂,难以具体化的列举,为了使其能较为准确地适用,2019年11月最高人民法院发布了《全国法院民商事审判工作会议纪要》(以下简称《九民纪要》),其第二部分意图对此进行细化,要求审判实践中准确把握《公司法》第20条第3款规定的精神,该款规定的滥用行为,实践中常见的情形有人格混同、过度支配与控制、资本显著不足等。其中第11条规定了过度支配与控制的具体情形,并在第2款规定:"控制股东或实际控制人控制多个子公司或者关联公司,滥用控制权使多个子公司或者关联公司财产边界不清、财务混同,利益相互输送,丧失人格独立性,沦为控制股东逃避债务、非法经营,甚至违法犯罪工具的,可以综合案件事实,否认子公司或者关联公司法人人格,判令承担连带责任。"原本是为了具体化,但"综合案件事实"这一概念的适用确属是不得已之举的概括表述。

二、模糊性

法律的权威性和强制力要求法律语言应具备高度的准确性、严密性以及科学性。然而法律语言中的概念与现实却难以做到一一对应,这就使得法律语言的含义并非明确且单一。"法律语言作为自然语言的变体之一也毫无例外,模糊成为了法律语言的自然属性。法律语言并不是完全高度精确的,亦不是尽善尽美的。法律语言的灵魂与生命——精确性,只是相对的,并非绝对的。"[①]从某种意义上说,世界的

---

① 蔚铭:《法律语言的模糊性:性质与成因分析》,《西安外国语学院学报》2003年第6期。

存在是不可表达的,语言永远不能描述世界的本来面目。现实世界在不断变化,蕴含着无限可能,而语言是一种可穷尽的符号体系,因此绝对地、确定地使用这一有限的语言符号体系是不现实的。语言是模糊性的符号,即使某一事物有着特定的语言符号,也无法完完全全、绝对准确地通过这一特定语言符号再现出来。事物的本身意义与通过特定语言符号所表达出来的内容之间往往存在着缝隙,有时候甚至达到几乎完全脱节的地步,二者很难达到一致。

法律理论曾认为,语言的模糊性是因为语言表达的明显适用范围和明显不适用范围之间存在着一个较为模糊的边界,并将其比喻成日蚀中的半影(penumbra)。对此哈特曾举过一个例子:如果一男士的头顶又光又亮,那他必然是秃头,另一男士头发茂密,很明显不是秃头;但是,若第三位男士头顶光秃、头顶周边仍有稀疏的头发,这位男士到底属不属于秃头之列,就不容易判断了。[1]语言作为法律概念载体存在着模糊性,因此法律概念不可避免地也有着模糊性。法律概念的核心或许是清晰明确的,但由核心意义向边缘扩展,它就变得越来越模糊不清。沃泽尔曾用一种形象的隐喻,将法律概念比喻成一张轮廓模糊并且越到边缘越模糊的照片。[2]

一般来讲,法律概念用语的核心意义是明确的,但任何用语的意义都会由核心意义向边缘扩展,使之外延模糊。[3]人们在日常的思维活动中,往往可以根据时间、范围、程度、数量等标准对事物进行明确的划分,但人们很难对客观世界中那些模糊不清,错综复杂、内

---

[1] 〔英〕哈特:《法律的概念》(第三版),许家馨、李冠宜译,法律出版社 2018 年版,第 52 页。
[2] K.G.Wurzel, Methods of Juridical Thinking, in: *Science of Legal Method* (Boston, 1917), p.342. 转引自〔美〕E. 博登海默:《法理学:法律哲学与法律方法》,邓正来译,中国政法大学出版社 2017 年版,第 505 页。
[3] 张明楷:《刑法的基础观念》,中国检察出版社 1995 年版,第 191 页。

容丰富的对象用精确的标准去划分和描述，在这种情况下，模糊语言就显得相当重要。思维主体有意识地把事物间的区别和界限加以模糊化处理后再压缩，抽象出相对明晰的界线，以达到对事物相对来说比较清楚的认识。[①] 由于法律是制定于过去，运用于现在并要对将来做出预测的行为规范，而社会生活又在不断地变化，法律不可能涵盖全部的有关现实生活的内容，因而英国哲学家大卫·休谟（David Hume，1711-1776）认为："法与法律制度是一种纯粹的语言形式，法的世界肇始于语言，法律是通过语词订立和公布的。语言是表述法律的工具，法律不能脱离语言而独立存在。"[②] 所以立法者必须通过准确的法律概念来使公民了解自己的行为哪些"可为"，哪些"不可为"以及由此产生的法律后果。因此法律概念的准确性成了立法者所追求的目标之一，但是作为法律载体的语言存在着不可避免的模糊性，相应的法律概念的模糊性也就成了其特性之一。

法律概念同立足于对客观外在实体进行描述的自然科学上的概念不同，它是立法者在总结长期的司法实践，运用概括归纳的方法，在特定的语词之下归诸了不同行为的社会效果而形成的，所以法律概念是开放的，不是封闭的，它是类型概念，秩序概念。

对于不确定法律概念而言，其模糊性表现得更为突出。因为其没有明确所指的对象，只是划定了适用对象的大致范围，需要立法者对其进行进一步的解释和补充才能明确。例如我国民法典第1042条规定："禁止有配偶者与他人同居"，这里"有配偶者"是否包括事实婚姻中的一方？"他人"是限定为异性，还是包括同性？"同居"应该如何理解，是否要以时间上的长短为标准，如果是，那么在一起多久才

---

① 魏凤荣、司国林：《试论法律概念的特征》，《当代法学》2001年第1期。
② 转引自舒国滢：《战后德国法哲学的发展路向》，《比较法研究》1995年第4期。

足以构成?[①]这些问题都不是容易回答的。法律概念越具有概括性,其模糊性程度就越高。不确定概念的价值也基于此,其宗旨就在于利用较为模糊的语言,涵盖立法者无法进行准确表述,需要司法者在具体案件审理过程中进行权衡判断的各类复杂事实。[②]

法律概念的概括性与模糊程度呈正向关系,其概括性越强,模糊程度就越高。语义的模糊性是不确定法律概念区别于确定概念的典型特征,但是这种模糊性与不确定法律概念的"明确性"并不冲突。明确性是所有法律概念都应该具备的一般特征,而不确定性法律概念理应如此,其内涵和外延也相对明确,而模糊性是相对于确定法律概念而言的。

三、多义性

不确定法律概念的模糊性决定了其内涵的多义性,即同一不确定法律概念可以解释为多种意义。欲像数学运算一样得到一个正确且唯一的答案,仅仅依靠法律解释是远远不够的,因为不同的法律解释方法都有不同的解释逻辑,对同一案件的解释可能会有多种不同并且没有先后适用顺序的结论,加之每种解释方法固有的局限性,得到的解释也并非完全正确,只是相对合理。事实上,在法律解释领域中法律规范是一个开放性的存在,通过解释可以在不同的语境中产生不同的意义。造成结果多义主要是基于两个原因,一是概念表述本身就有着一定的多义性与开放性。二是不同案件事实也会对概念的解释产生影响。

---

① 唐敏杰:《论影响法律确定性的因素》,《长春工业大学学报》(社会科学版)2010 年第 3 期。
② 这些需要考虑的事实诸如时间、范围、程度、数量等,细节的考量,才可以避免一般性立法所可能导致的过于抽象,而在具体个案反而不公正的结果。

因为不确定法律概念的核心清晰、边缘模糊,故在对某一概念进行由内而外的具体化时,不确定性也就展现出来。正如拉伦茨所言,在一定程度上,每一个法律都有其时代性,法律意义上的"正确"并不是绝对的,而是指当时当地的正确,"因为无法总揽概观的多样性以及变动不居的生活关系使得规范适用者不得不一再面对新的问题。他也不可能是最终不可更改的,因为正如我们已经看到的,解释始终都与当下法秩序的整体以及作为其基础的价值标准密切相关。"[1]

语词和语句本身是难以认识与理解的,只有当其被置于具体情境中时才有意义,但概念的多义性仅通过不同语境下的区分来总体掌握仍是不现实的。假如一个概念有着多种含义,语境区分并不能直接得到确切的意义,仅是对其中一部分进行了排除。此外,对语境的准确界定也并非易事,故结合语境进行区分的方法也并不能适用于所有多义性问题。与此同时,不同的法官有着不同的社会经历及知识背景,因此对于不确定法律概念的理解与具体化也不尽相同,因此多义性也是必然。

不确定法律概念的多义性,基本特质在于在不同的语境当中,这一概念会表现出不同的含义,或者说法官会进行不同的解释,而只要是符合规范的解释,其不同的解释均应当是不确定法律概念的应有之义。这也是不确定法律概念适应不同情况的必然结果,也正是这一点,才更好地发挥了不确定法律概念的功能。

四、灵活性

不确定法律概念较之于确定法律概念来讲更具有灵活性。平衡相对静止的法律条文同千变万化的社会生活之间的矛盾并不能仅仅

---

[1] 〔德〕卡尔·拉伦茨:《法学方法论》,黄家镇译,商务印书馆2020年版,第396页。

依靠修改法律，运用不确定法律概念就可以部分克服法的僵化性，使法律更加灵活，充满弹性。这一点更多是从不确定概念的适用角度而言的，正是由于其模糊性和概括性，不确定概念的应用高度依赖于法官的恰当衡量，法官恰恰可以合理地利用这一点，使得法律概念的适用能够契合当下流行的习俗、公众认可的行为方式以及主流的道德观念，从而使法律的适用不至于导致维护守旧和落后。

当然，不确定法律概念的灵活性并非意味着随心所欲，不是任何人都可以自由随意地改变其内涵和外延。这不仅依赖于改变之依据是否具有合理性，更依赖于改变者是否具有权威性。只有当改变之依据被认为是合理的，并且改变者在适用该概念的那个领域具有权威性时，改变后而确立的新内涵和外延才会被人们所承认和接受。

第二章　不确定法律概念与近似概念

第一节　不确定法律概念与一般条款

一般条款也是一种立法技术的产物，在成文法国家得到广泛的应用。由于现实生活复杂多变，以及人类的认识存在着局限性，成文法的制定也就难免会出现滞后性、不合目的性、不周延性等缺陷，这也就使得一般条款有了适用及发展的空间。一般条款的价值主要是通过给予法官一定的空间，依靠法官的自由裁量来实现一般正义和个别正义的兼顾和平衡。但也正是因为一般条款的抽象概括性，其也存在着被司法者无视甚至滥用的风险，危及法的确定性及安定性，从而损害法律权威。从这个意义上讲，一般条款与不确定法律概念非常相似，也容易引起混淆，需要对二者的关系予以说明。

一、一般条款的认识论基础

通过尽可能多地抽取概念以及语句的内涵，进而呈现出较为"干瘪"以及精简形态的立法，是为抽象概括式立法模式，它促进了法律的普遍适用，有利于维护法的稳定性，有助于实现普遍正义，但这种模式会忽略社会生活同样所需要的个别特色和正义。一般条款往往会被立法者视为一种立法技术手段，为增强法律适用性，在确定的法律规范中适当增加弹性因素。

（一）一般条款的含义

学理上通常认为，一般条款最初产生于德国民法典，后来被日本、瑞士和其他借鉴德国法的国家所采纳。[①]《德语法律百科全书》将德国民法典第 138 条（公序良俗）、第 242 条（诚实信用）作为一般条款的典型例子。[②] 学界对一般条款多有讨论，但仍未有明确定义，多是从不同角度对其构成条件、特征及功能等进行描述性阐释。"为了减少抽象立法体裁的缺点，立法者在立法中规定了一些一般条款。"[③] 拉伦茨把一般条款认定为用以克服成文法缺陷的立法技术，但并未确切揭示其内涵，也许是因为其本身所具有的"只可意会不可言传"的特点。日本学者大村敦志从法律规范的基本构造入手，认为一般条款都是没有特定的构成要件和法律效果的。换言之，他认为一般条款都不包含特定的规范内容，而仅仅是表明一般价值取向的法律规定。[④] 这一描述倾向一般条款自身的内部构造，试图从其本质方面揭示内涵，具有重要的参考意义。黄茂荣认为："诚信原则等一般条项固然不得直接引为权利义务之发生依据，而只可引为如何履行义务或行使权利的方法，但一再地尝试通过一般条项比较公平地处理个案，却也丰富并相对精确了原本极不确定之一般条项的内容。"[⑤] 显然这是从适用方

[①] 大多数学者都以德国民法典中一般条款的表述作为典型进行研究，其实诞生于 1804 年的法国民法典已有关于诚实信用和善良风俗的表述，只是由于法国民法严格区分立法权和司法权，对法官自由裁量权进行较为严格的限制，因而学者没有从一般条款方面给予其过多的关注。

[②] 于飞：《民法基本原则：理论反思与法典表达》，《法学研究》2016 年第 3 期。

[③] 〔德〕卡尔·拉伦茨：《德国民法通论》（上册），王晓晔等译，法律出版社 2013 年版，第 34 页。

[④] 〔日〕大村敦志：《民法总论》，江溯、张立艳译，北京大学出版社 2004 年版，第 62 页。

[⑤] 黄茂荣：《法学方法与现代民法》（增订七版），第 888 页。一般条款、概括条款或者一般条项，由于它们只是概念表述的不同，为了使用的方便，在下文笔者统一称其为一般条款。

法的视角所进行的描述，从一个方面揭示了一般条款的特点。在中国大陆，梁慧星放弃给一般条款下定义，而是对典型情形予以列举。"与开放性的不确定概念类似的，是一般条款，如诚实信用原则、公共秩序与善良风俗、权利滥用之禁止、情势变更原则等。"[1] 王利明认为，"一般条款是指在成文法中居于重要地位的，能够概括法律关系共同属性的，具有普遍指导意义和适用意义的条款。"[2] 同时认为，一般条款通常具有"宽泛""抽象"和"一般性"等特征，其所具有的开放性和延展性使得民事法律可以适应变动中的社会生活。[3] 还有学者指出，在民法中，一般条款是未规定具体的适用条件和固定的法律效果，而将其交由法官根据具体情况予以确定的规范。[4] 这类似于大村敦志的观点。还有的学者从其指引性、价值判断的标准等角度界定一般条款："这些条款具有指令的特点，属于判断标准，其内容还需要裁判者在法律适用过程中加以填补，具体表现如公序良俗、诚实信用、禁止权利滥用、情势变更原则等，其外延是开放的，本质上是赋予法官以自由裁量权，为个案的裁判指引方向。"[5]

区别于从本质规定性方面对一般条款进行界定，德国学者默勒斯尝试从形式特点上进行说明，是一个值得借鉴的做法。他认为，作为一种规则，一般条款表达的是一种"命令"，即法律规范所包含的"命令与禁止"，因此一般条款已绝非某种"法原则"。为一般条款做出一个形式上的定义似乎更为可取，一般条款即是有着高度抽象性，故而无法明确把握其概念核心的概念，因此将案件事实涵摄于构成要件之

---

[1] 梁慧星：《民法解释学》（第五版），法律出版社2022年版，第254页。
[2] 王利明：《法律解释学导论——以民法为视角》（第三版），法律出版社2021年版，第490页。
[3] 王利明：《侵权法一般条款的保护范围》，《法学家》2009年第3期。
[4] 石佳友：《民法典与法官裁量权》，《法学家》2007年第6期。
[5] 姚辉：《民法学方法论研究》，中国人民大学出版社2020年版，第490页。

下即不再那么轻而易举。①

鉴于一般条款自身的特性，笔者借鉴形式描述的做法，通过考察成文法中一般条款的表现形式，尝试对其特点进行总结。第一，在内涵设计上非常抽象，极尽概括，"竟连可能的文义也不可得，而只是一个价值取向的指令。"②换言之，一般条款只是模糊地表明法律的价值取向，为法官提供一个思维的指导。从这个意义上说，一般条款的核心要素是抽象、普遍或者一般，它是对某一类生活事实的概括性规定，是对其共同性要素的提炼，同时在归纳抽象出相应规范后，又可以此为基础推导出适用于各类具体情形的规范。一般条款的目的在于从条文语义层面放弃负担具体化、准确化的特征要素，并通过抽象的方式尽可能地涵盖更多的构成要件，因而是高度抽象、模糊化的表达，是一种界限模糊、纯粹的公平规范。第二，从逻辑构造看，尽管存在着构成要件和法律效果，整体上属于法律规则的范畴，但是其构成要件并不特定，法律效果也不具体，在适用时首先要对其进行内容填补。③一般条款设立了一个一般准则，其在个案中的具体含义需要法官去确定：只为法官提供了一个抽象的框架，或者指出了一个大致方向，而最终的判断结果在程度、范围等方面可能存在很大不同。由此，一般条款具有很好的开放性，可以应社会的发展而不断变化。特别是一般条款往往与例示性规定合并适用，可以很好地弥补后者的不足，促进法律随同社会的发展变化而进步。第三，在功能上作为一种法技术的应用，旨在弥补成文法的固有缺陷，使法律充满弹性且能

---

① 〔德〕托马斯·M.J.默勒斯：《法学方法论》，杜志浩译，北京大学出版社2022年版，第416—417页。
② 黄茂荣：《法学方法与现代民法》（增订七版），第695页。
③ 需要特别强调的是，一般条款也存在抽象程度的差异，对于很少部分的一般条款，其抽象性较弱，包含有具体的构成要件和法律效果，对此后文将会论到。

与时俱进。同时，一般条款具有基础性特征，成为某类法律问题的基础，提供一般原则和精神，为具体规则的设立、阐释和发展提供基础和参考。

从功能来看，私法中的一般条款提供了宪法基本权利向私法领域发挥效力的最佳途径。德国学者杜立希提出，私法中的概括条款是私法实现基本权利的理想媒介，私法规范和具有更高位阶的基本权利规范之间具有非常紧密的联系，具有价值满足能力及必要性的概括条款，是满足这种关系的最好桥梁。[1] 概括条款的适用可以在法律体系及逻辑上保障私法的独立运行，另一方面，在法律道德之下又可以维持整体法的一致性。[2] 对于一般条款将宪法权利贯彻于私法领域的意见，我国学者尚强调不够。私法领域的权利保护，不论是人身权还是财产权（尽管属于私的范畴），其实现和最终的保障都离不开宪法基本权利。我国宪法明确规定，我国公民的人身自由不受侵犯，禁止非法拘禁和以其他方法非法剥夺或者限制公民的人身自由，禁止非法搜查公民的身体；公民的人格尊严不受侵犯，禁止用任何方法对公民进行侮辱、诽谤和诬告陷害；中华人民共和国公民的住宅不受侵犯，禁止非法搜查或者非法侵入公民的住宅，以及公民的通信自由和通信秘密受法律的保护；公民合法的私有财产不受侵犯。[3] 这些规定是保护民事权利的宪法基础，而各项具体的民事权利是宪法基本权利的体现。由于私法立法本身的渐进性，特别是关于人格权、人格利益等的价值确认和制度构建，需要一个发展和不断深化的过程，因此立法总是滞后于社会发展，在具体的案件裁决中，有时就不得不需要借助于宪法基本权利。在这种宪法权利与私法权利的互动过程中，一般条款发挥

---

[1] 姚辉：《民法学方法论研究》，中国人民大学出版社2020年版，第492页。
[2] 陈新民：《德国公法学基础理论》（上册），山东人民出版社2001年版，第304页。
[3] 分别参见我国宪法第37、38、39、13条。

了桥梁作用,此处最为典型的一般条款是民法典第3条。①当然,从另一个角度看,一般条款也提供了一个屏障,防止公法条款直接进入私法领域。

一般条款侧重于个别公平和正义的价值理念,是一种通过建构基础规则,将个案中的具体规范授权法官进行判断的法律规范。然而伴随灵活性而来的是不确定性,在法律适用中,其往往难以具化为裁判依据而直接适用于判决之中,故可能造成法官的恣意而危害法的稳定性。此外,一般条款并非产生法律关系的独立依据,而只有与其他的法律或社会规范结合才能真正实现对社会生活的调整。如此说来,一般条款的主要机能在于增强法律的灵活性,顾及个案正义,同时使得法律与时俱进,引入社会变迁中的伦理道德观念,并实践其规范功能。因此,"从立法者的角度而言一般条款可以被视为对法官放松拘束的方法之一,从司法者的视角而言则意味着权力转移的授权性条款。可以说,凭借一般条款进行法律适用时,法官主体地位得以充分显现,但这并不意味着对现行规范条文漠然置之,而是在整个法律体系的范围内对立法者的价值判断进行扩张、限制以及补充,或者在审慎考量的基础之上引入外在的评价标准,从而寻求更加适当、公平的裁判。"②因此,至少可以在两个层面理解一般条款,其一是在立法论层面上,通过吸收法律之外的社会伦理规范,坚持最根本的价值理念等手段,建立整体的法律或制度的体系架构;其二是在方法论层面上,据此形成法官法,赋予法官实现个案公正的基本自由。

在技术层面,应当严格区分"一般法律思想"与"一般条款",

---

① 该条规定,民事主体的人身权利、财产权利以及其他合法权益受法律保护,任何组织或者个人不得侵犯。
② 任超:《德国民法中的一般条款:内涵界定和历史脉络——以诚实信用条款为例》,《河北法学》2016年第2期。

前者不存在条文化的外在表现形式，而仅仅是观念的存在，是关于法律的产生、功能、运行等问题的观点和看法，是对法律的主观反映。从功能来看，仅可作为进一步具体化工作的指导，但不能提供具体的可操作的行为模式，不能成为法院裁判的法律基准。而后者是裁判规范，有特定的条文规定和适用范围，其效力并不一定贯彻于某一法律的始终。从另一角度看，立法者会将自己关于法的理念、精神和宗旨等贯通于立法当中，从而成为法律规范的内在价值和精神追求，由此，二者相互结合构建了一个内在阶层分离的规范体系。

（二）一般条款可直接作为请求权基础

张新宝在论述侵权责任法的一般条款时指出："侵权行为一般条款就是在成文法中居于核心地位的，作为一切侵权请求之基础的法律规范。"[1] 在民法典颁行以前，杨立新曾指出，我国侵权责任法存在大小搭配的双重一般条款：其第 2 条第一款为大的一般条款，[2] 第 6 条第一款为小的一般条款。[3] 我国侵权责任法大体上采取的是总分模式，但是分则部分既不是对特殊侵权责任的一般规定，也不是对侵权责任全面类型化的规定，因而是一个不完善的分则，因此如果只规定小的侵权责任一般条款，则无法概括特殊侵权责任的具体规定，在侵权责任类型化的规定上又会超出特殊侵权责任所应规定的范围；反之，若只规定大的侵权责任一般条款，又会使一般侵权责任缺乏侵权请求权的法律基础，没有办法直接规定全面的侵权责任类型，因此大小搭配的双重侵权责任一般条款立法模式应运而生，成为立法的现实。[4]

---

[1] 张新宝：《侵权行为法的一般条款》，《法学研究》2001 年第 4 期。张新宝将侵权责任法一般条款的功能界定为是一切侵权损害赔偿请求权的基础。
[2] 该款规定："侵害民事权益，应当依照本法承担侵权责任。"
[3] 该款规定："行为人因过错侵害他人民事权益，应当承担侵权责任。"
[4] 杨立新：《侵权责任法》，北京大学出版社 2014 年版，第 19—21 页。

一般条款本身也存在抽象程度的差异，至少可以据此将其划分为两类。一类是从条文形式看没有较为清晰的构成要件和法律效果的区分，而仅仅是一原则性的规定。比如我国民法典第 7 条："民事主体从事民事活动，应当遵循诚信原则，秉持诚实，恪守承诺。"形式上仅仅是关于"诚实信用"义务的规定，不仅没有就法律效果——即违反诚信义务的结果作出规定，即使是构成要件也不够清晰。法官在具体案件裁判中需要根据实际情况构造法律规范。在合同领域，所构造的规范很可能是"当事人缔结合同违反诚实信用的，该合同无效"，在侵权领域，构造的规范很可能是"行为人以违反诚实信用的方式损害他人的，应当承担侵权责任"。这类一般条款的指导性色彩更加浓厚，但法律规范的属性较弱，法官在适用时的灵活性更大，属于最典型的一般条款。另一类是法律规范的形式比较明显，构成要件和法律效果两大部分都存在，只是不够具体而已。典型者如民法典第 1165 条："行为人因过错侵害他人民事权益造成损害的，应当承担侵权责任。"该条是关于一般侵权行为侵权责任的规定。对此可能会遭受的质疑是，其是否属于一般条款？这就必须回答它与具体规范之间的区别。从条文的结构上几乎看不出什么，如果说其属于普通的裁判规范，似乎也不存在大的问题。但笔者将其界定为一般条款，主要原因是它是对特定范围内一类法律事实的规范，所指向的对象是以"类"来界定的。民法典第 1165 条所规范的对象是一般侵权行为，范围甚广，虽然也有对其要素的较为一致的认识，但对其自身的特征难以做出一般性规定，划定范围更是困难，因此所采用的技术手段为排除法，即凡是民法典"侵权责任编"中没有特别规定的侵权行为，均属之。一般是以过错责任为基本的归责原则。因此该条司法适用的逻辑是，面对个案，法官首先需检索民法典侵权责任编当中是否还有其他的法律规范可以适用，只有结论为否，方可予以适用。这与一般的法律规范不同，首先，一般法律规范所针对的是具体的法律事实，比如买卖合同情景下的违约；[1] 其次，在适用时，如果案件事实该当于其构成要件，往往就可以直接适用，无需去审视是否有其他的另行规定。当然，为了法律适用的精准，法官很可能也会进行全面的法规检索，但这并不是必须的。此外，第 1165 条不可与民法典所规定的其他特殊侵权规则并用，而具体规范是可以与其他规范并用的。

从司法适用看，前述类型都属于直接作为价值补充依据的一般条款，不与具体列举发生联系，而直接独立地作为一般条款适用；还有一类则属于兜底的一般条款，以没有其他具体规定的适用为适用前提，有时会与具体类型的列举相联系，以具体列举为基础存在而发挥兜底功能，其目的在于避免遗漏。[2] 比如民法典第 195 条规定了可以引起诉讼时效中断的情形，前三款是具体列举，包括权利人向义务人提出履行请求、义务人同意履行义务、权利人提起诉讼或者申请仲裁，第四款则是"与提起诉讼或者申请仲裁具有同等效力的其他情形"，

---

[1] 这里仍然存在抽象度的差异，比如一般的买卖合同，相对于不动产买卖而言，就具有较高的抽象度。但无论如何，"合同"本身注定是抽象的，因为在事实层面不会存在一个买卖合同、租赁合同或其他具体类型合同之外的合同，现实当中存在的一定是某种类型的合同，因此关于合同本身的规定，就很可能属于一般条款，比如民法典第 577 条："当事人一方不履行合同义务或者履行合同义务不符合约定的，应当承担继续履行、采取补救措施或者赔偿损失等违约责任。"就是一个典型的违约责任一般条款。关于一般侵权责任规定的第 1165 条，与之非常类似。但这样一来，随之引发的问题是，民法典中除了各分则部分明确规定了调整对象的具体规范之外，民法典的总则部分、各分则中的第一部分"通则"，似乎都属于一般条款。这显然超出了人们对一般条款的认识。比如民法典第 1166 条关于无过错责任的规定（行为人造成他人民事权益损害，不论行为人有无过错，法律规定应当承担侵权责任的，依照其规定），应当属于典型的一般条款，有意思的是，鲜见学者承认之。因此，究竟是一般还是具体规范，说到底仍然是一个主观的判断，取决于人们的一般观念。当我们需要凸显某一条款的价值而区别于其他条款时，就可以将其界定为一般条款。
[2] 王利明：《法律解释学导论——以民法为视角》（第三版），法律出版社 2021 年版，第 495 页。

属于一般条款,且与具体列举相结合,其内容应当参照具体列举所提供的标准加以延伸和确定。与之类似的还有民法典第 194 条第 5 款、196 条第 4 款等。

一般条款由于其自身的抽象性,往往需借助于具体的法律规则实际发挥作用,是多个具体规则背后的支撑条款,在此基础上据以形成多个法律规则,因而称其为"一般条款"才名实相符。但应注意的是,一般条款也可以直接作为当事人的请求权基础,有时候需经过法官的构造予以适用,有时候可直接适用。但需注意的是,一般条款永远处在具体规则的候补状态,当且仅当没有具体的法律规定,某种意义上意味着存在法律漏洞时,一般条款可以发挥候补性作用而被作为请求权基础,但会受到严格的条件限制。

(三)一般条款与基本原则

张文显取《布莱克法律词典》的定义,认为法律原则是指可以作为法律规则的基础或本源的综合性、稳定性原理和准则。[①] 它不能为个别或具体的法律规则所涵盖,是贯穿于某部门法整体之中的基本价值与精神。可见,基本原则属于价值和精神层面,是立法、司法的基本指导,尽管其也可能通过一定的法律条文来呈现,但可以肯定其并不属于法律规范。一般条款与基本原则之间的共性和联系集中表现在两个方面:其一,都具有较高的普遍性和抽象性,内容较为原则和模糊,较为广泛地适用于法律中的某个领域。在表现形式上,有些一般条款是法律原则的展开,其本身就内含了一个法律原则。比如民法典第 7 条就是一个一般条款,同时也直接反映了民法的基本原则——诚实信用。如果立法模式是将所有的基本原则都予以明文列举,那么规定这些基本原则的条款就成为最常见的一般条款。比如我国民法

---

① 张文显:《法理学》(第五版),高等教育出版社、北京大学出版社 2018 年版,第 120 页。

典第 3 至 9 条，分别规定了民事权益受法律保护、平等原则、自愿原则、公平原则、绿色原则等。最典型的是第 7 条规定的诚信原则和第 8 条规定的公序良俗原则。当然，也很有可能基本原则并没有专门的条文来规定和反映，此时其虽然发挥着积极的作用，但毕竟欠缺条文形式而呈现为"影子"状态。有学者认为："一般条款指的是以非常一般性的方式表述的思想内容，这些思想内容被赋予原则性的意义，如'诚实信用'原则、'善良风俗'原则。"[1] 也正是基于这样的原因，有的学者并没有严格区分法律原则和一般条款。比如有学者指出，一方面，法官适用基本原则判案大多都是充当具体规则的"叠加理由"，在法技术层面是多余的；另一方面，我国的民法基本原则实际上把"一般法律思想"和"一般条款"杂糅一体了。[2] 当然，从价值和精神层面看，二者确实非常接近。

其二，都具有概括性和开放性的特点。二者所拟解决的问题都在于弥补成文法规定相对于社会生活之不备，因此都是通过开放性的表述，期冀能够满足多元化、个性化的社会需要。姚辉认为，一般条款在私法中大多以法律原则的形式出现。法律的基本原则具有真理性，这种真理性比其他人性科学（human science）的原理更具感染力和说服力，这种真理性为每一个人所知晓并且同等地影响着每一个人的思想和灵魂、精神和理智。[3] 一般条款相应就具有法律原则的这种真理性。

但基本原则和一般条款之间还是存在一些明显的差异。其一，就表现形式看，基本原则通常表现为某种理念、精神，虽然在我国往往

---

[1] 〔德〕迪特尔·施瓦布：《民法导论》，郑冲译，法律出版社 2006 年版，第 107 页。
[2] 于飞：《民法基本原则的立法表述：区分法律理念与概括条款》，《中国社会科学报》2015 年 5 月 27 日。
[3] 姚辉：《民法学方法论研究》，中国人民大学出版社 2020 年版，第 492—493 页。

有基本原则的条文规定，但在国外，法律原则大多源于判例与学说的总结，并不直接体现在法律条义当中。而一般条款通常表现为是一种法律规范，往往有相应的要件和效果，一定具有法律条文的形式。相对于一般条款，基本原则仅仅是价值的宣示，它只是一般的法律思想，并不包含特定的构成要件和法律效果，不能直接适用于具体案件之中。其二，抽象程度与适用范围不同。相对而言，基本原则具有更高的价值位阶和更高的抽象性，[1]因而不能为某个个别或具体的法律规则所涵盖，是贯穿于整个部门法之中的。比如民法基本原则一定会贯彻于民法始终，绝不会限定于民法的某一特定领域，否则就不会具有"基本"属性。[2]相对而言，一般条款通常适用于较为具体的事项，比如前述关于一般侵权行为责任承担的一般条款，就适用于非特殊侵权的场合。当然也存在可适用于民法全域的一般条款。其三，功能不同。一般条款属于裁判规范，可以直接作为裁判依据，而法律原则并不能直接作为裁判规范，而是作为立法、执法、司法和守法的基础性指导，起到对基本规范进行解释、补充、支撑等的作用，而只有在没有具体法律规范存在时，才可以借助于基本原则进行案件处理。需注意的是，如果某一一般条款本身就内含了某一基本原则，对这一条文的适用实质仍然是依据一般条款而不是基本原则进行裁决，因为这属于有法律规定的情形。但需要注意的是，我国裁判实践中往往将这种情形表述为依据基本原则。

---

[1] 王利明：《法律解释学导论——以民法为视角》（第三版），法律出版社2021年版，第498页。

[2] 也正因为此，如公平原则是否构成民法基本原则就存在重大争议。尽管我国立法有着明文规定（合同法第五条，当事人应当遵循公平原则确定各方的权利和义务；民法典第六条，民事主体从事民事活动，应当遵循公平原则，合理确定各方的权利和义务。）但一直存在的一个争议是，公平与否的问题只涉及财产领域，在其他领域，特别是婚姻家庭等身份及人格权领域，根本就无适用余地，因此其似乎不具有"基本原则"的地位。

（四）一般条款在我国民法典中的存在例示

关于一般条款，各国的规定各有差异，但却体现出一个共性，即都使用或者隐含了相差无几的规范性抽象规则，有时会引入伦理性的判断标准。最为典型的一般条款包括两项：一是规定诚实信用的条款（我国民法典第 7 条），另一是规定公序良俗的条款（我国民法典第 8 条）。各个国家都有自身的发展历程及文化、价值观，就使得对于一般条款的理解也存在差异，但一般条款的设置有时会在法律规范中加入道德因素，通过借助道德的普适性来增强制定法对社会变化发展的适应性。

区别于不确定法律概念，一般条款是以一个法律条文的形式存在，是一个陈述和完整的语句。民法典当中关于基本原则的规定，除了极其抽象的之外，都属于一般条款。除此之外，民法典中各编第一章的一般规定，多数都属于一般条款。除了前文已经明确提到的以外，典型者还有：

第 109 条："自然人的人身自由、人格尊严受法律保护。"该条系关于人格权保护的一般性规定，是具体人格权保护的基础，同时发挥具体人格权保护不足时的填补功能。第 112 条："自然人因婚姻家庭关系等产生的人身权利受法律保护。"第 113 条："民事主体的财产权利受法律平等保护。"上述两条款属于典型的宣示规定，宣告因婚姻家庭关系产生的人身权利（主要是身份权）、财产权利受法律保护，没有具体的法律要件和效果，在适用时需要进行具体化。

第 129 条："民事权利可以依据民事法律行为、事实行为、法律规定的事件或者法律规定的其他方式取得。"该条系民事权利取得依据的规定。第 130 条："民事主体按照自己的意愿依法行使民事权利，不受干涉。"第 131 条："民事主体行使权利时，应当履行法律规定的和当事人约定的义务。"第 132 条："民事主体不得滥用民事权利损害国家利益、社会公共利益或者他人合法权益。"上述三款是关于民事权利行使的一般要求,是很多具体规则建立的基础。

第176条:"民事主体依照法律规定或者按照当事人约定,履行民事义务,承担民事责任。"该条是对义务履行和责任承担的一般性规定。

第207条:"国家、集体、私人的物权和其他权利人的物权受法律平等保护,任何组织和个人都不得侵犯。"系对物权平等保护的一般性规定,几乎是第113条的重复。

第990条第2款:"除前款规定的人格权外,自然人享有基于人身自由、人格尊严产生的其他人格权益。"该款是对一般人格权的规定。第991条:"民事主体的人格权受法律保护,任何组织和个人不得侵犯。"第992条:"人格权不得放弃、转让和继承。"这两条是对人格权保护的一般性规定,是属于第109条的细化,但仍然是极度抽象的。

第1041条:"婚姻家庭受国家保护。实行婚姻自由、一夫一妻、男女平等的婚姻制度。保护妇女、未成年人、老年人、残疾人的合法权益。"第1042条:"禁止包办、买卖婚姻和其他干涉婚姻自由的行为。禁止借婚姻索取财物。禁止重婚。禁止有配偶者与他人同居。禁止家庭暴力。禁止家庭成员间的虐待和遗弃。"第1043条:"家庭应当树立优良家风,弘扬家庭美德,重视家庭文明建设。夫妻应当互相忠实,互相尊重,互相关爱;家庭成员应当敬老爱幼,互相帮助,维护平等、和睦、文明的婚姻家庭关系。"上述三条是关于婚姻家庭关系的一般规定,特别重要的是借助于这些条文,将相关道德、伦理及社会的规范引入,成为调整婚姻家庭关系的重要手段。

第1046条:"结婚应当男女双方完全自愿,禁止任何一方对另一方加以强迫,禁止任何组织或者个人加以干涉。"第1055条:"夫妻在婚姻家庭中地位平等。"这两条是关于结婚和夫妻关系的一般性规定。

(五)一般条款的具体功能

由于在民法当中一般条款的具体类型较多,也发挥着不同的功能价值,无法全部予以列举,举其要者:

1. 从行为规范的角度言,是对一类民事行为的概括指导

我国民法典总则编中关于一般原则的部分规定,就非常典型的表现了这一点。比如第 7 条,诚实信用属于民法的帝王条款,其功能首先在于对法律行为的指导,树立行为的标准和典范,从而便利于行为人依此行事。有学者指出,诚实信用条款具有"行使审查"功能,法官对既存权利的行使进行审查,看其是否违反诚信要求,以损害他人为主要目的滥用权利的行使行为须被拒绝。[①] 当然由于其本身属于市民社会生活当然的基本规范和要求,也为社会朴素的道德观念和人际交往的社会观念所涵盖,因此民事主体的诚信行为,也并非必然都是这一条款发挥作用的结果,毋宁是一个自然的自觉选择。

2. 直接作为裁判依据

这是一般条款最重要的功能,前文已述,不再赘述。在此仅以民法典关于公平的第 6 条为例示。首先,该条仅针对涉及财产的行为。郭明瑞指出:"公平原则体现公正价值观,要求民事主体以社会正义、公平的观念指导自己的行为,要求以社会公平正义的观念来均衡当事人的利益,以社会公平正义的观念来处理当事人之间的纠纷。"[②] 对此需说明者有二:其一,该观点使用了"公正""正义"等概念,将"公平"转化为"公平正义",使得原本应仅适用于财产行为的这一条款,表面

[①] 于飞:《公序良俗原则与诚实信用原则的区分》,《中国社会科学》2015 年第 11 期。
[②] 郭明瑞:《民法总则通义》,商务印书馆 2018 年版,第 23 页。

上看起来可以适用于全部的法律行为；其二，在自愿原则的配合下，"公正"似乎只与公共利益相关，当事人之间并不存在"公正"问题，因为这恰恰是进入第8条"守法与公序良俗"的射程之内，故笔者的意见是本条仅涉及"公平"而无涉"公正"，因此只能适用于财产性行为。即便如此，在自愿的背景下公平似乎不存在问题，可以说只要是自愿进行的交易就是公平的。因此如果在实践中出现问题，真正的焦点并不在是否"公平"上，而在是否"自愿"上，故而对于行为指引来说，这一条似显多余。但其价值在于，如果当事人在交易当中一方利用了另一方的某种不利因素，比如缺乏经验、急迫情势等，导致当事人之间的法律交易行为"显失公平"，则可以以此为理由对该法律行为进行调整。法院在利用民法典第151条[①]进行裁判时，第6条即发挥基础性作用。但需要强调的是，裁判依据只能是第151条而非第6条，否则即构成"向一般条款的逃逸"[②]。

3. 成为更具体法律规则的支撑理由或基础，但同时也构成这些法律规则的矫正或者限定手段

一般条款的适用范围较广，很多时候是作为更具体规则的支撑理由或基础，从这个意义上说，一般条款发挥了"法理"的作用。张新宝认为，侵权法的一般条款是指对侵权法的保护范围、归责原则、责任构成要件等某一类型或多个类型侵权的内容进行抽象规定，以作为

---

① 该条规定，一方利用对方处于危困状态、缺乏判断能力等情形，致使民事法律行为成立时显失公平的，受损害方有权请求人民法院或者仲裁机构予以撤销。

② 所谓禁止向一般条款逃逸，是指基于一般条款或者法律原则与具体法律规则的联系；后者往往是对前者的展开和细化，因此根据具体的法律规则进行裁判，法律原则或者一般条款当然就会发挥作用，此时，裁判的依据只能是具体的法律规则，而不能直接适用法律原则或者一般条款。只有在没有具体规则的情形下，才可以以一般条款或基本原则作为请求权基础。其基本目的在于法律适用的层次性、准确性，如果向一般条款逃逸，"找法"的工作就会过于简单，一般条款就可以替代具体规则，因而法律适用的准确性将无法实现。

相关类型侵权法具体规定展开基础的条款。①一般条款的法律构造比较模糊，往往会成为一种精神、理念、原则等的宣示，某一个更具体的法律规范就会体现、展示或者具体化了某一一般条款的抽象规定。比如民法典第 6 条成为第 151 条的基础，第 8 条成为第 153 条②的基础。从这个意义上说，很类似于宪法规定在私法中的具体呈现，是通过将宪法规则具体化为一个个的私法规范而实现的。

另外，虽在适用的先后顺序上，一般条款处在具体规则之后，这也是由于具体规则往往展示了一般条款的理念，法律规则的适用本质就是一般条款的适用。但在二者所负载的价值理念层面，一般条款显然居于更高的位次，比如关于诚实信用、公序良俗、自愿公平等，是民法最基础、最根本的价值理念，关涉整个交易的秩序和良好社会风气的形成，公共利益和私人利益的兼顾等，更加体现全局性和系统性，相对而言，具体法律规则背后的价值理念往往更加具体和单一，且位阶较低，因此当具体的法律规则与一般条款并存且存在冲突时，就应当根据一般条款的理念对具体规则进行适度矫正、调整、限制或扩展，当缺乏具体规则时，则利用一般条款对其进行补充，使得法律的适用能够实现良好的社会价值，推动一般条款所内含的价值理念在社会生活当中的实现。"由此可知，在相关条文的字面含义过宽而存在'隐藏'漏洞的前提下，一般条款可以作为填补手段来限制其适用范围。"③

4. 成为社会其他规范进入法律的管道

社会生活受多重规范的调整，包括伦理、道德、宗教、习俗等。毋庸置疑，在法治社会法律一定是最重要的社会调整规范，然而这并

---

① 张新宝：《侵权立法模式：全面的一般条款＋全面列举》，《法学家》2003 年第 4 期。
② 该条规定，违反法律、行政法规的强制性规定的民事法律行为无效。但是，该强制性规定不导致该民事法律行为无效的除外。
③ 任超：《德国民法中的一般条款：内涵界定和历史脉络——以诚实信用条款为例》，《河北法学》2016 年第 2 期。

不意味着单纯依靠法律就可以实现社会生活的有效治理,"徒法不足以自行",恰恰相反,法律必须与其他的规范有机结合,才可以发挥整体协调功能。在裁判案件时,法院就必须恰当适用这些规范,进而实现其他社会规范对社会生活的调整。如果不能将这些规范引入裁判,法律的适用就可能冲抵其他规范的部分功能,甚至与其产生冲突。但立法并不能直接将其他的规范引入其中,正所谓"法律的归法律,道德的归道德",那如何将其他社会规范引入裁判呢?一般条款就提供了这样的管道。比如借助于关于公序良俗的一般条款,社会公认的道德规则、善良习俗就可以进入法律,进而作为裁判案件的重要依据。

二、不确定法律概念与一般条款的关系

(一)二者的共性

开放式不确定法律概念和一般条款都有着内涵不确定、外延开放的特征,决定了二者在适用时均需要进行价值判断,需要依据具体个案予以具体化。

1. 均属于法律技术的产物,且服务于共同的目的

成文法的基本特征在于其普遍性和稳定性,然这种模式存在的问题是无法适应个案当中特殊因素,这就促生了不确定法律概念和一般条款。二者有助于涵盖多样化的社会生活,使得其一体化纳入法律调整,并照顾个案特色,并能够将社会的其他规范引入,从而发挥整体的社会调整作用。

2. 都具有开放性

为尽可能保证法律的客观合理,立法者大多都是以中性的法律语言对社会生活进行高度的抽象概括,这样出现的不确定法律概念和一般条款均表现出内涵与外延的开放性。

开放性还表现在是法律与法外因素的连接点。调整社会生活必

须依赖于多重社会规范,而这些又处在经常的变化当中,不确定法律概念和一般条款可实现有效接入。例如,法律交易行为须符合公序良俗,[1]而其判断需依据社会主流的道德伦理观念。我国民法典的起草者认为:"善良习俗是指基于社会主流价值观念的习俗,也被称为社会公共道德,是全体社会成员所普遍认可、遵循的道德准则。善良习俗具有一定的时代性和地域性,随着社会成员的普遍道德观念的改变而改变。"[2]有学者认为,与诚实信用这一仅存于在法律上具有"特别关系"(以债之关系最为常见,但并不局限于此,如"质押关系""地役权关系"等均囊括其中)的人之间的较高的勤勉义务不同,公序良俗设立底线型的道德标准,针对人类社会的所有人,不要求当事人之间存在"特别关系"。[3]其实,就开放性而言,诚实信用与公序良俗已基本趋同,都具有普遍性,是针对全部主体的。

3. 一般条款当中往往包含有不确定法律概念

现代民法普遍公认的最为重要的一般条款即规定诚实信用和公序良俗的两个条款,属于法律规范的范畴,具有大致的要件和效果,而要件当中最为重要的是"诚实信用"和"公序良俗",而这二者恰恰属于最典型的不确定法律概念。一般条款具有最为广泛的适用性,其要件往往依赖于内涵外延模糊的不确定法律概念,这也是二者具有很多共性的重要原因。

(二)二者的差异

1. 形式方面的不同

一般条款作为一个完整独立的语句,系属一个法律条文,且通常

---

[1] 有学者指出,公序良俗条款具有"内容审查"功能,法官对法律行为的内容进行审查,看其是否违背公序良俗,若是,将导致该法律行为无效或部分无效。于飞:《公序良俗原则与诚实信用原则的区分》,《中国社会科学》2015年第11期。
[2] 黄薇主编:《中华人民共和国民法典释义》,法律出版社2020年版,第26页。
[3] 于飞:《公序良俗原则与诚实信用原则的区分》,《中国社会科学》2015年第11期。

属于一个完全性法条，承载一个完整的法律规范，具有一定程度上的要件和效果（特殊情况下需要法官去构造）。虽然从内容看，要件和效果的表述特别是关于要件的表述比较宽泛模糊，但终究是一个法律规范。与此不同，不确定法律概念仅仅是一个概念，不具有法律条款的属性，不足以构成一个法律规范，也没有相应的法律效果，它仅仅是一个法律规范的构成成分。所以如果单纯提及"诚实信用"和"公序良俗"，则属于不确定法律概念，但如果表述为关于"诚实信用"或"公序良俗"的法律规定，则又属于一般条款。

2. 抽象化程度及普适性不同

抽象化与普适性具有相辅相成的关系，抽象化程度越高，其普适性就越强。前文根据抽象程度将一般条款划分为两大类，对于第一类而言，抽象度极高，连可能的文义都没有，其具体化往往须依靠法律体系之外的道德规范及规则，因此只是为法官提供了一个裁判方向，至于这个方向上法官到底能走多远，则依赖于法官自己的独立判断。[1] 与之相对应，这类一般条款往往有着更强的普适性和包容性。但是，其仍然属于裁量条款圈子中的一部分，可以理解为具备一定程度的确定性，利用了描述性概念且不是按法律适用者个人的观点来设置的法律规定。[2] 不确定法律概念至少存在着可能的文义，通过法秩序内部体系即可实现具体化。因此，抽象化程度似乎更低一些，普适性也一般。但是对于第二类一般条款，因其相对比较具体，内容要比不确定概念丰富，受到的限制也较多。因此无法笼统地就抽象程度及普适性进行比较。

3. 功能不同

一般条款所具有的某些消极功能，也是不确定法律概念所不具备

---

[1] 梁慧星：《民法解释学》（第五版），法律出版社2022年版，第254页。
[2] 〔德〕卡尔·恩吉施：《法律思维导论》（修订版），郑永流译，法律出版社2014年版，第152—153页。

的。有时立法者可能直接采用一般条款的立法模式，而未经所必需的利益衡量；在进行法律思维时，可能会忽略需首先进行的类推适用和解释适用，而直接以一般条款为依据；在具体裁判中，法官可能更倾向于直接依据一般条款进行裁判，而并未尽力找寻具体规则，或者放弃必要的类推适用、扩张解释或者限缩解释等法技术的应用，这些都可能会导致法的拘束力被无视、被削弱甚至被修正。如果避开法律的具体规则而径直适用一般条款成为一种趋势，则一方面事先制定规则就会变得不必要，另一方面则几乎所有的规则都可能被架空，使得道德的审判代替了法律的审判。自由裁量权的扩张会影响法的安定性，妨碍法的价值实现。利用一般条款进行裁判，实际上是一种衡平，法官很可能进行自由发挥，于是法官个人的倾向就会替代经过反复慎重考虑而设计的法规则。[①]

第二节　不确定法律概念与行政裁量

不确定法律概念最早是从行政裁量概念中演绎分化出来的，二者也确实具有很大的相似性。一直以来，对于不确定法律概念的研究都与行政裁量理论紧密相关。作为客观存在着的法律现象，不确定法律概念是在对行政裁量进行研究的过程中被发现而逐渐独立出来的。德国行政法学家瑞斯（Reuss）指出："不确定法律概念与裁量之间，有

[①] 王泽鉴认为，"概括条款亦可能带来三个'遁入'：第一，立法的遁入，即立法者不作必要的利益衡量及探究判断基准，径采概括条款的立法方式；第二，司法的遁入，即于法律适用时，法官不探寻、发现具体规范，径以概括条款作为请求权基础；第三，法律思维的遁入，即思考法律问题时，不穷尽解释适用或类推适用的论证，径以概括条款作为依据。此三种概括条款的遁入，应予必要的克制，否则将使法律制度、法律适用及法律思维松懈或软化！"王泽鉴：《民法思维——请求权基础理论体系》，北京大学出版社2022年重排版，第205页。

固定不变之差异。'不确定法律概念的理论史,并不是概念构造上的变化史,而是进步的法律认识的历史,终于促使不确定法律概念的完全阐明。'这是认识的进步与净化,而不是超出时间限制,经常存在的概念构造上的变化。"[1] 对不确定法律概念和行政裁量进行本质区分,有利于不确定法律概念内涵和外延的准确界定。

一、裁量与行政裁量

裁量,系指做成决定的自由,是根据个案选择并确定法律效果的一种权力。根据法理学,法律规范的逻辑结构包括要件和效果两个部分,当一定的事实能够符合构成要件时,相应的法律效果便会出现。大多时候,这种相应的法律效果只有一种。但如果法律规范中规定了多种法律效果时,有关机关就有权进行裁量,即根据个案选择其中之一。

一般来说,法律规范对于裁量者有着严格的约束,裁量条款便是对这种约束进行松动的特殊条款。法律规范适用者在对这类条款进行主观评价时,还应当有正当性,并且要与先前的权威评价保持一致。自由裁量条款因其允许在多种法律效果之间进行选择,也就使得类似案件所出现的结果不止一个,但这些结果的出现都是自由裁量条款所固有的,仍处于合法范围,即结果的多样性是合法裁量所允许的。

如果裁量的机关为行政机关,其所进行的裁量即为行政裁量。广义的行政裁量意味着行政机关得以本身的创意行动,或在拟定各种计划时,具有判断与评价的自由。简单说,行政机关在处理同一事实要件时可以选择不同的处理方式。[2] 行政裁量根据不同标准有着不同的

---

[1] 翁岳生:《行政法与现代法治国家》,第50页。
[2] 〔德〕哈特穆特·毛雷尔:《行政法学总论》,高家伟译,法律出版社2000年版,第124页。

分类，其中根据受拘束程度的不同，可分为羁束裁量和自由裁量。前者又称为法规裁量，是指行政机关以法律规定的内容、方式等为依据，通过自身的判断对行政事务进行裁量。对此，法律规范已有一个客观的标准来评价行政机关所做出的裁量是否合法，若其裁量行为超出了这一标准所规定的范围和幅度，则会被认定为违法行为。亦即在法律规范层面存在着有关该行为的客观基准，这就决定了行政机关的裁量是在较为严格的框架约束下进行的。与此不同的是，后者则意味着法律规范并未对自由裁量作具体规定，行政机关在具体执行中需在符合立法目的的基础上自主做出裁判。自由裁量和羁束裁量都授予行政机关自主决定的权力，只是其主体享有的自由度上有量的差异。需明确，并不存在完全、绝对的自由裁量，任何一种裁量都会受到一定程度的限制。

二、不确定法律概念的应用与行政裁量

（一）不确定法律概念的应用与裁量的区别

1. 逻辑结构不同

不确定法律概念并不具备特定的法律要件和法律效果，只是对法官的一种授权，是法律规范的组成部分；而裁量条款本身就是法律规范，具有明确的要件和法律效果，特别是关于构成要件的规定是非常清晰确定的，仅是法律效果上有多种的选项，因而不够确定。

2. 行为方式不同

就不确定法律概念的应用而言，法官所做的主要是围绕要件构成的一种主观判断。当然这种判断并非任意，须接受特定的约束。裁量则是在法定的几类后果中进行选择，包括可采取措施具体的种类和幅度，其更侧重于效果的判断，对于行为本身的构成要件，则无权决定。相对而言，不确定法律概念的应用所要求的技术色彩更浓，也更为复

杂，需要斟酌的因素也更多。

3. 行为的后果不同

不确定法律概念的应用虽然是一个价值判断的过程，但却只涉及"是"或者"不是"的问题，即衡量当下的案件事实是否符合不确定法律概念的内涵。裁量的结果可能面临多种选择，只要是法律明确列举的选择就都是合法的，受到的限制相对较少。因此不确定法律概念的应用，一般涉及合理性与合法性的评价，而一般说来裁量仅涉及合理性评价。

(二)不确定法律概念的应用与行政裁量的区别

对此理论界讨论较多，主要有三种观点，即质的区别说、量的区别说和无区别说。"质的区别说"认为二者在本质上是不同的，所进行的基本操作完全不同。德国学者毛雷尔就曾说过："尽管两者具有一定的共同性，但各自针对不同的事实问题和法律问题，法律方法论上可以也必须根据其特性予以归类和适用。"[1] 而"量的区别说"认为，二者在本质上没有实质性差别，仅仅是受司法审查的密度不同而导致存在量的区别。两者在适用时，决策机关都有着一定的判断空间。"无区别说"认为二者是一致的，并无区分的必要。笔者认为二者之间是存在本质区别的。

1. 存在的领域及适用主体不同

不确定法律概念存在于民法、行政法、刑法等一切部门法领域，与之相对应，其应用的主体主要是法官；而行政裁量的规定仅存在于行政法领域，其适用的主体为行政机关。

2. 行为内容不同

不确定法律概念通常出现在法律规范的构成要件部分，其应用所

---

[1] 〔德〕哈特穆特·毛雷尔：《行政法学总论》，高家伟译，法律出版社2000年版，第144页。

涉及的主要是案件事实的认定，即当下案件的生活事实是否符合某不确定法律概念所指涉的法律事实。相对应的，行政裁量是行政机关依个案的不同情况在法律提供的各个法律效果当中进行选择，以选取一种最接近目的、最贴合本案事实的法律效果。

3. 行为的结果是否唯一存在差别

不确定法律概念的应用更多的是一个根据个人社会经验及价值观对客观事物逐步认识的过程，其结果可能有多个，但原则上只有一个合法且正确的答案。毛雷尔曾就"确定申请人是否具备从事经营活动所需要的可靠性"这一问题作如下评论："结论只能有一个：申请人要么具备'可靠性'，要么不具备。从法律的角度来看，两种认定结论不可能都是正确的，只存在一种正确的决定。"[1] 行政裁决则是行政机关在法定的数个法律效果中选择，只要在法定范围内，其选择就都是正确的，是一种主观的意识行为。简言之，不确定法律概念多是通过一种"非此即彼"的模式进行应用，行政裁量则更像是一种"两可"模式，相比之下，行政裁量更为灵活。

4. 行为方式不同

不确定法律概念的适用是一种"判断"，在考虑法律因素的同时，还需结合社会主流价值观以及自身社会经验等；行政裁量则更像是一种"选择"，是一种法律规定范围内相对更符合案件事实因而更为合理的选择。德国学者奥托·巴霍夫（Otto Bachof）就曾说过："将事实涵摄于使用不确定法律概念之法律要件，其判断可能一面须依客观经验法则，同时另一面须依价值之观念。"[2] 与之相反，因为裁量本身就意味着"行为和决定的活动余地，在多个可能是同一方式的行为种类

---

[1] 〔德〕哈特穆特·毛雷尔：《行政法学总论》，高家伟译，法律出版社2000年版，第124—132页。
[2] 翁岳生：《行政法与现代法治国家》，第59页。

中选择",如果只有一个法律上的答案,那本身就无"选择"可言。[①]所以说,行政裁量是在多个法律效果中择一的过程。

5. 接受司法审查的密度不同

不确定法律概念的应用最终仅有一个判断结果,上级法院可以对这一判断的准确与否进行审查。行政裁量是一种行政处理方式上的选择自由。从学理上看,法院一般对此没有审查权,无权也无须对此进行审查。例外情形下也仅有相对有限的审查权。所以接受司法审查密度的不同是两者非常重要的一个区别。

[①] 〔德〕卡尔·恩吉施:《法律思维导论》(修订版),郑永流译,法律出版社2014年版,第141页。

第三章　不确定法律概念的生成原因

人们通俗的观念往往认为法律规定必然是确定无疑，其内涵不应有任何模糊之处，与之相对应，法律概念应当是内涵精确外延确定。这种认识有其合理之处，一方面，精确的法律概念有利于普通民众理解和掌握法律，而这正是相关法律制度能被民众接受、真正实践于生活之中的基本前提；另一方面，含糊不清、语焉不详的法律语言不仅极易使民众产生误解并导致纷争不断，无法满足法律定分止争的功能要求，还可能导致执法、司法机关的恣意妄为，影响民众心中的法律信仰。故而立法者在法律的制定过程中，必然会尽力避免选择那些含义过多或是极易产生误解的词语。可以说，法律概念的精确性是所有法律人，尤其是立法者和法学家们始终追求的目标。但事实是，自法律诞生以来，世界上没有任何一部成文法律是完全精确的，也几乎很少有法律概念的含义是确定无疑只存在唯一解释的。不确定法律概念始终存在于成文法律之中，与之相伴相生并不断发展改进。分析其背后原因，首先是由于单个人的认知能力总是有限的，即使是在利用集体智慧的情况下，立法者也无法完全预见其制定法律将要规制事项的全部情况，即立法者无力制定出完美的法律；其次，立法者为了满足社会生活的需求往往也会使其制定法律所覆盖的范围尽可能扩大；再次，为了适应不断发展变迁的社会生活，避免新产生的行为、事物"无法可依"，立法者也会有意选择一些相对模糊的词语；最后，语言文字本身的局限性。

第一节　社会的发展变迁与
人类认知能力的局限性

一、人的认知能力具有相对局限性

法律是社会发展到一定阶段后为规制人类行为而为人所创制的，是人类认识世界的产物。制定法律的立法人员也仅是认知能力有限的"人"，而非先知先觉可以认知一切预知一切的"上帝"。在哲学层面上，随着整个人类社会的发展，作为一个集体的人类的认知能力会随着时间的推移以及人类自身实践能力的提高和科学技术的发展而不断进步，因而人类整体的认知能力会不断发展完善。从这个角度讲，人类的认知能力是无限的。但同时也应该看到，一方面处在特定历史时期人类整体的认知能力还是有限的，会受到该时代背景下各种具体条件的制约和限制；另一方面，个体的认知能力和人类整体的认知能力之间还存在很大的差距，所以说，"人类在任何的认识领域中，非定量、模糊和不确定的认识形式并非个别的例子，而是普遍存在的常规现象。"[①] 尽管法律体现着一定历史时期某个人类群体的集体选择和智慧，但最终法律的制定和起草者只能是具体的人类个体，因而也就会受限于个体的认知能力。立法者在制定法律时是根据当时社会的具体情况，并结合自身对未来社会变化可能性的预测来设计规则，但显然立法者既无法完全认知当时社会的全部情况，也根本不可能对未来做出准确的预判，这些都会导致不确定法律概念的出现。比如一直以来法律上"货币"这一概念的含义都相对明确，但随着科学技术

[①] 萧立明：《新译学论稿》，中国对外翻译出版公司2001年版，第87页。

的进步，比特币等数字货币的出现和广泛应用使这一概念的含义至少在现阶段变得不再明确；"胎儿"亦是如此，此前这一概念内涵外延比较明确，法律对其权利能力也有较为成熟的规定，但在试管婴儿技术出现后，人体体外冷冻胚胎是否属于"胎儿"，是否可以作为主体享有权利能力且不得被随意支配处置等问题，都需要对"胎儿"这一概念重新进行讨论界定。再比如法律上"人"的概念含义也随社会的变化而不断发展，起初在奴隶社会时，奴隶不被包含在这一概念之中，不享有政治权利和民事权利，之后随着社会发展，所有自然人才都被包含于其中。近代以来，随着市场经济的繁荣发展，公司等社会组织往往会作为单独的一方参与市场经济活动，享受权利和承担义务，因而法律通过将之拟制为"人"而赋予其主体地位。当下随着科技的进步，又出现了"克隆人"是否为"人"、其与本体之间关系如何等问题，又使得"人"的概念变得很不确定。

二、社会的不断发展变化导致社会价值评价的不确定

社会生活的瞬息万变要求法律概念的含义具有一定的"弹性"，可以在一定范围内适应社会并随之改变。或者说，不确定法律概念实质是对未来事实和证据标准不确定状况的描述，是对未来事实的一种迷糊定性而非精准严格的定量描述。[1] 正是通过借助这种含义的不确定性和开放式的结构，不确定法律概念才得以更好地适应社会的变迁，并最终有助于法律公平正义的实现。

就像在奴隶社会时期人们认为奴隶买卖属于正当合法、可以为社会伦理所接受的交易，但现代社会却将人口买卖归为严重犯罪一样，随着人类社会物质层面的发展变迁，社会的思想文化和价值观念同样

---

[1] 翁岳生：《行政法》（上），中国法制出版社2009年版，第249页。

也会发生深刻变化,并进而影响人们对各事物和行为的认知和价值评价,这也就是所谓的价值内涵的流变。法律概念在其形成之时就体现了一定的价值选择,同时为了适应社会价值观念的不断变化并维护其自身相对的稳定性,一部分法律概念的含义必然在价值上具有一定的包容性,为人们留下一定的解释余地。以美国宪法为例,第一修正案一方面规定国家保护公民"言论自由",另一方面又未对"言论自由"做出具体限定,这样就在确立基本原则的情况下,为人们根据不同时期社会主流价值对其进行解释留下空间,例如政治言论自由、校园言论自由等是否被包含于其中都留待后人具体探讨。

三、立法者无法照顾单个人的具体情况

社会生活瞬息万变,但"法的对象永远是普遍的,它绝不考虑个别的人及个别的行为。"[①] 同道德一样,法是普遍的行为规范,其调整对象并非特定化的某个个体,而是不特定的社会公众,因而法律概念在形成过程中必然会经历从所规制的客体中按照一定的价值目标挑选出立法者所认为的必要的组成部分,再对其内容要素实现一般化评价并最终将之抽象为特定概念的过程。[②] 在此过程中,立法者按照一定标准忽略了个体行为中偶然发生的、不具有代表性的组成部分,对法律需要规制的、普遍化的现象和行为进行抽象化处理,最终提炼出概括性的法律概念。立法者在制定法律之时,很难对未来可能出现的现象和人们的行为作出准确的预测,遑论制定出一部一劳永逸的万能法律。如同其他科学一样,法律科学不可能将所有的事情精确地规定下来,因为公布的法律必须是普遍的,诉讼涉及的却是具体问题。

---

① 〔法〕卢梭:《社会契约论》(双语版),戴光年译,武汉出版社 2018 年版,第 47 页。
② 〔德〕卡尔·拉伦茨:《法学方法论》,黄家镇译,商务印书馆 2020 年版,第 549 页。

需要特别指出的是，张俊浩先生曾指出："私法则是生产关系在与生产力及上层建筑的互动中自然而然地产生并供给的，人的理性无力设计。"① 一方面，张老师所提的私法是指私法整体，更类似于自然法意义上的私法；另一方面，该观点重在强调私法整体终极来自于社会实践而非立法者的主观设计。其旨在于警示立法者对于私法的制定心怀警惕和谦逊，不可任性妄为。但并不能因此否定立法者的主观能动性在法律制定过程中的价值。即使是发现生活中存在的私法规则，也需依赖于立法者的理性。此外，在理想的规则被发现之前，为了特定目的的实现，立法者主动制定某些规则便是不可避免的。比如我国民法典第 185 条："侵害英雄烈士等的姓名、肖像、名誉、荣誉，损害社会公共利益的，应当承担民事责任。"一般认为系属应急之作，是为了因应侵害英雄烈士名誉等的行为增多，保持英雄烈士在人民心中的良好形象而特别设定的规则。

第二节 人类语言的不确定性

法律既是语言的产物，也依赖于语言。② 法律概念以语言为外在表示形式，和语言之间有着紧密的联系。故而在探讨不确定法律概念的形成原因时，也必然应当将人类语言本身的特点纳入考量范围。

中世纪时学者曾就概念与语言间的关系进行过一场广泛深入的

---

① 张俊浩：《民法知识体系应当围绕人身权与财产权来构建》，《法学研究》2011 年第 6 期。

② 关于法律和语言之间的关系，有很多学者对此有过精辟的论述：德国法哲学家考夫曼认为："法学其实不过是一门法律语言学。"舒国滢：《战后德国法哲学的发展路向》，《比较法研究》1995 年第 4 期。美国法理学家博登海默认为："法律概念是人类语言的产物而非自然客体的产物。"〔美〕E. 博登海默：《法理学：法律哲学与法律方法》，邓正来译，中国政法大学出版社 2017 年版，第 501 页。

讨论。其中唯实论认为，人们提出的普遍概念同与之相关的外部世界客体种类之间存有一种对应关系，即人头脑中所形成的每个一般概念或观念都被认为在客观现实中存在一种完全相对应的东西；而唯名论则认为，人之心智的世界必定同客观世界相分离，人们用以描述周围世界的一般性概括与分类只是名称或者语言符号而已，这些符号并不能被认为是存在于现实中事物的忠实复制品。显然唯实论的问题在于其将两者间的关系过分简单化，忽视了人类语言的丰富程度和精妙程度，尚不足以完全反映自然现象在种类上的无限性、自然要素的组合与变化，以及一个事物向另一个事物的逐渐演变过程。例如虽然大部分情况下很容易将海洋与湖泊区分开来，但实践中也的确存在将黑海称之为"海"而非"湖泊"这样并不准确的情况。[1] 所以说，不论人类的语言如何发展完善，其本身固有的缺陷必然会导致其与指称对象之间无法一一对应。这也是人类认识能力的局限性同世界的无限性这一固有矛盾所导致的必然结果。

法律概念同语言间的关系亦是如此。并且由于法律概念不是被设计用来描述事实，而是在于规范社会之行为、将公平正义实现于社会生活的期待，在形成之时便将一定之价值储存于其中。[2] 即法律概

---

[1] 〔美〕E.博登海默：《法理学：法律哲学与法律方法》，邓正来译，中国政法大学出版社2017年版，第502页。

[2] 黄茂荣：《法学方法与现代民法》（增订七版），第166页。张俊浩先生指出："应用民法学的主题是裁判规范。应用民法学是高等法学教育教学用的民法知识体系。教学讲授的私法知识是供裁判者决疑纠纷的'裁判民法'，而非作为社会普通成员彼此交往规则的'行为民法'。这虽由培养司法专门人才的教学目标所决定，更深层的原因却在于私法形成及运行方式完全不同于公法：公法是人设计的产物，无立法便无公法；私法则是生产关系在与生产力及上层建筑的互动中自然而然地产生并供给的，人的理性无力设计。此外，公法的遵行赖于理性，要人遵守之，须先使知之；私法的遵行则不赖于理性，不仅规范的习得是人们在不知不觉当中完成的，与有形教育无关，而且在其遵行时，行为者也未必意识到所遵行的规范究竟如何，更未必能用语言来描述。

念不仅反映社会事实及人类行为，还必然包含一定的价值选择，是人类思想深度加工之后的产物，因而其与语言之间的不对应性较其他概念会更高。所以从这个角度看，由于语言的固有特点或者缺陷，不确定法律概念是整个法律规范的体系大厦之中必然会出现的合理存在，而非属某种例外。多数情况下，法律适用者以及普通公众对法律概念的认识同法律制定者使用的语言所表达出的含义并不能完全一致，极端情况下甚至会出现两者完全相背离的情况。"不管我们的词汇是多么详尽完善、多么具有识别力，现实中始终会有一些为严格和明确的语言分类所无能为力的细微差异和不规则的情形。"[1] 语言的有限性使其注定无法完全表达出具有无限可能的现实世界。

一、语言的模糊性

"语言的模糊性，是指语言所指向的对象没有明确的界限，无法用一个边界清晰的集合来加以概括。"[2] 模糊是语言本身具有的一种基本特征。"从信息接受、思维分析和语言表达等一系列基本环节来看，人们认识活动的有效性、多样性、深刻性并非单纯来自明晰、精确的认识形式和语言表达形式。与之相反，各种模糊思维形式和语言表达在人们交往活动和知识交流中，更具有广泛完美和高效的特征。"[3] 因

行为私法的运行是自然而然的，无需诉诸专门教育。"张俊浩：《民法知识体系应当围绕人身权与财产权来构建》，《法学研究》2011年第6期。张老师的观点深刻反映了公私行为的本质区别，特别是私行为的某种"自发性"，较少或者根本不受外在规范的约束。但即便如此，通过法律裁判总是会对人的行为发生一定的影响作用。因此从现象层面观察，法律规范对人行为的影响是客观存在的，只是或许比较间接而已。

[1] 〔美〕E.博登海默：《法理学：法律哲学与法律方法》，邓正来译，中国政法大学出版社2017年版，第503页。
[2] 丁建峰：《立法语言的模糊性问题——来自语言经济分析的视角》，《政法论坛》2016年第2期。
[3] 萧立明：《新译学论稿》，中国对外翻译出版公司2001年版，第87页。

而相对于完全精确的语言,适当利用语言的模糊性,反而可以使表达和交流更加灵活有效,从而实现人际间更为高效的交流沟通。因此,为了使概念能够更好地适应现实需要,人们在创造概念时往往会对概念所涵摄的现实对象进行分类并模糊其特有的个性特征、抽象出共同属性作为该概念的内涵,这就使得概念的含义被区分为核心地带和边缘地带。[1]

就像语言学上著名的"秃头困境"一样,人们永远无法用准确语言表达出究竟一个人要拥有多少根头发才不会被归为"秃头",但大部分情况下人们都可以对一个人是否秃头作出相同的判断。即人们内心对于"秃头"这一词语所对应的含义(或者说关于"秃头"这一概念的内涵)有一个相对确定的标准,但却很难用语言准确表示出来。现实中,"只可意会不可言传"是非常常见的情况,其背后原因在于,一方面,语言本身是人类试图对连续世界进行的离散划分,因而必然会存在边缘的难以覆盖的情形,[2] 何况对于纷繁复杂的社会而言,语言只是人类对自身所感知事物的描述,但仍存在更多的人类尚未认识的未知事物。人类的词汇不论有多么完善和精妙,也不可能一一对应社会所有可能的存在,现实中的事物总会有各种细微差异或是例外情形。"思维中的意象带有不确定性与模糊性,因而表达思维传载信息的语言,也必然带有模糊性。有时可如镜取形,毫发毕露;有时却如灯掠影,轮廓朦胧,以能传递信息具有一定的表达价值为原则。语言的模糊性正是事物的差异在中介过渡时所呈现的亦此亦彼性的反

---

[1] 需要强调的是,语言的模糊性不同于语言的"含糊不清",后者是指由于运用语言不当而引人误解,影响语义的正常表达,是人们在交流中应当且能够避免的,而前者是语言本身的特征,无法避免但有利于沟通。

[2] 丁建峰:《立法语言的模糊性问题——来自语言经济分析的视角》,《政法论坛》2016年第2期。

映。"①

罗素在其论文《论模糊性》中提出,整个语言或多或少都是模糊的,即使是通常意义上的精确词——比如计量词,也是模糊的,只是其程度较小。分、秒、时、天这些计算时间的词汇也有一定限度的误差,且自身还要指代其他意义。②这种语言模糊性的另一个表现是一词多义与多词一义。语言上的多义性表现在语义学上多种可能的解释和语境中多种可能的意义。③自从美国控制论专家扎德(L. A. Zadeh,1921-2017)发表了第一篇关于模糊集的论文,模糊成为一个科学术语,模糊语言学也由此确立。最早重点关注语言模糊性的是语义哲学奠基人皮尔斯,他将语言的模糊性定义为,尽管说话者对语言所描述的事物出现的几种可能状态均进行了谨慎的思考,但还是不能确定这些状态是否属于这个命题。此时该命题就是模糊的。所谓"不能确定"并不是由于解释者的无知,而是语言的模糊特点。④我国语言学家吕叔湘在描述汉语的模糊性时指出,汉语缺乏发达的形态。汉语语法现象以渐变而非顿变为主,在语法分析上容易处于"中间状态",这也导致汉语的各种词类和句子成分的界限都难以划分。⑤

在西方哲学眼里,确定性与不确定性指的是认知在描述事实时呈现的不同状态。确定性对应"一定如此""不可能不如此";不确定性则对应"可能如此""也可能不如此"。⑥奥地利逻辑学家维特根斯坦

---

① 曹铁根:《简论语言的模糊性与模糊语言》,《湘潭师范学院社会科学学报》1988年第1期。
② 伯特兰·罗素、杨清、吴涌涛:《论模糊性》,《模糊系统与数学》1990年第1期。
③ 舒国滢、王夏昊、雷磊:《法学方法论》,中国政法大学出版社2018年版,第21页。
④ Channell J, *Vague langue*, Oxford University Press, 1994, p.7. 转引自周爱保、左全顺、史战:《模糊语言的研究进展》,《宁波大学学报》(教育科学版)2012年第2期。
⑤ 吕叔湘:《汉语语法分析问题》,商务印书馆1979年版,第35—41页。
⑥ 刘清平:《难以确定的"确定性"——析维特根斯坦哲学生涯的一个内在悖论》,《贵州大学学报》(社会科学版)2021年第2期。

(Ludwig Josef Johann Wittgenstein，1889-1951）前期认为思维和语言只有服从逻辑必然性，二者之间逻辑同一，才会使语言具有高度的确定性。①确定性被进一步剖析为对事实的完全了解，而不在于只知道有关它的形式，也就是说我们无法抛开有关事实的因果必然性的实质内容，仅单方面夸大语义关联的逻辑必然性对于确定性的作用。维特根斯坦对语言哲学的研究经历了前中后期的转变，中期提出的"语言游戏"规则否认了前期强调的思维语言认知逻辑同一性，认为字词语句并不具有描述事实真相的认知确定性功能。语言同行为交织，理解语言必须基于认知的意向和实践行为，不能孤立地看待语言。②后期完成的《论确定性》一书，再次试图理论转型，从"生活形式"上寻找认知的确定性。③

语言是人类迄今为止创造的最为复杂的符号系统。法律经历了从不被阐述的规则到语言呈现出一般化命令的形式变迁，符号的运用自此与法律的本体及其实施息息相关。因此，不以语言符号的角度来理解法律，而仅从规则构建的理性路径和伦理维度来阐释法律还是不够周延和恰当的。④

（一）语言词汇的多义性

随着人类对自身及整个自然界认识程度的逐渐加深，以及为了适应社会的不断发展，语言必然具备多义性的特征。在早期社会，人类的智力水平和发展阶段决定了人类所能认识的概念或者说意义非常有限，因而可能实现语言和意义之间的一一对应，但随着时间的推移，

---

① 〔英〕罗杰·M.怀特：《导读维特根斯坦〈逻辑哲学论〉》，张晓川译，重庆大学出版社2018年版，第19—22页。
② 〔奥〕维特根斯坦：《哲学研究》，韩林合译，商务印书馆2013年版，第12—13页。
③ 李果：《为何经验命题重要——对维特根斯坦〈论确定性〉中经验命题概念的分析》，《哲学研究》2016年第7期。
④ 李琦：《作为符号形态与符号行为的法律——寻找另一种法理学的可能性》，《法律科学》2014年第4期。

新的概念或意义大量出现,无法再实现两者之间完全的对应,否则过多的词汇只会增加人类学习和交流应用的负担,甚而阻碍人类的发展。[1]可以说,多义性是人类语言在发展过程中自然形成的基本特征,也体现着人类语言能力的发展完善和社会的不断进步。"多义性是自然语言意义深化的动力之源,是语言符号系统各个不同层次发生转化的内在力量。"[2]具体而言,语言的多义性在不同层面具有不同的表现形式,主要包括语言整体层面、句子层面以及词汇层面三个层次。[3]其中作为语言多样性主要表现形式的词汇多样性为其核心和基础,同时其与概念含义间的关系也最为密切。概念存在于人的思想之中,是人对客观对象的一种主观认识,本身无法直接示之于外,必须借助某种载体才可以在不同主体之间交流沟通,这种载体也就是语言,且就不确定法律概念而言主要是指词语。亦即语言作为人类交流的工具,可以直观地被感知,"概念"是其所蕴含思想的一种。

语言具有多义性,大部分词语在发展过程中形成了多个含义,这也就导致"一词多义"以及"多词同义"的出现,而这些现象都可能导致概念同词语之间无法实现一一对应。也就是说,不同的词语可能表达相同的含义、指称同样的概念,而在不同的语言环境中,相同的词语也可能表达完全不同的含义。例如"妻子""老婆""夫人""内子""拙荆"这些词语虽然各有其感情色彩和适用场景,但在表示对男女结婚后女性一方的称呼上并无差别。再比如"代理"一词作动词时,表示受委托代表当事人进行某种活动,但作名词时的法律意义为"以被代理人的名义,在代理权限内与第三人实施民事行为,且其法

---

[1] 葛晶:《整合性描写原则视域下的语言多义性研究》,首都师范大学2012博士学位论文,第1页。
[2] 束定芳:《隐喻学研究》,上海外语教育出版社2000年版,第109页。
[3] 葛晶:《整合性描写原则视域下的语言多义性研究》,第19页。

律后果由被代理人直接承受的民事法律制度",同时也可以作为计算机技术术语,表示代理服务器。

另外,作为法律概念外在表现形式的词语还具有历时性和共时变化性。历时性是指由于不同时代人们所面临的社会生活内容的不同,导致词语所对应的含义差异巨大,因而同一词语自然会具有不同的含义。随着时间的流逝,很多词语不仅在字形或读音上会与被创制之时发生巨大变化,其含义也可能会发生巨变,所以古今异义的词语比比皆是。例如"行李"在古时指行人、使者,而现在多用来表示人们外出旅行所携带的物品;"金"在古时泛指一切金属,但现代专指黄金。法律概念同样如此,在其形成之后,所对应的含义会随着社会生活的不断变迁而变化,甚至可能出现与当初完全不同的含义。例如"公民"在古希腊时仅指本城邦的成年男性,但现在词义完全不同。根据我国宪法,我国公民包括所有具有我国国籍的人,当然包括女性及未成年人;再比如之前受科技发展水平及人类认识能力的限制,传统民法上"动产"主要指有体物,但近代以来,其内涵逐渐向新出现的网络虚拟财产,例如游戏币、游戏装备等扩展。共时变化性是指即使是在同一社会背景中,由于每个个体的生命体验等存在差别,因而同一词语也可能会被赋予不同的含义。比如当某公园规定禁止车辆进入时,关于自行车、儿童的电动玩具车以及最近出现的体感车、电动滑板车等是否可被归类于"车辆",不同的人可能存在完全不同的理解。

总之,语言作为人类表达思想的外在形式,受制于社会存在,因社会的变迁而不断发展,必然具有多义性。以词语为表现形式的法律概念必然也就具备不确定性。

(二)语言的评价性

语言的评价性是指很多情形下语言的含义并非确定无疑,而是需要在具体场合中通过价值判断来确定其具体含义。比如说对于词语

"合理期限"来说,其内容的确定必须依赖于适用者的主观观念,而且一定会因为适用场景的不同而发生变化。具体而言,不同个体会因为自身成长经历以及学识背景等的不同而形成不同的价值观,而这又会深刻地影响其对事物的评价。即使是同一个体,其本身的价值观也会随其年龄及身处的具体情境等的不同而变化,并进而影响其对事物的评价和判断。这一影响在法学方面主要体现为法官自由裁量权的行使。由于法官的成长背景、知识结构及自身认识等的差异,在面对法律概念时,就可能对其含义作出不同的解释,此也是自由裁量权的本质。此外,整个社会普遍认同的价值观念也会随时间而发展变化,自然会影响语言的含义。比如在中国古代,儒家"三纲五常、三从四德"等观念居于社会主导地位,因而男尊女卑、女性服从男性被认为是符合伦理并值得提倡和鼓励,随着近代女权运动的兴起以及平等观念的发展,现代社会人们认为男女平等、禁止性别歧视才是正当的价值观念。就法学领域而言,这一点表现在"诚实信用"的适用当中,无论是立法者还是法官都无法对其含义作出具体的界定,其含义会随着上述观念的变化而不断变化。

总之,语言的评价性导致词语含义的不确定性,意味着其含义与随时间不断发展变化的价值判断密不可分,并进而成为不确定法律概念的成因之一。

二、语言不确定性的根源

(一)语言的多样化语意功用

维特根斯坦中期提出"家族相似"理念,认为不同语境里多样化的语义功用无法固定。其宣称认识语言无法探求语言的本质,因为语言常常处于重合交叉,就像模糊不清、没有边界的家族相似状态。[1]

---

[1] 〔奥〕维特根斯坦:《哲学研究》,韩林合译,商务印书馆2013年版,第59页。

语境决定了语言使用的意义,这意味着语言的意义随着语境的变化具有开放性。语境的多样性能够确定语言意义及使用方式的多样性。灵活的语境下,语言的意义变化也具有不确定性。因此,追求语境下的语言意义确定性是盲目且无法实现的,其并非是对待语言意义的最终要求,而只是一种对待语言的态度问题。[1]

语言的符号和指代对象之间还存在涵义这一层次,符号学认为是解释项将符号与对象联系起来。[2]解释项作为中介,用于理解语言与对象之间的间接联系,即"名—意—实"中的意。对于语言"意"的理解需要唤起集体意识,这是因为理解"意"具有三重过程:其既是一个思维过程,融直觉、感觉、判断、分析为一体,也是建构和解构并存的过程,还是意识形态、文化价值观的交互过程。[3]语言的语意产生是符号、目标项、解释项三者之间动态反映的结果。处于交流的语言中的意义不仅由说话者赋予,也是解释者头脑中解释过程的结果。因此特定人在特定环境中的解释活动创造了具体的语意,不同的人对同一个符号代表项可以有不同的意义。[4]

(二)语言解释的意义悖论

声音逐渐成型变成文字,声音、文字、文义则结合变成了词汇,词汇与所描述的对象一一对应。但这种语言本质具有漏洞,词汇的含义指的是所描述的对象,往往针对的是名词,一旦涉及其他种类的词,则很难实现与对象的符合。对于视觉经验的感觉内容,每个人都无法通过语言完全认识。语词的意义对应的是外部世界中的客体,尽管该

---

[1] 江怡:《后期维特根斯坦论确定性与不确定性》,《山西大学学报》(哲学社会科学版)2022年第3期。

[2] 〔美〕皮尔斯:《皮尔斯文选》,涂纪亮、周兆平译,社会科学文献出版社2006年版,第277—278页。

[3] 庞秀成:《"名—意—实"三元互动相生译名模式》,《解放军外国语学院学报》2022年第3期。

[4] 完权:《从皮尔斯符号学到语用整体论》,《当代修辞学》2020年第3期。

客体并非实体，但是却赋予了语词的意义。这种语词的意义观则会导致语言的无限回溯，想找到一个并非实体的语词意义，还必须寻找其他的语词意义支持该语词。[1]正如对法律不确定概念的解释反复一样，想要解释法概念中语词的意义，就不得不用另一个语词构建出另一个命题的意义来解释法律概念中的语词。这种往复的过程会使得对语词的意义理解落入一种心理机制，而非普遍且客观的意义。

乔姆斯基认为内在主义的语言观能够解释语言的本质及使用问题。这种语言观表明语言是内在于人脑中无法直接观察的抽象实体，是一种内化语言，能通过数量有限的概念单位形成不同意义的表达。语言符号只有在系统的关系中才能获得意义，而孤立的认识和解释语言符号是不具有任何价值的。[2]语言的精准性、准确性有赖于我们使用该语言的目的，任何的解释、误解也是相对于我们对该语言的实践和使用所产生的，所以任何解释都有到头的时候。[3]不确定的语言意义就仿佛是一个迷宫，从哪个方面解释都会留有怀疑的余地，对不确定概念的解释及不确定概念本身均是悬而未决的，因而解释无法给被解释的不确定概念予以坚定的支持。解释语言本身仍然无法确定语言的意义。[4]

（三）语言符号的任意性

语言符号音义之间的任意性原则是现代语言学之父索绪尔（Ferdinand de Saussure，1857-1913）的重要理论之一。语言符号的

---

[1] 徐强：《论维特根斯坦语义思想发展的连续性》，《科学技术哲学研究》2022年第5期。
[2] 王和玉：《语言的"社会性"、"心理性"和"生物性"——论乔姆斯基对索绪尔语言思想的继承与超越》，《外语论丛》2019年第1期。
[3] 张学广：《后期维特根斯坦"语言实践"概念辨析》，《西北大学学报》（哲学社会科学版）2022年第5期。
[4] 〔奥〕路德维希·维特根斯坦：《游戏规则：维特根斯坦神秘之物沉默集》，唐少杰等译，天津人民出版社2007年版，第242—244页。

单位是由一个概念和音响形象构成，二者分别以所指和能指代替，能指是音，所指是音所对应的具体概念。音义之间联系具有任意性，其基本内涵是符号的能指与所指之间并无天然的联系，也不是一一对应的，而是一对多或者多对一。[①]如"羊"这个声音序列可以指代现实中具体的一种动物，但是"羊"作为能指，只要整个语言社区成员达成一致，也可以指代现实中的"狗"这一动物。成语"指鹿为马"抛开背后的成语意义，很能体现语言符号的任意性，且这种做法并非是颠倒黑白。能指作为概念，而作为能指概念的对象所指并不是固定、普遍的。能指与所指二者是一种纯粹的关系实体，拟声词、感叹词虽属于例外，但不足以撼动语言的任意性本质。[②]也许并不存在用一种语词就能意指一种事情，每一次语词的运用都是一次黑暗中的跳跃。[③]

（四）人类思维的模糊性

人类智力同人工智能具有差别，体现在人类可以用模糊的、非精确的方法进行思维和推理。这种思维的运算单位是界限不明的模糊集元素，运算方式包括运用模糊语言变量、模糊陈述语言变量之间的关系、采用模糊算法的形式表现这种语言变量关系。[④]著名的"格式塔心理学实验"，将一个近似90度的角放在眼前，很短的时间内观察者们就会自动报告称他们看到的是一个完美的直角。[⑤]这一例子很能说明人的认识具有模糊性质。从日常的汉字识别上也能看出人的认

---

① 〔瑞士〕费尔迪南·德·索绪尔：《普通语言学教程》，刘丽译，九州出版社2007年版，第155页。
② 刘国辉、王君：《论索绪尔语言符号的任意性原则》，《重庆大学学报》（社会科学版）2004年第2期。
③ 〔美〕索尔·克里普克：《维特根斯坦论规则和私人语言》，周志弈译，漓江出版社2017年版，第72页。
④ 伍铁平：《模糊语言学》，上海外语教育出版社1999年版，第148—149页。
⑤ 〔美〕鲁道夫·阿恩海姆：《艺术与视知觉》，孟沛欣译，湖南美术出版社2008年版，第6页。

识模糊性,如误读相似字,将"庥"读作"麻"。人类思维的模糊特点在语言上的体现为命名事物时将其界限变得模糊,词的涵义可以进行引申和转移,如命名海狗、海豹则是引申了狗、豹的涵义,海狗海豹并非是海里的狗和豹;对数词构成词组理解的不确定性,如"九族"有多种理解,"六亲不认"不会精确到哪六亲,而是模糊泛指;语言概念外延的模糊性,人们对外延也会满足于模糊的理解和运用,尽管不能以逻辑进行严格推敲,但是不妨碍使用。如"弱不禁风"根据其成语指示的身体较弱,风的外延不包括所有,而是排除微风和强风,仅指中等程度的风。①

三、价值和功能

(一)语言模糊的语用功能

语言模糊是语言为了特定的交际目的,在社会认知、文化、心理等综合因素作用下,对语言形式和内容连续选择的结果。②模糊语言在诸多交流场景中可以发挥其特有的语用模糊功效,协助语言使用者在不同的语境中,动态地实现模糊语言与不同语境和语言结构的顺应,完成理想的语用意图,这一彼此动态顺应的结果又会反过来加强语言的模糊性。③如在各种交往场景下,人们会下意识采用模糊语言取代精确语言表达个人意愿和观念。在社交场景下的模糊寒暄语以及在可能发生冲突的场合下通过委婉语、隐语、模糊限制语等间接表达,可以达到顾全他人自尊的目的。④

(二)语言模糊性的社会创造功能

语言的内在规则不断发生改变,任何对语言进行精确定义的尝试

---

① 伍铁平:《模糊语言学》,上海外语教育出版社1999年版,第150—165页。
② 鲁苓:《多元视域中的模糊语言学》,社会科学文献出版社2010年版,第148页。
③ 同上书,第149页。
④ 同上书,第191—193页。

会过度概括其在实际应用中的各种属性,从而忽略在不同社会交往中所需要使用的环境中产生的不同意义。① 实用主义哲学将语言的不确定性视为人类理解和认知世界的一种尝试和努力,而不是实现该过程的障碍。不确定性是实现不断创造的源泉而非阻碍,这种创造活力就存在于语言当中。②

(三)语言不确定性的区分功能

不确定概念即使其内涵不够明确,但仍然是一种思想的表达,如果没有这种表达,那也就无法对两个概念做出区分,则想要达成的定义与区分功能会变成一团没有边界的星云。③ 现实社会关系是充满复杂变数的实践活动,经由社会实践所存在的经验规则在脑海中则十分抽象,通过语言符号可以将其具象化、固定化。即使语言符号具有与生俱来的不确定性,但是仍然可以区分于语言所代表的其他不同内涵,固定为人所了解和掌握的社会规则。④

四、缺陷及其弥补

在探讨和论证语言的不确定性与追求其确定性时,不妨从意志维度上追寻探讨的原因:我们为什么不满足于模糊的语言,而非要追寻清晰无疑的确定性?

不确定概念不具有摹绘性质,因而该命题没有实在意义。前期维特根斯坦认为,语言之所以能够表达一定的意义,在于语言和其描述

---

① 阎浩然:《如何以"规则"行"语言游戏"——维特根斯坦语言哲学观的再思考》,《北京化工大学学报》(社会科学版)2021年第2期。
② Tayler J, On Uncertainty. Kronos,2018,44(1):pp.181-195. 转引自江怡:《后期维特根斯坦论确定性与不确定性》,《山西大学学报》(哲学社会科学版)2022年第3期。
③ 霍永寿、孙晨:《语言哲学视野下的索绪尔符号任意性》,《外国语》(上海外国语大学学报)2017年第6期。
④ 牛玉兵:《法律符号化现象研究》,《法制与社会发展》2013年第6期。

的对象之间具有摹绘与被摹绘的关系。如文字的造字法包括形声、象形等,之所以能够指代被表达的命题,在于他们具有摹绘性质。一切的文字、语言组合成概念、句子想要有实在的意义,需要建立在这种摹绘逻辑上。[①]既然该命题没有实在意义,也就没有办法对其进行精准的肯定或者否定的判断。正如不确定概念,无法言说的具体意义使得对其的评价也趋于模糊。语言哲学界试图区分对象语言与元语言来试图避免落入无法置身于语言之外的困境,不可言说而只能显示的事件需要我们去不断的探讨这些语言与现实存在的关联。[②]

那如何弥补这种语言上的不确定性?最常见的方法有:

(一)寻找语言的实践意义

语言及其规则无论怎样的模糊不清、多样易变,仍然也要在认知维度上保持"合乎逻辑"的确定性。晚年维特根斯坦对认知确定性的追溯既跳出了早期单纯归结为逻辑必然性,也摒弃中期凭借"家族相似"概念否认认知确定性的意义,转而将认知确定性投入到更深层次的"生活形式"中,提出从实践行为的亲身体验里寻找认知确定性的根源。[③]他并未抛弃语言意义的规则性,只是强调语言意义无法预先确定,只能在使用中确定其意义。让法律语言所针对的群体共同对语言的规约性在使用中形成共识,这样能让裁判者在判断时予以语言意义的选择与确定。[④]他提出可以通过关注语言的实际使用,消除思想上对语言的错误认识。[⑤]语言本身具有实际使用价值和社会实践属性。

---

① 徐弢:《论前期维特根斯坦的逻辑图像论》,《德国哲学》2015年辑刊。
② 〔日〕饭田隆:《维特根斯坦——语言的界限》,包羽译,河北教育出版社2001年版,第92—95页。
③ 刘清平:《难以确定的"确定性"——析维特根斯坦哲学生涯的一个内在悖论》,《贵州大学学报》(社会科学版)2021年第2期。
④ 阎浩然:《如何以"规则"行"语言游戏"——维特根斯坦语言哲学观的再思考》,《北京化工大学学报》(社会科学版)2021年第2期。
⑤ 〔奥〕维特根斯坦:《哲学研究》,韩林合译,商务印书馆2013年版,第88、141页。

掌握不确定法律概念的方式并不仅仅是再通过语言对其进行解释，而是以概念的实际应用为出发点，从中更为全面的认识和掌握不确定语言的规则。

维特根斯坦家族相似性理论的一大特征是，不同语言游戏之间边界是不清晰的，是模糊的。批评的学者认为其动摇意义的本质，容易陷入虚无主义中。[①]单纯的脱离实际使用讨论规则，与抽象的假定语言的边界存在一样，只会造成思想的困惑和语言的匮乏。例如法律概念上的"合理使用"，抛开具体法律情节，试图厘清合理与非合理的边界，会发现其实很难用语言来形容和定义何为"合理"。但是在实际案件中，结合具体案件情境，就可以判断和描述该种行为在此情境下是否合理。这就是合理一词所具有的社会实践意义和法律上的使用意义。正如某些极端的法唯实论者所主张的，在法院实际适用法律之前，所有的制定法均还不是法律。[②]

(二) 模糊语言意义的社会构建

动物的语言只存在于彼此交流当中，而人类语言是由社会建构出来，是将外在世界对象化和概念化的结果。[③]有学者以语言符号的社会性和集体操作性来驳斥索绪尔的语言任意性原则，然而索绪尔在论证语言的任意性原则的同时，表明社会中使用的语言都是基于集体行为。[④]虽然索绪尔的语言任意性指出语言的能指与所指之间的联系是任意的，但是这种任意性并非是个人所能随心所欲决定的。其需要得

[①] 董志强：《对维特根斯坦"家族相似"理论的批判》，《哲学研究》2003年第11期。
[②] 〔英〕哈特：《法律的概念》（第三版），许家馨、李冠宜译，法律出版社2018年版，第120页。
[③] 成静：《意义作为使用与圈内圈外之争——论维特根斯坦后期语言哲学对跨宗教和跨文化对话的意义》，《现代外国哲学》2021年第2期。
[④] 霍永寿、孙晨：《语言哲学视野下的索绪尔符号任意性》，《外国语》（上海外国语大学学报）2017年第6期。

到大多数人的认可,并经过实践的检验得以固定,可见语言符号的任意性受到社会性的制约。①

(三)强调经验活动的作用

伊曼努尔·康德(Immanuel Kant,1724-1804)的认知论哲学包含直观与理解两大部分。直观负责提供经验对象,理解负责处理概念,二者构成认知对象的过程。其将知识分为分析判断知识和综合判断知识,前者是谓词与主词具有同一性,仅凭概念之间的联系就可得出;后者则是往往需要经验作为基础,进行扩展性的综合判断。②人们对于语言符号的解释也总是以具体语境为基础,也包括解释者对于生活世界的认知和经验,后者为符号解释时的"补充经验"。③

(四)实现法律符号化的功能

符号学的发展为法律研究提供了一个新的视角,法律作为符号,指的是法律是一种人类借助语言和文字构建的符号体系,是人类社会规则的符号化反映。从实现"法律作为符号"的功能性视角出发,可以探知以下两条路径对其符号功能的发挥具有重要作用。其一,人类需基于认知实践对法律提出的目的性要求。法律作为符号既包含着人们对于社会需要的认知与理解,也包含为适应社会生活的需要对其改造和取效。④其二,提升法律概念的科学化进程。试图通过符号化操作将法律引入一个数字化、形式化的推理演算体系。随着计算机和网络的发展,将不确定性的法律概念符号进一步科学化改造,通过各种概率、统计和逻辑方法加以描述和量化,转为成被严格界定的计

---

① 顾嘉祖、王静:《语言既是任意的又是非任意的——试论语言符号任意性与象似性的互补关系》,《外语与外语教学》2004年第6期。
② 〔德〕康德:《纯粹理性批判》,邓晓芒译,人民出版社2004年版,第8页。
③ 牛玉兵:《符号与司法——基于符号学视角的分析》,《法学》2014年第7期。
④ 牛玉兵:《"法律作为符号"的功能性阐释》,《边缘法学论坛》2020年第2期。

算机代码,使之进行精密的逻辑演算和判定。①

同一法律符号内部的诸多义项是相互关联的,再怎么变化解释也不可能跳出义项的关联性。随着人类生活的变化,法律符号也不断得到更新,我们可以从不确定的法律符号及使用背景中得出新的解读意义,不确定的法律符号意义记录着过去的交流活动。② 可以构建属于不确定法律概念符号的一符多义的动态模式,解释出令人满意的可适用当下司法活动的实际意义。就法律符号而言,其意义同样源于能指与所指之间的社会约定,不同法律符号的结合最终构建出逻辑周密的法律体系,这一体系本质上体现的是法律需求和符号特性的社会性融合。③

在司法解释和裁判中,面对法律概念意义上的不确定性,有些可以凭借与其他概念的联系进行法律分析得出,而有些则需借助法官的社会生活经验和司法裁判经验进行综合判断得出。但是也不能因此认为概念意义的确定化属于法官的主观范畴,法官的经验绝非个人天马行空任意得出,而是依赖实践和社会的客观范畴。

---

① 牛玉兵:《"法律作为符号"的功能性阐释》,《边缘法学论坛》2020 年第 2 期。
② 丁尔苏:《建立一符多义的动态符号模式》,《符号与传媒》2019 年第 2 期。
③ 牛玉兵:《法律符号化现象研究》,《法制与社会发展》2013 年第 6 期。

第四章 不确定法律概念的分类

第一节 学理上的分类

学理上可以根据不同的标准,对不确定法律概念进行分类。

一、经验性与规范性

一般来说,经验性不确定法律概念的客体是客观存在且可感知和体验到的事物,例如"动产""不动产"等。与此对应的是规范性不确定法律概念,例如"善意""合理价格"等,这类概念所指涉的对象并非在现实当中客观存在,因而无法简单地将其涵摄在该概念之下,而是需要通过复杂的价值评价在个案中具体确定。然而,评价总是不可避免地带有主观性,因此规范性概念有着或多或少的不确定性,这种不确定性使规范性概念成为不确定法律概念的特殊种类。[①]

这是学理上最为常见的分类,我国台湾地区多位学者对此都持认可态度。陈敏提出,学理上所谓不确定法律概念是指内容极其空泛、不确定的法律概念,可分为经验概念和规范概念。"经验概念亦称描述概念,涉及吾人可以掌握、知觉或经验的状况或事件。法律适用者

---

① 〔德〕卡尔·恩吉施:《法律思维导论》(修订版),郑永流译,法律出版社2014年版,第89页。

可以在具体事件中,根据单纯的'知觉'而理解经验概念。惟有时亦可根据特定的'经验'而为推论。"[1]例如公共场所、日出前、白天等。"规范概念,亦称'需填补价值的概念',因欠缺与真实事物的关系,法律适用者必须采取评价态度,始能认识其意义,而非仅为单纯的知觉、认识或推论。"[2]例如重大财产损失、善良风俗、公共利益、公共秩序等。李慧宗也认可这一分类,认为经验性不确定法律概念(或描述性不确定法律概念)的经验,来自"一般人的生活经验"与"专家的知识经验"。规范性不确定法律概念(或称价值性不确定法律概念)或"需价值填补的不确定法律概念",须加上价值的补充才能完成其概念,此种价值补充来自于一般价值观的衡量与法规目的的认识。经验性不确定法律概念与规范性不确定法律概念可能同时并存,法律条文以"足以……""有……之虞"或"致生……危险"的规定模式,概属此类型。[3]李震山也持有大致相同的观点,他认为所谓不确定法律概念,系指某些法律概念,其必须借个案的事实适用其上时,才能具体化其内涵,在此之前,该法律概念皆无法确定,譬如公共安全、公共利益、社会秩序、情节重大、危害等。将该不确定法律概念,经过涵摄、解释予以具体化的过程称为不确定法律概念的判断。同时,就法律构成要件的事实认定部分,指依一般社会通常观念或经验即可以客观方式加以确认,除数字、次数外,如雨天、天黑、汽车、驾驶人等,称为事实性或描述性(经验性)的法律概念。而不确定法律概念则被称为规范性或价值性(有待价值补充)的法律概念。[4]

---

[1] 陈敏:《行政法总论》,中国台湾2004年版,第194页。
[2] 同上书,第194—195页。
[3] 李慧宗:《行政法要义》,第200—201页。
[4] 李震山:《行政法导论》,第65—81页。

我国大陆也有学者承袭这种归类，认为在实践中一般将不确定法律概念分为两种，即经验概念与价值概念。经验概念涉及实际的标的、事件，涉及可感觉的或其他可体验的客体，比如夜间、小、黎明、年初等。反之价值概念不存在可感觉的客体，诸如需要、可靠性、危险等通过主观判断方能确认的概念。[1]此外，沈敏荣也认为，不确定法律概念一般被分为两种，即经验（或叙述）概念以及规范概念。经验概念涉及实际的标的、事件，亦即涉及可感觉的或其他可体验的客体，例如黎明、夜间、危险、干扰等；规范概念则缺乏与实际的联系，其意义的阐明须经个人评价，而个人评价中则带有不同程度的主观因素，例如公共利益、重要根据、合理、必要、特殊困难等。[2]

从上述的论证可以看出，经验性不确定法律概念所包含的对象是实际存在着的、原则上可感知的客体，法律适用者能够在具体个案中依靠其"常识""经验"等予以理解，即使是一般公众也能根据其理性准确把握其内涵；而规范性的不确定法律概念不能简单地凭借感觉或经验去理解，而必须经由评价始能阐明其意义。也正是因为不确定法律概念的阐释需要一定的价值评价，法官在对意义进行阐述、适用时不可避免地会受个人主观因素的影响，因而不确定法律概念的不确定性也就难以避免。本书研究的重点是规范性不确定法律概念。

对此王泽鉴曾举一例：按照我国台湾地区"民法"的规定，婚约当事人一方如果有"重大事由"，他方得解除婚约。在某案例中，男方以女方"已非处女"为由拒绝履行婚约。面对此案，需考虑的是何为该规定中的"重大事由"，女子婚前与人发生性行为的事实能否成

---

[1] 陈振宇：《不确定法律概念与司法审查》，《云南大学学报》（法学版）2008年第4期。
[2] 魏淑敏：《不确定的法律概念与司法审查》，《河南省政法管理干部学院学报》2006年第2期。

为"重大事由"呢？这一问题的答案决定于所处的时代。在古代中国，贞洁至上，失贞当然"重大"，但如今时代变迁、社会开放，性观念与婚姻观念也发生变化，失贞再难谓"重大事由"。所以王泽鉴指出："规范性概念的适用具有一项特色，即须于个案依价值判断予以具体化。……具体化的价值判断，应参酌社会上可探知、认识的客观伦理秩序及公平正义原则，期能适应社会经济发展，及道德价值观念的变迁。"[1]

此外，对经验性与规范性不确定法律概念进行区分还需探讨是否存在"中间概念"。经验性不确定法律概念的适用是要将特定对象（即个案事实）直接涵摄到此概念之下，但是"规范性概念适用时须先经由价值判断形成一个'中间概念'，才可以连接'上位概念'（规范性概念）与'下位概念'（具体案件事实）"。[2] 实际上，所谓的"中间概念"并非是一个真正的概念，毋宁说属于一个判断。例如基本的法律问题是，在酒宴上主人热情接待但客人却因此遭受了损害（比如醉酒），是否需要承担侵权责任？需要借助于"善良风俗"决定之，如果主人的行为符合善良风俗，则无需承担责任，在我国"主人对来客热情招待符合公序良俗"就是一个中间概念。由此可以看出，中间概念类似于法律适用三段论中的大前提，只是该大前提并非由法律规定，而是由法官对不确定法律概念的意义进行解读之后得出的结论。

二、封闭性与开放性

梁慧星将不确定法律概念分为两种："一种是内涵不确定，但外

---

[1] 王泽鉴：《民法思维——请求权基础理论体系》，北京大学出版社2022年重排版，第206页。
[2] 王贵松：《行政法上不确定法律概念的具体化》，《政治与法律》2016年第1期。

延是封闭的；另一种是内涵不确定，但外延是开放的。前者称为封闭的不确定法律概念，如危险、物、违法性、法律行为、直系血亲等。后者如合理、不合理、公平、显失公平、善意、恶意、重大事由等。封闭的不确定法律概念，虽然不确定，但由于外延封闭，因此在概念的精确程度上，近似于确定的法律概念。成为问题的是开放的不确定法律概念。又称为类型式概念或者规范性概念。这种法律概念，内涵和外延均不确定。换言之，概念之可能文义不足以准确划定其外延，其外延是开放的。"[1] 还有学者观点与此大致相同，认为不确定法律概念可分为两种：一种是内涵不确定，但外延是封闭的；另一种是内涵不确定，而且外延也是开放的。后者又称类型式概念或规范性概念，对于规范性概念，它可能的文义不足以准确划定其外延，因而其外延是开放的，在适用于具体案件之前，须有法官加以补充解释，使其具体化。[2]

　　一般来说，对于内涵不确定、外延开放的不确定法律概念比较好理解，多数不确定法律概念均属此类。而对于内涵不确定，外延封闭的不确定法律概念，理解起来有一定的难度，可以通过一个实例来说明。例如"兄弟姐妹"，其内涵较为模糊，尝试用揭示其本质的方式来界定其概念内涵有相当的难度，但我国民法典继承编第1127条限定了其外延："本编所称兄弟姐妹，包括同父母的兄弟姐妹、同父异母或者同母异父的兄弟姐妹、养兄弟姐妹、有扶养关系的继兄弟姐妹。"这就使得兄弟姐妹在继承领域成为外延确定的概念。与之类似的还有"近亲属"概念，其并没有确切的内涵，但外延很明确，[3] 所以这类概念

---

[1]　梁慧星：《民法解释学》（第五版），法律出版社2022年版，第253—254页。
[2]　沈敏荣：《法律的不确定性及其克服——论法官在法律制度中的作用》，《山东社会科学》1998年第1期。
[3]　我国民法典第1045条第二款规定："配偶、父母、子女、兄弟姐妹、祖父母、外祖父母、孙

的理解和适用并不存在很大的困难。其实很多法律概念（包括确定的法律概念）都存在这样的特点，内涵界定比较困难，因此很多立法以及学术研究都放弃了试图给出定义的尝试，而侧重于划定其范围，这样是否适用该概念就变得比较轻松容易。①

第二节　我国民法典中存在的不确定法律概念例示

通过对我国民法典的系统考察，参考相关案例，我国民法典中的不确定法律概念，如果根据其功能进行划分，主要有如下类型。需要说明的是，这一分类并不周延，毋宁说是一种例示，本文试图通过这种方式，对我国现行民法中最主要的不确定法律概念有一个概览。

一、数量比较类

一定（数额、比例）；过分高于（或者"过高"）；适当的（补偿、责任、担保、减少、遗产）；合理的（补偿、价格、价款、利润、费用、分担）、不合理的（价格、高价、低价、费用）；相应的（责任、补偿、责任、报酬、担保、价款、租金、工程价款、惩罚性赔偿、赔偿）；市场价格（政府定价、政府指导价）；必要（费用）。

子女、外孙子女为近亲属。"注意该款并没有采用"列举加概括"立法模式，并没有在列举后加"等"这一字眼，而是完全列举，因此严格限定了近亲属的范围。

① 可是我国立法却有尝试给概念下定义的冲动，却往往由于词不达意而遭受批评。一般认为，概念界定是学理探讨的范畴，而立法应当对此采取回避的态度，以便因为欠缺下定义的能力而勉为其难。比如民法典第 990 条第 1 款："人格权是民事主体享有的生命权、身体权、健康权、姓名权、名称权、肖像权、名誉权、荣誉权、隐私权等权利。"从该款所使用的连接词"是"来看，似乎是要界定概念，但其实并没有揭示人格权的本质属性，只是列举了几种典型权利而已。

二、程度类

适当(减少、调整、措施、帮助)，部分会与前述的数量相关，比如适当减少；重大(过失、误解、修缮、利害关系、变化、过错)；严重、显著(损害、侵害、恶化、精神损害)；发生困难(履行债务发生困难)；尽量减少；保管不善；明显减少；高度注意；足以(推翻以上记载时间的、清偿、支付、足以保护标的物)；必要的(监督检验、技术指导)；重大(疾病、事项、决策、理由)。

三、时间类

及时；一定期间；急于(行使、履行)；合理期限[①]；必要时间(必要的准备时间)；必要时。

四、情理类

合理(确定、开发、利用、分配、选择、使用、处分)；合理的(方式、运输要求、诊疗义务)；要求不合理；善意(相对人、第三人、占有人)；恶意(串通、占有人、磋商、延长)；知道或者应当知道；不当(得利、利益、措施、处分)；不正当地(阻止条件成就、使用商业秘密)；过错、过失。

五、伦理类

诚实信用；显失公平；公平原则；公序良俗[②]；社会公德；乘人之危；

[①] 在我国的司法实践当中，关于"合理期限"的案例很多，集中表现在未定期限的租赁合同，双方均可以随时解除，但应当在合理期限前通知对方；借款合同未定履行期的，出借人可以随时要求对方返还，但应当给予合理期限；买卖合同当中，买受人应当在合理期限内对买卖的标的物进行检验，有问题的，应当在合理期限内向对方提出；出租人在租赁期间出售租赁房屋的，应当在合理期限内通知承租人，以方便承租人行使优先购买权等。

[②] 在我国的司法实践当中，与公序良俗有关的案例主要有两类，一类是在法律行为领域，

处于危困状态、缺乏判断能力。

六、权益类

（国家、社会、公共、他人、第三人）利益；合法权益；不当利益。

七、情境类

情况紧急；紧急（情况、避险、救助）；情节严重；其他情境；感情确已破裂；应当予以照顾。

八、范围类

必要的（临时生活照料措施、临时监护措施、限度、便利、技术资料、资料、材料、份额、监督检验、措施、情况、处置、措施）；合理（损耗）；适当（措施）；利害关系人；有关（事项、人员、机关、财产、信息、法律、规定、程序、部门、诊疗规范的规定）；相应的（措施、医疗措施、民事行为能力、权利义务）；没有必要返还的财产；无法克服的技术困难；不适于提存。

九、其他

不可抗力；居住条件；（交易、当地、风俗）习惯；赔偿损失；通常标准；实际情况。

需要指出的是，上述分类并不是非常严格，某一不确定法律概念很可能会隶属于不同的类型，因而出现类型交叉。比如"必要的 xx"

单方法律行为或合同的成立不得违反社会的公序良俗，否则就会导致该法律行为无效；另一类是在侵权行为领域，如果一方当事人以违背善良风俗、公共秩序的方式侵害他人，并造成他人损害的，则应当承担损害赔偿责任。

可能涉及范围、数量或程度，因此需结合具体的情景来确定其类型。

第三节 民法典中不确定概念的语言学分类

一、根据模糊语言的范畴分类

范畴化是人类认知世界的一种工具，语义范畴则是类属划分在语言上的结果体现。认知心理学上的原型范畴是人类认知的结果，其由中心和边缘组成的内部结构真实反映了模糊范畴语义。[1]模糊集的范畴中，处于模糊中心的范畴概念意义是比较精确的，具有范畴中所有成员共同的典型属性，而处于边缘的范畴——概念集合的外延却是模糊的。[2]从中心范畴到边缘范畴的概念模糊度是渐变式的，扎德就提出隶属度这一理念试图量化语言的模糊度。中心范畴的轻微模糊度并不影响概念的使用，中心范畴的典型意义作为概念的标杆，难以产生不确定性，无需纳入讨论。边缘范畴是产生概念不确定性的重灾区，边缘范畴的限度不明是模糊的根源。边缘模糊认识可分为两种，一种为被动的模糊认知，由于认识主体缺乏对认识对象的边界精确划分产生；另一种是主动的模糊认识，是主体有意识地将对象进行模糊化处理，以达到对事物精确的认知。边缘成员往往与相邻范畴混同，原因就在于世界上的事物具有连续性和不可穷尽性的无限，但是可以被认知的对象是有限的，无限与有限之间的矛盾使得出现模糊现象在

---

[1] 陈维振、吴世雄：《有关范畴本质和语义模糊性的再认识》，《上海外国语大学学报》2003年第1期。
[2] 吴世雄、陈维振：《中国模糊语言学：回顾与前瞻》，《外语教学与研究》2001年第1期。

所难免。[1]语义范畴看作是一个模糊集合,超真值理论认为在临界状态下的概念意义既不取真值也不取假值。模糊语义的研究体现了对语言精确性的追求,在试图讨论和解决边缘模糊的界限问题时,不可避免地提前预设了模糊边缘的明确界限之存在,由此这种在语言内部的抽象研究极易沦为一种循环论证。[2]

因语义范畴边缘的模糊性往往呈现出一种由不同范畴构成的连续体上的语义变化,使得根据交际需要采用适当的语言形式来表达这种边缘性的模糊意义。边缘概念的语言范畴与邻近范畴成员呈现一种交叉重叠状态,导致其身份不确定性。认知语言学将边缘范畴的模糊性区分为两种:一种是"独立体"事物范畴边界的模糊,一种是"连续体"事物本身边界的模糊。[3]"独立体"事物范畴的语义与反映其认知范畴属性特征的语义范畴是一一对应的,区别在于语言的义项可以在动态下与相邻义项进行交替变动,从而表现出这一独立体事物的边缘范畴。义项是语言学上的专有名词,指的是词的理性意义的分项说明。一个词可以拥有几个义项,各个义项出现在动态的具体语境中,存在互补关系。[4]换言之,"独立体"事物范畴主要是中性的具有几种义项的词汇,可以在不同情境下有不同的指代范畴。而连续体事物更多地表现为情感范畴,这些范畴语义以梯度向对立方渐次演变,其认定主要是一种情感评价,带有较强的主观色彩。以下是民法典中较为典型的两组范畴区分概念。

---

[1] 鲁苓:《多元视域中的模糊语言学》,社会科学文献出版社2010年版,第105页。
[2] 张爱珍:《模糊语义研究——从逻辑分析到语法考察》,福建师范大学2010年博士学位论文,第60页。
[3] 苏联波:《语言的模糊性与模糊化认知》,《中华文化论坛》2008年第3期。
[4] 黄伯荣、廖序东主编:《现代汉语》,高等教育出版社2011年版,第223页。

表4-1 民法典模糊词范畴区分表

模糊范畴	具体示例
"独立体"事物	市场价格、发生困难、保管不善、合理期间、社会公德、公序良俗、（国家、社会、公共、第三人）利益、不可抗力、交易习惯、通常标准、实际情况
"连续体"事物	诚实信用、显失公平、善意、恶意、乘人之危、保管不善、恰当、不当、情节严重、过错

二、根据语言模糊的生成机制分类

语言模糊生成机制主要有言难尽意性、不求尽意性、不尽为妙性、反常规性、奇妙得体性、凝练含蓄性、语言趋美性、虚化精确性。言难尽意从语言符号学的本体出发，符号自身的抽象性及其概括性使得符号从根本上具有模糊的自然属性。不求尽意性则是描述主体运用人类独特的模糊思维对复杂的客观世界进行模糊化处理，是一种把握世界的手段。在平衡规则的精确性与灵活性上，从语言本身的模糊性出发使得看似精确的概念蕴含大量的解释信息文本，形成精确与模糊相互对立统一的关系。剩下的不尽为妙性到虚化精确性则更多的是一种出于语言审美上的考量，如语言含蓄与留白的手法能够激发人的强烈审美心理，虚化精确性使得精确数字的意义发生变化，具有更多的指代空间。① 五光十色也不是五种光和十种色，而是代指多种色彩。

因民法典语言本身并不以语言的审美性为考量，因此模糊语言的生成机制上以言难尽意性、不求尽意性、虚化精确性机制为主。言难尽意性机制是一种被动的模糊机制，根植于语言本身所具有的模糊性。即使为了降低概念的模糊度而添加限制词，然限制词本身依然是模糊的。不求尽意性机制与之相反，其是利用语言的模糊性从而更好地灵活运用和认知概念而主动选择的一种模糊机制。民法典中一些

---

① 韩媛、范武邱:《语言模糊性的常见生成机制探析》,《中国外语》2013年第6期。

功能需要随着社会和时间的变迁而随之改变内涵的概念就属于这种机制。虚化精确性则是针对时间词、数量词这种本应十分精确的概念，为其也能具有主观适用性而有意对其虚化处理。以下是民法典中三种机制区分的典型模糊概念。

表4-2　民法典模糊词生成机制区分表

模糊生成机制	具体示例
言难尽意性	合理（补偿、价格、利润、费用、分担、开发、利用、分配）、不合理（价格、费用）、适当（补偿、责任、担保、遗产、减少、调整、措施）、相应（责任、补偿、报酬、重大（过失、误解、修缮、变化、过错）、显著（损害、侵害、恶化）、（明显、尽量）减少、高度注意、知道或者应当知道、过错、过失、不当、紧急情况、情节严重
不求尽意性	市场价格、诚实信用、公平原则、公序良俗、社会公德、乘人之危、不可抗力、交易习惯、赔偿损失、通常标准、实际情况、居住条件、利害关系、（国家、社会、公共、第三人）利益（合法权益）、相应的（措施、民事行为能力、权利义务）
虚化精确性	一定（期间、数额、比例）、必要时间、合理期限、及时

三、根据模糊词性分类

（一）模糊限制词

语言学上的模糊限制词主要是指粘附概念，词性上通常以副词的面貌出现，自身没有完形意象，总是依附其他概念存在，表现其他概念的模糊程度，主要功能为限定具有连续体性质概念的意义范围从而使得模糊词趋于清晰。[①] 如稍微、非常、有点、很等。此类词汇单独存在没有意义，作用就在于限制其所修饰的模糊词的模糊程度，使背后的模糊词指代的模糊集的范围缩小。民法典中的模糊限制词主要是

---

① 苏联波：《语言的模糊性与模糊化认知》，《中华文化论坛》2008年第3期。

修饰程度、时间、数量等的副词，如"高度注意"中的"高度"，作用在于缩小模糊词指代的模糊集的范围。再比如"过分高于"一词，高于作为模糊词有其模糊集，高多少是没有上限的，但是需要拟定一个最低限度。因此用"过分高于"将一般高于或者高一点的排除于集合之外。

（二）无相对性的界限不明模糊词

这类模糊词多以名词出现，自身的模糊集范围没有与之相对的相反模糊集，只是与模糊集合外的概念界限不分明。如四季之中的春夏，一日之内的下午与傍晚。[1]这类模糊词词义的界限有不确定性，来源词所指的事物边界不清。这种模糊性是客观事物连续性的反映，一般来说核心部分毕竟明确，属于词义针对的重心，但是随着与邻近事物的差异呈现逐步缩小的趋势，边缘部分逐渐模糊，呈现一种界限不明的状态。[2]民法典中有特定涵义的名词有其具体的适用范围，但往往因范围的界限比较模糊而让人产生是否属于该范围的困惑。典型者如公平、诚实信用、利益等概念范围内的事物并不模糊，难的是区分"可以是也可以不是，好像是又好像不是"这类在词义覆盖边缘的事物。正如德国语言学家安东·马尔蒂针对语言的模糊性提出，语言的模糊是一种现象，即名称运用的范围没有严格划分界限。[3]

（三）有相对性但无确定范围的模糊词

这类词汇多为形容词或形容词派生的名词，指的是有相对性的，因无确定的指代范围，根据实际情况可以进行移动和调整的模糊概念。[4]如胖瘦、大小、远近，具有与其概念本身相对的另一个模糊概念

---

[1] 伍铁平：《模糊语言学》，上海外语教育出版社1999年版，第87页。
[2] 黄伯荣、廖序东主编：《现代汉语》，高等教育出版社2011年版，第218页。
[3] 伍铁平：《模糊语言学》，第97页。
[4] 同上书，第87页。

集，二者在实际情况下可以相互转化，又因对方的存在来确定和解释自身的含义。这类词在民法典中主要体现为一组相对的带有主观评价的概念，这类词汇通常能够起到引导两种极端走向的趋势，如评价行为人意志的"善意""恶意"。以下是民法典中以词性作为区分的典型概念。

表 4-3　民法典模糊词性区分表

模糊词性	具体示例
模糊限制词（主要为副词）	一定、过分、适当、必要、重大、严重、显失、显著、足以、及时、急于、应当、相应、高度、（保管）不善、尽量
无相对性的界限不明模糊词（主要为名词）	市场价格、期间、期限、知道、过错、过失、诚实信用、公平原则、公序良俗、社会公德、权益、公共利益、情节、利害关系人、不可抗力、居住条件、习惯、损失、标准、情况、困难
有相对性但无确定范围的模糊词（主要为形容词）	善意、恶意、恰当、不当、合理、不合理

四、根据语言模糊程度区分

扎德认为模糊集合是一个边界不明确的类，成员到非成员的过渡是渐进而非突然的。模糊集合并非是传统的二值逻辑 A 与非 A 的非此即彼体系，A 代表 0，非 A 代表 1，在 [0,1] 之间可以取任意数值对应词义。与模糊集合论相对应的是语言对冲思想，一些复合语言可以被视为作用于表示其操作数含义的模糊集的运算符。语言运算还可以用互补、交集、集中、膨胀、对比增强、模糊化、强调等操作来表示。[①]扎德以隶属度作为模糊集合论的核心，规定模糊集合中的每一成员具

---

① L. A. Zadeh, A Fuzzy-Set-Theoretic Interpretation of Linguistic Hedges, 2(3) *Cybernetics and Systems*, pp.4-34(1972).

有对应的隶属度,用以解决事物具有"连续集"属性问题。[1] 再以语言运算系统形成隶属函数以期对模糊语言进行定量分析,对于把握和认知语言的模糊性提供了一个全新的思考范式和描述角度。语言范畴实则也是模糊集,但是各个语言的模糊程度不同,以范畴内的隶属度可以量化范畴成员的模糊性。[2]

另一试图区分和量化语言模糊度的方法是从语言的形式——义位和词源角度考察语言的模糊度。[3] 一个模糊义位是指语言变量具有集合意味。例如热这一义位,从人体感受到热的最低温度三十多度到无上限的温度。这一模糊域是具有典型集合意义的语言变量。[4] 对义位的模糊与清晰的鉴别需要分析义位所概括的概念外延,采取的方法是对义位逐一加鉴别词"不(非)",再从语义上与原义位联系起来对其外延进行比较。[5] 数学家耶格尔认为一个概念离它的否定面越远越不模糊,相反,离它的否定面越近则越模糊。[6] 如民法典的"合理"一词,汉语词典对其解释为"合乎道理或者事理"。在难以确定其外延时可以加上鉴别词"不""比较"等,从而用"比较合理"与"不合理"的概念范围来确定"合理"的外延边界。伍铁平提出语言中的词越往上追溯模糊性就越明显,意味着模糊度越高。古语言的词比现代语言更为模糊,当代语言中的一些泾渭分明的概念,一旦探究其词源,往往与

---

[1] 徐宏亮、胡健:《哲学视域下的模糊语言研究》,《江淮论坛》2016年第4期。
[2] 崔凤娟:《认知范畴视角下的语义模糊》,《宁夏大学学报》(人文社会科学版)2007年第6期。
[3] 吴世雄、陈维振:《中国模糊语言学:回顾与前瞻》,《外语教学与研究》2001年第1期。
[4] 张庆云、张志毅:《义位的模糊性》,《烟台师范学院学报》1994年第1期。
[5] 海阳:《形容性义位语义模糊性管窥》,《湘潭大学学报》1995年第4期。
[6] Thomas T. Ballmer, Manfred Pinkal, Approaching Vagueness, 1983, p.136. 转引自周爱保、左全顺、史战:《模糊语言的研究进展》,《宁波大学学报》(教育科学版)2012年第2期。

其他的概念词混淆。这种混淆现象原因在于人们习惯用已知事物名称命名未知事物。[①] 如民法典中重要的"习惯"概念，该词法律上的意义既源于日常习惯的涵义，又与其有所区分。词源上的习惯本身即是模糊度极高的词汇，移用至法律领域，须得达到适用时间、适用范围的标准方能成为法律意义上的"习惯"，因此模糊度有所降低。

　　语言学上的模糊程度量化可以评价前述三种分类的整体区分意义，及提供降低概念模糊程度的方法。从范畴和词性的结合上看，"独立体"事物范畴与界限不明的模糊词较为重合，多属于名词。"连续体"事物本身与有相对性无确定范围模糊词相似，多为形容词概念。名词类概念因不具有主观性的情感评价，相比较形容词类的概念，模糊程度更低。副词能够作为一种不断降低模糊程度的语言运算符，甚至可以叠加运算。如民法典中的"紧急情况""情节严重""相应措施"等概念。其中的"紧急""严重""相应"词都属于运算符，对"情况""情节""措施"模糊含义起限缩作用。此种方法多用于复合语言中，通过语言的组合还可以有更为复杂的运算系统。

---

① 伍铁平：《模糊语言学》，上海外语教育出版社1999年版，第337页。

第五章　不确定法律概念的价值

不确定法律概念最大的特点在于内涵模糊且外延不确定，使对"个案之特别情况的考虑成为可能，以照顾个别正义意义下之衡平；而后附随地也同时作为引入法律外，如社会的或伦理的价值之媒介"①。但与此同时，这一特点所导致的重大问题在于，如果没有为其设定具体化路径，在个案中具体适用就会十分困难，使法官在裁判时陷于困境。那么，立法者何以要在法律规范中使用不确定法律概念，其存在的价值何在？

第一节　对成文法局限性的克服

由于不确定法律概念的含义并非具体确定，因而其在适用时较之其他法律概念也就更加困难，需要借助立法机关或有权行政机关对其进行的具体解释，或是需要借助司法者或执法者自身的判断。但这并非是由于立法者的疏忽和懈怠而导致的法律规范的不完善，恰恰相反，大多数情况下是立法者有意为之。早在1904年，梁启超在讨论立法问题时就曾提出："法律之文辞有三要件：一曰明，二曰确，三曰弹力性，明、确就法文之用语言之，弹力性就法文所含意义言之。"②

---

① 黄茂荣：《法学方法与现代民法》（增订七版），第695页。
② 梁启超：《梁启超法学文集》，范忠信选编，中国政法大学出版社2000年版，第181页。

固然法律规范在用语上追求清楚确定,但其含义却应当具有一定的弹性,立法者应当尽力在两者之间达到平衡。就法律概念而言,也就表明必然会存在一定数量的不确定法律概念。

"在成文法国家,立法者希望通过法律规范的预先确立来规范所有的社会生活,但是又只能就社会生活中普遍性的基本规则进行规定,而无法对各种具体情况全部做出规定。"[1] 现实中,法律的制定者也只是普通的人,而并非无所不知、无所不能的"上帝"。虽然在整个法学的发展史上,一些法学家也曾试图扮演上帝的角色,希望可以一劳永逸地制定出一部完美无缺、包罗万象且能够适应社会不同发展阶段的法典,但显然实践证明,这样的法典是不可能存在的。[2] 但同时作为社会强制性规范的法律又必须具有足够的稳定性和可预期性,因此,立法者不得不选择使用那些含义更富有弹性、具有相当模糊性的法律概念,为未来的法律解释留下足够的空间,使其涵盖范围更加广泛,这也就是不确定法律概念。

一、成文法的技术性特点及其局限性

相较于道德、行业规范等,法律规范作为一种特殊的社会行为规范,以国家强制力为后盾保证实施,辐射范围更加广泛,对法律主体权利义务的影响程度也更大,因而出于维护公平正义、避免国家权力过度扩张的考虑,其必然会具有其他社会规范所不具有的一些特点。

---

[1] 王利明:《法律解释学导论——以民法为视角》(第三版),法律出版社 2021 年版,第 474 页。

[2] 实证法学派所主张的两个信条:一是法官不许造法,二是不许法官在法律上沉默,即禁止造法和禁止法律沉默。这两个信条若要符合逻辑,必然以此为基础——立法者所制定的各项法律乃是包罗万象,毫无漏洞的完美体系。〔德〕阿图尔·考夫曼、温弗里德·哈斯默尔编:《当代法哲学和法律理论导论》,郑永流译,法律出版社 2013 年版,第 116 页。

成文法的技术性主要表现在以下两个方面：其一是普遍性，即法律规范平等而无差别地适用于一国主权范围内的任何人，不存在可以不遵守法律的特权阶级，同时立法机关亦不得针对具体的人和事而作出特别规定。其基本目的在于确保法律面前人人平等，防止立法者和司法者任意偏袒或苛责某一当事人。当然，普遍性并不意味着成文法要求社会上的每个个体都承担完全相同的权利义务，而只要求根据当下社会价值观念应当受到平等对待的个人、群体或情势被平等地对待。[①]就像我国民法典对现役军人的配偶要求离婚这一情况作出例外规定，要求应当征得军人同意一样，虽然这导致现役军人配偶和普通婚姻关系中一方要求离婚时条件不同，但由于其依然是普遍性的规定，且适用于所有现役军人的配偶，因而其同样符合成文法的普遍性以及对正义的要求。其二是确定性，即一方面要求法律规范应当尽量详尽具体，明确而清晰表述主体间的权利义务，从而有利于更好地理解、遵守法律规范，同时也防止在法律适用过程中法官及执法者的恣意发挥；另一方面要求法律应当在一定时间内保持相对稳定，避免变化过频、朝令夕改，从而有利于提高法律在民众心中的威信，同时也使社会公众能够对自己参与社会活动的法律后果产生稳定预期并得以相应调整自己的行为。

就像阳光在带来光明和温暖的同时也必然会带来阴影一样，成文法的上述特点在有利于更好地实现强制性社会规范功能的同时，也相应地带来一定局限性。其局限性主要表现在以下几方面：

（一）目的不达

法律的普遍性所追求的最主要目的在于妥当地分配各主体间的

[①] 〔美〕E.博登海默：《法理学：法律哲学与法律方法》，邓正来译，中国政法大学出版社2017年版，第343页。

权利义务，实现社会的公平正义，但这样必然会忽视个体差异，因此对于具体的个案，如果其特殊性超过了一般性，以致如果依然严格按照一般性的法律规范对其进行评价，就会导致裁判结果因不公平、不正义而难以接受，由此也就导致了成文法的目的不达。换言之，成文法的目的在于通过普遍性的规范来评价社会公众的相关行为并调整其权利义务关系，从而实现正义，但在某些特殊的个案之中，只有突破成文法来适应其特殊性才能维护公平，僵硬地依法裁判反而会导致结果的不公。这一局限性的本质在于共性与个性间的矛盾冲突。成文法一般而言只关注共性而忽视个性，正如卢梭在《社会契约论》中所论述的那样，法律的对象永远是普遍性的，即法律单考虑臣民的共同体以及抽象的行为，而绝不考虑个别部分及其行为，甚至于法律可以作出规定将法律主体划分为若干等级并规定各等级差别巨大的权利义务，但法律也绝不可能直接规定某具体个体属于某一等级，任何有关个别对象的职能都绝不属于立法权力。[①]大部分情况下，成文法的这一特征有利于其根本目的的实现，并可以将之同具体的行政政策区分开来，但在个别特殊的情况下，会产生目的不达的问题。更为重要的是，由于个案的特殊性而导致裁判结果不公的个案，就像一张洁白的宣纸上的一点墨迹一样，虽然占比很小，但带来的影响范围和深度却很大，会极大地影响民众对法律的信任度。

（二）不周延性

成文法要求自身具有足够的完满性和确定性，可以尽可能多地提供具体的权利义务分配方案，期望可以规范社会上所有需要规制的情况。但由于社会生活的纷繁复杂、瞬息万变，以及人类认识能力的有限性，这一目的在实践中难以实现，从而导致了法律的漏洞和盲区

---

① 〔法〕卢梭：《社会契约论》（双语版），戴光年译，武汉出版社2018年版，第46—47页。

的形成。由此可见，成文法的不周延性来自于其无法彻底实现的确定性。实际上，在法律思想的发展史上，人们曾经对于自身制定完善完美的法律抱有高度的自信，[1]绝不允许在法律之外寻求裁判依据，但之后不得不承认，这一理想的状态在现实当中并不能实现。

需要指出的是，不周延性的原因是僵硬性，二者属于一体两面。正是基于立法的僵硬，法律规则只能适用于其明确指定的对象，而不能扩及其余，随着新情况的出现，不周延性会立马显现。因此笔者将二者同等对待。

（三）滞后性

成文法天然地具有滞后性的特点。究其原因，成文法的确定性要求其在一定时期内保持相对的稳定，不可以被随意修改，本质上，法律也只是立法者对既往历史经验总结后得出的普遍性社会规范，具有相当的时代局限性。[2]也就是说，立法者只能依据立法当时及之前的相关社会现实及理论发展来制定法律，且法律的制定还需要花费一定时间，但社会总是处于不断变迁之中，再加上新的法律规范的形成，需经过一系列严格的讨论、修改及最终的制定程序，大量的时间是不可或缺的，因而就会出现法律与社会生活不相一致，甚至是严重脱节的情况。法律一经制定颁布之后就已经开始同现实有所差距，并且这个差距还会随时间推移而越来越大。因此从某种意义上说，成文法一旦通过，它就已经过时了。[3]

---

[1] 18世纪普鲁士立法者认为，合理、明确和全面的法律制度可以由理智的人类设计出来，1794年的《普鲁士普通邦法》共一万多条，它设想要预见所有的可能和偶然情况，并将人类行为的范围规定到极细微的家庭生活琐事。沈敏荣：《法律不确定性的思想渊源》，《社会科学》1999年第12期。

[2] 董皞：《司法解释论》，中国政法大学出版社1999年版，第79页。

[3] 萨维尼曾言到，法律自其制定公布之时起，就开始逐渐与其时代相脱节。徐国栋：《民法基本原则解释——成文法局限之克服》，中国政法大学出版社1992年版，第150页。

（四）成文法价值选择的两难

"在一个比较后进的法律社会，通常具备一种特征，倾向于以比较纯逻辑，或比较拘泥于法律文字了解法律、适用法律，未能随社会之变化适时检讨法律，以致常常受恶于法律。当基于该认知而试图容许引用较富弹性之价值标准或一般条款来避免被法律概念所僵化的法律之恶时，却又发现该容许很容易流于个人的专断。其结果，许多法律规定本来拟达到的公平正义不能在实际运作中真正地实践出来。"[①] 概言之，成文法往往陷于两难境地。为了保证普遍性、维护平等就会丧失个案中的具体正义，为了确保确定性，就会影响法的灵活性与适应性，同时陷于僵化。反过来，如果侧重于后者，则法律的基本价值就难以实现。由此，法律始终处于价值两难而无法同时实现完美的结合，顾全了这一方面，却不可避免的疏忽其他方面，形成了成文法价值选择的二律背反。

二、一定程度上可克服成文法的局限性

成文法的固有局限性影响立法目的的实现，因而立法者会选择在法律制定过程中采取一定方法和技巧，尽量减少或者避免此类局限，使最终的法律文本体现逻辑性和体系化，能够确切而又完整地调整相关法律关系，同时又不至于繁琐和凌乱，兼顾法律的普适性和具体情形下的合理要求。不确定法律概念的使用就是这样的一种技术手段。正如王泽鉴所言："不确定法律概念机能在于使法律运用灵活，顾及个案，适应社会发展，并引进变迁中的伦理观念，使法律能与时俱进，实践其规范功能（弹性功能）。"[②] 即不确定法律概念可以提高法律的概

[①] 黄茂荣：《法学方法与现代民法》（增订七版），第154页。
[②] 王泽鉴：《民法思维——请求权基础理论体系》，北京大学出版社2022年重排版，第201页。

括性和灵活性，为法官行使自由裁量权提供基础，同时也可以使法律更好地适应不断发展变迁的社会现实。

（一）一定程度上实现法律普遍性和个案正义间的平衡

当某类需要法律规制的生活事实在实践中存在很多不同的情况，以致立法者无法用明确具体的语言进行规范时，为了使法官在个案审判时有空间充分考量其具体情境，以实现法律的真正目的，立法者就会刻意选择使用不确定法律概念，赋予法官在个案中自由裁量和进行价值补充的权力，从而最终得以做出符合法律规定且满足具体正义要求的裁判。不确定法律概念的含义虽然不像其他法律概念那样确定具体，但是在一定的历史时期和社会环境下，其含义是相对确定的，因此在大部分情况下不同法官根据不确定法律概念依然会作出基本相同的判决。故不确定法律概念的使用可以在确保相关法律规范具有普遍性和确定性的同时克服其弊端，关注个体的权利保护。

成文法以其普遍性为基本特征，即使是那些只针对特殊人群的法律规范，其效力也是普遍的。例如我国民法典关于限制行为能力人实施的法律行为的法律效力的规定，看似只与限制行为能力人这一特殊人群有关，但其仍具有普遍性，所有限制行为能力人实施的法律行为都应遵守这一规定。

法律普遍性适用的弊端在于无法将个案具体情况纳入考量范围，因而很有可能在个案中出现判决的实质不公正。不确定法律概念的作用在于，可以通过自身内涵的弹性和灵活性，使法官得以考虑个案发生的特殊环境并在具体情境下进行价值补充，全面地斟酌个案中独特的相关因素，进而充分考虑个案实际情况，作出符合法律正义目的的裁判，实现具体情境下的实质公平与正义。

从这个意义上看，可以认为不确定法律概念实际上给法官留下了一定的造法空间，从而在法律的适用过程中更好地实现个案公正，而这一过程往往也是法官行使自由裁量权的过程。自由裁量权是指法官在个案审理过程中适用相关法律规范时的一种裁判自由度，可以依据自身的法学理论知识和裁判经验来选择、解释、适用相关的法律规范，并对相关案件事实作出价值性评价。[①]然而，实践中法官享有更大的自由裁量权，究竟有利于法律根本目的和所承载价值的实现、保障社会正义，还是会导致法官的恣意和法律价值的沦丧？这可能是一个谁也无法给出准确答案的难题。在概念法学看来，为了减小因法官的个体差异而给个案裁判带来影响，避免法官的恣意妄为，乃至于仅因一时脾气或情感偏见就作出不公正的判决，法律就必须具有足够的确定性。英国哲学家洛克（John Locke, 1632-1704）就曾经指出："处在政府之下的人们的自由，应有长期有效的规则作为生活的准绳，这种规则为社会一切成员所共同遵守，并为社会所建立的立法机关所制定。"[②]当然，如果立法者是全能的，所有社会中可能出现的特殊情况都被完整地纳入法律当中，并被赋予了恰当的法律效果，那法官享有自由裁量权就成为多余。但现实中这种理想显然无法实现，因此，赋予法官自由裁量权就成为成文法国家的必然选择。"除了法官，立法者不可能把自己设计为法律的守护神，换句话说，立法者不可能到每一个案件中充当法律意义的阐释者，立法者放心也好，不放心也好，在具体审案过程中，只能把法律的命运托付给法官，由他在具体案件中宣布法律的意旨。"[③]或者说，从立法者的角度出发，由于个案裁判过程中必然要进行一定的法律解释，使抽象、概括的法律规范符合个案事实，那么为了更好地实现法律的根本目的，维护个案正义，法官

---

① 武树臣：《法律涵量、法官裁量和裁判自律》，《中外法学》1998 年第 1 期。
② 〔英〕洛克：《政府论》（下篇），瞿菊农、叶启芳译，商务印书馆 1982 年版，第 16 页。
③ 陈金钊：《法律解释学的转向与实用法学的第三条道路》，《法学评论》2002 年第 2 期。

享有一定的自由裁量权就显得必不可少。

不确定法律概念为法官在个案裁判时留下了一定的弹性空间，使其可以更为灵活地解释相关法律规范。某种意义上，它使法官在法的适用过程中获得了一定"造法"的权力。一般而言，法律概念的不确定性同法官享有的自由裁量权大小呈正比。对于内涵和外延极为确定的法律概念，法官就只能严格依照其确定的含义在较为狭窄的领域内适用，无法依据个案情况进行具体把控。在现代法治国家，赋予法官以适当的自由裁量权，有助于充分发挥其主观能动性，使司法权同立法权达到相互制约与平衡，从而更好地实现法的价值目标。从某种意义上可以说，立法语言模糊性就是法官发挥潜能的必要条件。

（二）一定程度上克服成文法的不周延性或僵硬性

在现代法治国家，成文法的制定和修改需要消耗大量的人力物力，并且随着国家民主化进程的推进，这种成本也会成正比增长。立法者无法细致入微、面面俱到地对社会中所有问题都进行立法。何况法律应该是普遍适用的，完全消除不确定性的法律必然是僵硬无比，无法被具体应用于实践中，只会增加司法机关、行政机关适用法律以及普通民众遵守法律的难度。[1]故而不确定法律概念的应用，一方面可以起到节约立法成本的作用，另一方面也可以增加相关法律规范的弹性，使法律的应用充满活力。

为了维护法律权威、使法律主体可以根据法律相对准确地预判自己行为的后果，以法律条文的形式将法律规范固定下来的成文法在具有稳定性的同时，必然带有一定的保守性和僵硬性。人类社会始

---

[1] 足够具体的法律规定会造成这样的尴尬：人们在现实生活中只能按照这些规定去做事，一不小心便会触犯法律。这不仅使法律丧失了其普遍性，而且使人们如同生活在牢笼中一样。这种僵硬、缺乏生命力的法律应该是任何一个立法者都不愿看到的结果。沈敏荣：《法律不确定性的思想渊源》，《社会科学》1999年第12期。

终在向前发展，新生事物每天都在出现，因此要想制定一部规范内容事无巨细、毫无"弹性"可言的法典，就必然会导致之后为了追随社会现实前进的脚步、满足现实生活的需要，而不得不频繁对法律做出改动。这样无疑会极大地损害法律的稳定性，使人无法预测判断其行为的效果，从而大大削弱法律对人们行为的指引作用并降低其公信力。或者说，条款僵化、保守的法典根本无法适应日常社会生活的需要，也不符合立法者制定法典的初衷。美国法哲学家博登海默（Edgar Bodenheimer，1908-1991）指出："一旦法律制度设定了一种权利和义务的方案，那么为了自由、安全和预见性，就应当尽可能地避免对该制度进行不断的修改和破坏。"[1] 相较于纷繁复杂、不断变化的社会生活，法律必然是滞后的，而这样的法律最终也会影响社会的进步和发展。就像随着现代科学技术的发展，出现了很多像 AI 人工智能、基因编辑婴儿、无人驾驶汽车这样的新兴事物，我们无法在既有的法律中直接找到与之相关的规范，但实践中又的确需要法律对其进行规制。因此，优秀的立法者往往会选择保持一种节制的精神以谋求两者间的平衡，承认人类认识的局限性，在法律的制定过程中通过引入不确定法律概念，使得法律条文保持适当的"弹性"，避免法典因规定过于具体、繁琐、庞杂而显得"臃肿"和"僵硬"。"事实上，正是不确定法律概念……才使法律（这里指民法典）在多变复杂的现实生活中具有广泛的适应性与旺盛的生命力，也才能使法具有调整社会生活的现实功能，无它，法律将成为一潭死水，在纷繁复杂千变万化的现实生活面前屡屡碰壁，法的制定与适用的成本将变得巨大，法将不能成为法。"[2] 想要在现实社会的多元性、变化性和法的稳定性要求之间保持

---

[1] 〔美〕E.博登海默：《法理学：法律哲学与法律方法》，邓正来译，中国政法大学出版社 2017 年版，第 420 页。
[2] 许中缘：《论民法典中法律概念的构建》，《当代法学》2006 年第 6 期。

平衡，需要在法律规范中引入不确定法律概念。"当人类关系每天都在改变时，也就绝不可能有持久不变的法律关系，只有流动的、弹性的，或有限度确定性的法律制度，才能适应这种人类关系，否则社会就会受束缚。"[1]由于不确定法律概念本身所具有的模糊性和多义性，司法实践中在对其解释适用时必须由法官进行综合性的价值判断，而在这一过程中，法官不可避免地受到社会主流价值观念及其变迁的影响，将之纳入考量范围，从而根据当时当地的具体情况对其作出解释，这样也就可以平衡相对静止的法规则与不断变动的社会法益要求之间的关系。总而言之，其所特有的开放性和灵活性使法官在面对具体情境时，有了适当解释发挥的空间。

不确定法律概念可以克服成文法的僵化性，还在于其所具有的高度抽象性。由于其内涵与外延均不确定，因而新出现的情况就可以包含在其内涵当中，因此在适用法律时无需对其进行变革，而只需科学解释即可。例如"公序良俗"这一概念在民法上已经存在了千年之久，其内涵一直在不断演绎变化，因此在实践中才能保持相当的"活力"，可以适应新出现的各种情况。毋庸置疑，在"公序良俗"概念被创造之时社会上尚不存在商标，其最初的含义中自然也不包括相关情况，但在商标等相关事务出现之后，我们完全可以将那些申请注册数量众多，与知名度较高的商标高度近似的商标，且不以使用为目的的商标注册行为归类于有损公平竞争的市场秩序、违反公序良俗的行为。[2]虽然抽象性使得法律的适用比较困难，但与之相适应，法律的灵活性也会极大地增加。

再比如我国民法典侵权责任编第1183条前段规定了精神损害赔

---

[1] 沈宗灵：《现代西方法理学》，北京大学出版社1992年版，第294页。
[2] 参见北京市高级人民法院（2019）京行终9953号行政判决书。

偿制度,①其中"严重精神损害"即属于不确定法律概念,用于涵盖各种无法明确列举的情形。此外,民法典中还有"合理损耗""适当措施"等概念,同样可以概括性地指称特定的情形。可以看出,这些不确定法律概念所对应的情景都是立法者难以事先预期,但又的确需要在法律中予以明确规定的特殊情形,如上例中,立法者认为法律应当赋予被侵权人在其遭受的精神损害达到一定程度时向侵权人请求精神损害赔偿的权利,但现有条件下又不可能对这一精神损害的程度用语言做出明确的界定,因而选择"严重精神损害"这一不确定法律概念让这一法条可以概括性地指称相关情形。

总而言之,不确定法律概念可以让法律规范更好地适应复杂多变的社会,也更好地应对可能出现的各种具体情形,有利于法律在稳定性和灵活性的要求间达成平衡,可以在避免频繁修法、维持一定稳定性的同时,有效地克服法的僵硬性。

(三)一定程度上克服成文法的滞后性

成文法的滞后性是一种客观现实,其很难通过立法本身来解决。②如果法律规范是完全确定无疑、毫无变通余地,则对法律的固守不仅不能实现对社会公平正义的维护,还会阻碍社会的进步。但法律的制定毕竟是一项关系重大的体系性工程,如果时常为了实现个案正义而去制定新的法律或修改原有法律,无疑会极大地破坏法律的体系性和稳定性,甚至让社会民众感到无所适从。另外,完全确定无疑的法律

---

① 该款规定,侵害自然人人身权益造成严重精神损害的,被侵权人有权请求精神损害赔偿。
② 当然,较大幅度解决法律的滞后性,还得依靠立法行为。但是由于立法并非经常发生,因此只有当这种滞后性积累到一定程度而被立法者所不可容忍时,才通过立法一次性解决。但即便如此,轻微的滞后性随之即会产生。因此毋宁说,立法只是阶段性解决法律滞后性的手段,更常态的方法则是借助于司法。

还会过分限制法官的主观能动性，关上法官进行创造性司法的大门。法官在具体案件审判过程中进行的创造性思维活动既不可能、也不应该被立法机关的立法活动所替代，法院背后不应该还存在一个像立法机关那样的超级法院。确定无疑，要求法官严格遵守法律规范意味着立法者假定法官的裁判过程像自动售货机那样简单，不论是谁，只要投入法条和事实后就可以得到完全相同的裁判结果。[①] 但事实上，现实生活中法条和事实几乎不可能一一对应，裁判过程需要法官对具体案件事实进行分析评价，根据法律的价值观念选择重要的事实将之同法律规范相对应。由此作出的判决结果才能更好地实现实质正义，也才能真正实现立法目的。而要更好地获得这一对应，就需要立法者事先在法律条文中为法官的创造性思维活动留下一定空间，从而使得法官可以在不违反法律的前提下充分发挥自身的主观能动性。而不确定法律概念刚好在一定程度上解决这一问题。再者，不确定法律概念还让数量众多的法官可以利用自己不断积累的司法经验来更好地解释、甚至发展法律，将最新的价值观念、社会现实理论化补充进法律概念之中，从而使法官适用法律的过程，也就是他发展法律的过程。

拉德布鲁赫（Gustav Radbruch，1878-1949）认为，"《德国民法典》尤其要感谢那些或此或彼的伸缩性概念，它们使得这部法典在一个通常较为僵硬的概念体系中，终究能够证明自己已经受住了时代发展的无止境要求。"[②] 促进法律的不断发展，使其与当下的社会交易观念、伦理道德观念相一致，不仅需要立法者及时制定、修改相关法律，也同样需要具体参与司法实践的法官的努力。不确定法律概念作为一种法律技术的产物，其原本就是在法律当中引入社会的或伦理理念

[①] 张新荣：《论法官创造性司法》，《法律适用》（国家法官学院学报）2002年第9期。
[②] 〔德〕拉德布鲁赫：《法学导论》，米健译，商务印书馆2013年版，第107页。

的通道，在发展法律方面发挥重要作用。法官在裁判具体案件时，可以通过不确定法律概念的具体化将这些规则引入法律当中。

法律条文保持适度的"弹性"，不仅是出于立法技术的考虑，而且也是立法者在制定法典时应当遵循的规则。法典中大量存在的不确定法律概念可以赋予法律更加旺盛的生命力，使其能够因事因地及时作出调整，与社会的其他规范保持内容和形式上的协调。杨仁寿曾举例说明这一问题：怎么才算是中国台湾地区"民法"第1081条[①]规定的"重大侮辱"和"重大事由"，从而成为终止收养关系的理由呢？1961年台上字第88号判决称："被上诉人为上诉人之养母，上诉人动辄与之争吵，并恶言相加，肆意辱骂，有背伦常之道，已具有'民法'第1081条第1款及第6款情形，自得构成终止收养关系之原因。"按照杨仁寿的意见，"动辄与之争吵""恶言相加、肆意辱骂"就属于该条"重大侮辱"或"重大事由"所指称的情形。[②] 这其实就是将生活当中孝敬老人这一最为基础的伦理要求，或者说一种道德规则，通过"重大侮辱"和"重大事由"这些不确定法律概念引入到法律当中，从而发挥其对生活的调节功能。

在我国，利用不确定法律概念引入社会道德伦理等观念进行裁判，实践中非常常见。例如在2016年最高人民法院公布的一起典型案例中，法官即通过对"公序良俗"等概念的解释，将弘扬家庭美德、尊重父母等伦理要求纳入裁判依据。[③] 近些年来，最高人民法院及部

[①] 台湾地区"民法"第1081条规定："养父母养子女之一方，有下列各款情形之一者，法院因他方的请求得宣告终止其收养关系：一、对于他方为虐待或重大侮辱时；二、恶意遗弃他方时；三、养子女被处二年以上之徒刑时；四、养子女有浪费财产之情事时；五、养子女生死不明已逾三年时；六、有其他重大事由时。"

[②] 杨仁寿：《法学方法论》（第二版），中国政法大学出版社2013年版，第186页。

[③] 参见最高人民法院2016年3月8日发布的《最高人民法院公布10起弘扬社会主义

分省市级人民法院,陆续发布了主旨为"弘扬社会主义核心价值观典型案例",直接将社会主义道德观念纳入法律当中发挥裁判功能。比如,2020年5月13日最高院发布"弘扬社会主义核心价值观十大典型民事案例",[①]对于弘扬现代社会伦理道德观念、促进社会诚信建构、确立正确的是非观、反对"谁闹谁有理""谁伤谁有理",以及是非价值观扭曲等具有重大意义。在"村民私自上树摘果坠亡索赔案"中,法院再审认为,安全保障义务内容的确定应限于管理人的管理和控制能力范围之内。吴某某作为完全民事行为能力的成年人,应当充分预见攀爬杨梅树采摘杨梅的危险性,并自觉避免此类危险行为。吴某某私自爬树采摘杨梅,不仅违反了该村村规民约中关于村民要自觉维护村集体的各项财产利益的村民行为准则,也违反了爱护公物、文明出行的社会公德,有悖公序良俗。吴某某坠落受伤系其自身过失行为所致,村委会不应承担赔偿责任。该判决对于违背社会公德和公序良俗的行为及不文明出行行为作出了否定性评价,倡导社会公众遵守规则、文明出行、爱护公物、保护环境,共建共享与新时代相匹配的社会文明。在"撞伤儿童离开被阻猝死索赔案"中,法院认为,孙某见到郭某林将罗某某撞倒在地后,让郭某林等待罗某某的家长前来处理相关事宜,其目的在于保护儿童利益,该行为符合常理,不仅不具有违法性,还具有正当性,应当给予肯定与支持。郭某林在抢救过程中因心脏骤停而不幸死亡,孙某的阻拦行为与郭某林的死亡结果不存在

核心价值观典型案例》中"刘某诉刘某某、周某某共有房屋分割案"。基本案情为:原告刘某系两被告独生女,讼争房屋系原被告共同购买,大部分房款由两被告支付且其为两被告唯一居住房屋,但双方就房屋产权约定原告占90%,两被告各占5%。后双方因房屋装修产生矛盾,原告向法院提起诉讼,请求法院判决依照不动产按份共有的相关规定将两被告所占房屋产权份额转让给原告所有,原告补偿两被告房屋市值的10%。

① 参见最高人民法院官网,最后访问日期:2022年2月12日。

法律上的因果关系，孙某亦不存在过错，其不应承担侵权责任。该判决明确宣告好心人不担责，向社会公众传递出法律保护善人善举的信号，消除了老百姓对助人为乐反而官司缠身的担心和顾虑，让"扶不扶""救不救"等问题不再成为困扰社会的两难选择。本案裁判对弘扬诚信相待、友善共处、守望相助等道德观念起到积极的作用。①

2022年1月10日，上海高院发布十起"弘扬社会主义核心价值观典型案例"。② 在"男子为父奔丧遭辞退案"③ 中，上海某物业公司保安王某因其父病危向主管提交请假单后回老家处理丧事，物业公司却以累计旷工超过三天、严重违反公司规章制度和劳动纪律为由将其辞退。法院认为，王某因父去世提交请假单后回老家操办丧事，既是处理突发家庭事务，亦属尽人子孝道，符合中华民族传统的人伦道德和善良风俗，不应认定为无故旷工，物业公司构成违法解除劳动合同。劳动者有自觉遵守用人单位规章制度的义务，而用人单位管理权的边界和行使方式亦应尊重公序良俗。用人单位行使用工管理自主权，既

---

① 此外，在"开发商'自我举报'无证卖房毁约案"中，法院认为：李某某在签订认购合同当日即支付了全额购房款，某房地产公司作为销售方的合同目的已经实现，但其不积极履行己方合同义务，在房地产市场出现价格大幅上涨的情况下提起本案诉讼主张合同无效，违背诚实信用原则。且预售制度所欲避免的风险在本案中已经不存在。该公司为获取超出合同预期的更大利益，违背合同约定，提起本案诉讼主张合同无效，显然与社会价值导向和公众认知相悖，人民法院不予支持。在"吃'霸王餐'逃跑摔伤反向餐馆索赔案"中，法院认为，就餐后付款结账是完全民事行为能力人均应知晓的社会常理。马某等人就餐后未买单，也未告知餐馆经营人用餐费用怎么处理即离开饭店，属于吃"霸王餐"的不诚信行为，经营者李某要求马某等人付款的行为并无不当。佘某某、李某在发现马某等人逃跑后阻拦其离开，并让马某买单或者告知请客付款人的联系方式，属于正当的自助行为，不存在过错。马某在逃跑过程中因自身原因摔伤，与李某、佘某某恰当合理的自助行为之间并无直接因果关系，李某、佘某某不应对马某摔伤造成的损失承担赔偿责任。
② 参见上海市高级人民法院官网，最后访问日期：2022年2月12日。
③ 参见"上海安盛物业有限公司与王文正劳动合同纠纷上诉案"，上海市第二中级人民法院（2020）沪02民终10692号民事判决书。

要有刚性,也要有同理心。在"消防通道停车劝阻猝死案"①中,徐某将机动车停放在弄堂口挡住了消防通道,邻居袁某对其进行劝阻要求其挪车,双方为此发生口角。徐某被他人劝回屋内几分钟后倒地,经抢救无效死亡,死亡原因为冠状动脉粥样硬化性心脏病猝死。徐某家属诉至法院要求袁某赔偿。法院认为,徐某车辆停放位置不当,袁某进行劝阻并无不当。双方为此发生口角,持续时间很短也未发生任何肢体冲突,袁某的劝阻行为未超出必要限度,最终驳回了徐某家属的诉讼请求。该案的判决不仅是对侵权责任构成与否的准确认定,也是对老百姓实施正义行为的支持,有利于对社会公共利益和秩序的维护。在"19.9 元写真升级 2.6 万元合同纠纷案"②中,"抖音"上曾发布一则 19.9 元的古装写真广告,两名女大学生刷到这条视频之后,被美轮美奂的古装照和 19.9 元的白菜价所吸引,结果在拍摄过程中却被层层加码,消费一路升级到 2.6 万多元,事后两名女大学生起诉要求解除合同。法院经审理后判决被告退还原告合同款项 1.86 万元。该判决有助于经营者诚信经营,善待消费者。事后被告接受司法建议改进经营方式,表示会在协议里增设"24 小时冷静期"制度,客户签约后 24 小时内可以无条件解约。

其他案件包括有利于正确处理个人利益与集体利益关系的"房屋堆放垃圾成山案"③、倡导尊重邻里隐私的"可视门铃侵犯隐私判令拆除案"④、运动比赛中适用"自甘风险"规则的"校内篮球赛碰撞致伤

---

① 参见"范秀英等与袁雪华生命权、身体权、健康权纠纷案",上海市第一中级人民法院(2021)沪 01 民终 11930 号民事判决书。
② 参见"李川等诉上海艳域摄影有限公司承揽合同纠纷案",上海市虹口区人民法院(2021)沪 0109 民初 1957 号民事判决书。
③ 参见"单雯、王烨等与侯连军、陈爱素相邻关系纠纷案",上海市静安区人民法院(2020)沪 0106 民初 4306 号民事判决书。
④ 参见"黄某诉邵某隐私权纠纷案",上海市青浦区人民法院(2020)沪 0118 民初 15600 号民事判决书。

案"①、不鼓励民众违法私力救济的"卷心菜挡路案"②、引导文明饮酒的"共同饮酒后车祸身亡案"③、积极鼓励赡养老人的"遗产分割案"④，以及严惩个人信息犯罪的"'颜值检测'软件窃取个人信息刑事附带民事案"⑤。

上述案例的一个共同特征是，在对某一行为是否具有违法性及是否具有过错等问题进行判断时，借助于"诚实信用""公序良俗"等不确定法律概念，将社会公认的道德伦理规则等引入法律作为判断依据，从而将法律实施于社会生活当中。一段时间以来，我国社会生活出现了道德的滑坡，亟需通过借助于包括法律裁判的引导等在内的多种手段进行道德培育，通过旗帜鲜明的褒扬善良、救助弱者，支持公义契约、贬抑背信，弘扬正气、鼓励互助。从裁判技术而言，用于裁判案件的具体法律规范当中并不存在不确定法律概念，而是在具体规则之外借助于一般条款，进行具体裁判规范的应用。于是，一般条款中所包含的不确定法律概念即发挥了作用。

还需指出的一点是，当社会的这些伦理规则或价值观念发生变化时，法官也可以根据变化后的情况，通过不确定法律概念这一媒介，便捷地将这些新的观念和价值引入法律，进而通过个案裁判，促进法律内涵的发展。可以说，这种法律的发展无需借助剧烈的法律变

---

① 参见"韦星丞与张博珺生命权、身体权、健康权纠纷上诉案"，上海市第一中级人民法院（2021）沪01民终732号民事判决书。
② 参见"夏洪明等与徐林华财产损害赔偿纠纷上诉案"，上海市第一中级人民法院（2020）沪01民终11819号民事判决书。
③ 参见"许少堂等诉廖克朋等生命权、身体权、健康权纠纷案"，上海市奉贤区人民法院（2020）沪0120民初12692号民事判决书。
④ 参见"苏某某诉李某某等代位继承纠纷案"，上海市徐汇区人民法院（2021）沪0104民初8393号民事判决书。
⑤ 参见"李某侵犯公民个人信息刑事附带民事公益诉讼案"，上海市奉贤区人民法院（2021）沪0120刑初828号刑事判决书。

革，而是可以通过丰富不确定法律概念的内涵而自然的、相对平和的实现。

总的来说，在法治化程度相对较高、法官职业素养有所保证的现代社会，法官也可以从立法者那里分享一部分解释法律的权力。这样做能在很大程度上克服成文法机械、僵化的缺陷，以司法的能动性克服立法的滞后与疏漏。

（四）一定程度上协调法的价值冲突

法律作为社会规范的一种，其制定并不以单纯的规范为目的，而是以和平方式达公平之实现为最终目的，故而为了避免为达目的不择手段，乃至于将法律完全自其目的剥离，出现如纳粹国家所立的完全反人类的"恶法"，法律（包括法律概念）必然受目的的节制，承载着一定的价值选择。[1]但现实社会是价值多元的，各群体也都有自己的价值需求，因而法律的制定过程往往是多种利益相互博弈并最终妥协的过程，[2]而妥协的结果往往就是大部分情况下，法律概念都会承载着不止一种、并且相互之间有可能存在冲突的价值。价值冲突的解决不能采取非此即彼的方式，而应该在综合权衡之后谋求各种价值的兼顾与平衡。所以出现了另一个问题：在解决价值冲突时，应遵循何种价值位阶，即各种价值间重要程度的顺序为何？

事实上，不论是在理论上还是现实中，都没有也不可能有一个明确的价值位阶。这一方面是由于随着时代的发展，人们对各种价值重要程度的认识也会随之变化；另一方面即使是在同一时代，不同的人对价值的重要程度也会有自己的排序。例如司法公正与司法效率对于实现法律的最终目的都有着重要的意义，不可或缺，但具体二者中

---

[1] 黄茂荣：《法学方法与现代民法》（增订七版），第165—166页。
[2] 张新荣：《论法官创造性司法》，《法律适用》（国家法官学院学报）2002年第9期。

何者优先，或许每个人都有自己的看法。再如随着社会的发展，我国对法律主体私有财产价值的重视程度日益提高，此前1978年《宪法》中规定"社会主义的公共财产不可侵犯""国家保护公民的合法收入、储蓄、房屋和其他生活资料的所有权"，而现行《宪法》在规定"社会主义的公共财产神圣不可侵犯"的同时，也规定了"公民的合法的私有财产不受侵犯"。

法律价值间存在的这种冲突，并不能通过一般化的理论研究使之事先得以解决，而必须由法官在具体案件中综合考量多种因素才能协调确定。不确定法律概念具有授权法官在个案中进行具体化考量的空间，也正因此，其才具有了协调法的价值的能力。从这个角度出发，也可以说法的价值冲突促生了不确定法律概念。

一般来说，不确定法律概念会被使用在以下几种情形中：法律原则为保持其概括性而需要抽象概念时、社会尚未对某一问题的处理或某新兴事物形成共识时、某类问题可能包含的情形过多而无法完全列举时，立法者使用模糊性语言，可以使法律在维持相当的稳定性概括性的同时，具有更大的价值包容性。总而言之，在价值愈益多元化的现代社会，立法者为了避免在各种价值观念、利益以及立场间作出直接选择，就必然会使用在价值上更具弹性的不确定法律概念。因此，立法者必须采用不确定法律概念来立法，是实证主义国家哲学永远无法避免的。

综上可知，在多种因素的作用下，成文法中必然存在一定数量的不确定法律概念。其存在并非由于立法者能力不足或一时的失误，而是立法者在慎重考量之后作出的理性选择，对于更好地实现立法目的、适应时代变化、满足现实需要等都具有重要意义。就像有学者指出的那样："在立法过程中有计划的使用不确定法律概念，换言之，法律概念的'不确定性'是预料中的事。通过这种方式，能够为相应的法律规则提供比较大的适用范围和裁量空间，法律也因此具备了灵活性。借助于法律概念的这种'灵活性'和不确定性，既可以将法律适用于新的事实，又可以适应于新的社会与政治的价值观。"①当然也必须承认，的确有一部分不确定法律概念是立法者无意中的疏漏，或者是对一个问题认识不清而造成的，对此应当通过修法或者制定相关司法解释的方法使其具体化。

第二节　消极影响

不确定法律概念具有重大价值，但同时会引发各种弊端和矛盾，导致与立法者的初衷相背离。立法者在立法过程中应该谨记这些矛盾所带来的消极作用，以使法律能不断的趋于完善，法官在适用不确定概念时也应当慎之又慎，从而在发挥其固有功能的前提下尽量克服其弊端。

一、法律确定性在某种程度上丧失

由于不确定法律概念的含义不确定，导致含有这类法律概念的法律规则也不确定。不确定概念的主要功能在于使法院能适应社会经济及伦理道德价值观念的变迁，而使法律能与时俱进，发挥其规范的功能。②规则的不确定归根结底是由概念的不确定引起的，它并没有为法官给出可以进行具体操作的明确特征，而只是给予法官一个方向。由法律概念的不确定引起的法律规则的不确定，是指法律概念很难为纠纷解决提供一个唯一正确的答案。在法律的每个领域，我们都不难发现这种棘手的模棱两可的情况，最典型者为边缘情况。很难对

---

① 〔德〕伯恩·魏德士：《法理学》，丁晓春、吴越译，法律出版社2013年版，第85页。
② 梁慧星：《民法解释学》（第五版），法律出版社2022年版，第258页。

一个专门概念的范围进行清晰的界定，或者说两个或者更多相近的概念可以适用于同样的事实，"即使适用文字制定的一般规则，关于这些规则（无论是成文的或是由判决先例来传达的）所要求的行为方式在特定的具体案件中仍可能突然发生不确定的情况"。[1]西方人之所以会对自己的法律制度深信不疑甚至颇为得意，是因为他们相信正义、权利或自由完全是可以通过法律获得的，而法的确定性是人们获得这些权利的有效途径，如果法律是不确定的，那么人们在法律面前就无法做到人人平等，因为执法和司法过程中必然会出现因人而异的现象。此所谓法的不确定指的是不确定法律概念所带来的那种消极的，不必要的不确定，是使司法者在面对疑难案件时的左右不定，不知道法律在何种情况下会产生不正义，属于不确定法律概念所导致的矛盾之一。

除了法官有意滥用自由裁量权的情形之外，即使是法官的确毫无私心，完全秉持公正态度欲在个案中准确界定某个不确定法律概念的内涵与外延，试图探寻并竭力实现立法者使用该概念所欲达成的立法目的，并进行恰当的价值判断，只要不确定法律概念存在，法官就不可避免一定程度的自由裁量。除非认为所有的法官都是"圣贤"，可以凭借直觉或本能就对法律概念作出最适合个案的理解并进而发现"唯一正确"的判决。[2]现实中这样的情况永远不会存在，法官的个体差异虽然可以随法官整体职业素养的提升而相应缩小，但无法完全消除，这始终会对不确定法律概念的具体化以及个案裁判产生影响。

某个群体对相同或基本相似的情况作出相同评价是正义的基本

---

[1] 〔英〕哈特：《法律的概念》（第三版），许家馨、李冠宜译，法律出版社2018年版，第195—200页。

[2] 〔美〕E.博登海默：《法理学：法律哲学与法律方法》，邓正来译，中国政法大学出版社2017年版，第334页。

要求，在法治社会，正义也就体现在法律对不同人的基本相同的行为给予平等的法律评价，故而成文法也就必然将稳定性、确定性作为其所追求的价值目标之一。[①] 所以如果法律使用了过多的不确定法律概念，进而极大地影响其确定性，那么就会导致人们无法对自己的行为产生稳定的结果预期，在生活中无所适从，也就无法实现人们在法律面前的真正平等。

二、与成文法的基本理念相冲突

成文法的制定者往往认为只有自己才是公平正义的维护者，他们期望达到的理想状态是能够将社会生活中可能遇到的所有纠纷，都事先包含在自己的立法成果当中，司法者只需要根据法律的规定，将原本清晰确定的法律规则适用在社会生活当中。这也正是大多数成文法国家"对司法者不信任"法律传统的体现。[②]

这种理念在现实当中会遭遇重大挑战。当法律的普遍性规则与多样化的现实需要在个案中一一对应时，立法者所设想的司法者机械适用法律这种理想状态会很难出现。无论如何，法律规则与案件事实的对应都需要法官的主动参与，需要法官从繁杂的事实中抽取出有法律意义的案件事实并将之同法律规范的构成要件进行比对，而一般条款的出现更加强化了这一点。但成文法国家"对司法者不信任"的传统在整体上仍然占据主导地位，立法者在制定法律规范时谨慎地使用词汇，希望自己才是法律的唯一制定者，尽力避免法官在现实当中侵

[①] 〔美〕E. 博登海默：《法理学：法律哲学与法律方法》，邓正来译，中国政法大学出版社2017年版，第342页。

[②] 应当说，究竟是立法者还是司法者更有条件和能力实现社会的公平正义，在两大法系之间存在重大差异，也成为法学理论当中一个亘古争辩但又无法给出明确答案的问题。对这一问题的不同回答，会直接影响到立法者和司法者之间的权力划分、司法的边界等重大问题。

蚀立法权。

但正如前文论及的那样，有时立法者不得不使用不确定法律概念来增强法律的弹性，使之更好地适应不断发展变化的社会现实，这就会与成文法的这一基本理念相冲突。不确定法律概念的基本逻辑在于，通过概括性和不确定性的术语授权法官在裁判案件时进行价值判断，依据自己的内心确信来使之具体化。某种意义上可视为对法官"不得已"的信任，可能导致这种情形的发生：相较于法律规则，法官个人的思想对案件的裁判结果会发挥更大的作用，因此如果立法者没有做好权衡而使用了过多的不确定法律概念，就可能导致案件的裁判结果相悖于立法当时所欲达成的社会效果。

毋庸置疑，法官对不确定法律概念具体化的过程具有一定的立法性质，这不仅体现在法官当时所裁判的具体案件中，还体现在其就此做出的某种判决结果还可能成为后来类似案件的重要参考，从而实质性地发挥法的作用。[①] 成文法国家之所以不信任法官，背后的原因在于，相较于能力参差不齐的法官个体，立法者通常都不是指某个具体的个人，而是个体的集合，所以成文法是群体智慧的体现，且其制定经过了严格的立法程序因而"质量更高"。当法官分享部分立法权时，如果其不能够谨慎行事，所造成的损害是十分严重的。也正因如此，不确定法律概念的具体化才被要求必须按照严格的规范程序进行，以求尽可能避免法官的恣意和任性。但不确定法律概念自身的特性决定了法官可以在一定程度上分享立法权，而这是与成文法国家的基本理念相冲突的。

另一方面，不确定法律概念也会对法律思维产生一定的影响。法律思维是法律职业者的特定从业思维方式，是法律人在决策过程中按

---

① 后文将要论到，在不确定概念具体化的过程中，必须参考先前的既有判决，建立类型。

照法律的逻辑来思考、分析、解决问题的思考模式。一个专业的法律人在思考问题时，必须从法律出发，在经过反复的逻辑推理和论证之后才能得出令人信服的结果。大量不确定法律概念的存在很可能会使法律适用者在适用法律时，没有穷尽解释适用和类推适用的论证，准确界定在具体情境下法律概念的确定含义和边界，直接以模糊的含义作为依据，这样会导致法官的恣意判断。而对一个专业的法律人所拥有的法律思维更是起到了消极的影响：法律思维不再需要严肃和缜密，法律操作不再需要严格的规范，进行"模糊处理"也是可以理解的。

三、可能导致法官滥用自由裁量权

自由裁量权是法官酌情做出决定的权力，并且这种决定在当时情况下应是正义、公正、正确和合理的。[①]法官裁决案件应遵循如下的原则：先以低层次即具体规则为出发点，穷尽其解释与类推适用之能事仍不足以解决问题时，始宜诉诸法律原则或一般条款，如果允许直接适用法律原则而不是法律的具体规定，必然导致法律权威的降低。在适用法律具体规定时，法官的价值判断清楚，依立法的意思探究、判定其结论当否容易，而在适用法律原则时，其价值判断过程暧昧不明，其结论当否不易判断。[②]不确定法律概念的出现很容易使法官在适用具体法律和法律原则均能获得同一结果的情况下，跳过具体法律规定直接适用法律原则。司法权是一种极易受到腐蚀的公权力，"一切有权力的人都容易滥用权力，这是一条万古不易的经验。有权力的人们使用权力一直到遇有界限的地方才休止"。[③]不确定法律概念的存在无形之中赋予了法官太多自由裁量的空间，法官的个人价值

[①] 郑晓洪、蔡晓东：《法律不确定性引出的冲突与补救》，《河北法学》2001年第3期。
[②] 梁慧星：《民法解释学》（第五版），法律出版社2022年版，第270页。
[③] 〔法〕孟德斯鸠：《论法的精神》（上册），张雁深译，商务印书馆1961年版，第154页。

评价起着极大的作用。如果在适用法律的过程中法官需要不断确定不确定概念的含义，那么必将增大司法擅断的风险。波斯纳（Richard Allen Posner，1939年出生）曾把法官自由裁量权比作一个黑箱，不确定性使得这个黑箱更为密不透风。法官很可能对这些词语做出扩充性的解释，更有甚者会以不确定为由，掺杂个人喜好，造成自由裁量权的恣意扩大。虽然法官的自由裁量权在一定程度上可以补救成文法的弊端，但它却是一把双刃剑，需以高素质的法官主体为前提，才能使自由裁量权有效发挥其作用，才能保证从形式正义到实质正义的实现，因为法律的适用，终究要归结到人身上。法官作为法律适用的主体之一，在某些情况下对不确定法律概念的掌握不一定谙熟。因此很容易出现这样一种局面，"法律的精神可能会取决于一个法官的逻辑推理是否良好，对法律的领会如何；取决于他感情的冲动；取决于被告人的软弱程度；取决于法官与被侵害者之间的关系；取决于一切足以使法律的面目在人们波动的心中改变的、细微的因素。"[1]

更有甚者，在个别情况下还可能出现法官恶意错误解释和适用不确定法律概念，滥用其自由裁量权。如果法官有意滥用权力以求谋取利益，不确定法律概念就很可能沦为借口和合法手段。虽然这种滥用本质上并不是由不确定法律概念造成的，但无可否认，正是由于其内涵与外延模糊，才能为法官滥用权力提供条件。如果法官所面对的案件事实清楚明白，应适用的法律规范构造清晰固定，那么法官操纵法律、偏袒一方的可能性就会很小。虽然这样并非因其主观不愿，而是没有余地、客观上不能，其结果是避免法官滥用自由裁量权，防止司法不公。从这个意义上说，不确定法律概念为法官滥用权力提供了条件，而且因其模糊性而增加权力滥用的隐蔽性，加大对其认定和纠正

---

[1] 〔意〕切萨雷·贝卡利亚：《论犯罪与刑罚》，黄风译，中国方正出版社2004年版，第13页。

的难度。

法官所享有的审判权直接作用于具体案件的当事人，直接影响彼此间的权利义务关系。相较于立法权而言，审判权同行政执法权一样会直接接触作用对象，因而也同样容易被腐蚀，法官也就有更大的"动机"去滥用审判权，尤其是其中的自由裁量权。更为重要的是，自由裁量权本质上就具有一定的专断性，它赋予法官在法律允许范围内的一定自由裁量空间，可以根据自己内心的确信来对案件进行裁量，并且这里所谓"法律允许的范围"的边界不明确，因而当法官被外界诱惑想要谋求私益时，很容易跨越界限将这种专断性发展为专横，并最终威胁正义、秩序和公平等基本法律价值的实现。

四、增大成文法的适用难度

法通过对权利义务的规定来引导人们的行为，人们根据法律来判断其行为性质。国家以制定法的形式将法律规范固定下来，一个重要原因就在于方便民众根据法律条文预测自己行为的法律评价，进而决定如何安排自己的生产与生活。因此作为法律规则外在表现形式的法律条文必须符合普通民众的理解能力，这样普通民众才可以在理解法律的基础上更好地遵守法律。换言之，这就要求法律条文在保证专业性的前提下，所使用的语言应当准确明了、易于理解，不能过于晦涩难懂。只有当大部分普通民众都可以基本理解法律规范的内容时，法律对人们行为的指引作用才能真正有效发挥。但不确定法律概念的内涵和外延本身就是相对不确定的，在理解上存在一定难度。更何况在现实生活中，社会上的大部分民众都不具有相关的法律知识，因此可以说这类概念的存在增大了普通民众的守法难度。

此外，即使是对于掌握了法学专业知识的执法者和司法者而言，不确定法律概念也会增大他们理解、适用法律的难度。例如民法典第

1079条中规定的"感情确已破裂"这一概念,除法条中明确列举的重婚或存在家暴、有赌博等恶习屡教不改的情形外,如何判断夫妻间感情已经破裂,受主观因素影响很大,即使是法条中已经明确列举的"恶习屡教不改",也存在解释的空间,究竟行为持续多久才可以算作"恶习"、要在怎样的情况下拒绝改正才算"屡教不改"等问题都没有唯一的答案。并且通常情况下法官都不可以因缺少明确法律规定为由拒绝裁判,所以在需要适用不确定法律概念的情况下,法官就必须使其具体化并据此作出裁判。但这一具体化过程必然会受到法官自身价值理念以及专业素养等的影响,进而可能会出现同案不同判的情况。例如在一起案例中,著名"职业打假人"以相同的案件事实,即其明知无绳电话有假,而于1996年末和1997年1月分别向天津市和平区法院和河北区法院提起诉讼,但是两法院却对其行为作出了完全不同的定性。和平区法院认为王海是《消费者权益保护法》(简称消法)中的"消费者",河北区法院却认为他不属于"消费者",[①]究其原因,是由于两案法官对消法中"消费者"这一概念的理解不同。河北区法院认为王海明知商品有假而购买,且以打假为业,不符合消法中消费者的定义,即为生活需要而购买、使用商品。总之,不确定法律概念会增大法官理解、适用法律的难度。

五、加大法律解释的成本

不确定法律概念的引入可以提高法的概括性,减轻法律过繁的负担,但同时不可避免地又会增加法律解释的成本和难度。法律解释是指"萃取法律,以发现其大前提,同时将该个案事实涵摄于大前

[①] 参见天津市第一中级人民法院(1997)一中民终字第21号民事判决书;侯德强、崔纪元:《从本起打假索赔案看消费者维权》,中国法院网,最后访问日期:2022年12月19日。

提中之概念或归属于其类型,以确认小前提存在的活动"。① 在法的适用过程中,法律解释占据着非常重要的地位。纷繁复杂、不断变迁的社会生活和法律的稳定性之间天然地存在矛盾,而法律解释刚好可以协调两者间的关系,一定程度上平衡这种矛盾,从而在维持法律稳定性、一般性的前提下,提高法律对社会生活的适应性,避免为了解决社会中不断出现的新问题而频繁地立法、修法。"从法理学的角度看,法律解释是介于立法与实施之间的'中介'环节。"② 黑格尔(Georg Wilhelm Friedrich Hegel,1770-1831)曾夸张地讲:"法对于特殊性始终是漠不关心的。"③ 即立法者会在抽象出法律规范对象的共同特征并将之类型化后再作出一般性的规定,而这样做的后果就是抽象的构成要件并不总是能够和具体个案中的事实相对应,或者说,绝大多数情况下个案事实都无法和法律直接对应,需要通过解释来在两者间发挥中介作用。法律解释是对法律的内容所做出的具体的说明,在司法实践中,大量的法律都面临着解释,法律也只有不断的经过解释才能趋于完善。而不确定的法律概念是产生法律解释的主要原因之一。这种解释概括程度极低,它把静态的法律规则适用于动态的法律事实之中,从而对具体的法律关系做出处理,实现了从形式正义到实质正义的转变。但是立法者在立法过程中,如果为了逃避责任,没有做必要的利益衡量,而一概采用概括条款和不确定概念来敷衍的话,那么在未来的司法实践中,就会需要更多的解释来弥补这些缺陷,如此会将更多的司法解释的负担增加到法官身上,以致浪费了大量的司法资源而得不偿失。同样因为大量解释的存在,造成了各具体解释间的冲突,以及现在的解释与原法律的冲突,这样将使法官无所适从,一定

---

① 黄茂荣:《法学方法与现代民法》(增订七版),第568页。
② 陈金钊:《何谓法律解释》,《法学论坛》2001年第1期。
③ 〔德〕黑格尔:《法哲学原理》,范扬、张企泰译,商务印书馆2021年版,第67页。

程度上阻碍司法公正。

　　相较于比较确定的法律概念，法律解释在不确定法律概念的具体适用过程中会发挥更大的作用。不确定法律概念自身的特征，特别是其所使用语言的特点，极大地增加了法律解释的难度。一方面，法官在裁判案件时必须谨慎地适用各种法律解释方法，以求可以恰当地将不确定法律概念具体化，使之符合立法目的，并能与立法者选用该概念的初衷相吻合。显然，由于不确定法律概念内涵上的开放性，对其展开的法律解释工作相对而言要复杂得多，因此会相应地增加一些成本。另一方面，在全国范围内，为了使得对不确定法律概念的应用趋于科学和规范，防止法官的恣意和任性，也需要对不确定法律概念的内涵和外延予以权威性的立法解释或司法解释，[①]以对具体适用这些概念提供统一的指导，减少司法裁判的地域性差异，这同样增大了法律解释成本。

[①] 比如我国最高法院发布的关于合同法解释适用的意见（二）第19条，就是对我国合同法所规定的"明显不合理低价"这一不确定概念进行解释的大胆尝试。

下篇

不确定法律概念的具体化：价值补充

第六章 具体化的基点

默勒斯认为,现在的法学方法论对于"具体化"的关注不够。但是其在民法和刑法中处理一般条款时非常重要。比起单纯的解释,具体化提出了更高的要求,毕竟对法律适用者而言,在缺乏可清楚检验的构成要件要素时,要完成令人信赖的检验步骤殊非易事。就法律解释与具体化的关系而言,认为二者是相对立的,"解释"是确定规范的内容,而"具体化"则是创造性地充实一些原则性的规定,因此,具体化本身也就包含了一些创造性的元素。① 笔者虽然认为法律解释是具体化的一种方式,但非常重视这二者之间的区别。②

第一节 不确定法律概念的适用难题

不确定法律概念内涵的具体化,必须与个案中具体事实相联接才能实现。在司法实践中,不确定法律概念自身的特点决定了对其的解释适用有很多困难,不同的法院对同一问题往往会有不同的结论,即使是同一法院也会有不同的看法。我国合同法第232条(民法典第

---

① 〔德〕托马斯·M.J.默勒斯:《法学方法论》,杜志浩译,北京大学出版社2022年版,第414页。
② 即便是默勒斯,也认为具体化离不开法律解释。他认为具体化可以是立法者或行政机关的任务,但其主要仍属于法院的职责,在对待不确定性法律概念和一般条款时,第一步同样也是求助于经典的解释模型,在这之后就需要使用案例对比法等其他辅助手段。〔德〕托马斯·M.J.默勒斯:《法学方法论》,杜志浩译,北京大学出版社2022年版,第416页。

730条)规定:"当事人对租赁期限没有约定或者约定不明确,依照本法第61条的规定仍不能确定的,视为不定期租赁。当事人可以随时解除合同,但出租人解除合同应当在合理期限之前通知承租人。"这一规定中的"合理期限"是一个不确定法律概念,对这一概念的适用已经产生很大的分歧。在"汝州市尚庄乡米庙村第一村民组与杨金海、杨留长租赁合同纠纷案"中,汝州市人民法院先后对于"合理期限"做出了不同的认定,一审认定为3个月,而再审认定为20天。[①]由此可见不确定法律概念适用的难度。司法实践中常见的难题有:

一、对不确定法律概念的理解分歧

中国古语有云:"仁者见仁,智者见智。"美国曾经有这样一个案件,某个法律规定禁止进口植物果实,但不禁止进口蔬菜,当事人进口番茄是否合法?本案需要解决的核心问题是番茄属于什么,是植物果实还是蔬菜?这并不是一个容易回答的问题,对于一般百姓来说,更多的人可能会认为属于蔬菜,而在海关人员和植物学家那里,则有可能被视为一种水果。

对相同的案件应当适用相同的法律规范,作出同样的判决,而面对不确定法律概念,由于法官对其内涵和外延理解的不同,对于相同

[①] 参见河南省平顶山市中级人民法院(2009)平民三终字第185号民事裁定书。该案经过一审和二审,后又被上级法院发回重审。再审意见为:原审原告与原审被告杨金海的租赁关系是成立的,且双方约定的以房租抵建房款的期限早已超过6个月,未采用书面形式订立租赁合同,应依法视为不定期租赁,且杨金海未经出租人同意转租该房屋。故原审原告有权随时解除合同,但应在合理期限通知原审被告杨金海。……原审判决原审被告杨金海应在3个月的合理期限内,将所占用原审原告的二间门面房腾空交于原审原告,期限较长,显属不妥,应予变更。……变更本院(2007)汝民初字第930号民事判决书第三项即"被告杨金海应当在3个月的合理期限内将所占用原告的二间门面房腾空交于原告汝州市尚庄乡米庙村一组"为"原审被告杨金海应当在本判决生效后20日内将占用原审原告的二间门面房腾空交于原审原告汝州市尚庄乡米庙村第一村民组"。

或类似的案件有可能作出不同的判决。比如，职业打假人是否属于消费者？不论是在理论上还是在实践中都存在重大争议。梁慧星认为，职业打假人不属于《消费者权益保护法》中的"消费者"，因为"买假索赔"超出了消费者出于"生活消费的需要"一语可能的文义范围。并且"打假专业户"知假买假的打假行为替代普通消费者的维权行为，取代专门机关的执法行为，是否妥当值得研究。[1]而王利明则认为，职业打假人属于《消费者权益保护法》中的"消费者"，因为消费者只是与生产者、销售者相对而言的，即使是明知商品有一定的瑕疵而购买的人，只要其购买商品不是将其再次投入市场进行交易，我们就不应否认其为消费者。并且依据目的解释，如果持"知假买假"不属于消费者的观点，将不能充分体现强化消费者保护的立法意图。[2]

人的许多判断和行为依赖于意志、情感、欲望等非理性因素，所以即使是本人认为已经作出了其主观上认为是客观的判断，但是在没有一个明确的客观标准引导下的判断在很大程度上还是主观的和感性的。[3]法官也是普通人，因此不同法官面对不确定法律概念作出不同的判断在所难免。由此会使人们对法律的一致性、严肃性产生怀疑，从而损害司法的权威，伤害人们对司法的信赖。

二、价值评价的不确定

法律概念最本质的特征就是规范性，法官在不确定法律概念具体化过程中不可避免的掺入自己的价值评价。而法官的价值评价并不

---

[1] 梁慧星：《消费者权益保护法第49条的解释适用》，载梁慧星主编：《民商法论丛》（第20卷），法律出版社2001年版，第402页。
[2] 王利明：《消费者的概念及消费者权益保护法的调整范围》，《政治与法律》2002年第2期。
[3] 徐国栋：《民法基本原则解释——成文法局限性之克服》，中国政法大学出版社1992年版，第300—305页。

一定总是明确具体的，常常呈现出模糊和不清。价值评价的不确定主要源于两方面的原因：第一，价值内涵的流变。随着客观世界的发展变化人类的思想也随之改变，同时人们对于价值的认识也不断变化。比如美国法院对"平等"的认识经历了一个变化的过程：1892 年在"普布莱西诉弗格森案"中，法院裁决维护了路易斯安那州在铁路上对旅客实行种族隔离的法律，通过了"隔离但平等"的原则，使种族隔离合法化，美国最高法院认为黑白种族"隔离而平等"符合美国宪法中的"平等"原则的内涵。而 1954 年发生的"布朗诉托皮卡教育局案"，法院认定种族隔离的法律违宪，因其剥夺了黑人学童的入学权利而违反了美国宪法第 14 条修正案中所保障的同等保护权，学童不得基于种族因素被拒绝入学。美国最高法院在审理时认为发生在教育领域的种族隔离，是不符合美国宪法"平等"原则的要求的。第二，价值冲突。由于不确定法律概念所承载的价值并非单一，而是多元的，很多时候对其的价值评价是在评判多种价值之后作出的，此时不同的价值之间可能会发生冲突。价值冲突会导致法官价值评价的不确定，解决冲突的方式并不是简单的确定考虑或者不考虑某一价值，而是采用兼顾的方式，所以很难决定哪种价值应当考虑得多一点，哪种价值可以考虑少一点。面对价值冲突的时候，由于不同法官对于价值位阶的认识并不明确统一和固定不变，对此只能有一个大体的判断。比如通常会认为人的生命价值优先于财产价值。另外需要指出的是，人们对特定价值重要性的认识也是不断发生变化的。

生活于现实当中的法官，在复杂的社会关系中会扮演不同的角色，有多种因素影响着法官的价值判断：第一，社会因素。法官是生活在现实中的"社会人"。一方面传统的道德观念、文化传统、伦理价值等对法官的个性会产生影响，另一方面法官也往往关注社会公众对审判结果的态度。美国社会学家布劳说："社会赞同是人们交往中所取得的基本报酬。在许多场合下,他比某种物质财富更重要。"① 第二,个人因素。法官和普通人一样,具有天生的一些倾向性。② 在其成长为一个法官的过程中,必然受其家庭环境、生活经历、教育背景等各种因素的影响,而这些因素又会潜移默化地影响法官的人生哲学,并因此影响处理案件的司法活动。第三,政治因素。主要并不是指法官的政治立场或政治态度,而主要是指外在政策和政治行为,对法官价值判断具有重大的影响,比如"维护社会稳定"的政治策略,持不同政治见解的法官对"稳定"会有不同的理解认识。

第二节 价值补充的基本含义和性质

"法的具体化,即法律适用,是指法的实现。法律适用的逻辑表现为涵摄,即将特定案例事实置于法律规范的要件之下,以获致一定结论的思维过程。"③ 正如耶林（Rudolph von Jhering, 1818-1892）所言,法学并非委身于贫乏的、死板的制定法进而成为一个无意志的冰冷的法律机器零件,也不是停留于国家法律的界桩内战战兢兢的游客。④ 法律的内容可定义为,透过国家的强制力量所获得的,确保社

---

① 〔美〕彼得·布劳:《社会生活中的交换与权力》,孙非、张黎勤译,华夏出版社1988年版,第19页。
② 正如卡多佐所说,事实上我们每个人,即使是我们当中那些没有听说过甚至痛恨哲学名词和概念的人,都有一种支撑生活的哲学。法官一点也不比其他人更能摆脱这种倾向,人们的全部生活一直就是在他们未加辨识也无法命名的一些力量——遗传本能、传统信仰、后天确信——进行较量;而结果就是对生活的看法、一种对社会需要的理解、一种用詹姆斯的话来说——宇宙的整体逼近和压力的感受。在诸多力量得以精细平衡时,所有这些力量就一定会决定他们的选择是什么样子。〔美〕本杰明·卡多佐:《司法过程的性质》,苏力译,商务印书馆1997年版,第3页。
③ 王泽鉴:《民法总则》,北京大学出版社2022年重排版,第54页。
④ 转引自张世明:《再思耶林之问:法学是一门科学吗?》,《法治研究》2019年第3期。

会生活条件之形式。① 法谚云:"法无精确之定义,而委诸善良人之判断。"昭示我们法律在适用时不应过分拘泥于法条中的文字,而应通过最合理的解释加以应用,若只是严格按照法律条文的文义来适用法律,则可能导致荒谬的裁判结果。与此同时也带给法官一个难题:如何在具体案件中,适用包含不确定法律概念的法律规定进行裁判?法官在个案中对不确定法律概念进行解释,究其实质,是"赋予法官对立法机关所立法律的补充权,亦即使司法机关取得在法律补充意义下之候补的'立法'权,以于必要时,针对其正处理之个案的规范需要,建构出一个立法机关所未制定的规范,并将其适用于该个案。而立法机关立法权的性质,则由过去的专属立法权转变为当今的优先立法权"。② 换言之,法官获得了立法者预留的"造法空间",取得了一定的自由裁量权,尽管这一空间极其有限,必须在法律条文所规定的范围之内,但这却使法官能创造性对法律进行运用,针对个案的具体情形对法律条文中的不确定法律概念进行解释,这一解释活动即是不确定法律概念的具体化,学理上一般称之为"价值补充"。③

---

① 吴从周:《概念法学、利益法学与价值法学:探索一部民法方法论的演变史》,中国法制出版社 2011 年版,第 132 页。同时需要指出的是,法的适用有两种基本形态,一种是积极的适用,即将法律规定现实地应用于生活以发挥调整作用;另一种是消极的适用,即通过认定某一法律规定并不适用于当下的案件,因此拒绝适用之。从法的适用角度看,这种情形值得重视,不应该适用的规定就不适用,恰恰就是法律发挥作用的表现,是为法的适用。
② 黄茂荣:《法学方法与现代民法》(增订七版),第 786 页。
③ 需要特别指出的是,不确定法律概念的具体化和价值补充,在多数情况下其含义是完全相同的,因此笔者没有进行特别严格的区别。笔者认为,二者的细微差别在于,具体化有的情形下会更强调结果,意味着完成了对不确定法律概念的解释,并适用于具体个案当中,而价值补充更加强调过程,是具体进行操作的程序、步骤,等同于"具体化的工作"。

一、价值补充的概念和特征

价值补充作为一种法律解释方法,并非适用于所有的成文法规范,而是对不确定法律概念及一般条款进行具体化的一种特有方法,即法官对具有概括性、抽象性的不确定法律概念及条款,结合具体个别的案件事实进行价值判断,使得概念和条文的内容进一步具体化和明确化。有学者指出,所谓的具体化,是根据法律内外的价值判断标准,尽可能确定不确定法律概念的适用范围、内涵和外延,具体列举其所涵盖的情况类型和适用的具体案件。[1] 成文法规范中的不确定法律概念是立法者为了特定目的而预先设立的,反映了立法者的价值取向,若它们只是躺在法律条文中沉睡,那这种价值取向必定难以实现,只有通过法官所进行的价值补充来唤醒,才能使立法者的价值取向通过具体案件的裁判最终得以体现。不确定法律概念具体化的过程,实际是依照法律文本所反映出的价值取向以及法律之外的诸如道德、政策、社会风俗等为价值判断准则,从法律条文之中得出具体裁判标准的过程。依据不确定法律概念所作的概括性、抽象性的价值判断框架,针对具体个案,将这种价值判断进一步的具体化和明确化,其结果为判定当下案件事实可否涵摄于不确定概念范畴之下。"应当看到,价值补充也是一种价值判断。在价值补充中,也可能涉及价值的考量。具体表现为:价值补充过程中也要考虑法的安定性与妥当性问题。而且,价值补充要遵从法律所做的价值指导,遵从社会一般人的价值判断,而不能由法官随意进行。"[2]

对不确定法律概念进行价值补充的过程,确切地说是在具体案件

---

[1] 杨峰:《商法一般条款的类型化适用》,《中国社会科学》2022年第2期。
[2] 王利明:《法律解释学导论——以民法为视角》(第三版),法律出版社2021年版,第479页。

的审理中进行的,"法官将不确定的法律概念具体化,并非为同类案件确定一个具体的标准,而是应 case by case,随各个具体案件,依据法律的精神、立法目的,针对社会的情形和需要予以具体化,以求实质的公平与妥当。因之,法关于具体化时,须将理由诉说明确,而且切莫引用他例,以为判断之基准。"[1] 杨仁寿的论述极为精准,不确定法律概念的具体化只针对具体个案,法官在审判过程中针对案件事实找寻到可用的法律规范后,需要对不确定法律概念进行具体化,着重审视具体的个案事实是否符合该概念的内涵。针对情况不尽相同的个案,有时需要对这类概念类型化,有时则需要明确其外延模糊地带的边界。

价值补充的基本特征在于,其不应当超出法律文义的可能范围。不确定法律概念的文义非常宽泛,其模糊地带也十分广泛,所以只能结合具体案件将其模糊边界加以界定。法官在这一过程中不应超出概念可能的文义范围。例如,"《精神损害赔偿司法解释》第1条第2款中的'其他人格利益',其边缘文义非常模糊,所以,要对其进行具体化。但需要指出的是,价值补充也不能超出法律条文的边缘文义范围,否则就进入了漏洞填补的领域。例如,在将'其他人格利益'具体化的过程中,所有人对其珍藏之物具有的特殊感情就不能解释为'其他人格利益',否则,就不能称之为价值补充了"。[2] 这一特征是区分法律解释和漏洞补充的关键标准,至为重要。

一般说来,不确定法律概念的具体化即为价值补充,但二者仍然具有一定的区别。"具体化强调通过法律解释使得不确定法律概念变得更加明确具体,从而适用于待决案件;而价值补充强调的是,法官

---

[1] 杨仁寿:《法学方法论》(第二版),中国政法大学出版社2013年版,第186页。
[2] 王利明:《法律解释学导论——以民法为视角》(第三版),法律出版社2021年版,第480页。

应当按照立法者的价值指引来补充不确定法律概念的内涵,使该概念变得具体明确。"[1] 价值补充侧重于细化不确定法律概念中所内含的价值判断,针对个案使其更加的明确具体,往往是针对某种法律价值,根据相应的法律规则和社会价值共识等因素作出选择和判断,其实是对价值内涵的丰富和扩充,进而能够被精确地运用到当下的案件裁判中。

二、价值补充的性质

成文法国家的法官在面对一个具体案件时,首先要根据证据判断争议事项的真伪,对案件事实进行认定;然后是寻找适用该案件的法律规范,对案件事实进行涵摄,根据法律规定的后果做出裁决。但如果找到的法律条款中存在不确定法律概念,法官便需要结合案件对其进行价值补充,那么价值补充究竟属于法律解释抑或漏洞补充?学术界对此莫衷一是。

一是采狭义的法律解释说。此种观点认为,尽管不确定法律概念的核心内涵及外延的边界都难以确定,但立法者显然已经认识到了此一社会关系需要调整规制,并且已经做出了具有价值取向的规定。因此,虽然说立法者所作的规定抽象模糊,或者未能作出足够的法律上的评价,但不能说未作出法律上的规定。法律规定的有无,应是法律漏洞是否存在的划分标准。况且,此处不具备法律漏洞概念的第二个特征——违反计划性。[2] 违反计划性的概念,主要是依法秩序

---

[1] 王利明:《法律解释学导论——以民法为视角》(第三版),法律出版社 2021 年版,第 473 页。
[2] 黄茂荣指出,所谓的法律漏洞,是指"法律体系上的违反计划的不圆满状态",其需要具备两个条件,一是不圆满性:即法律在经过解释后如对某生活类型尚无答案,则法律对该生活类型即有不圆满性;二是违反计划性:即这种不圆满并不是立法者的有意安排。黄茂荣:《法学方法与现代民法》(增订七版),第 688—747 页。

的内在目的来界定。在整个法秩序内,须评价地予以补充的不确定法律概念,彻头彻尾地担负着有意义的任务:使个案之特别情形的考虑成为可能,亦即照顾到个别正义意义下的衡平;附随地同时作为引入法律外的,如社会的或伦理的价值之媒介。基于以上理由,不能说不确定法律概念在整个法体系内是违反计划的。因而,它们的存在并不构成法律漏洞,法官就不确定法律概念和一般条款所进行的操作,当然不属于漏洞补充,而属于法律解释。[1]杨仁寿的观点与此相近,他认为价值补充介乎于法律解释与漏洞补充之间,是对不确定法律概念进行解释的一种方法。民法中的一些概念"赋予法官斟酌一切情事予以确定者,谓之不确定法律概念。盖此等概念,于法律本身未予确定也。……此种不确定法律概念本身极为抽象,须于具体的个案中予以价值判断,使之具体化,而后其法律功能始能充分发挥。此种透过法官予以价值判断,使其规范意旨具体化之解释方法,谓之价值补充"。[2]其实,后来杨仁寿改变了其观点,明确表示不确定法律概念的具体化属于法律解释。"盖在狭义的法律解释或价值补充,法官的权限,不过就'法律内部的事项'而为阐释而已,而所谓'漏洞'乃属'法律外部的缺漏',其补充即令由法官以'解释'或'裁量'为之,仍不足以济事。必须透过'法官的运动',始能圆满填补。法官为价值补充,系由于立法者的授权,依具体情况而为衡量;而漏洞补充,则系依民法第 1 条'依法理'而为填补。"[3]

二是采漏洞补充说。该说认为,法官就不确定法律概念所进行的操作,属于漏洞补充。首先,立法者有没有授权给法官对不确定法

---

[1] 黄茂荣:《法学方法与现代民法》(增订七版),第 696—697 页。
[2] 杨仁寿:《法学方法论》,台湾三民书局 1986 年版,第 121 页。
[3] 杨仁寿:《法学方法论》(第二版),中国政法大学出版社 2013 年版,第 192 页。

律概念在个案中予以价值补充,与法律的不圆满状态缺乏理论上的关联。持狭义法律解释说观点的学者以立法者授权法官在个案中进行补充,以及不确定法律概念在规范性法律文件中的功能作为标准。但立法者授权的有无,仅仅涉及法官是否能够对不确定法律概念进行补充,而非法律不圆满状态是否存在的问题。以对法律不圆满状态补充权限的授予,作为法律不存在不圆满状态的论据,在理论上显然缺乏说服力。再者,以不确定法律概念在规范性法律文件体系中的功能,证明由它们所引起的不圆满状态并不违反这一体系中的计划性也值得商榷。不可否认,不确定法律概念的存在,有照顾个案上的衡平及引进法律外价值的功能,但同样不可否认的是,不确定法律概念之所以存在是因为人类自身的局限性,在立法上不能够做到尽善尽美,包罗万象。立法者尚不能完全知道哪些是应加以规范的,以及对于应加以规范者,应如何准确的加以规范,于是不得已求助于内涵及外延均难以准确界定的不确定法律概念,期望能弹性地、演变式地对生活事实加以规范,而不至于挂一漏万。因为立法者认识到自己能力有限,从而采取"将就性"的措施,充其量只能使这种因其能力不足所造成的法律不圆满状态,被评价为预见的、认知的法律漏洞,而不应将该不圆满状态评价为不存在或不违反立法计划。因此,这种由不确定法律概念所引起的不圆满状态,亦应属于法律漏洞。与其它法律漏洞的区别只在于,法律已授权法官补充这种漏洞,学者称为"授权补充的漏洞"或"法内漏洞"。①

梁慧星认为法律解释与漏洞补充既有区别,又有接壤地带。不确定法律概念正是处于接壤地带,其可能文义模糊不足以确定其外延,学者称之为"法内漏洞"或"授权补充的漏洞",故认为对其所作的价

---

① 黄茂荣:《法学方法与现代民法》(增订七版),第 691—707 页。

值补充，应属于法律漏洞补充性质。[①] 王利明则认为，不确定法律概念的价值补充可能既需要狭义的法律解释方法，也需要其自身的特有方法，如类型化。但是，价值补充与狭义的法律解释和漏洞填补都存在区别，特别是与漏洞填补之间存在较大差异。从根本上说，不确定法律概念是立法者有意运用立法技术的结果，并不意味着存在法律漏洞。这就说明，立法者已经认识到特定问题的存在，并且已经做了一定的规范，只是做出的规定较为概括和抽象，需要法官结合案件事实加以具体化。凡是能够通过具体化来解决的问题，就应当通过具体化的方式来解决，而不能通过漏洞补充的方式解决。一方面，从顺序上说，这是法律解释方法的适用顺序，毕竟价值补充仍然属于狭义的法律解释，其应当优先于漏洞补充而适用。另一方面，这也符合立法原意。立法者之所以要规定不确定法律概念，就是要使其涵盖到待决案件，而不使其成为法律漏洞。还要看到，确定这一顺序还可以限制法官的自由裁量权，避免其在解释中享有过大的权限。毕竟法官所作的价值补充不能超出其文义的可能范围，而漏洞补充则可能已经超出了文义的范围，因此，在可以对不确定法律概念进行价值补充的情况下，就不能将其视为法律漏洞进行漏洞填补。[②]

笔者赞同王利明的观点，即不确定法律概念的价值补充虽然并不是狭义的法律解释，但最为重要者仍为法律解释。最为重要的理由在于，立法者对特定事项并非没有规定，只是其所使用的概念比较模糊而已。需要指出的是，比较模糊的规定是有规定而不是无规定。另一方面，价值补充的重点在于确定概念的内涵外延，其结果不能超出这一概念的可能文义，而不是在概念之外寻找新的规定，其本质更符合

[①] 梁慧星：《民法解释学》（第五版），法律出版社2022年版，第257页。
[②] 王利明：《法律解释学导论——以民法为视角》（第三版），法律出版社2021年版，第475—479页。

法律解释。因此，本书主要从法律解释的角度来论证这一问题。

但需要指出的是，价值补充与狭义的法律解释之间还是存在一定的区别。最为典型的是，不确定法律概念仅仅是包含了抽象性的价值指引，其文义相当模糊，根本无法通过狭义法律解释的方法来阐明其内涵。况且由于所用词汇的宽泛性，也无法适用扩张解释的解释方法；目的解释的方法也很难适用，因为其立法目的本来就是通过概念的模糊来增强其开放性和适应性。此外，其他的几种解释方法虽然有一定的辅助作用，但总体说来作用都比较有限。价值补充最有效的手段应当是类型化。此外，法律解释可能会形成裁判的一般性规则，最高人民法院的司法解释便是著例，但价值补充的功能只针对个案，无法发挥一般性的价值。因此，价值补充中法官的自由裁量权更大。

三、价值补充的具体任务

不确定法律概念的价值补充，通过法官一系列的法律思维活动，将不确定法律概念与具体的生活事实接轨，得出该事实是否属于该不确定法律概念的适用对象，从而将该概念应用于现实生活当中。这一活动的核心是确定法律概念的内涵，其目的在于确定某一生活事实是否包含在该不确定法律概念的内涵和外延之中，为具体案件的裁判寻找依据。例如我国台湾地区法院在 1976 年判决一案件，认为原告为了实现与被告长期同居的目的，而于赠与契约中规定"一旦终止同居须返还不动产"，该约定违背善良风俗被认定为无效。[1] 在这个案件当中，法官所做的核心工作就是对"善良风俗"这一不确定法律概念

---

[1] 基本案情是，原告与一女子同居，赠与女方一处不动产，赠与合同附有一个条件：女方一旦终止同居关系，须将该不动产返还于男方。后女方不愿继续保持同居关系，男方起诉到法院，要求判决女方返还该不动产。梁慧星：《民法解释学》（第五版），法律出版社 2022 年版，第 259 页。

的价值补充。其结果是，为了达到与他人同居的目的而约定赠与合同附解除条件的做法，是违背"公序良俗"的，从而将善良风俗的规定应用于现实生活当中。

不确定法律概念的价值补充，其任务有四：

（一）发现适用于具体案件的法律规范

众所周知，法律裁判的过程是一个将案件事实与规范构成要件相互比对，并将事实涵摄于法律规范的过程。从一定意义上说，寻找到恰当的裁判规范是正确裁判的关键环节，而要妥当地完成这一任务，思维需要在案件事实和规范构成要件之间来回穿梭、比较权衡。如果法律规范构成要件当中存在不确定法律概念，首先就需要对该概念予以具体化，即判断该事实是否属于该概念所涵盖的对象，如果是，则该法律规范就成为裁判这一案件的该当规范，如果不是，就需要寻找别的规范。由此可见，不确定法律概念具体化的首要目的在于发现适用于具体案件的法律规范，而且二者近乎是同时完成的。[①]

（二）依据"须填补"的标准对案件事实进行价值判断

在将案件事实涵摄于法律规范的构成要件之前，必须先对案件事实进行价值判断，这涉及具体化的操作过程。由于不确定法律概念的内涵抽象概括，但其必然是为了一定的价值而设，在面对案件事实时，需要对案件事实是否具有该概念"所意欲实现的价值目标"相比对，其实质是对案件事实进行价值判断，如果二者是吻合的，就基本可以确定该案件事实符合不确定法律概念的内涵。

（三）探求不确定法律概念在法秩序中的意义

不确定法律概念的具体化过程，常须对法律规范构成要件所使用

[①] 需要指出的是，如果具体化的结果是案件事实并不符合该不确定概念的内涵，就需要另行寻找裁判规范。从这个意义上说，具体化并不等同于就找到了裁判规范。但至少可以肯定，如果结论是肯定的，就基本可以确定应当适用的法律规范。

的这些概念加以解释,探求法规范在法秩序中的标准意义。这其实是一种体系解释的方法,结合法的整体来探讨具体概念的含义,以此实现法的整体目标和法秩序的和谐。

(四)建立案件类型

依不确定法律概念具体化而裁决的个别案例,可以作为其他待决案件的比较基础,建立案件类型。通过不断累加,会为以后相类案件的裁判提供借鉴,不断丰富某一不确定法律概念项下的案例库,从而使得后续该概念具体化的工作趋于明朗。

第三节 不确定法律概念具体化的法理意义

不确定法律概念的具体化就是一个法律适用的过程。"事实上,法律适用的重心不在最终的涵摄,毋宁在于:判断案件事实的个别要素是否符合构成要件中列明的各种特征。"[1] 裁判案件的通常思维模式是三段论推演,但实际上其运行过程并非如此固定。在初次接触案件相关信息之后,法官往往会根据自己的既有知识体系形成一个大致的结论,接下来会进一步查证事实,[2] 寻找法律规范来验证最初形成的结论,只有在经过努力仍不能形成所期望的"事实"和所要发现的法律规范时,才会重新考虑最初形成的结论是否正确。因而在一定程度上可以说,法官的思维模式倾向于"结论主导"型,是由其最初形成的结论出发并统领后续的相关活动。

不确定法律概念具体化的实质,就是要判断某一生活事实是否符

---

[1] 〔德〕卡尔·拉伦茨:《法学方法论》,黄家镇译,商务印书馆2020年版,第359页。
[2] 处理真实案件的难题,不仅在于寻找大前提,更在于确定小前提。请求权基础方法虽是寻找规范的利器,却无力面对案件事实的萃取。吴香香:《请求权基础:方法、体系与实例》,北京大学出版社2021年版,第3页。

合包含该概念的法律规范的构成要件。只有对不确定法律概念进行具体化，才可以真正发挥其规范作用。

一、实现个案的具体正义

具体化的基本价值在于实现个案的具体正义。法律规则具有一般性与普遍性，这一特点决定了其难以照顾到个案的特殊情形。与之相反，不确定法律概念的优势在于授权法官将个案的特殊因素考虑在内，实现具体情形下的公平正义，而这一点正是具体化这一工作所意欲实现的。只有严格按照相应的规则程序，遵守相关具体化的基本方法，个案正义即可实现。

再来审视《最高人民法院关于审理商品房买卖合同纠纷案件适用法律若干问题的解释》(2003年3月24日通过，2020年12月23日修正。下文简称《商品房买卖合同解释》)第11条。[①]该条分为两款，第一款规定的是催告履行合同义务的合理期限。民法典第563条第(3)项规定，当事人一方迟延履行主要债务，经催告后在合理期限内仍未履行的，对方当事人可以解除合同。但法律没有对"合理期限"做出具体规定，《商品房买卖合同解释》第11条第一款将"合理期限"规定为3个月。该条第二款规定行使解除权的合理期限。民法典第564条第二款规定，法律没有规定或者当事人没有约定解除权行使期限，自解除权人知道或者应当知道解除事由之日起一年内不行使，或者经对方催告后在**合理期限**内不行使解除权的，该权利消灭。但是，

---

① 该条规定，根据民法典第563条的规定，出卖人迟延交付房屋或者买受人迟延支付购房款，经催告后在3个月的合理期限内仍未履行，解除权人请求解除合同的，应予支持，但当事人另有约定的除外。法律没有规定或者当事人没有约定，经对方当事人催告后，解除权行使的合理期限为3个月。对方当事人没有催告的，解除权人自知道或者应当知道解除事由之日起一年内行使。逾期不行使的，解除权消灭。

对解除权行使的合理期限法律也未做出具体规定。为督促解除权人及时行使权利，《商品房买卖合同解释》第 11 条第二款规定了解除权行使的合理期限。这种具体化规定虽然在一定程度上便利了法律的实施，但却使得不确定法律概念的价值丧失，特别是无法针对具体个案进行延伸或缩短，不利于实现具体正义。

二、规范法官的自由裁量权

不确定法律概念的具体化是法官自由裁量权的保障，也是一种限制。不确定法律概念的解释并不是一匹脱缰的野马，而是受一系列规矩约束的规范行为，需依据存于社会上的可认知伦理、价值、规范及公平正义观念。

案例 1

蒋伦芳与张学英遗嘱继承纠纷案。[①] 四川省泸州市某公司职工黄某和蒋某系夫妻，1994 年黄某认识本案原告张某并于次年同居，之后二人公开以"夫妻"名义生活。2001 年 2 月黄某被确诊为肝癌晚期。在黄某住院治疗期间，张某一直护理照料。黄某于 2001 年 4 月 18 日立下遗嘱，将其依法所得的住房补贴金、公积金、抚恤金和出卖一套住房售价的一半，以及手机一部遗留张某一人所有。去世后骨灰盒由张某负责安葬。该遗嘱得到公证。黄某去世后，原告根据遗嘱向被告蒋某索要财产和骨灰盒，但遭到拒绝，遂向人民法院起诉。事后，纳溪区司法局对该公证遗嘱的"遗赠抚恤金"部分予以撤销，维持其余部分。纳溪区人民法院公开宣判，认为尽管继承法中有明确的法律条

---

① 参见四川省泸州市纳溪区人民法院(2001)纳溪民初字第 561 号民事判决书；四川省泸州市中级人民法院(2001)泸民一终字第 621 号二审判决书。这一案件的判决引起了比较大的争议，其焦点在于当存在有明确的法律规则时，可否适用一般原则来对该法律规则的适用予以调整。

文，而且本案中的遗赠也是真实的，但是黄某将遗产赠送给"第三者"的民事行为，违反了民法通则第 7 条"民事活动应当尊重社会公德，不得损害社会公共利益"的规定，因此驳回张某的诉讼请求。

虽然死者所订立的书面遗嘱中处分了部分不属于遗产的财产（如抚恤金、住房补助金、公积金等），但其中属于遗产部分的内容符合其真实意思且形式上合法，完全符合我国关于书面遗嘱的相关确定性法律规范。假设仅根据法条进行定案，该遗嘱应当是有效的，但法院认为，因为我国目前的善良风俗以及公共秩序，谴责破坏他人婚姻生活的行为，因此遗赠行为被认定为无效。从表面看来，本案是法官以法律原则作为判决的依据，但实际上是社会公共道德战胜了法律规则。遗嘱人的财产权利是宪法规定的私人财产所有权的组成部分，法律保护私人财产的合法所有权，这是社会的经济基础和基本的财产秩序，也是法律的价值所在。但是仅仅由于被遗赠者是"第三者"，涉及了"公序良俗"，这种财产权利就被剥夺。我国民法通则规定了法律行为无效的条件，继承法也明确规定了遗赠行为无效的条件，根据这些规定，该遗赠行为都没有问题，而且这些规定本身也不存在价值与效力方面的瑕疵，本案法院却没有适用这些具体规定，而是援引民法通则第 7 条"公序良俗"原则作为裁判依据，是法官自由裁量权过度膨胀的表现。我国是成文法国家，当法律对某一民事关系有明确具体的规定时，法官应该严格适用法律，没有自由裁量的余地。只有当法律规定不明确或缺乏相关法律规定时，才允许法官行使自由裁量权。①

---

① 这一案件有一个需要讨论的问题，从法院的立场出发，认为黄某的遗嘱是在其与张某长期非婚同居之后作出的，该遗赠行为违反了社会公德，损害了善良风俗，因此法院对不道德行为作出了否定性评价，试图通过这一判决对社会风气进行健康、正确的引导，展示法院坚决维护一夫一妻婚姻制度和建立良好的社会主义道德风尚的决心，试

与这一判决非常类似,被广泛关注的江歌案一审判决也引起了较大的争议。

案例2

江秋莲诉刘暖曦生命权、身体权、健康权纠纷案。[①] 扶危济困是中华民族的传统美德,诚信友善是社会主义核心价值观的重要内容。司法裁判应当守护社会道德底线,弘扬美德义行,引导全社会崇德向善。基于民法诚实信用基本原则和权利义务相一致原则,在社会交往中引入侵害危险、维持危险状态的人,负有采取必要合理措施以防止他人受到损害的安全保障义务;在形成救助关系的情况下,施救者对被救助者具有合理的信赖,被救助者对于施救者负有更高的诚实告知和善意提醒的注意义务。本案中,根据现有证据,作为被救助者和侵害危险引入者的刘某某,对施救者江歌并未充分尽到注意义务和安全保障义务,具有明显过错,理应承担法律责任。需要指出的是,江歌作为一名在异国求学的女学生,对于身陷困境的同胞施以援手,给予了真诚的关心和帮助,并因此受到不法侵害而失去生命,其无私帮助他人的行为,体现了中华民族传统美德,与社会主义核心价值观和公序良俗相契合,应予褒扬,其受到不法侵害,理应得到法律救济。刘

图在一定程度上遏制"包二奶"之类的丑恶社会现象的发生。法院的立场是否正确?笔者认为,这里真正违背我国社会道德的行为是二者的婚外同居行为,这是需要否定的,就遗赠行为本身而言,并没有任何违背社会道德之处。应当说,法院采取了过度弥散的思维方式,把对婚外同居行为的否定态度迁移到与之相关的遗赠行为上,笔者对此并不赞同。但如果认定该遗嘱合法有效,就会导致情人可以因其与死者之间的非法同居关系而获取利益,且死者合法妻子无法实现其财产继承权这一貌似不合情理、令公众难以接受的结果,没有有效的手段遏制非婚同居行为。但在本案中,所谓"第三者"获得遗产也确实有事实方面的理由,特别是长期对死者生前进行照顾和精神慰藉,双方良好的情感关系,以及死者与其妻子之间的疏离。即便不考虑这些因素,仍然应当维护法律规则的尊严,道德评判本身不具有唯一性。此外,如果可以应用道德规范改变法律规则,那会导致非常可怕的结果。

① 参见山东省青岛市城阳区人民法院(2019)鲁0214民初9592号民事判决书。

某某作为江歌的好友和被救助者,在事发之后,非但没有心怀感恩并对逝者亲属给予体恤和安慰,反而以不当言语相激,进一步加重了他人的伤痛,其行为有违常理人情,应予谴责,应当承担民事赔偿责任并负担全部案件受理费。

这个案件中需要重点讨论的问题是,刘某某是否存在侵权行为?如果有,具体表现是什么?可以肯定的是,江歌之死的直接原因来自于陈某(刘某某男友)的杀人行为,而被指责的刘某某的行为包括:引入了危险,并在面临危险时为求自保而没有实施救助。需要讨论的是,侵权法中因为自己行为引入危险,是指因为自己的行为而引发的客观情势本身固有的风险。将某人引入生活空间,是否存在固有风险?在面临危险时有没有实施救助的法定义务?即使这两个问题都得到肯定的回答,还存在的一个问题是,刘某某的行为对于江歌死亡的原因力究竟有多大?这些问题法院都没有讨论。法院主要基于道德的判断进行了判决。正如孙宪忠所言:"如果对法律上比较清楚的规则不加以运用,反而运用模糊不清的道德准则,这不但会给人一种法律有缺陷的印象,而且还可能造成以后很多人随意依据自己认为高尚的道德标准来裁判的问题。如果是这样,问题就严重了。所以,很多人赞颂本案法院依据道德判案,而我恰恰对此表示担忧。用道德谴责刘某某,当然不如用法律裁判刘某某更为有利有力。"[1] 对此,二审法院进行了有效弥补,首先认为陈某某与刘某某对于江歌的死亡既不存在主观上的意思联络,也不存在共同过失,不构成共同侵权。其次,根据刘某某的求助和江歌的施助行为,可以认定同在异国他乡留学的两人之间已经形成以友情和信赖为基础、以求助和施助为内容的特定的救助民事法律关系。刘某某对江歌负有注意、救助、安全保障义务,

---

[1] 孙宪忠:《评江歌母亲诉刘暖曦生命权纠纷案》,中国法学网,最后访问日期:2022年2月16日。

包括诚实告知和善意提醒义务、共同防范抵御风险的义务。刘某某的行为使其与江歌共同面对陈某某可能实施的不法侵害风险。在危险逐步升级的情况下，刘某某已经意识到危险发生的紧迫性，但其没有诚实地告知江歌相关情况及危险，没有及时提醒江歌注意防范和做好防御准备，此外，还阻止江歌报警，在陈某某持刀实施不法伤害的紧急情况下，刘某某锁闭房门使江歌无法进入自己的公寓而失去避免侵害发生或者降低受侵害程度的机会。故刘某某作为侵害风险的引入者和被救助者，未履行对救助者江歌负有的注意、救助、安全保障义务，对江歌遇害存在明显过错，其过错行为与江歌死亡后果之间存在法律上的因果关系，刘某某应当承担侵权损害赔偿责任。[1]遗憾的是，二审法院对于过错行为的原因力比例并未进行有效的补充说明。

三、克服成文法的局限性

一方面，法官通过不确定法律概念的具体化裁决实际案件，使得纠纷能够合理解决，维护了法律的权威性和安定性；另一方面，法官通过对不确定法律概念的具体化，使得法律能够随着社会的进步而发展，与时俱进，克服了成文法的僵化和滞后，更能适应社会的需求。

案例3

谢文萍诉杭州肯德基有限公司产品责任侵权案。[2]原告谢文萍带女儿到被告杭州肯德基有限公司某分店就餐，当坐下提取餐盘的餐巾纸时，误带餐巾纸下的广告纸，致安置于广告纸上的满杯热果珍饮料整杯倾倒，热果珍冲出盘子往外溢，原告起身躲避时，因座椅固定，热果珍仍洒在原告着短裙的大腿上，原告即剥下已连皮肤的丝袜，造成较为严重的伤害。法院判决：被告提供的热果珍温度偏高，实际已

---

[1] 参见山东省青岛市中级人民法院(2022)鲁02民终1497号民事判决书。
[2] 参见浙江省绍兴市越城区人民法院(2000)越民初字第2197号民事判决书。

发生致人 II 度烫伤的后果。如果被告出售时适当调低热果珍饮料的温度，就完全可以避免本案损害结果的发生，同时这种做法也符合快餐行业热饮"即买即饮"的特征（即该产品存在的危险在使用价值范围之外），由此认定该热果珍具有不合理危险。被告应赔偿原告的物质损失和精神损失。

这是法院结合案件事实，对"不合理危险"这一概念所做的价值补充。法官通过这一工作，使得当事人的权利得到合理的救济，较好地维护了法律的权威性和社会的安定性，也为后续类似的案件审判提供了范例。

另外，对于守法者，不确定法律概念的具体化更能增加人们对法律的认知和期待，使人们自觉利用法律维护自己的权益，避免因法律规则的僵硬性和不确定性带来的抵触和排斥心理，也防止不敢使用或不知道怎么使用法律的情况发生。法官的判决可能影响公众对法律的评价和对自己生活方式的选择，如果法官不做出正确的裁判，将会诱导这种生活方式，对社会秩序和道德造成极大的冲击。这样的案件很多，比如曾经引起重大社会反响的李丽云事件。[①]

案例 4

怀孕已经 41 周的李丽云因难产生命垂危，被丈夫送到北京朝阳医院进行治疗，由于丈夫不同意医院为李丽云做剖腹产手续，拒绝在手术同意书上签字，医院根据《医疗机构管理条例》第 33 条规定，经请示上报北京市卫生系统的各级领导，得到"如果家属不签字，不得

[①] 2007 年 11 月 21 日下午两点钟，孕妇李丽云因患感冒、畏寒、咳嗽等症状，在肖志军的陪同下走入首都医科大学附属北京朝阳医院京西分院呼吸内科门诊就诊。医院在接诊后，将其转到妇产科进行医治，并提出要对李丽云进行剖腹产手术。而陪同李丽云的肖志军号称系其丈夫（后查明，两人只是同居关系，并没有婚姻关系），拒绝在手术同意单上签字。手术未能进行。当天下午七点半左右，李丽云死亡。袁正兵、吕卫红：《丈夫拒签手术产妇胎儿双亡》，《检察日报》2007 年 11 月 23 日第 1—2 版。

进行手术"的批示，在常规抢救了3小时后，医生宣告李丽云经抢救无效死亡。

　　面对这样的悲剧，可能更多的是责备丈夫的不作为，可是追根溯源，问题还是出在法律层面。《医疗机构管理条例》第33条规定："医疗机构施行手术、特殊检查或者特殊治疗时，必须征得患者同意，并应当取得其家属或者关系人同意并签字；无法取得患者意见时，应当取得家属或者关系人同意并签字；无法取得患者意见又无家属或者关系人在场，或者遇到其他特殊情况时，主治医师应当提出医疗处置方案，在取得医疗机构负责人或者被授权负责人员的批准后实施。"其中，"其他特殊情况"是一不确定概念，如果符合，就可以由医院决定自行实施治疗。本案中主治医师和护士都认为在当时难产的情况下，其丈夫不同意做剖腹产手术所导致的危险是很大的，可能导致孕妇生命健康权严重受损。但医院在病者家属拒绝签署手术同意书的情况下并没有采取措施，即没有对"其他特殊情况"做出具体化的判断，而放任患者死亡这一严重结果的发生。作为守法者能够得到的信息就是执法者和司法者对于法律的解释。面对这样一个不确定法律概念，如果不对其作出具体化解释以及如何运用加以说明，人们也就无从知悉该概念的真正所指，从而导致有关主体不敢对该概念进行解释。其实，真正的问题不在立法，而是立法之后的解释应用，这才是实际考验的开始。因此只有通过不确定法律概念具体化的工作，才能使人们正确的认识法律规则，使法律更具有实践价值。

第七章 不确定法律概念具体化的要求

具体化的基本操作就是面对具体案件，确定包含不确定法律概念的法律规范是否是该当的裁判规范，重点在于对案件事实的价值判断，看其是否符合不确定法律概念所欲实现的价值目的。毋庸置疑，对案件事实的判断和对不确定法律概念本身价值的探寻，都应当严格遵照一定的规范，这成为不确定法律概念具体化时的基本要求。

第一节 遵循客观标准

法官在判决案件过程中，对做出价值判断的部分应当依据客观的标准。需要考虑社会客观的伦理秩序和公平正义原则。具体而言，这一标准包含两项基本要求：

一、对案件事实的判断应避免个人化倾向

"在现代多元化开放的社会，关于公共秩序或善良风俗，难期有定于一尊的见解，在审判上终究有赖于法官个人的认知，然法律乃在规范社会生活，实现正义，故法律的适用自需克服个人的主观性，排除可能的偏见，而使评价'事理化'，应就法律行为的内容、附随情况，以及当事人的动机、目的及其他相关因素综合加以判断，在思考上并须区别公共秩序或善良风俗，以求严谨，并特别留意于社会变迁。"[①]

---

① 王泽鉴：《民法总则》，北京大学出版社2022年重排版，第296页。

这虽是对"公序良俗"如何具体化的贴切说明,但却具有普遍意义。

从不确定法律概念产生的基础看,凡是需要用不确定法律概念指称的事实,必定是比较复杂多样难以形成单一定论,并存在多重看法的事实。比如我国民法典第511条第四项规定:"履行期限不明确的,债务人可以随时履行,债权人也可以随时请求履行,但是应当给对方**必要的准备时间**。"多长时间算是"必要的"?显然不是一个特别清楚的问题,如果问题本来就十分清楚,那就无需不确定法律概念,直接规定具体期限即可。在判断何为"必要的准备时间"时,不能仅仅依靠判断者个人的主观意见,而必须考察在现实的市场交易当中,与之类似的交易通常会有多长的"准备时间"。可以肯定的是,交易标的及其数量、债权人与债务人相距的距离远近,以及交易主体是法人还是自然人等因素,对"必要的准备时间"都会有重要影响,[①]因此就需要个案的具体判断。

再比如,某游泳馆里的地面湿滑,原告经过时摔倒致严重的骨折并支出巨额医疗费,随即起诉到法院要求游泳馆赔偿损失,法院应当如何处置?一般而言,游泳池边的地本来就特别湿滑,加之下雨情况就会更加严重。本案的关键在于这个危险是否属于"合理",以及游泳馆是否尽到充分提醒的义务。因此,法官如果不对这种情况加以分析,不对合理危险和不合理危险做出判断,就无法做出恰当的判决。需要重申的是,法官在进行"合理危险"这一概念的具体化工作时,必须遵守客观的标准,即客观存在的、社会上一般人所认可的标准,

---

[①] 一般而言,双方交易的标的越是稀缺和贵重、标的数量越大、债权人与债务人的距离越远、交易主体是法人而不是自然人,则"必要的准备时间"就越趋于延长。其实问题远远比这复杂,比如说,即使双方都是法人,但法人的规模不同,相应的"必要的准备时间"就会存在差异。

即一个正常理性的人是否会预见到地面的湿滑。[1]

二、客观把握社会通常观念

社会是否存在某一种伦理、道德或者通常观念,其具体内容如何,可否进行类型化等问题,都需要法官进行实地调查研究,从社会中予以获取,即是从现实中提取社会通常观念,而不是由法官"制造""创设"出来。之后才对获取的这些理念进行价值评判,以决定可否作为裁判依据,是依据客观化的标准进行的判断。但这并不意味着完全抛弃法官的主观能动性。毋庸讳言,任何概念的具体化最终都离不开法官的主观判断,即使是找寻到了客观的标准,仍然需要针对个案对其进行适度裁剪以实现真正的个案正义。正如恩吉施(Karl Engisch, 1899-1990)所言:"概括条款的具体化,较诸法律解释,更须结合认识与意志的行为。评价便不必是法律适用者的一个人评价。"[2] 但仍需强调的是,一定要避免法官纯粹的主观随意,完全根据个人的喜好进行判断。"法院就不确定的规范性概念或概括条款予以价值补充时,须适用存在于社会上可以探知认识之客观伦理秩序、价值、规范及公平正义之原则,不能动用个人主观的法律感情。"[3] 在这一方面,我国司法实践中有案例可以参考。

案例5

陈某与上海利亚因私出入境服务有限公司服务合同纠纷案。[4] 申

---

[1] 再比如面对"显失公平"的判断,何为显失公平?其标准是什么?公平与不公平的界限在哪里?对这些问题的认识将会直接影响到案件的判决结果。法官不能想当然地对"显失公平"加以具体化,而须依据客观的标准。

[2] 〔德〕卡尔·恩吉施:《法律思维导论》(修订版),郑永流译,法律出版社2014年版,第155页。

[3] 杨仁寿:《法学方法论》(第二版),中国政法大学出版社2013年版,第185—186页。

[4] 参见上海市第二中级人民法院(2010)沪二中民一(民)终字第1342号民事判决书。基本案情为,2005年2月24日,被上述人陈某与上诉人利亚公司签订"美国职业移

请移民美国的时间，特别是在进入排期后系由美国政府根据其移民政策及当时的实际情况作出安排、调整，上诉人仅是国内提供服务的中介机构，无法掌控办出签证的具体期限，故职业移民美国的申办期限难以确定。正由于该合同的内容涉外、有其特殊性，不同于其他一般合同能预计确定合同的履行期限，故双方在合同履行期限上未作出约定，被上诉人对此是明知的。被上诉人作为具有完全民事行为能力之民事主体，对合同履行期限这项非常重要、敏感的条款在合同中未作出约定而予以接受，理应承担相应的风险。因不存在办理移民手续期限的规律性、合理性问题，故上诉人尚不构成迟延履行合同义务。

在这一案例当中，法院认定办理移民签证的"合理期限"，应当根据通常情况下办理的一般时间来认定。根据相关证据，法院认为通常时间为6到8年，而且这一时间是合同一方无法决定的。这就严格遵循了"客观性标准"，按照客观存在的一般情况来认定，避免了主观随意，是不确定法律概念具体化的一个范例。

这里存在的一个深层问题是，如何获知"社会通常观念"？包括前文提到的"社会一般观念""公认的道德规范"等，即通过什么程序可以确定其内容？是要通过广泛的社会调查，还是可以通过别的途径？如果说是调查，受制于技术和时间等方面的限制，实际上法官并非最佳的调查主体。或许其本身就是一个假设，原本就不存在所谓"公认的""一般的"东西，法官裁决案件时所使用的"社会通常观念"，是他自己所认为的，是主观的。艾森伯格曾论证了"社会道德"的内容确定方法，具有重要的参考价值。他认为，社会道德是根植

民服务协议书"一份，约定由利亚公司为陈某办理美国劳务移民签证服务，陈某先后付款总计42万元，但一直没有完成签证工作，至2010年3月11日，陈某认为对方办理时间过长，起诉至原审法院，要求解除合同并退还已支付的费用及相应利息。

于整体社会愿望的道德标准和基于正当的方法论而可以被公正地认为已得到社会充分支持的道德标准，而这往往是很难把握的，那法院可以通过何种资料来源决定社会道德呢？他认为，通常，也可能是非常典型的方式，法院会求助于官方来源，如先前的判决。在许多情况下，这些来源清楚地说明了某项与案件相关的道德规范。如果这种说明没有在专业文献中或更大范围内激起重大争议，法院通常会假定这种道德规范已经得到必备的社会支持。在另一些情况下，得出某项道德标准是因为它最好地解释了这些来源中的法律规则。然而官方来源并不十分可靠，因为他们可能反映了过去的道德、原则和政策，而且在构成社会道德的要素问题上也不具有排他性。因此法院也会留意非官方来源，例如法院试图决定何种道德价值能够为现存的社会结构和社会制度提供正当性，并因此成为公民在一定程度上"已经接受的价值"。或者法院也可能留意人们在报纸、日常讨论等通俗来源中以期望的形式所主张的道德规范。即使该规范没有被普遍践行，法院仍可使用通俗来源中找到的道德规范。事实上，没有一项道德规范能够由社会全体成员去身体力行，甚至那些经常践行某一道德规范的社会成员通常也不可能始终贯彻该规范。如果从这两个来源中获得的道德规范不够详细或者无法直接适用，作为一名参与式的观察者，如果法官相信他的判断会被广泛认可，则就何种规范看上去已经得到必要的社会支持这一问题，法官可以依赖他自己的判断。例如假定法官断定：人们普遍认为交易一方故意利用对方不谙世故是不公平的，这样即使官方或非官方资料对这一道德规范的表达不够清晰，即使还看不出该规范解释了现有的法律规则或证明了现有社会结构或社会制度的正当性，法官仍可以恰当地得出结论，即存在一项社会道德规范认为前述利用行为是错误的。与此相应，在一些情况下，法官可以恰当地运用新兴的道德规范，只要他认为该规范能很快获得充分的社会支持，而且一旦当该规范被证实是错误时他已经做好退却的准备。最后，法院可以通过扩展其它已得到必要认同的规范来决定社会道德。这种扩展可以通过对其他规范的精细化阐释或其他方式进行，通常其不是始于特定的道德判断和塑造能够概括、支持和解释判决的普遍的道德原则，就是始于普遍的道德原则和阐释与该原则一致的特定道德判断，此即为道德的一致性理论。可以用一致性方法来处理道德原则和判断必须得到必要的社会支持。需注意的是，这是一项经验性的判断，需得到诸如律师、法官、专业领域内外广泛范围的检验。总之，法院没有义务通过经验证明一项道德标准在实质上得到了必要的社会支持，他也不可能做到这一点，但法院有义务使用正确的方法对该问题做出判断。[1]

第二节　共识性标准

比如依据"社会通常观念"即是。客观性标准所强调者，用于判断的标准必须是社会客观存在的，而非判断者的主观臆断；而共识性标准所强调者，该标准必须为社会多数人所认同，已经成为社会的基本观念，特别是与需要裁判的案件当事人所处情境相似的人，一般都认同这一标准。

法律在于规范社会生活实现正义，因此法律的适用必须尽量克服个人的主观性，排除个体偏见，以多数人关于社会价值和正义的认识作为评价依据，因为多数人的共识相较少数更能接近客观化的事理，而且依据这一标准判断，更会产生较好的社会效果，得到较高的社会

---

[1] 〔美〕迈尔文·艾隆·艾森伯格：《普通法的本质》，张曙光等译，法律出版社2004年版，第22—25页。

认同。这里所谓价值不过是规范上有保护必要的利益间互相冲突时，所引为处理矛盾依据的共识的评价标准，这些价值标准有时也涉及当代所肯认的社会道德标准，例如善良风俗及诚实信用。[①] 裁判民众的纠纷，兹事体大，不仅仅涉及具体当事人的和平安宁，还涉及国家的司法理念和法治精神，因此必须慎重而严肃。在面对较为模糊的问题时，只能选择大家公认的标准去衡量和裁判，只有这样才可以实现裁判与公众的交流，将法官的内心意图转化为社会公众的共同信念，也最大限度地服务于社会。从另一个角度说，共识性标准经历了社会多数人的检验，被多数人所认可，相对来说更加符合社会的要求和发展规律，更好地体现公平正义。换言之，相对于只有个别人认可的标准，共识性标准可能更趋于合理、公正和效率。

共识性标准的目的在于，当所面临的问题至少存在两种以上的看法、观点及意见时，应当采用多数人所认同的价值判断标准，排除个别人、少数人认可的标准，而无论他们对这一标准的认可有多强烈。

第三节　充分说理

当今各国法院的判决书风格各异，但基本都包括主体判决、事实构成和理由说明三大部分。这三者之间存在特定的逻辑联系，其中事实构成是主体判决的基础，是基本的推理依据；而主体判决是推理的结果，是在事实构成的基础上对当事人权利义务的明确界定；理由说明则是前二者的联结点，一方面说明事实认定中的证据采纳规则及理由，另一方面说明主体判决的法律依据，重点在于合法性和合理性证明，这种正当性包括法律上的和道德上的。"判决理由是判决的灵魂"

[①] 黄茂荣：《法学方法与现代民法》（增订七版），第886—887页。

①，判决理由彰显正义，通过判决理由，法律的精神才会外化为当事人能直接感知的东西。同时，将判决书置于社会公众的监督之下，表明法官的推理及思维过程，接受社会公众的质疑与批评，甚或是赞扬与肯定，可以更有效地实现判决书的沟通功能。有利于在每个判决中把国家意志源源不断地输送出来，并随着判决书的公开而向社会传播，实现国家与社会的沟通和交流，并最终达到相互理解的目的。②另外，判决理由的沟通功能能够使当事人及利害关系人心平气和地、自愿地接受判决结果，并积极地履行判决中确定的义务。

法官在不确定法律概念具体化时，因为涉及价值判断，更应充分说明理由。充分的说理是判决取得合法性的基本要求，也是高水平裁判的一个外在标志，当事人以及社会公众可以借此了解法官的思维及裁判过程，并进而对此予以质疑甚或反驳。如果仅仅是非常武断地说"本院认为"，则上述工作就无法完成，裁判的科学性也就很难说起。对于这一点，我国法院还存在一定的提升空间，这里以浙江省杭州市西湖区人民法院的一份判决为例。

案例 6

霍家军与林校根民间借贷纠纷案。③被告向原告借款30000元，承诺于一个月内归还，但被告一直未归还，原告诉请返还并赔偿损失。法院认为，依照我国合同法第206条，借款人应当按照约定的期限返还借款，对借款期限没有约定或约定不明的，贷款人可以催告借款人在合理期限内返还。没有证据显示，借款当事人对于借款期限有明确约定，因此，作为贷款人的原告可以要求作为借款人的被告在合理期限内返还借款。该合理期限**本院酌情确定**为本判决生效之日起两个

---

① 沈达明：《比较民事诉讼法新论》（下册），中信出版社1991年版，第246页。
② 季卫东：《法治秩序的建构》，中国政法大学出版社1999年版，第113页。
③ 参见浙江省杭州市西湖区人民法院（2011）杭西泗商初字第176号民事判决书。

月内。

在这一判决中,原告要求还款的数额是 30000 元,法院"酌定"的"合理期限"为两个月,是否恰当无法确定,因为债务人的偿债能力等重要因素都不清楚,这一判决总体上呈现出一种比较随意的感觉。其实这样的判决很多,"酌情确定"成为法院判决中常用的字眼。比如某判决书表述,"原告要求被告归还借款的请求应予支持。原、被告并未约定借款期限,原告可以要求被告在合理期限内返还。该合理期限,本院酌情确定为本判决生效之日起一个月内。"[1] 再比如另一个判决,原告向被告借贷 20000 元,没有明确约定还款期限,法院判决为"本院酌情确定十日为合理期限"。[2] 还有一个判决与之类似。"合议庭成员一致认为,本案是一宗船舶修理合同纠纷。原告为被告修理船舶,双方签字确认工程全部竣工,修理费为 129800 元。被告亦承认尚欠原告该项修理费。原告请求被告支付上述修理费于法有据,应予支持。虽然双方没有约定修理费的付款期限,但被告仍负有在合理期限内付款的义务。根据本案情况,被告从确认修理费之日起 15 日内向原告支付修理费应属合理。"[3]

法官对不确定法律概念进行具体化,并不是为同一类案件制定一个统一的标准,然后将此标准适用于每一个案件,而是针对各具体个案,依照法律精神和目的,斟酌社会情事和需要予以具体化,以求得个案的实质公平和妥当。因此,法官应当详尽说明理由,且不得直接引用其他判例作为标准。也就是说,法官不得引用以前判例中确定的标准来判决当下的案件,必须依靠对不确定法律概念具体化的一般标

---

[1] 参见浙江省杭州市西湖区人民法院(2011)杭西泗商初字第 465 号判决书。
[2] 参见上海市嘉定区人民法院(2011)嘉民一(民)初字第 4558 号判决书。
[3] 广州文冲船厂与中国水产科学研究院南海水产研究所船舶修理合同纠纷案,参见广州海事法院(2011)广海法商字第 64 号民事判决书。

准来确定该案件的具体标准,并且详细说明这样决定的理由。

比如,由于使用方法不当,小孩在燃放烟花爆竹时将眼睛炸伤,花费很大一笔医疗费,其父母随即将烟花爆竹厂起诉至法院,要求赔偿医疗费用。在这个案件中,法官需对烟花爆竹燃放的"合理危险"进行具体化。法官应当解释,烟花爆竹本身就是用来爆炸的,如果其不会爆炸,那反倒成为伪劣产品。因此烟花爆竹爆炸时肯定存在危险,关键就在于这种危险是否合理,这需要对烟花爆竹的质量进行检查,综合判断火药用量是否符合标准、是否给予了足够的危险提示、有无违反相关安全规范等因素进行综合考量,而不能仅仅因为其发生爆炸而得出结论。

第四节　注意社会一般观念及伦理标准的变迁

不确定法律概念存在的主要功能在于使法院能够适应经济社会的发展及社会伦理道德的适时发展来适用法律,从而使法律能够与时俱进,更好地实现其调整功能。因此,在对社会的一般观念和伦理标准把握时,也要求法官能够客观的评价,不可拘泥陈旧思想观念和道德标准,避免其思想的滞后性与守旧性。因此,法官在对不确定法律概念具体化时,必须结合社会发展和观念的变迁做出恰如其分的判断。[1]

比如,由于近年来互联网发展迅速,不少人通过交易网络游戏中获得的武器装备来赚钱,从而有了"虚拟财产"这一概念,但是我国

---

[1] 如同居问题,20世纪70—80年代人们的观念和现在人们的看法完全不同,甚而大相径庭,是否违反善良风俗不能一概而论。

还没有明确的立法对这类财产进行保护，法院对此应当如何处理呢，看我国首例虚拟财产纠纷案的情况：①

案例 7

李宏晨与北京北极冰科技发展有限公司娱乐服务合同纠纷案。②一审法院判决被告将原告所丢失的相关装备予以恢复，二审法院维持原判。理由是，关于丢失装备的价值，虽然虚拟装备是无形的，且存在于特殊的网络游戏环境中，但并不影响其作为无形财产的一种获得法律上的适当评价和救济。玩家参与游戏需支付费用，可获得游戏时间和装备的游戏卡均需以货币购买，这些事实均反映出作为游戏主要产品之一的虚拟装备具有价值含量。但不宜将购买游戏卡的费用直接确定为装备的价值，游戏网站上公布的产品售价与李宏晨购买游戏卡的实际花费不完全一致，而且虚拟装备无法获得现实生活中同类产品的价值参照，亦无法衡量不同装备之间的价值差别，为避免不适当的价值确定可能对某一方造成有失公平，法院认为李宏晨主张的丢失物品可由北极冰公司通过技术操作对已查实的物品进行回档，亦与李宏晨参与游戏、享受游戏乐趣的娱乐目的相一致。

本案最为关键的问题是，存在于网络游戏中的武器装备是否属于"公民的合法财产"。发生争议当时，我国法律对财产的界定集中表现在民法通则第 75 条："公民的个人财产包括公民的合法收入、房屋、储蓄、生活用品、文物、图书资料、林木、牲畜和法律允许公民所有的

---

① 杨立新、王中合：《论网络虚拟财产的物权属性及其基本规则》，《国家检察官学院学报》2004 年第 6 期；石杰、吴双全：《论网络虚拟财产的法律属性》，《政法论丛》2005 年第 4 期。

② 参见北京市第二中级人民法院 (2004) 二中民终字第 02877 号民事判决书。基本案情为，原告是游戏玩家李宏晨，被告是网络游戏运营商北京北极冰科技发展有限公司。从 2001 年开始，原告花费了几千个小时的精力和上万元的现金，在一个游戏里积累和购买了各种虚拟"生化武器"几十种，但在 2003 年某天发现自己库里的所有武器装备被盗。后经查证确定了盗号者。但运营商却拒绝将盗号者的真实资料交给原告，于是原告起诉要求被告赔礼道歉、赔偿他丢失的各种装备，并赔偿精神损失费一万元。

生产资料及其他合法财产。"此案很显然法官对该条中的"其他合法财产"这一不确定法律概念做出了具体化，认为虚拟财产也属于公民的个人合法财产，应受到法律的保护。这一认定适应了社会的发展变化，是一个很好的发展法律的例子。

第五节　遵从社会习惯

在认定不确定法律概念时，必须考虑社会习惯。我国民法典第10条将"习惯"纳入法律规定当中，"处理民事纠纷，应当依照法律；法律没有规定的，可以适用习惯，但是不得违背公序良俗。"一般认为，习惯包括习惯法和习惯二者，陈聪富认为"习惯法"属于"法律"的范畴，而只有不是"习惯法"的事实上的习惯才是所谓法律条文明定的"习惯"。① 社会习惯是不特定的人在一定范围内，针对某一事项的惯常做法。社会习惯虽然不具有法的强制性质，但毋庸置疑是一种规范，对人们的行为发生一定的约束作用。《最高人民法院关于适用〈中华人民共和国民法典〉总则编若干问题的解释》(法释〔2022〕6号)第2条规定："在一定地域、行业范围内长期为一般人从事民事活动时普遍遵守的民间习俗、惯常做法等，可以认定为民法典第10条规定的习惯。当事人主张适用习惯的，应当就习惯及其具体内容提供相应证据；必要时，人民法院可以依职权查明。适用习惯，不得违背社会主义核心价值观，不得违背公序良俗。"社会习惯是长期社会生

---

① 民法上的习惯，有习惯法和事实上的习惯两种类型。所谓习惯法，须以多年惯行的事实，及普通一般人的确信心为其成立基础。所谓"事实上的习惯"，仅属一种惯行，尚缺乏法之确信。习惯法在法源性上，似应当属于"法律"的范畴，与成文法发生冲突时，成文法未必优先适用，且习惯法不受关于善良风俗的检证。而只有事实上的习惯，才处于成文法的补充地位，且必须受到善良风俗的检验。陈聪富：《民法总则》，第27—30页。

活的产物，是人们总结生活当中的利弊得失，经过长时间检验而形成的比较有效的行为方式，避免了相互之间的利益冲突，也可以在遇到纠纷之后提供救济途径。应当说，习惯是经验的产物，通常情况下是一些良好经验的总结，有利于社会生活的顺利进行，并可以节省成本。社会习惯在特定的群体当中存在，一般而言遵守社会习惯成为一种自在、本能的生活方式。谢晖认为："人类既是自然的存在，也是社会的存在。自然的存在既让人获得了肉身，也让人获得了自然而然的习得经验。这种习得经验，就是习惯。尽管习惯亦属于人类社会存在的表现方式，但林林总总的习惯只要不能被概念化、逻辑化和体系化，就只能是一种'百姓日用而不知'的、近乎自然的、源自人类自然本性的存在。这也意味着，只要人类能够对习惯予以概念化、逻辑化和体系化的处理，并加以道义的加工和引导，习惯就可能从其自然属性出发，获得其社会属性。可见，习惯打通了人之自然属性和社会属性。"[1] 基于习惯的习得性及其广泛的认可性，虽然没有强制力量的存在，但往往被广泛地遵从。也正是由于这一点，才使得社会习惯具有了客观性、公认性的特质，可以成为处理不确定法律概念的标准。因此在不确定法律概念具体化时，如果存在社会习惯，就应当予以遵从，对符合这一习惯的行为进行支持，而对与之相冲突的行为则予以否定，这是社会习惯的性质所决定的。我国司法实践当中有这方面的判决。

案例 8

潘某与张某、毛某义务帮工人受害责任纠纷上诉案。[2] 法院认为：张某与毛某因嫁女邀请潘某为其家举办喜宴准备菜肴，劳动成果起初

---

[1] 谢晖：《论"可以适用习惯""不得违背公序良俗"》，《浙江社会科学》2019 年第 7 期。
[2] 参见湖北省荆门市中级人民法院（2012）鄂荆门民二终字第 00009 号民事判决书。

并不存在,而要通过潘某之手,以自己的技术、设备和劳动独立完成,完成工作后被告依乡俗惯例支付报酬,其行为符合承揽关系的法律特征。承揽人在完成工作中对第三人造成损害或者造成自身损害的,定做人不承担赔偿责任,张某与毛某虽对潘某造成的损害无过错,但鉴于潘某是在为其二人家中办喜宴的过程中受到损害的,依据本案案情以及为弘扬农村善良风俗,张某与毛某可以在受益范围内对潘某损失给予适当经济补偿。

这里所谓的农村善良风俗,是指在农村发生婚丧嫁娶之事,其他邻里朋友进行帮忙、扶助等,从而发挥集体互帮互助功能,使该事情能够体面、顺利进行的社会生活习惯。这有助于在农村形成帮忙互助的良好惯行,适应在社会服务还不发达的农村,村民通过自助和互助的方式解决生活中遇到的重大问题。因此法院根据这一习惯做出了对受害人的肯定性判决。

如果对习惯进行道德的评价,或者从其客观的社会效果出发,可以将习惯分为"良好习惯"和"不良习惯",结合通过榜样和教育的方式培植习惯的良好愿望,就有了习惯适用的一般规则:如果某一社会习惯与公序良俗不符,则该习惯不能被采用。"所谓习惯的善恶良莠之分类及其教育,本身就是要存善去恶,就是要营造一种为人们所接受的公共秩序和善良风俗。但即便经由教育、风化、强制树立的有益于公共秩序和善良风俗的习惯再强大,却总有一些人会反其道而行。这正是即使教育和风化不断地完善,但'伤风败俗'仍层出不穷的原因,自然,也是到了近现代,法律在尊重习惯的法源地位之同时,也不得不强调'可以适用习惯,但不得违背公序良俗'的缘由。"① 不悖于公序良俗,首先在于不违背法律的规定,其次须符合法律之外的公

---

① 谢晖:《论"可以适用习惯""不得违背公序良俗"》,《浙江社会科学》2019年第7期。

共交往规范要求。但需要指出的是,公序良俗所强调者并非合法性本身,因为这是法治社会的一般要求,而在法律之外的社会基本的公共交往秩序要求。这样说来,它构成合法性原则的补充。

比如根据我国原合同法,在买卖合同,买受人应当在收到货物后及时检验,如果发现存在质量瑕疵应当在"合理期限"内提出异议。如果存在相反的交易习惯,该如何处理?

案例 9

上海腾方贸易有限公司与五矿钢铁上海有限公司买卖合同纠纷案。[①] 法院认为:贸易流通领域内,买受人负有对标的物及时进行验收、检验的义务,其性质属于法律规定的买受人积极维护自身合法权益的义务。法律规定买受人承担该项义务的目的是为了维护交易的稳定,怠于验收、检验就是违反了其应负担的该项义务,其就应当承担标的物可能存在质量瑕疵的风险。目前在钢材的连环买卖过程中确实存在这样一种"交易习惯",即买受人往往通过接收提单方式实现所有权转移后不到仓库对钢材进行验收、检验而又将钢材以提单方式向其买受人又一次交付,往往直至最终用户在实际使用钢材时才发现存在质量瑕疵。上述买受人不进行验收、检验的不作为违反了法律要求其积极履行维护自身合法权益的义务的规定,属于不合法的"交易习惯"。既然上述买受人忽视、怠于其自身合法权益的保护,其就应当承担相应的法律后果,法律不因众多的买受人均如此不作为而予以迁就。

这一判决,明确确认了当习惯与法律规定相冲突时,应当适用法律,这是适用习惯进行裁判的一般规则,应当肯定。同时,法官适用习惯进行裁判具有造法的功能,正如谢晖所言:"法官适用习惯时,绝

---

① 参见上海市第二中级人民法院(2006)沪二中民四(商)终字第393号民事判决书。

不像其适用法律一样,只是被动地适用既有的法律规范,而是能动地、积极地、自主地按照法律的原则要求适用习惯规范,因此,这一规定给法官的裁判行为平添了创造属性。法官因之而产出的司法裁判,即使不被认为是'法官造法',但事实上它获得了可以普遍参照的法律效力。 ……这表明,法官因授权自由裁量地适用符合公序良俗的习惯之后果,客观上具有'法官造法'的功能,是拥有自由裁量权的法官,借助裁判行为把习惯法律化的一种方式。"①

---

① 谢晖:《论"可以适用习惯""不得违背公序良俗"》,《浙江社会科学》2019年第7期。

第八章　不确定法律概念具体化的一般方法

不确定法律概念的具体化，首先借助于立法或者行政机关的相关规则。比如立法对此进行专门界定，特别是进行例示规定。例示是对不确定法律概念适用情形的列举，符合其基本思想，也反映了不确定概念的价值安排，可能构成相应的特别规定，应当优先适用。同时，如果当事人达成协议，就特定情形是否满足不确定概念予以安排，当然也是非常有效的具体化手段。而只有当这些方式都不存在时，最后就只能依赖于法官的司法判断。此处讨论的具体化的一般方法，是以法官的判断为核心的。

第一节　具体化时的斟酌因素

在面对一个法律概念时，首先应当进行文义解释，判断其内涵及外延是否确定。文义解释是按照法律条文的字面含义及通常使用方式并结合语法规则来阐释法律规范意义的一种解释方法。不确定法律概念的涵义比较模糊，因此对于一个法律概念，当通过文义解释无法确定其涵义时，方可认定其属于不确定，就需要适用价值补充的方法对其进行具体化。比如我国合同法第 52 条第 1 款规定合同无效的事由是损害"国家利益"，[1]但国家利益到底包含哪些，无法

---

[1] 我国合同法第 52 条规定："有下列情形之一的，合同无效：（一）一方以欺诈、胁迫的手段

通过文义解释的方式来认定，需要法官在具体案件中予以确定。如以下案例：

案例 10

中学生学习报社有限公司与中报报刊图书发行（郑州）有限公司合同纠纷案。①法院认为：再审中学生学习报因与被申请人中报公司、一审被告王听栋合作协议纠纷一案中，《合作协议书》第六条第 3 项约定："除不可抗力因素外，甲乙双方（中学生学习报和中报公司）不得以任何理由终止或变更本协议各条款，一方违约另一方有权对由此造成的经济损失向对方索赔，违约金一次性向对方支付 300 万元。"依此约定，即使一方做出有损对方的行为均不能终止协议，因为终止协议的一方就要承担 300 万元的风险。以该条款判决中学生学习报向中报公司支付 300 万元，明显损害国家利益，实属无效条款。中学生学习报与中报公司合作的当事人马五胜（中学生学习报原社长、总编辑）、刘志伟（中学生学习报原书记、中报公司实际控制人）分别在 2011 年 8 月、2011 年 12 月因受贿罪和行贿罪被判刑，其罪状都与中报公司存在联系。中学生学习报与中报公司的合作，完全基于刘志伟、马五胜的特殊关系和国有企业领导人的地位，刘志伟也必然在《合作协议书》中约定有利于自己和中报公司的条款。因此，双方签订的《合作协议书》势必以侵吞国有企业的巨大利益为代价。《合作协议书》履行期间，刘志伟被判刑后，中报公司就开始中断支付中学生学习报的代理费，编辑人员工资、稿费都开始停发，中学生学习报为维护国有企业利益，才诉诸法律途径来解决。案涉《合作协议书》是否侵犯国家利益，首先要明确国有企业利益是否属于合同法第五十二条

订立合同，损害国家利益……"
① 最高人民法院(2017)最高法民申 4336 号民事裁定书。

规定的国家利益。合同法是调整平等主体间财产流转关系的法律,各类市场主体间法律地位平等,其合法利益受法律保护。虽然国有企业是我国重要的市场主体之一,但根据平等原则,合同法并未对国有企业利益实行有别于其他市场主体的特别保护。

在此案中,关键点就在于对"国家利益"这一概念的界定。从文义解释来看,国家利益包含的内容极广,政治利益、经济利益、军事利益、文化利益、外交利益等都可划入,概念的内涵和外延均难以确定,具有较大程度的不确定性,只有在具体的案件事实背景下进行价值补充,才能明确概念外延的边界何在。王利明认为,国家利益概念不应理解得过于宽泛,尤其是不能将国有企业的利益都当作国家利益对待,否则市场交易将受到较大的妨碍,违背了鼓励交易的原则。本案仅涉及国有公司的商业利益,不宜认定为国家利益。[①]"事实上,通过文义解释的方法对国家利益无法进行一个准确的阐释,而只能确定大致的范围。所以,在具体化的过程中进行文义解释的主要功能在于:一是确定哪些概念属于不确定法律概念,如果属于确定概念,则通过狭义的解释方法加以解释。二是文义解释只是确定了一个大致的范围,或者只能是明确不确定概念大致的内涵。"[②]

由于不确定法律概念的含义比较模糊,虽然反映了立法者的价值取向,但这仅仅是为案件的裁判指出了一个大致的方向,即为个案的判断提供一定的价值指引,法官根据具体案件事实,综合社会情势等各种因素进行价值补充。[③]法官在具体化的过程中,应当重点考虑如下因素:

---

① 王利明:《法律解释学导论——以民法为视角》(第三版),法律出版社 2021 年版,第 478 页。
② 同上书,第 486 页。
③ 马沙度:《法律及正当论题导论》,澳门大学法学院 2007 年博士学位论文,第 97 页。

一、不确定法律概念的决定因素

不确定法律概念的内涵,是通过一系列相关因素决定的,这些具体因素因不同的概念而异,一般包括:(1)主体情况,含当事人的年龄、智力、身体状况、财产、当事人之间的关系等;(2)交易情况,包括交易的时间、地点、交易标的、数量等;(3)交易履行情况,包括履行方式、履行时间、地点、履行数额等;(4)争议及其解决情况,包括争议的焦点、冲突的程度、双方解决纠纷的过程等。

一般而言,某一个概念的意义通常是通过一系列因素来决定的,我们通常把这些因素称为概念意义的决定性因素。比如一个人的身体好坏,通常由下列因素决定:(1)肢体器官完整;(2)肢体器官功能正常;(3)能够进行正常的工作和休息;(4)心理健康及其它。这就好比是论证一个论点所需要的论据,只有综合这些因素,才可以准确得出结论,否则就是片面的。这些决定性因素特别重要,是研究概念必须首先考察的,法律概念也是一样。当然,对于不同的法律概念而言,决定其含义的关键因素存在重大差异。比如我国民法典第780条前段规定,"承揽人完成工作的,应当向定作人交付工作成果,并提交必要的技术资料和有关质量证明。"其中"必要的技术资料"为一不确定概念,哪些资料为"必要"的,其决定性因素就是交付成果的种类、性质、技术要求、安全操作规范等,以决定便利于定作人熟悉、掌握该成果的使用、保护、安全、维护等所需的必须资料,以此来确定承揽人提供"必要资料"的范围。民法典第591条规定:"当事人一方违约后,对方应当采取适当措施防止损失的扩大;没有采取适当措施致使损失扩大的,不得就扩大的损失请求赔偿。当事人因防止损失扩大而支出的合理费用,由违约方负担。"何为"合理费用",其决定性因素是标的物本身的情况、损失的情况,以及避免损失扩大的具体做法、支出情况等，还有保护该标的物的技术要求，综合考量这些因素以确定所支出的哪些费用为"合理费用"。

数据时代所面临的一个重要问题是，必须同时保护个人的数据权利和用人单位的用工自主权，目前达成的基本共识是，用人单位为了其合法利益可以在必要范围内进行员工的数据处理，那么哪些因素对"必要性"的判断具有意义？欧盟于1995年颁布《数据保护指令》，专门针对具体的劳动者数据处理规则，成立了第29条工作组，提出必要性判断的三个重要因素。[①]一是信息处理者合法利益的性质和来源。需要关注的重点在于该信息处理是否系为行使基本权利所必需，或在其他方面符合公众利益，或受相关社会、文化或法律法规的认可。二是信息处理行为对信息主体的影响。应从四个方面入手分析：第一，信息的性质。是否涉及敏感个人信息，是否公开等。第二，信息处理的方式。信息是否被公开披露或以其他方式被大量人员访问，或大量的个人信息是否被处理或与其他信息相结合。第三，信息主体的合理期望。第四，信息处理者和信息主体的地位。双方是否存在不平衡的关系。三是信息处理者实施的额外保障措施所实现的相对利益平衡。

应当说，明确不确定法律概念的决定性影响因素，是法官法律素养的要求，也是作为一个合格法律适用者应当掌握的。但其并非来自于法官的直觉，而是通过事理、经验、学习等方法获知的。因为决定每一个不确定法律概念内涵的关键因素都不相同，因此无法进行统一的列举，这里只是做出提示。问题的关键就在于，法官在进行不确定

[①] Article 29 Data Protection Working Party. Opinion 06/2014 on the "Notion of legitimate interests of the data controller under Article 7 of Directive 95/46/EC" [EB/OL].(2014-04-09) [2022-10-14]. https://ec.europa.eu/justice/article-29/documentation/opinion-recommendation/index_en.htm.

法律概念具体化时，必须首先重点考察个案当中的这些关键因素的具体呈现，还需要考虑个案特色。可以说，每一个案件除了表现某一类案件所共有的特点以外，还有一些非常特殊的情况，这些情况恰恰成为决定不确定法律概念意义的关键因素。德国学者旺克在论证宪法当中的一个问题：即一项法律若不符合比例的干预了执业自由，则该项法律违反了《德国基本法》第12条的规定并且无效。其中涉及"不合比例的"这一不确定概念。他认为，该项要素虽然并未通过《德国基本法》得以说明，但却通过判例和文献借由三项子要素予以说明。其一，一项不适于达成所预期目的的干预不合比例（适当性）；其二，若就法律目的的达成存在一项同样适当但却更加轻缓的手段，则干预不合比例（必要性）；其三，若一项干预造成的损害大于收益，则干预不合比例（均衡性）。① 显然，他将判断"不合比例"的关键因素定位于三个方面，颇具启发意义。

在司法实践中，我国法院对此积累了一定的经验，需要进行总结。比如对我国债权人撤销权制度中的一个重要不确定法律概念，"明显不合理的低价"的具体化，我国司法实践有丰富的判例。最高人民法院的合同法解释（二）、《最高人民法院关于印发〈全国法院贯彻实施民法典工作会议纪要〉的通知》都对此做出了解释，认为转让价格达不到交易时交易地的指导价或者市场交易价70%的，一般可以视为明显不合理的低价。很多法院在判定时均引用该解释作为裁判依据。② 但法院并非单纯根据数值对比得出结论，而是考虑一系列的影

---

① 〔德〕罗尔夫·旺克：《法律解释》，蒋毅、季红明译，北京大学出版社2020年版，第24页。
② 比如，"石忠兰、孙家鑫债权人撤销纠纷再审审查与审判监督案"，参见湖北省高级人民法院（2019）鄂民申2783号民事裁定书；"中信银行股份有限公司宁波分行、浩龙建设集团公司债权人撤销权纠纷案"，参见浙江省金华市中级人民法院（2019）浙07民终2720号民事判决书。

响因素,最为重要者乃是考虑该项具体交易的特殊性及交易对象是否存在瑕疵或其他影响交易地一般经营者对交易对象价值判断的因素。典型者有:

第一,交易物是否存在司法查封、抵押或其他权利限制情形。如果存在这种情形,会对受让人的再次转让或价值利用产生影响,比如设定担保、资产证券化等,受让人的交易信心以及积极性都不会很高。因此在这种情况下,即使形成的交易价格较低,甚至低于正常市价或指导价的70%,并非一定就构成不合理。吉林省长春市中级人民法院二审审理的"智耀昆与李德胜、李艳秋债权人撤销权纠纷案"[1]、辽宁省沈阳市中级人民法院二审审理的"陈辉、张放、张春艳与高万军、陈文鹏、沈阳直向投资管理有限公司所有权确认纠纷案"[2],都考虑到了这一点。但需要指出的是,在第二个案件中,法院虽考虑到查封这一因素,但认为双方形成的交易价格仍然过低,因此认定构成"明显不合理低价"。概言之,该因素(70%)并非决定性因素。

第二,交易物存在瑕疵影响交易目的实现。在此情形下,如果符合基本的安全标准,在出卖人明确告知且买受人同意时,可以以较低的价格进行交易,进而发挥物的使用价值,促进经济流通。这对盘活资产以及不良资产处置有重要意义。东莞市第三人民法院审理的"东

---

[1] 参见吉林省长春市中级人民法院(2019)吉01民终764号民事判决书。二审法院认为,根据智耀昆提供的证据,在其将案涉房屋卖给李艳秋时,案涉房屋处于被查封状态,在李艳秋支付购房款后,智耀昆将查封案涉房屋案件的申请执行人欠偿还之后,长春市朝阳区人民法院将案涉房屋解除查封,故李德胜与李艳秋的房屋交易价格略低于市场价值也是合理的。

[2] 参见辽宁省沈阳市中级人民法院(2018)辽01民终7183号民事判决书。法院认为,陈辉与张放约定的真实交易价格为3,600,000元,而一审评估涉案房屋的市场价值为5,148,985元,其交易价格显著低于市场价值。一审过程中鉴定机构出具的鉴定意见未考虑查封因素。……故一审法院认为房屋交易价格过低,并无不当。

莞市丰海海运有限公司管理人与刘棠宝破产撤销权纠纷案"①，就明确支持这一观点。

第三，交易时交易物市场评价及转让方交易的迫切性。市场评价较为恶劣可能是由于交易物本身的原因引起，也可能是由于转让方的资信或社会评价降低等原因引起，故而往往很难找到买家，而如果转让方具有较强的交易迫切性，比如急需资金等紧急情形，往往会选择降低转让价格，此时形成的交易价格亦不能直接被认定为"明显不合理低价"。江苏省扬州市中级人民法院审理的"戴宏群与宝应县天地人房地产开发有限公司、何有时等确认合同无效纠纷案"②即持这种观点。

第四，对一般经营者评价交易对象价值产生影响的其他特殊情况。如交易物为"凶宅"、具有烂尾风险的预售商品房、二手定制物品出让、变现难度较大的不良资产包、较大交易额一次性付款等。比如吉林省高级人民法院审理的"智耀昆与李德胜、李艳秋债权人撤销权纠纷再审案"③。

因此从我国各地的司法裁判看，关于"明显不合理低价"的具体

---

① 参见广东省东莞市第三人民法院(2019)粤1973民初16720号民事判决书。法院认为，在有关合同签署之后，交通运输部出具了限制涉案船舶航行区域的通知，涉案船舶从2016年1月1日起为受限水域航行船舶，其价值在2016年1月1日后会严重贬值。

② 参见江苏省扬州市中级人民法院(2018)苏10民终2987号民事判决书。法院认为，本案中卖方公司由于资金链断裂引发债务危机，相关债权人或诉至法院或上门讨债，致其无法继续正常运营项目，客观上有卖股还债的需要，其与买家通过磋商将股权转让给买家，买家作为对价以替卖家偿还部分债务，同时折抵所欠部分工程款。双方在工商部门签订了转让协议，并办理股权变更登记，买方按约定代偿和抵偿债务，并无充分证据证明交易价格显著低于股权实际价值，且双方明知。上述约定并不违反法律的强制性规定，且上述债务真实、合法。

③ 参见吉林省高级人民法院(2020)吉民申1542号民事裁定书。终审法院认为，民事生活中的买卖是否"明显不合理"的判定，原本具有很浓的主观色彩，在交易时，标的物的价值不仅取决于市场价值，亦受双方当事人所处情景困扰。

化问题,我国法院会充分考虑不同交易背景下的个案差异。因为客观存在的不得已事由而形成的较低价格,不是由于当事人的主观恶意且不损害第三人利益时,就不应当认定为"明显不合理低价",否则将影响一般市场交易信心,打破正常交易关系,违背市场自由化的基本准则。再分析几个法院判决。

案例 11

潘新凤与冯桂珍民间借贷纠纷上诉案。[①] 因冯桂珍与宋志伟未就借款约定还款时间,根据合同法第 206 条的规定,冯桂珍可随时要求返还,但应给予合理的期限。若宋志伟在该合理期限内未返还借款的,应根据合同法第 207 条的规定支付逾期利息。本案中,因现有证据无法证实冯桂珍在起诉前有向宋志伟催收借款,故冯桂珍请求自起诉之日起计算逾期利息,依据不足。宋志伟于 2009 年 11 月 12 日收到原审法院送达的起诉材料,因此自该日起的合理期限内,宋志伟应返还借款。结合双方的实际情况及借款时间等因素,法院认定上述合理期限为至 2009 年 11 月 26 日开庭审理前。

本案确定未定期限借款合同经债权人催收后债务人应当履行债务的"合理期限",法院考虑的因素是"双方的实际情况及借款时间等",应当说是抓住了关键因素。但因为表述比较简单,无法看出法官裁判的完整思路,也无法得知"等"所包含的其他因素。

案例 12

林振国、朱爱华与金德星精神损害赔偿纠纷上诉案。[②] 林桦系林振国、朱爱华中年所得独女,且品学兼优,父母对其寄予厚望。她的死亡不仅使其父母对女儿特有的情感利益受损,而且还造成了巨大的

---

① 参见广东省广州市中级人民法院(2010)穗中法民二终字第 1098 号民事判决书。
② 参见贵州省遵义市中级人民法院(2001)遵市法民一终字第 362 号民事判决书。

心灵创伤和精神痛苦,故被告除赔偿上述情感利益受损的死亡赔偿费外,还应依照前述解释①第9条第(三)项关于精神损害抚慰金除死亡赔偿金外,还包括其他损害情形的精神抚慰金的规定,补偿其上述其他精神利益受损的精神抚慰金。该精神利益受损的程度与情感利益受损的程度大致相当,结合被告曾作出愿赔偿5万元的明确表示,对该精神利益受损赔偿的金额与前述死亡赔偿金的金额之和以5万元计算为宜。

这是一起致人死亡损害赔偿案件,需要确定的是精神损害赔偿的数额。法院考虑到了本案的特殊情况,这是找准了确定"精神损害"的关键因素:原告与死者之间的特殊情感,为问题的解决找到了突破点。因为近亲属的死亡而遭受精神损害,很大程度上取决于其与近亲属之间关系的疏密程度。如是一方的生活来源或者依靠、情感精神支柱、一起共同生活等,都是决定关系亲密的重要因素。

案例13

上海某家具有限公司与章某某房屋租赁合同纠纷案。②原、被告于2003年签订的《房屋租赁协议》,系双方真实意思表示,且内容不违背法律规定,为有效合同。租赁期间届满,被告继续使用租赁物,原告收取租金,原租赁合同继续有效,但租赁期限为不定期。当事人可以随时解除,但出租人解除合同应当在合理期限之前通知承租人。原告于2010年10月26日通知被告于2010年10月31日搬离。现被告也表示同意迁出租赁房屋,但要求6个月的搬离期限以及维修费、搭建费的补偿。关于原告解除合同应给予被告的合理期限,本院结合被告租赁房屋的用途,认为该合理期限以一个月为宜。

---

① 指《最高人民法院关于确定民事侵权精神损害赔偿责任若干问题的解释》(法释〔2001〕7号)。
② 参见上海市嘉定区人民法院(2010)嘉民三(民)初字第880号民事判决书。

该案涉及的问题是，不定期租赁合同一方通知解除，应当给予多长时间的"合理期限"？法官重点考虑了租赁房屋的用途，应当说所考虑的因素还不全面。关注每一个不确定法律概念价值补充时所需考量的决定性因素，以及在个案当中的特殊表现，是不确定法律概念具体化的最基本且最重要的工作。

二、立法者的立法意图

法官在解释不确定法律概念时应当思考，法律为何设此规定，其目的何在？任何法律均有其规范意旨，探究立法目的是适用法律规范的难点，是阐明法条疑义的钥匙。追溯法律条文背后的立法目的是追求实质正义的要点。在不确定法律概念中，立法者已经做出了一定的价值指引，这在一定程度上实现对法官的拘束，使其具体化操作有了方向性指导。不确定法律概念的判断须合于立法目的及规范意旨，法官在具体化过程中不能偏离该价值指引。

前文提到我国合同法第232条规定的一个不确定法律概念："合理期限"。立法者为什么用这一概念，其目的何在？全面考察该条及相关规定可见，立法者使用这一术语，目的在于授权法官在审理具体个案时根据案件实际情况，决定承租人在收到出租人解除合同的通知后，处理后续事务、签订新的租赁合同、完成搬迁安置等工作所需的必要时间。因为每个案件的实际情况不同，这一时间的具体数量也就存在差异，[1] 无法统一规定，就使用了弹性术语"合理期限"。因此从立法目的看，这一不确定概念的使用在于防止承租人因为出租人的突然解约而陷于困境当中，必须给承租人完成全部后续工作所需的必要

---

[1] 具体的决定因素非常复杂，可以预见的有：欲承租地的房源供给情况、承租人是进行居住抑或商业经营、需要搬迁的物品多少等。

时间。看一个具体案例。

案例 14

永丰县石马镇店下村民委员会与吴香英、郑乃进房屋租赁合同纠纷案。①原被告双方签订了一份无固定期限的租赁合同,原告是村民委员会,被告一承租是经营陶瓷业务,被告二承租是经营副食品。依据合同法第 232 条的规定,对于不定期租赁,当事人可以随时解除合同,但出租人解除合同应当在合理期限之前通知承租人。原告是在 2008 年 8 月 13 日前通知两被告在 8 月 24 日前搬离店面,根据本案事实,法院认为这段时间搬离店内货物应当比较充足,符合法律规定的合理期限,此处的合理期限并非被两被告所主张的售完店内货物的时间。

笔者并不赞同该院的认定结论。本案当中,被告租赁房屋是从事经营活动,原告要解除合同,不仅要考虑给被告搬离店内物品所需的必要时间,还需考虑其寻找新的店面并予以装修、搬迁及安置等所需要的时间,而不仅仅是搬离物品。因为承租人是为了经营,一般而言必须考虑其寻找继续经营的场所,即使是被告明确表示不再经营,也要给被告一个处理剩余商品的合理期限。综合上述,笔者认为 10 天的期限过短,不能实现法律规定"合理期限"的立法目的。

再来看一个关于"不可抗力"的具体化案例。

案例 15

天下公与苏州莫泰合同纠纷案。②原告天下公是一家在工商登记注册的以反歧视为业的民间公益机构,其以艾滋反歧视及倡导性别平等工作而闻名。被告系经济型连锁酒店"苏州莫泰"。2012 年 4 月 16

---

① 参见江西省永丰县人民法院(2008)永民初字第 1044 号民事判决书。
② 参见苏州市姑苏区人民法院(2012)姑苏南初字第 0146 号民事判决书。

日，为筹备"公益律师交流会"，原告预订了被告的25间客房及会议室一间。双方签订了合同，天下公也按约支付了订金。但4月27日被告突然单方毁约，取消原告预订的客房及会议室，理由是政府临时征用客房开会。被告答辩称，在2012年4月25日左右，酒店接到警方的紧急通知称，在该酒店原告预定召集的会议有"严重问题"，要求立即停止接待。之后，各级公安领导连续到该酒店检查，一再强调禁止给原告提供服务，并拟在该期间征调该酒店全部会议室。在庭审中来自苏州某派出所副所长潘晓的证词也承认，出于"维稳"需要，确是警方要求酒店停止接待。据此，被告认为其违反合同行为属"不可抗力"，不应承担责任。法院认为，所谓"不可抗力"是指"不能预见，不能避免，不能克服的客观情况"。在原、被告签订的《会议接待协议书》中也将"不可抗拒因素"约定为地震、火、水灾、战争等非人为因素。在本案中，被告提出的事由不符合免责的法定条件及双方约定的条件，不属于不可抗力。

我国民法通则第152条规定："本法所称的'不可抗力'，是指不能预见、不能避免和不能克服的客观情况。"不可抗力是一项免责事由，是在合同签订后，由于当事人意志以外的原因而发生了无法预见、无法预防、无法避免和控制的客观情况，以致不能履行或不能如期履行合同。因此导致合同不能履行的，免除当事人的违约责任。其立法宗旨在于一方面尽量推进合同的履行，因此不能轻易免除当事人的违约责任；另一方面如果确实存在重大事由导致合同无法履行，免除当事人的违约责任也是正义的要求。因此这一概念体现了谨慎免除违约责任的法律要旨。一般认为，不可抗力可以是自然原因酿成的，也可以是社会因素引起的。前者如地震、水灾、旱灾等，后者如战争、游行、罢工等。但无论如何，要求这一事件的力量足够强大，使得合同义务人不能正常履行合同，其目的在于严格限制违约责任免除的条件。立法者设计不可抗力显然不包含所谓的维稳。本案中法官考虑到立法意图是谨慎免除违约责任，而维稳是行政官员担心其辖区内出现不安定现象而采取的手段，该手段是否属于合法的行政行为尚不甚清楚，即便是合法的行政行为仍不属于不可抗力。故而酒店因为该行为不提供合同约定的服务就构成违约，酒店不能因为政府的行为而要求合同相对人承担不利后果。

法官在进行价值补充时，应当明确立法者在设计该法律概念时的价值取向，并按照立法者的立法意图进行价值补充才不会偏离规范方向。

三、社会一般观念及道德伦理标准

法律始终根植于社会现实的土壤中，受制于社会而存在，只有依据社会生活经验才有可能探知人们对法律的看法。不确定法律概念的具体化不能离开社会生活经验。因为立法者预期在一定的社会阶段，围绕着不确定法律概念，人们一般都有源于社会生活经验的一定程度的价值共识。法官就不确定法律概念作出价值补充时，须依据存在于社会上已达共识的伦理价值、规范及公平正义观念，切忌单纯依个人主观感情作出判断。

这样做的基本理由在于，一方面，社会一般观念及道德伦理呈现出客观性、共识性的特点，是不确定法律概念具体化时必须考虑的。因为只有这样才会使法院的判决符合社会大众的基本情感倾向和伦理道德观念，使判决取得广泛的可接受性。另一方面，不确定法律概念原本就是为社会其他规范进入法律提供通道，立法者也正是考虑到社会观念及道德伦理的变迁，才使用较为弹性的概念，也只有这样，才能使得法律追随社会发展的步伐，而不至于落后和僵化。

我国的一些法院判决，就注意了这一点。

案例 16

薛燕戈诉张男冒名发送电子邮件侵权案。[1]原被告均系北京某大学的心理系学生，原告于3月接到美国密执安大学教育学院博士研究生录取通知。同年4月9日，该大学又通过电子邮件通知原告，学校将给予原告总共1.8万美元的奖学金。该电子邮件发至被告所在实验室IP地址为162.105.176.203的网络终端，账号为王某的电子邮箱内。根据计算机记录，当月12日10时16分42秒，被告在心理系临床实验室冒用原告的姓名，用该实验室IP地址网络终端给美国密执安大学发出一封内容为："因已接受其他大学的邀请，不去密执安大学学习"的电子邮件。原告得知情况后，经多方查询认定是被告所为，遂向人民法院起诉，要求被告赔礼道歉、赔偿精神损害及财产损失。后经法院调解，双方达成协议，被告以书面形式向原告赔礼道歉，并向原告赔偿精神损失和经济损失共计1.2万元。

我国侵权责任法第22条规定："侵害他人人身权益，造成他人严重精神损害的，被侵权人可以请求精神损害赔偿。"《最高人民法院关于确定民事侵权精神损害赔偿责任若干问题的解释》第1条规定："自然人因下列人格权利遭受非法侵害，向人民法院起诉请求赔偿精神损害的，人民法院应当依法予以受理：（一）生命权、健康权、身体权；（二）姓名权、肖像权、名誉权、荣誉权；（三）人格尊严权、人身自由权。"本案涉及两个不确定法律概念。

（一）赔偿损失

民法通则第120条第一款规定："公民的姓名权、肖像权、名誉权受到侵害的，有权要求停止侵害，恢复名誉，消除影响，赔礼道歉并要求赔偿损失。"《最高人民法院关于贯彻执行〈中华人民共和国民法

---

[1] 王利明：《民法疑难案例研究》，中国法制出版社2010年版，第569页。

通则〉若干问题的意见》第150条规定:"公民的姓名权、肖像权、名誉权、荣誉权和法人的名称权、名誉权、荣誉权受到侵害,公民或者法人要求赔偿损失的,人民法院可以根据侵权人的过错程度、侵权行为的具体情节、后果和影响,确定其赔偿责任。""赔偿损失"与"赔偿责任"看似确定,实则属于不确定法律概念,因为基于不同的事由可以产生多种赔偿责任,比如精神损害赔偿、人身损害赔偿和财产损害赔偿,上述条文中的赔偿损失和赔偿责任的类型都不确定,在具体案件中,法官需要针对具体的损失决定应当承担何种赔偿责任。本案中被告的行为造成了原告的精神损害,这一点比较容易判断,[①] 难点在于原告可否要求财产方面的损失赔偿? 原告与其申请的学校之间并没有关于奖学金方面的确定法律关系,原告对于奖学金的获得仅有一种期待权,这种期待权是基于原告本身的人格产生的,与原告行使姓名权的行为密不可分,原告丧失这种期待权是因为被告冒用了其姓名。同时,法官在案件审理过程中得知原告支付学费困难,且该所大学是唯一承诺给付奖学金的美国学校。一方面原告的期待权转化为实际权利的可能性很大;另一方面,原告对此也非常期待,且根据社会一般观念,奖学金作为原告的一种期待利益应当受到法律的保护,故而本案的"赔偿损失"不仅应包含精神损害赔偿,还应包括财产利益损害赔偿。

(二)严重精神损害

原告是否构成侵权责任法中的"严重精神损害"?"并非只要侵害他人人身权益,被侵权人就可以获得精神损害赔偿,偶尔的痛苦和不

[①] 基本理由是,对于一个青年学生而言,去美国的著名大学读书是一件非常荣耀的事情,可是由于被告的冒名拒绝行为,导致原告的这一机会丧失。可以想象,作为处于同样情境的一般人都会非常痛苦,因此原告的精神损害较易判断。

高兴不能认为是严重精神损害。之所以强调严重的精神损害,是为了防止精神损害赔偿被滥用。"[1]这是对其立法目的的说明。什么程度算是严重并没有确切的标准,法官在判断时往往有两种方法:一是主观的方法,即切实把握和描绘原告的受害程度及内心的痛苦程度。需要准确认识受害人的内心感受。精神痛苦是一种内心体验,表现为身体的疼痛和精神的悲愤、忧愁、担心、焦虑等,不同的人对于精神痛苦的反应有所不同,其可以忍受的痛苦程度也存在重大差别,比如有的人内心极度痛苦但表面比较平静,有的人却刚好相反。尽管如此,通常也只能通过受害人的外部行为表现来揣摩其内心状态,由此形成一个直观的结论。需要指出的是,由于人的个性差异及其把握他人内心的难度,这样的认定并不可靠,因此就有了第二个方法。二是客观的方法,即判断原告所遭受的痛苦是否为社会一般观念所能忍受。受害人本身的痛苦较为主观不易确定,然而社会一般观念特别是对于损害的容忍限度,是法官可以获悉和确认的,是一种客观存在。立法机关也主张主要从这一视角判断是否"严重":"对严重的解释,应当采取容忍限度理论,即超出了社会一般人的容忍限度。"[2]本案中法官考虑到"大众心理":在大众的认知中,通过努力获得外国大学的录取通知书与奖学金是十分难得的,失去了会抱憾终生,且原告支付学费困难,将无法正常按时攻读博士学位,很有可能下一年会继续进行程序非常繁杂的申请,或者放弃,从而丧失获得良好事业的机会。这样的痛苦并非一般人能够容忍,社会一般观念认为这是很大的损失,不仅是财产上的损失,更是为之付出努力的精力、时间上的损耗折射出的精神损害,所以法官据此认定本案构成"严重精神损害"。当然也有

---

[1] 黄薇主编:《中华人民共和国民法典释义》(下),法律出版社2020年版,第2284页。
[2] 同上。

学者主张对"严重"采取较为宽松的标准:"当然,在司法实践的具体适用中,对于精神损害的严重程度并非达到极端程度,只要超出一般的精神损害程度,就应当认为是严重精神损害。否则,就会使精神损害赔偿责任成为一句空话。试想,侮辱、诽谤,达到何种程度才是严重精神损害呢?骂人总不会把人骂死吧?确定严重精神损害赔偿的标准就是受害人的人格尊严是否受到贬损,人格尊严受到贬损的,就是严重精神损害。"[1]

案例 17

徐某与某房产公司房屋租赁合同纠纷案。[2] 原告徐某与被告某房产公司签订房屋租赁合同,约定原告应向被告支付 1600 元押金;合同期满后一个月内,在相关费用结清后,应将押金退还。2003 年 12 月 5 日,徐某申请退租。次年 1 月 7 日,双方清点了租赁房屋内的物品,填写了物品交割单。同日双方还签订了终止协议一份,约定自该协议签字之日起,双方再无任何房屋租赁关系及经济关系。本案所涉相关合同,以及退租申请、物品交割单等手续,都是由某房产公司事先打印,使用时再填写的文件。同年 1 月 14 日,徐某结清了水和燃气的欠费。但对于是否需要返还押金 1600 元,双方发生争执。法院认为:本案中被告不返还押金的唯一理由,就在于终止协议中有"双方再无任何房屋租赁关系及经济关系"这一条款。按照通常理解,押金法律关系是一种经济关系;双方既然再无任何经济关系,当然包括再无押金法律关系。但水费、燃气费的交纳与收取,也是一种经济关系。双方在签署了"再无任何经济关系"的协议后,仍然交纳与收取这两项费用,说明他们对"再无任何经济关系"的认识,不符合常理。

---

[1] 杨立新:《民法典对侵害具有人身意义的特定物精神损害赔偿规则的完善》,《湖南大学学报》(社会科学版) 2020 年第 5 期。
[2] 赵秀梅:《民法案例教程》,法律出版社 2012 年版,第 161—164 页。

本案所涉均为格式合同，双方当事人对终止协议中"双方再无任何房屋租赁关系及经济关系"这一条款的理解存在歧义。合同法第41条规定了对格式合同条款理解存在差异时的解释规则。在签署终止协议时，被告明知其按照租赁合同约定收取的押金尚未退还，作为格式合同的提供者，其既然认为这一格式条款中包含了不返还押金的意思，就有义务提醒徐某注意或在协议中注明。其并未履行这一义务。因此在租赁合同终止并且应交纳的费用已交纳的前提下，被告拒不返还押金，于法无据。

本案所涉及的不确定法律概念是合同法第42条当中所包含的"通常理解"。何为通常理解？即按照人们通常的认识理解，这样看"通常理解"似乎是一个较为确定的概念，只要按日常经验理解即可，然而在实践中其并不确定，需要针对具体案件，且必然存在着一定的价值判断。本案中的"通常理解"是针对押金是否包括在经济关系中。有学者认为法官在适用"通常理解"时，并不是简单地对合同文义作出解释，还应当结合目的解释，整体解释和合理期待原则等，对合同格式条款做出合理、公平的解释，从而实现平衡合同双方当事人利益之法律价值。[①]本案中法官根据通常理解认为经济关系包括押金关系，也包括水电费的缴纳。某房产公司言明无经济关系，事后却又收取了水电费，是自相矛盾的表现。法官解释了其认为的"通常理解"：押金法律关系和水电等费用的交付法律关系都是经济关系，被告承认后者而否认前者为自相矛盾，之后法官提出了双方对该条款的不同解释，得出的结论是如果被告认为经济关系包括押金，则应当在格式条款中写明。仔细分析该判决，发现法官通常理解似乎与最后的结论没

---

① 谢冰清：《保险合同调试条款的"通常理解"之探析》，《判例研究》2013年第4辑，总第66辑，第174页。

有关系，至少是关系不大，"通常理解"也成为了法官摆出法条定案的说法，失去了其原有的意义。

针对格式条款的争议，原被告双方有各自不同的解释，否认格式条款的一方提出的解释往往不利于格式条款提出方，此时并不能一概就认为有两种以上解释，应当作出不利于格式条款提出方的解释，如果是这样，格式条款的存在就失去了意义。所以针对格式条款的争议，法官的主要工作是判断"通常理解"下的具体含义，只有当"通常理解"有两种以上的观点时，才可适用不利于格式条款提出方的解释。法官对格式条款的理解成为了定案的关键，此时法官的"通常理解"其实就是一般公众的理解。"通常理解"的适用，实际上还蕴含了一种理念，那就是法院以"通常理解"来审视合同时，若相对方对于格式条款的期待是合理的、理性的，是一个具有普通知识水平的理性相对人基于合同也会产生的理解和期待，那么法官就应该支持这种合理的期待，以符合公平、合理的价值理念。①

法官应当尊重一般人在该合同中的合理期待，这是一种价值判断，同时也是对"通常理解"的价值补充。在此过程中，应当在不违反法律原则的基础上，尊重社会一般观念及道德伦理标准。这种社会一般观念及道德伦理标准也被称为大众话语。"一般认为，法律解释中的大众话语是以政治、经济、道德或习惯等领域中的价值理念作为文化心理基点，主张法律本身就是社会需要、经济发展和民众要求的集中体现，法律与公平正义是同构的，法律的根本基础在于民众的愿望诉求。"② 这种诉求就是一种"民主""正当"的诉求。

---

① 谢冰清：《保险合同调试条款的"通常理解"之探析》，《判例研究》2013年第4辑，总第66辑，第174页。
② 丁亮华：《民法判例与问题研究》，中国法制出版社2012年版，第111页。

四、生活常识及社会发展的需要

社会生活常识包括交易习惯、日常生活经验等。这些都是人类在跟自然及其相互之间长期互动、交流的产物，是宝贵的生活财富。在日常生活当中应当予以尊重并实施，否则会遭受生活的惩罚，也是作为生活一部分的法律必须予以认可的，因此不确定法律概念的具体化不能脱离社会生活的常识。虽然不确定法律概念的内涵和外延模糊抽象，但仍然能在法律文本中出现，就是因为立法者预期在一定的社会阶段，人们会遵循一定的社会生活常识进行交往，并把这些常识设定为法律规则的基础。在具体化时，考虑生活常识是法律对生活的尊重，也是法律的本质所决定的。只有这样，才会使法律深植于生活当中，真正成为生活当中为人所循的东西，而不会变成生活的干预者和强暴者。

不确定法律概念的外延具有开放性，此种开放性就是为了能够适应社会发展的需要，使得法律具有一定程度的概括性，不需要针对个案的具体情形设立过多繁琐的条文。因为事物总是不断发展变化的，社会关系一直处于发展中，社会中的伦理道德观念与普遍观点随着时间的推移不断的变迁。因此，在具体案件的审判中，对不确定法律概念进行价值补充需要考量抽象性与具体性的容纳，而且应当考虑社会发展的实际状况，与时俱进，充分发挥不确定法律概念的前瞻性作用。

案例 18

筑博公司与王淑静房屋侵权纠纷案。[①] 王淑静与筑博公司签订拆迁安置居民回迁购房合同书。后筑博公司将回迁楼建设完毕并交付使用。王淑静在没有办理回迁入住手续的情况下，私自进入合同约定

---

① 参见张万忠、孙宝金编著：《民法案例分析》，红旗出版社 2002 年版，第 18—20 页。

的房屋，在向物业公司缴纳了装修押金后对该房进行装修。装修过程中，王淑静雇用没有装修资质的人员对房屋内部结构进行拆改，将多处钢筋混凝土结构承重墙砸毁，并将结构柱主钢筋大量截断。其间筑博公司曾多次要求停工。经鉴定，房屋墙体被拆改、移位，已对房屋承重结构造成破坏，应恢复原状。筑博公司起诉，要求王淑静立即停止毁坏住宅楼主体结构的行为，排除妨碍、消除危险，并承担房屋的修复费用。法院判决由被告负责对住房门厅隔断墙恢复原状。

在该案件中，法官适用了公序良俗原则。公序良俗属不确定法律概念，其与社会生活常识、伦理道德观念的联系非常紧密，可以说，正是这些因素赋予公序良俗以实质性的内容，因此是判断公序良俗的基础。如果抽离了这些因素，公序良俗就成为一个没有任何实质内容的空皮囊。民法通则第7条、第58条第1款第5项、合同法第52条第4项，以及民法典第8条都涉及公序良俗。本案中，被告的行为损害了公共利益。被告的装修行为是一种事实处分行为，若不涉及他人利益，则不应受到干涉，但其处分的财产与他人的利益密切相关，其房屋与他人房屋共处一楼，其装修行为对他人构成了危险，此时的处分行为已影响到了社会公共利益，故有了适用公序良俗的必要。

公序良俗是一个国家文化传承的基础，是国家社会稳定的根本，这是公序良俗作为法律原则的社会人文依据。然而公序良俗的内容涵盖极其广阔，尊老爱幼、爱岗敬业、遵守人伦纲常都属于公序良俗。公序良俗的程度不一，在哪个程度上就应上升为法律层面，是法官进行价值补充的关键。公序良俗与社会文化密不可分，在一个国家和社会的发展中进行着选择和淘汰，"取之精华，去其糟粕"是形成公序良俗的基石。百年前的中国认为女子"三从四德"是公序良俗，现在却不再这样认为，所以公序良俗随着文化不断变化，是一个动态的过程。

第二节　具体化时的利益衡量

法学方法的要务，不外乎是为司法裁判提供清晰明确的说明和指引。在法学史上，利益衡量方法[①]是作为强调逻辑确定性和自足性的概念法学的对立面而出现的，在当今世界各国的司法实践中已成为一种普遍的趋势。在不确定法律概念的具体化过程中，利益衡量具有重要价值，应当予以应用。利益衡量是自由法运动后，利益法学派所喊出的口号，其认为法律的实际作用比法律的抽象内容更为重要，法官在用法之时，"应自命为立法者之'思想助手'，不仅应尊重法条之文字，抑亦应兼顾立法者之意旨，对立法者疏未虑及之处，应运用其智慧，主动审查各种利益，加以衡量"。[②]

一、利益衡量的特征

权利的基础是利益，利益是对生活需要的满足，不仅有人身的、物质的利益，还有精神的利益，以及文化的、道德的、宗教的利益等。不同当事人的利益并不总是独立而和谐的，有时可能会发生激烈的冲突。借助法实现对一个利益的保护，同时就意味着对另一利益的弃之不顾，这可能导致矛盾的不断出现。可是，总有一些利益需要优先考虑，它们在法律面前具有决定性地位，这就要求对诸多的利益做出划分。法官在裁判案件时，如果立法者已经对这些利益进行了权衡，因而在法律当中有明确的规定时，则单纯适用法律即可。反之，如果没有进行利益权衡，"若有许多解释可能性时，法官自须衡量现行环境

[①] 日本和德国对此表述不尽相同，如日本学者加藤使用"利益衡量"一词，星野英一称为"利益考量"，而德国则称为"法益衡量"。虽然有细微差别，但笔者对此作同一对待。
[②] 杨仁寿：《法学方法论》（第二版），中国政法大学出版社 2013 年版，第 221 页。

即各种利益的变化,以探求立法者处于今日立法时,可能表示的意思,而加取舍。斯即利益衡量。换言之,利益衡量乃在发现立法者对各种问题或利害冲突,表现在法律秩序内,由法律秩序可观察而得之立法者的价值判断"。[1] 换言之,利益衡量是根据现有的法律体系,探索在法律对相关利益关系没有明确规定时,符合法律体系和立法意旨的最佳调整模式,系属价值判断的一种。

(一)利益衡量的顺位劣后

立法者在制定法律规则时,一定会进行利益衡量,把相互冲突的利益根据一定的标准予以妥当取舍和安排。法律规则就是利益衡量的结果,这样的规则法义甚明,只有一种解释的可能性,法官在适用时自须尊重。换言之,立法者已经做好了利益衡量时,就无需在个案中再进行利益衡量。显然,法官的利益衡量处于候补地位。

利益衡量的过程,首先应当视法律本身的规定是否明确,如是,则立法者的利益衡量已经完成,可自法律规定本身推之,法官于阐释法律时,只需尊重法条文字,并兼顾立法意旨即可。若立法者于制定法律时疏忽而未预见,或情况变更,致使就某一法律事实未设规定,或规定与否含糊不明,或规定已经过时,法官应当首先采用漏洞填补的方式,比如类推适用、目的性限缩、反对解释等,如果还不能处理当下的案件,才能由法官独自加以价值判断,以定取舍。[2] 换言之,在面临法律规定的疏漏时,首先应当采用漏洞填补的法律技术,尽力去探寻应有的法律规则,而只有在仍然无法得出确定性的结论时,才能够适用主观性较强的利益衡量。

(二)衡量过程的主观性

利益衡量是一种主观行为,因为第一,从本质看,利益衡量论主

---

[1] 杨仁寿:《法学方法论》(第二版),中国政法大学出版社2013年版,第221—222页。
[2] 同上书,第222页。

张法律解释应当更自由、更具弹性，解释时应考虑案件当事人的实际利益，所强调者正是解释者个人的价值判断。第二，在民事领域，当事人地位的平等互换性造成了利益衡量的艰难，增加了利益衡量的主观性，使得在双方的具体利益上往往难分伯仲。第三，从作用领域看，一般来说，其重在据之弥补不确定概念和一般条款，依之排除反对解释和弥补法律漏洞。正由于存在法律漏洞，就需要建立一种新的"法律制度"来平衡当事人双方的关系，或者打破立法业已确立的关系平衡而重建新的平衡关系，这极易造成主观上的恣意。第四，从学术渊源上看，利益衡量理论在日本的形成深受来栖三郎的影响，是在来栖三郎和尾部朝雄的主观说的基础上发展而来的。加藤也认为，"利益衡量论中，有不少过分任意的或可能是过分任意的判断"[①]。

利益衡量的主要功能在于将法律的原则性或抽象性规定与当下案件的实际情形相结合，重点考虑当事人的实际利益和所处的具体情境。在该过程中，适用者的主观价值判断发挥决定性作用，其会根据自己对当事人实际情况以及法律所追求目标的把握来解释适用法律。

（三）衡量标准的缺失和衡量结论的弹性化

现实生活中各种利益广泛存在及其冲突的事实是利益衡量存在的根源。法律的主要任务之一就是对此进行调整，其前提是确定评价各种利益重要性及调整各种利益冲突的一般性规则或标准。如果缺少这一前提，利益衡量的运作过程必然或多或少存在主观和恣意的倾向。什么样的利益应予保护，其保护范围和限度应当是什么？不同利益之间应当如何排序？诸如此类的问题都涉及价值评判，而人类无法凭据哲学方法对应当得到法律承认和保护的利益作出一种普遍有效的权威性评判与位序安排，利益衡量论者无疑在这方面作了不少的努

---

① 梁慧星：《民法解释学》（第五版），法律出版社2022年版，第296页。

力,但仍未完全走出参照标准非确定化的困扰。

由于作为认定基准的法律规范并不存在,判断标准仅停留在判例学说层面,究竟需要斟酌哪些因素尚未有明确且公认的观点,尚处在摸索及整理阶段,此外还须加入判断者的个人感受,不同的判断者可能会得出出入很大甚至截然相反的结论,故其衡量结论难免存在弹性化倾向。[①]即结论并非十分明确肯定,而存在程度层次的问题,及各要素之间的协同问题。但在不确定法律概念具体化的场合,利益衡量的结论需非常确定,即当下的案件是否可涵盖于不确定法律概念的范畴之内,要么是,要么否,没有中间道路可走。

(四)衡量结果的非验证性

利益衡量是一项极具主观性和灵活性的工作,这是由参考标准的不确定性和认定过程的主观性所决定的,在此基础上所得出的结论无法通过实验进行确证或证否。利益衡量的结论是一法律判断,属于法官自由裁量的范畴,难说具有自然科学意义上的科学性,因此无法也无需通过实验进行验证。

利益衡量为法官提供了一种思维模式和方法进路,但是作为一种方法,仅仅提供思维进路是不够的,它还必须能够在客观上使根据这种思维进路得出的结论符合法律正义的要求。对于利用利益衡量能否达到结论的妥当,利益衡量论者也表现得有些无奈:"我们只能努力使每个解释尽可能的客观妥当些,并且自信这是当时最佳的解释,至于这是不是客观的、妥当的,它的判定权限不在我们手中。"[②]对于一种法律方法,仅寄托于法官的主观良愿而无客观性的担保,无疑会

[①] 吴国喆:《权利表象及其私法处置规则》,商务印书馆2007年版,第286—288页。
[②] 段匡:《日本的民法解释学》,载梁慧星主编:《民商法论丛》(第6卷),法律出版社1997年版,第400页。

加剧人们对其科学合理性的怀疑。正是基于这一原因，在利益衡量过程中需增加规制体系，且该体系的构成不是为了导出结论，而是为了给结论赋予理由，从论理上使该结论正当化。

二、利益衡量适用的难题

（一）利益概念的模糊性

博登海默指出："概念乃是解决法律问题所必需的和必不可少的工具。没有限定严格的专门概念，我们便不能清楚地和理性地思考法律问题。"[①] 精确的法律概念是进行法律推理和理论研究所必需的基本前提。利益是一个非常复杂的概念，利益法学虽提出了自己的利益概念，但无论是利益法学的鼻祖赫克把利益界定为"生活价值"和"对生活价值的追求"，还是利益法学在美国的承接者庞德将利益等同为个人、群体与社会以各自名义提出的要求、请求或需求，其界定都失之于宽泛。这种开放、宽泛的定义，固然克服了概念法学的机械化倾向，更能贴近生活事实，但却在一定程度上远离了专门学科中的专业化和精细化的术语要求。由此带来的概念上的不确定性和模糊性，不但无助于明晰化的思考追求，而且会导致衡量过程失之主观和恣意，给结论的客观性和确定性打上问号。

利益是主客体之间的一种关系，表现为主体的不同需要，与满足这种需要的某种措施，反映着人与周围世界中对其发展有意义的各种事物和现象的积极关系，它使人与世界的关系具有了目的性，构成人们行为的内在动力。[②] 利益本身非常难以界定，通常采用开放、宽泛

[①] 〔美〕E.博登海默：《法理学：法律哲学与法律方法》，邓正来译，中国政法大学出版社2017年版，第504页。
[②] 孙国华、朱景文主编：《法理学》，中国人民大学出版社1999年版，第60—61页。

的定义，具有典型的不确定性和模糊性，因此导致在利益衡量时有相当的难度。近代以来，形成了以民事权利为核心的民事法律体系，但在利益衡量的场景下，民事权利是更为重要的利益，利益成为权利的基石。[1]利益是人们本能需求的体现，构成权利的利益与构成义务的利益相对应。[2]在人们不断满足利益需求的过程中，某些利益具有高度的独立性、归属性、排他性和社会认可度，相较于被减损的利益更加重要。换言之，满足某一利益的重要性大于不满足或侵害另一利益的严重性，该类更重要的利益便被民事权利体系所认可，成为民事权利。但是这并不意味着在作为权利的利益和非权利的利益之间，前者永远都是优位的，因为这还跟社会需求的基础性、广泛性有关，也跟法律的构建有关。民事利益权利化的过程中，受限于历史传统、社会发展水平、人们的意识局限、现有法律体系制约等因素，一些具有较高社会认可度及价值的利益没有或暂时未被纳入民事权利体系，成为未上升为权利的民事利益，亦受私法体系保护。[3]比如作为利益的占有，并非永远处在债权的下位。需要说明的是，民事权利虽然已经比较丰富，但仍然难以应对持续发展的社会之需，再丰富完善的权利体系也无法穷尽需要法律保护的所有利益。[4]因此在法律之外，还存在大量合法的受法律保护的利益，我国民法典第120条关于侵权请求权的规定以及第1164条的一般概括性规定，均体现了我国侵权责任法一体保护民事权利和民事利益，是法的有限性与社会发展的无限性相

---

[1] 判断具体利益诉求是否构成权利的标准是"利益的相对重要性"。被保护的利益只有比因此而受到限制的其他利益更重要时，才能构成权利。于柏华：《权利认定的利益判准》，《法学家》2017年第6期。
[2] 〔美〕罗斯科·庞德：《法理学》（第3卷），廖德宇译，法律出版社2007年版，第18页。
[3] 李建华、王国柱：《论我国民法典私权保护对象的扩展——从"民事权利"到"私法权益"》，《河南财经政法大学学报》2012年第3期。
[4] 屈茂辉：《民法引论》，商务印书馆2014年版，第323页。

一致性的表现。[1]利益有很多的类型，仅仅考虑民事利益，至少包括生命安全利益、人格精神利益、身份利益、财产利益，而每一种利益都可以进一步的细分。利益衡量的核心是对各类包括权利在内的利益进行比较，从而确定利益之间的顺位次序。利益本身的界定非常困难，特别是权利之外的利益，这决定了利益衡量的难度。

王泽鉴曾举过一个有关"电缆案件"的例子：因施工疏漏误挖断电缆，导致某社区内停电，从而导致各类利益遭受损害。[2]是否所有的损害都应得到赔偿？抑或在何种情形下可以请求赔偿？这一问题在国际社会备受关注。随着社会生活的发展和社会关系的变化，那种在传统民法上"预设主体双方可以相互交换立场，并假定他们的利益在本质上是等质的"利益观正在被利益多元的社会现实所冲击。[3]由于存在着多种利益，并且每一种利益在法律上均有其价值，而法律上又没有确定何种价值优先，因此在法律的适用过程中，欲要直观地判断出何种利益应受保护变得非常困难。

(二)衡量对象及其衡量因素的变动性

作为被考量客体之"利益"处于一个动态的过程之中，它或许是在改变着内在的质数(如某种具体利益内涵的界定发生改变，又如符合某种利益的要件发生改变)，或许是改变了外在的量数(如新的利益类型被添加进来)。而在另一方面，影响衡量的因素也在运动之中：公共政策的指向变化，社会正义的内涵不断添加新的内容，社会观念随时代发展，社会的需求取决于现实状况。利益衡量不可能、也无力

---

[1] 杨立新：《民法典对侵权责任保护范围的准确界定——对民法典第1164条含义理解的进一步厘清》，《兰州大学学报》2021年第1期。

[2] 王泽鉴：《民法学说与判例研究》(第七册)，中国政法大学出版社1998年版，第799页。

[3] 陈兴华、李娜：《论利益衡量在民法适用中的展开》，《云南法学》2004年第6期。

提供一种固定不变或者一劳永逸的模式来指导人们的具体操作。

(三)权衡考量与法学传统思维的偏离[①]

法律适用就是根据法律秩序对具体纠纷得出判决并进行说明,法律适用者应该将有效的法适用于他们所面临的问题或者纠纷。然而,法由浩如烟海的法律规范组成,必须从这些大量的规范中挑选出"适合于"当下问题或纠纷的法律规定并予以适用,这样法官就必须检验他面临的"问题"是否并且怎样在法律秩序的某一领域中得到规定。他的目光将在事实与法律规范之间来回穿梭。可以说,法学思维就是判断,裁判就是行使判断力,法官必须尝试去为法效劳,实现法的决定而不是由自己的决定取而代之。法官与法秩序之间的"眉来眼去",以及规范与事实之间的"流连往返"[②],是任何一种法学方法皆须遵守的思维程式。然而,在利益衡量中,因无法获致合适的规则,法官为追求实质合理转而以个人判断、社会意见进行权衡。这与作为法学传统思维之特色的"明晰性——确定性"和"客观性——合法性"要求不符,因而可能会陷入学科迷失和思维迷糊的境地。

(四)法官很难实现利益衡量

利益衡量的主体是法官,利益衡量原则的预设前提是法官能够忠实于法律,忠诚地去做自认为正确、公平且正义的事情。法官在对对立双方的利益进行估量和衡平时,因法律并无规定或规定不明,需秉承公认的法律基本原则酌情决定、应用和解释法律。利益衡量要求这种自由裁量应是公正、公平和富有效率的,它要求法官立足于社会需求作出符合基本正义的衡平。这必然对法官的素质提出特别的要求,而这一点往往难以得到满足。

[①] 陈林林:《方法论上之盲目飞行——利益法学方法之评析》,《浙江社会科学》2004年第5期。
[②] 〔德〕卡尔·拉伦茨:《法学方法论》,黄家镇译,商务印书馆2020年版,第177页。

三、对待利益衡量的消极态度

对于利益衡量,法官往往会有不同的态度,而这会影响利益衡量的真正效果,必须引起足够的重视。

(一)弃用

法官受传统形式主义法律思维的影响,回避利益衡量的适用而单纯依靠现有法律及相关规则进行裁判。传统形式主义法律思维方法以普遍形式正义为基本的价值追求,为维护法律的自主性、自治性和自立性,主张应严格地从制定法出发运用三段论演绎推理进行司法裁判。传统法律思维方法对于解决疑难案件存在很大的局限性:首先,演绎推理的大前提需要法官通过法律解释来确定,但法律解释方法的基本规则在理论上尚未解决,在应用文义解释、体系解释、历史解释、目的解释等方法产生相互冲突的解释结果时,形式主义法律思维对此无能为力。其次,在存在法律漏洞或规则冲突的情况下,无法直接确定法律推理的大前提。最后,僵化、机械地应用演绎推理方法,排除法律适用的客观效果考量,有时会产生令人无法接受、十分荒谬的法律结果,牺牲个案的实质正义。

(二)滥用

民事裁判中的滥用往往又包括两种情形:[①]一是超越利益衡量的边界而导致的滥用:法官在审理案件时,对于对立双方的利益进行估量和衡平,必须充分把握协调和衡平的度,因为利益衡量不是毫无节制且恣意的,必须在法律的弹性空间内限制法官过度的主观性,超越该弹性空间适用利益衡量即构成滥用;二是缺少对利益结构的整体衡量而导致的滥用:对于一个需要进行利益衡量的案件来说,需根据利

---

① 梁上上:《利益衡量的界碑》,《政法论坛》2006年第5期。

益的类型进行整体权衡。① 法院在利益衡量的过程中,如果对利益的层次结构认识不当,只对当事人之间的利益进行衡量而不考虑制度利益和社会公共利益等,就会造成利益衡量的滥用或不当。例如,日本的"妍居妻"案就是典型一例。② 在该案中,学者加藤一郎认为,在交通事故的场合,处于重婚关系的"妍居妻"(即二号妻)与正妻(原配)有一样的慰谢金请求权,因为她与正妻一样,对丈夫(情夫)的死有同样的悲伤、痛苦。③ 对此梁上上认为:"在本案中,如果保护妍居妻,不但正妻或(和)司机的利益不能得到保护,而且,具有最根本意义的社会公共利益和制度利益也受到了根本性的损害。这是因为法律不容忍重婚。在这里,加藤一郎先生忽视了社会公共利益和制度利益等利益的衡量是导致利益衡量失误的原因所在。"④ 又如,在我国新的医疗事故处理条例通过之前的大量医疗纠纷中,由于医院的不负责任或者不当行为,给患者造成了很大的经济损失与精神伤害,但是法院只是机械地适用落后的法律条文,不对这类案件所涉及的制度利益、社会公共利益进行衡量,致使原告不能获得赔偿。这种利益衡量的结果是不仅不能妥当地适用法律,还扭曲了法律的正当价值和人们对法律的期待。⑤ 总之,法官在应当予以衡量的场合却未予衡量或者未充

---

① 梁上上:《利益的层次结构与利益衡量的展开》,《法学研究》2002 年第 1 期。
② 同上。
③ 〔日〕加藤一郎:《民法的解释与利益衡量》,梁慧星译,载梁慧星主编:《民商法论丛》(第 2 卷),法律出版社 1995 年版,第 77—78 页。
④ 梁上上:《利益衡量的界碑》,《政法论坛》2006 年第 5 期。
⑤ 对医疗事故案件的详细分析,请参见梁上上:《利益的层次结构与利益衡量的展开》,《法学研究》2002 年第 1 期。当然,也有用利益衡量的思考方法,判决给予原告赔偿的成功案件。例如,著名的脑瘫双胞胎龚琦峰和龚琦凌的医疗事故赔偿案中,由于被告湖北省人民医院在护理双胞胎婴儿过程中的工作严重不负责任,致使二婴儿留下了严重的脑瘫后遗症。被告的行为给二原告及其父母造成了极大的经济损失和精神损失。最后,法院经过利益衡量,判决给予两原告赔偿。雪源:《国内医疗赔偿第一案始末》,《南方周末》2000 年 6 月 30 日。

分地予以衡量的,是一种显失正义的行为。

四、利益衡量的基本做法

当法官自由裁量与利益衡量相结合时,司法被赋予了自由的权限,因此利益衡量论从其诞生时起就充满了争议。拉伦茨就敏锐地指出,如果对于依"在个案中之法益衡量"所作的裁判无从控制,那法官就可以堂而皇之地依自己的主观见解来裁判。[①] 利益衡量的恣意是源于司法主观性带来的司法自由。若想确保司法自由的妥当性,防止利益衡量沦落为法官恣意与谋取私利的工具,就必须对其进行规制。关于规制的具体思路,可以尝试以下几个方面:

(一)确定利益衡量的适用边界

法官在运用利益衡量时须受以下条件的限制:

1. 穷尽对相关法律规则探询的努力

利益衡量应确定自己的适用前提。在法律有明确规定时应严格适用法律,这是依法裁判的基本要求。法官在阐释法律时,应摆脱逻辑的机械规则之束缚,首先应视法律本身的规定是否明确,如法律规定明确,则立法者的利益衡量已甚清晰,可自法律规定本身推之。此时法官只需尊重法条文字,并兼顾立法者之意旨,即为已足。[②] 因而基于法的安定性,在未穷尽法律依据之前不得以利益衡量进行裁判,只有当出现模糊、条文有许多解释可能性等情形时方可为之。另外,在法律明显违背正义,不具正当性时也可适用。立法本身就包含了利益衡量,因此法官在裁判时应当严格依法进行,如若根据法律的规定及案件事实,某一利益应当受到保护,那么不论该利益与其它利益相比多么微小、多么不足以取,它都应当受到保护。这是正义的要求,

---

① 〔德〕卡尔·拉伦茨:《法学方法论》,黄家镇译,商务印书馆2020年版,第509页。
② 杨仁寿:《法学方法论》(第二版),中国政法大学出版社2013年版,第221—222页。

因此利益衡量论首先应当确定适用的前提，即它只能在法律与事实的砝码能够对等的各种利益冲突中适用，离开这一语境，利益可能会成为恣意的借口，正义将得不到维护。

2. 利益衡量结论的正当化

利益衡量方法，"实际上是先有结论后找法律条文根据，以便使结论正当化或合理化，追求的是让法律条文为结论服务，而不是从法律条文中引出结论。法院最终的判决依据的不是法律条文，而是利益衡量的初步结论，加上经过解释的法律条文"。[1] 换言之，作为法律解释方法论的利益衡量论，并不主张法官仅依利益衡量裁判案件，而是在进行利益衡量得出初步解释结论后，还须进一步寻求根据，用现行法上的根据验证自己的初步解释结论，确定其范围，并增强说服力。[2]

（二）确定所涉利益的构成与层次关系

1. 利益的构成分析

利益是一个复杂的概念，需要及其满足是利益的核心范畴，反映了一种主从关系，因此利益是一种关系的存在。有学者从主体的角度，把利益分为"当事人的具体利益""群体利益""制度利益"和"社会公共利益"四类，[3] 这些利益形成一定的层次结构。当事人的具体利益是案件双方当事人之间的各种利益；群体利益则是类似案件中对类似原告或类似被告作相似判决所生的利益。面对一个具体案件，当事人实际利益的处理，会影响到与其近似或处于相同境地的某一类人的利益，即群体利益，这是对当事人利益某种程度的放大。制度利益是指一项法律制度所固有的根本性利益，体现了维持某种制度可能带来

---

[1] 〔日〕加藤一郎：《民法的解释与利益衡量》，梁慧星译，载梁慧星主编：《民商法论丛》（第2卷），法律出版社1995年版，第77—78页。

[2] 梁慧星：《电视节目预告表的法律保护与利益衡量》，《法学研究》1995年第2期。

[3] 相关论述可参见梁上上：《利益的层次结构与利益衡量的展开》，《法学研究》2002年第1期。

的好处，它并非针对特定的对象，而是涉及该制度可能影响到的任何人，当然包括案件的具体当事人及与之类似的人。

与此不同，社会公共利益是一个抽象的模糊概念，所涉及的范围更广，体现出对社会整体秩序和利益的维护，不特定的人均可享有。从某种意义上说，社会公共利益是单个具体利益的综合。尽管国外学者关于社会公共利益的理解是多样的，但有一点是共同的，都肯定社会利益是一种独立的利益存在形式，它拥有特定的主体和内容。其主体是公众，即公共社会，其内容涉及经济秩序和社会公德等方面。其实，仅仅把公共利益概括为经济秩序和社会公德是不够的，它还涉及深层的公平正义等法律理念。我国宪法、民法通则、民法典及相关司法解释都把社会公共利益与国家利益、集体利益和个人利益并列使用，可以说是对"社会公共利益"独立性的法律承认。①

除了从主体的视角对利益构成进行分析之外，还存在多个视角。比如从民事利益本身入手，至少可分为人身利益和财产利益，而每一种利益都可以进行进一步的细分。这是进行利益衡量时务必要考虑的。

---

① 宪法第 51 条规定，公民在行使自由和权利的时候，不得损害社会的利益；第 53 条规定，公民必须尊重社会公德。这些是宪法原则对社会公共利益政策的概括表达。我国民法通则也对社会公共利益作了规定，该法第 7 条规定，民事活动应当尊重社会公德，不得损害社会公共利益。第 55 条规定，不违反社会公共利益。合同法第 7 条有类似的规定。需要注意的是，民法典对原先的这些规定都做出了修改，将"社会公共利益"改为"公序良俗"。但这并非意味着民法典不再承认社会公共利益。根据立法机关的意见，这只是表达方式的变化而已。"公共秩序，是指政治、经济、文化等领域的基本秩序和根本理念，是与国家和社会整体利益相关的基础性原则、价值和秩序，在以往的民商事立法中被称为社会公共利益，在英美法中也被称为公共政策。"黄薇主编：《中华人民共和国民法典释义》，法律出版社 2020 年版，第 26 页。最高人民法院新近出台的《关于适用民法典总则编若干问题的解释》（法释〔2022〕6 号）第 3 条第 2 款规定，行为人以损害国家利益、社会公共利益、他人合法权益为主要目的行使民事权利的，人民法院应当认定构成滥用民事权利。更是旗帜鲜明的支持"社会公共利益"的独立。

2. 利益层次关系的界定

基于每一种划分标准所形成的各种利益会形成一个有机的层次结构。比如根据主体划分而形成的利益结构中，当事人利益、群体利益、制度利益和社会公共利益是一种由具体到抽象的递进关系，也是一种包容和被包容的关系。具体地说，群体利益是联系当事人利益与制度利益、社会公共利益的桥梁。因为民事主体双方地位平等，极易陷入在利益取舍上"保护谁的利益可以或不保护谁也可以"的境地；群体利益具有把当事人的具体利益"放大"的功能，能结合制度利益和社会公共利益作出保护与否的判断；就制度利益而言，由于法律的价值在于追求安定性和妥当性，要考虑未来类似案件的判决后果，特别是在不确定法律概念具体化时的利益衡量，必然对未来类似案件产生影响。所以，裁判时对制度利益所带来的影响进行评估是必要的。但不管怎样，所谓的群体利益、制度利益都是一定社会的存在物，必须放到特定的社会中去考察和评估。此时，当事人具体利益、群体利益、制度利益就与社会公共利益紧密地联系在一起了。

既然如此，在考虑当事人的具体利益时，必须同时考虑其他三类利益，因为"作为裁判有这样的情形，即个别的看具有妥当性，但从纵览全局，考虑与之相同的事例进行如此裁决是否可行之后，认为不具有妥当性，这种情形，同样必须体面地打住"。[①]因此在利益衡量时，应当将当事人的具体利益放置在一定的利益结构中，"以当事人的具体利益为起点，在社会公共利益的基础上，联系群体利益和制度利益，特别是对制度利益进行综合衡量，从而得出妥当的结论"。[②]

那么在当事人之间利益处于相同位置，且差别极小的情况下，哪一方的利益更值得保护呢？格梅林说："表现在司法决定和判决中的

---

① 胡玉鸿：《关于利益衡量的几个法理问题》，《现代法学》2001年第4期。
② 梁上上：《利益的层次结构与利益衡量的展开》，《法学研究》2002年第1期。

意志就是以法官固有的主观正义感为手段获得一个公正的决定,作为指南的是当事人利益衡量的有效掂量,并参照社区中普遍流行的对于这类有争议的交易的看法。除非是为某个实在的制定法所禁止,司法决定在任何情况下都应当与商业交往所要求的诚信以及实际生活的需要相和谐;而掂量相互冲突的利益时,应当帮助那种更有理性基础并且更值得保护的利益。"[1] 比较困难的是根据利益本身的分析,似乎很难形成一个闭环的结构体系,因为其本身是开放的,无法固定。

在认识了利益的层次结构之后,还需解决利益的位序问题,即众多冲突的利益并存时,定其先后及轻重:确立价值优越性即利益位阶,位阶高者自然要优先保护。根据民法上的利益构造和冲突类型,在个体利益与社会公共利益之间,一般应确认后者的位阶高于前者。除此之外,在民事利益的两大类型之间,通常认为人身利益的位阶高于财产利益,比如生命利益要高于财产利益,言论自由要高于经济利益。司法实践已出现按此标准裁判的案例,肯认生命利益高于经营利益。[2] 当然这只是一个非常粗略的排序,还会存在诸多的细化情形和例外,不排除在特殊情况下利益的位阶会发生变化。

(三)论证[3]

由于利益衡量离不开主观价值判断,而法官在价值判断时为避免

---

[1] 〔美〕本杰明·卡多佐:《司法过程的性质》,苏力译,商务印书馆1997年版,第40页。
[2] 如广东省高级人民法院审理的"李萍、龚念诉五月花公司人身伤害赔偿纠纷案"。法院认为:双方当事人虽同在此次事件中受害,但李萍、龚念一家是在实施有利于五月花公司获利的就餐行为时使自己的生存利益受损,五月花公司受损的则主要是自己的经营利益。二者相比,李萍、龚念受到的损害比五月花公司更为深重。该案例载于《最高人民法院公报》2002年第2期。
[3] 关于论证的进路、向度等具体内容,参见〔德〕罗伯特·阿列克西:《法律论证理论》,舒国滢译,商务印书馆2020年版;〔美〕本杰明·卡多佐:《司法过程的性质》,苏力译,商务印书馆1997年版;〔美〕E.博登海默:《法理学:法律哲学与法律方法》,邓正来译,中国政法大学出版社2017年版。

过度干涉，又需要考虑其他权力主体行为时的价值判断，因此法官在利益衡量时需非常的谨慎。利益衡量在一定空间内无规范上的约束，而裁判过程中的说理论证对于利益衡量具有一定的规制功效。说理论证会约束法官谨慎判断，致力于寻找合理的方案进行裁判，以缓解公众舆论等压力。美国著名的保护黑人权利、推翻最高法院以前创制的"隔离而平等"判例的"布朗诉托皮卡教育委员会案"，就是因应了公众舆论反对种族歧视的要求。[1]从此案可窥见法院对其裁判的说理论证必定会采取谨慎认真的态度，以防失去裁判的公信力。说理论证使得法院在裁判中既通过运用比例原则控制公权力的运作来保障人民权利，又努力做到对于其他公权力自由裁量空间的合理尊重，虽然这种努力也许某些时候寻找不到较好的方案，但其功效是绝对不容忽视的。因此，在利益衡量中引入说理论证制度，有利于防止利益衡量中主观判断的泛滥，而使利益衡量符合比例原则的内在精神。

在不确定法律概念具体化的场合，利益衡量的基本操作就是面对具体个案，把当事人双方纠纷所涉及的具体利益明确列举出来，再根据利益之间的价值位阶，考虑立法目的和社会的整体正义和谐等因素，得出保护一方而否定另一方的初步结论，然后取向于该结论来构建不确定法律概念的内涵，从而为支持当事人一方提供依据。从这一操作过程看，这是一个典型的倒因果式操作。通过利益比较先确定需要保护的一方，再反过来建构不确定法律概念的内涵，对其作出有利于需要保护一方的解释，从而实现法律规范的目的。

借鉴梁慧星的意见，不确定法律概念具体化时的利益衡量过程，首先是对当事人双方利益作衡量：其一，确定本案当事人争执的利益；

---

[1] 张千帆：《西方宪政体系》(上册·美国宪法)，中国政法大学出版社2000年版，第292页。

其二，应考察此利益何由产生；其三，存在两种相反的解释：符合还是不符合某一不确定法律概念；其四，假如认定符合将导致何种后果；其五，假如认定不符合将导致何种结果。其次再对当事人利益与社会利益等作出衡量。须予详细论证的内容有：该当案件所涉的利益及其价值为何？符合或不符合分别将导致怎样的后果？最后在兼顾社会利益、制度利益等综合因素后对后果进行对比权衡。①

(四)利益衡量的明示

常言秘密使人腐化，在司法亦然，任何事务经不起讨论及公开，均非妥当。法官在裁判文书中要进行充分说理，详细论述利益衡量的构成，不仅要依据法规赋予利益衡量结论的形式理由，也要公开利益衡量的具体过程，展示利益衡量的实质理由。"不论是怎样的法律推断过程，都应在结论中予以公开详细的说明，对于其中的价值判断过程，也应有公开的表述。因为司法结论的正当性并不限于表面，而证明这一步的最好做法就是按照人们的意愿对做出结论的理由予以坦率的陈述，并以一种恰当而可证明的方式解释冲突，是证明结论正当的关键所在。也只有这样，司法人员的利益衡量和价值判断的过程才能得到充分的制约。"②

1. 庭审过程与判决的公开

利益衡量实质上是一种价值判断的过程，程序理性要求程序的公开和双方地位的平等。在法律论证过程中，诉讼参与人应当按照同一标准和条件整理争论焦点，法官公平地听取各方意见，以当事人可以理解的理由进行衡量，从而使达成共识和恰当裁判成为可能。

2. 判决书明示衡量结论及其理由

明示衡量结论及其理由，是裁判文书的基本要求。法国19世纪

---

① 梁慧星：《电视节目预告表的法律保护与利益衡量》，《法学研究》1995年第2期。
② 修艳玲：《法律推理与利益衡量》，《福建高等公安专科学校学报》2000第2期。

的法律规定"不包括理由的判决无效"①，理由为民事判决书提供了法律上和道德上的正当性依据。与此同时，通过有效途径，使得判决书置于法律人共同体以及社会公众的监督之下，展示法官心证形成过程并且加深法律适用公开的程度，实际上是更有效地实现判决书的沟通功能。②另外，判决理由展示了法官认定当事人参与诉讼的内容和程度，也为当事人了解司法过程提供了窗口。这样，通过判决理由，社会与国家就实现了某种沟通，判决理由的沟通功能便因此而产生了。

综上所述，从方法论上看，利益衡量只是一种处理标准不甚清晰的法律问题时所采用的一种方法，在不确定法律概念具体化的过程中使用。但单纯利益衡量并不能得出可靠的结论，必须结合其他的方法，特别是需要考虑一系列相关社会、公众、社团等因素。

第三节 司法实践的一些特殊方法

在我国的司法实践中，法官们通过探索发现了一些具体化方法，深刻地反映了法官的理性精神。对这些方法进行整理研究，有助于总结经验，丰富方法，对其他法官产生示范作用。

一、直接认定

在具体化的过程当中，如果其结论是一种否定性的认定，有时候根据一般经验常识和社会一般观念，容易得出特定生活事实超越不确定法律概念文义范围的结论，则无需进行复杂的认定和推理工作，而

---

① 沈达明：《比较民事诉讼法新论》（上册），中信出版社1991年版，第245页。
② 沟通功能的理论基础是哈贝马斯的"沟通理性"，也就是说当事人在不受利益和强制的干扰的完全自由的状况下，通过互相提出论据的方式达成合意的对话过程中所实现的合理性。

可以据此直接确定，特别是针对期限是否合理的问题。

案例 19

张文杰与张翠兰租赁纠纷上诉案。①原被告之间存在一个不定期的房屋租赁合同，已经存续 7 年左右。2011 年 8 月 11 日，被告张文杰告诉原告同时也是承租人张翠兰，不再将房屋租赁给她，让其搬出房屋。8 月 14 日，张文杰将张翠兰的部分财物搬出租赁房。原审法院认为：对于不定期租赁合同，当事人可以随时解除，但出租人解除合同应当在合理期限之前通知承租人。本案中，张文杰要求解除租赁关系应当在合理期限之前通知张翠兰，让张翠兰及时另找房屋。而张文杰于 2011 年 8 月 11 日通知张翠兰搬出租赁房，当天就把张翠兰的桌子搬到屋外，8 月 14 日，又把张翠兰的部分财物搬到屋外，显然不满足"合理期限"的要求。上诉法院对此予以认可。

在该案中，针对一个无固定期限的租赁合同，双方均可以在"合理期限"之前通知解除，出租人第一天通知解除，第四天即将承租人的物品搬出屋外，显然不能满足"合理期限"的要求，对因此造成的损害应当承担责任。故而法院的做法尽管非常简单但是正确的。

还有一个与之类似的判决，是认定明显不符合"合理期限"的。法院认定，收货人自 2009 年 8 月 1 日收到货物后，直至判决时（2010 年 12 月 6 日）还未有启动试样等工作程序，显然超过了"合理期限"。

案例 20

上海赛埃世机械科技发展有限公司与上海佳量模具有限公司承揽合同纠纷案。②2009 年 6 月 23 日，原告与被告签订模具加工合同一份。签约后原告即组织生产，并按被告要求将合同项下的模具交付

---

① 参见河南省漯河市中级人民法院(2012)漯民一终字第 7 号判决书。
② 参见上海市第二中级人民法院(2010)沪二中民四(商)终字第 1207 号判决书。

案外人。法院认为：依法成立的合同，对合同双方当事人均具有约束力，双方均应依约履行。本案原告根据被告的指示，依约向案外人履行了交货义务，对此原告提交了模具状况表等证据予以证实。被告虽对原告的证据持有异议，但未能提供有效证据予以反驳，法院对原告已交付系争货物的事实予以确认。系争合同确有约定，第一次试样后付款30%，生产件批准程序3个月内付款40%，但被告应在合理期限内进行相关操作，而其收货至今未启动试样等程序，显然已超出合理期限的范围。

还有一个类似案件，法院的裁判要旨为：原告与被告之间的承揽关系成立且有效。按照一般交易习惯，如果承揽人交付的工作成果并非定作人要求定作的，则定作人有权拒收或在合理期限内向承揽人提出异议，或退回承揽人。被告辩称原告所供货物中的部分不是其要求定作的，要求退回，但被告未提供其收货后在合理期限内向原告提出异议，或曾将该部分定作物退回原告的证据。虽然被告于2008年3月12日发给原告的函中有发票货物与实际货物不符的意思表示，但此时距被告收到定作物已有近六个月的时间，与合理期限明显不符，故被告的辩称依据不足，本院难以支持。①

应当说明的是，对于可直接认定的案件，一定是事实较为清楚，根据社会一般观念及法官的个人倾向，该案件事实与不确定法律概念的内涵明显不符，法官即可以径直认定。实践当中，这样的情形主要发生在数据比较的场合，比如明显不符合或超过"合理期限"等。

二、依据专门机关的鉴定

在多数情况下，法官均应该也有能力根据自己的认识，通过多种

---

① 参见上海市闸北区人民法院(2008)闸民二(商)初字第809号民事判决书。

渠道将某一不确定法律概念具体化。但在有些时候,法官的能力无法胜任这一工作,特别是当不确定法律概念涉及专门的知识、专门的领域,而这些恰好超出了法官作为一般人的知识和经验范围。在这种情况下,就需要依赖于其他专业机构来辅助确定其内涵。

比如在侵权人身损害赔偿场合,受害人有权要求侵权人赔偿自己在治疗期限内的必要医疗费用、误工费等,这里涉及两个非常重要的不确定法律概念——"必要医疗费用"和"合理治疗期限"。由于可理解的原因,有的被侵权人在受到侵害之后过度医疗、滥用医疗资源,有的医疗机构或其工作人员为了自己的利益予以配合,导致侵权人所承担的责任超过了弥补损失的界限。因此为了平衡相关利益,法律要求这里的医疗费用必须是"必要"的,治疗期限必须是为其治疗所必需的"合理期限"。而这由于涉及医学专门领域,必须根据受害人的伤势情况、治疗及恢复情况等因素综合评定。在我国的司法实践中,法院往往对此采取委托专门的鉴定机构进行鉴定,然后由法院酌定是否采纳。

案例 21

王某耘与牛某录健康权纠纷上诉案。[①]2009 年 12 月 6 日,轿车司机王某耘与骑车人牛某录因交通事故发生纠纷,后王某耘将牛某录右眼脸部打伤。牛某录于次日至第二年 7 月 9 日住院治疗共计 215 天,花去医疗费 14275.25 元,其中床位费 7636 元。医院于 2010 年 6 月 2 日的诊断证明载明住院期间需陪护。在审理中,经王某耘申请,原审法院委托对牛某录因伤住院的误工损失日及住院期间医疗费的合理性进行鉴定,结论为被鉴定人牛某录的人身损害受伤人员误工损失日综合评定为 90 日,住院期间不合理用药(非外伤性用药)的费用总计为 28.4 元。二审法院认为,王某耘的行为侵犯了牛某录的健康权,

---

① 参见河南省郑州市中级人民法院(2011)郑民二终字第 1219 号民事判决书。

牛某录要求赔偿损失的理由正当，其合理部分予以支持。原审期间，法院委托司法鉴定机构对牛某录所花去医疗费的合理性以及治愈伤情的合理期限进行了鉴定。司法鉴定意见客观、正确，法院予以采纳。

还有一个类似的判决，"原审审理中，复旦大学上海医学院司法鉴定中心对王桂兴的伤残等级及'三期'进行了司法鉴定，该鉴定中心出具的司法鉴定意见书明确：王桂兴因摔倒所致 L3 椎体压缩性骨折（大于 1/2）属 XXX 伤残；伤后可休息 8 个月，营养 2 个月，护理 4 个月。遵医嘱择期行内固定拆除术，可另休息 1 个月，营养 2 周，护理 2 周。"①

该判决书用了一个概念"三期"，即休息期、营养期及护理期，分别是计算误工费、营养费和护理费的基础。"三期"的鉴定已经成为民事诉讼时的常规做法。应当说，专门机关的鉴定恰好弥补了法官某些专门知识的不足，从而保持司法的足够谨慎和法官一定程度的谦卑。

司法实践当中还存在一种情况，在发生侵权并造成财产损失时，财产所有人应当在"合理期限"内进行修复，从而尽量减少损失。需要确定的是，财产损失后究竟应当在什么期限内修复才算"合理"，因为这涉及停工损失，关系重大。对此问题，法官如缺乏判断能力，实践中有委托专门机构鉴定的情形。

案例 22

刘桂清与株洲瑞丰渣土工程有限公司财产损害赔偿纠纷案。②关于停产复产期及其停产损失。法院认为：原告在其生产设备设施受损后，其本身应在合理期限内对其予以修复并复产，以避免扩大损失。

---

① 参见上海市第二中级人民法院(2014)沪二中民一(民)终字第 198 号民事判决书。
② 参见(2011)株中法民一终字第 90 号判决书。对于两级法院采纳有关资产评估机构根据财产实际受损和修复情况确定修复所需"合理期限"的鉴定意见的做法，笔者深表赞同，这恰恰弥补了法官在能力方面的不足。

湖南艾普瑞资产评估有限公司湘艾普瑞(2010)评报字第078号评估报告关于受损生产设备设施的修复期限的依据和内容具有片面性,其内容不予采纳。株洲天岳资产评估事务所株天岳鉴字(2010)第011号鉴定报告,评估财产损坏修复时间为49天,是依据原告实际受损和修复的财产所作出的评估,其形式来源合法,内容客观真实,具有合法性,该评估的修复期限是原告对受损生产设备设施修复和恢复生产所需的合理期限,原告应在上述合理期限内自行修复受损财产,以避免扩大损失。原告未举证证明其在合理期限内就修复事项进行了安排部署。其生产设备于2009年4月10日受损后,迟延至同年7月才组织修复,其迟延修复系原告自身原因,故超出上述评估认定的合理期限对受损生产设备设施进行修复和恢复生产所扩大的损失,应由原告自行承担。

  本案涉及两份鉴定意见,鉴定结论相差较大,法院根据自己的理解,认为一个意见"依据和内容具有片面性",因此不予采纳,而另一份鉴定报告"是依据原告实际受损和修复的财产所作出的评估,其形式来源合法,内容客观真实,具有合法性",据此做出了判决。法院为何做如此选择,从判决书中无法看出,显得有些武断。从民事诉讼法的视角看,鉴定意见是民事诉讼的法定证据,是鉴定人应用自己的专业知识技能,对民事案件的专门性问题进行分析、鉴定后所作出的结论。[①] 尽管鉴定意见一般说来有其专业性和科学性,但毕竟属于专家的主观意见,因此法院应对其进行审查。在不同的鉴定意见中选择时,法院应当对选择的理由予以充分说明。[②] 如果问题转化为存在两

---

① 江伟主编:《民事诉讼法学》(第三版),北京大学出版社2015年版,第189—190页。
② 另外,如何在司法实践当中防止出现相互冲突的鉴定意见,也是一个值得深入研究的问题。

份鉴定意见，而法官必须选择一种时，则法官应当综合考虑有关因素，慎重决策，避免陷于主观随意。

三、视为

司法实践当中还有一种特殊情况值得关注。先看法院的意见：
案例 23

楼某某与宋某某民间借贷纠纷案。[1] 合法的借贷关系受法律保护。原、被告双方对借款期限未作约定，原告可以催告被告在合理期限内返还。现原告起诉至法院要求被告归还借款，即为向其催讨借款的行为，被告应在合理期限内归还借款。现被告下落不明，经本院公告传唤未到庭，可视为其未于合理期限内返还借款，已构成违约，原告有权要求其归还借款。原告诉请合法有据，本院依法予以支持。

本案的借贷关系发生在 2009 年 5 月 8 日，原告于 2010 年 12 月 28 日向法院提起诉讼，法院于 2011 年 5 月 17 日开庭进行了审理，并当庭作出判决。法院认定，原告起诉后，被告经公告传唤而不到庭，也没有履行还款义务，视为已经超过"合理期限"而没有履行义务。这里所用的法律术语为"视为"。在法学方法论上，"视为"具有特别的含义，是指两类法律关系的事实构成不同，但其法律效果应当相同，故而为了立法的简洁，特将他事实构成的法律效果作为拟处理事实的法律效果。与"推定"相比，"视为"的特点在于不容许通过举证的方式推翻。"'视为'是一项重要立法技术方法，学理上一般称其为'法定的拟制'。其基本特点是：法律有意识地将两个不同的事实构成等同，以期待取得预期的法律后果。所谓两个不同的事实构成，一

---

[1] 参见浙江省宁波市江东区人民法院(2011)甬东商初字第 52 号民事判决书。

个是尚未获得法律评价的拟被处理的事实（A），另一个为已获得法律评价（构成要件明确、法律效果确定）的事实（B）。A、B事实明显不同，是应用'视为'拟制技术的前提。立法者之所以不尊重事实真相，强行将A事实当作B事实，目的是为了使A事实获得B事实的法律效果。"[①] 就其实质而言，属于"引用性拟制"，"拟制的特征在将不同的法律事实拟制为相同，从而使拟处理的案型在归类上被过当地归于被拟制的法条所规范的案型。"[②] 我国司法实践当中法官所使用的"视为"，并不完全等同于法学方法论意义上的含义，其实更接近于直接的涵摄。本案当中，被告经过合法传唤没有到庭，也没有履行还款义务，可以将其直接涵摄于"超过合理期限还没有履行义务"，故而发生相同的法律效果。

  这种方法有没有限制及条件？"然既云拟制，则被拟制的法律事实必然不属于其所引用的法条规定的案型，同时也不相类似（否则，法院在允许的情形，当运用类推适用的方法）。今法院明知其不同，而将之等同处理，固然必有其所以将之等同处理的理由。"[③] 这是原汁原味"视为"的要求，但在当下的语境，"视为"的应用必须是当下案件的法律关系在行为性质、核心要素、利益关系等方面与拟适用的不确定法律概念非常类似，才可以较为容易地进行涵摄，如果不符合这一条件，则不能使用这一方法。具体到案件，判断是否跟"合理期限"相符，还是应当看从起诉到开庭的具体时间来确定是否达到"合理期限"通常的标准。此时的考量与不确定法律概念具体化的一般方法相同。

  还有一些类似案例，法院的裁判要旨为：

---

① 朱广新：《我国民法拟制成年制度的反思与重建》，《法商研究》2011年第1期。
② 黄茂荣：《法学方法与现代民法》（增订七版），第337页。
③ 同上书，第343页。

案例 24

阮杏娟与许秀娣等民间借贷纠纷案。①合法的借贷关系受法律保护。在夫妻婚姻存续期间的债务，应当共同偿还。原告与被告邵昌华对支付利息未作约定，视为不支付利息；双方对借款期限未作约定，原告可以催告其在合理期限内返还。现原告起诉至法院要求两被告归还借款，即为向其催讨借款的行为，两被告应在合理期限内归还借款。现两被告下落不明，经本院公告传唤未到庭，可视为其未于合理期限内返还借款，已构成违约，原告有权要求其归还借款。

案例 25

黄洪与益阳维克仓储房地产开发有限公司房屋租赁合同纠纷上诉案。②根据合同法第232条之规定，不定期租赁，当事人可以随时解除合同，但出租人解除合同应当在合理期限之前通知承租人。上诉人黄洪已于2007年11月15日在出租门面上张贴了腾房通知及腾房公告，通知上诉人维克公司在2007年11月30日交付租赁物并交清所欠租金。其行为应视为上诉人黄洪在合理期限之前通知与上诉人维克公司解除租赁合同。

四、参考其他法律法规的规定

在裁决案件的时候，如果欲适用的法律规范当中包含有不确定法律概念，这个概念的具体化有一定的难度，而在其他法律、法规或者司法解释当中，存在着对相关问题或类似问题的规定，此时就可以参考这些规定的内容来认定不确定法律概念的内涵，从而起到法律概念具体化的效果。其基本原理在于，社会关系的多样性和矛盾性导致

---

① 参见浙江省宁波市江东区人民法院(2009)甬东商初字第873号民事判决书。
② 参见湖南省益阳市中级人民法院(2009)益法民一终字第32号民事判决书。

了法律规范的复杂性。法律体系中的法律规范，整体上呈现出协调统一的特征，为实现法律的目的而相互配合、相互补充，因此必须将不确定法律概念放在整个法律体系当中来理解，通过相关的法律条文明晰不确定法律概念的含义。司法实践当中，法院的一些做法提供了范例。看如下案例，法院的裁判要旨为：

案例 26

张巨澜与张健承揽合同纠纷案。[①]张健作为承揽张巨澜居室装饰装修者，其交付的装饰装修工程不符合质量要求的，作为定作人的张巨澜可以要求张健承担相应的瑕疵担保责任，但前提是首先有质量瑕疵，且须在合理期限内提出质量异议。根据建设部颁布的《住宅室内装饰装修管理办法》第 32 条的规定，在正常使用条件下，住宅室内装饰装修工程的最低保修期限为两年。如此，对装饰装修质量异议的合理期限一般应在两年内，如果定作人未及时检验，或者在检验发现问题后怠于通知，或收到工作成果之日起两年内未通知承揽人的，视为工作成果的质量符合要求，即使事实上不符合质量要求，承揽人也不承担违约责任。

本案的焦点问题是，定作人是否在合理期限内提出了质量瑕疵异议？定作人在接受劳动成果后应及时进行验收，并在"合理期限"内通知承揽人。合理期限如何确定？法院参考了《住宅室内装饰装修管理办法》第 32 条关于住宅室内装饰工程最低保修期的规定。在这一期限内如果发现任何质量问题，施工主体应当承担保修的责任，这一期限届满之后承揽人不再负责。这其实是给予定作人进行验收并提出质量瑕疵异议的时间，这一规定的主旨与合同法的相关规定相一致，合同法第 262 条规定，承揽人交付的工作成果不符合质量要求的，

[①] 参见上海市第二中级人民法院(2007)沪二中民二(民)终字第 2019 号民事判决书。

定作人可以要求承揽人承担修理、重作、减少报酬、赔偿损失等违约责任。但根据合同法的基本原理,应当在合理期限内提出质量异议并提出要求。因此在认定"合理期限"时,可以参考《住宅室内装饰装修管理办法》的规定,法院的做法值得肯定。

第四节 具体化的方法示例:过失的认定

在操作层面,具体化最常见的方法是先建构标准,然后将当下的具体情形与该标准进行比对,进而实现不确定概念的具体化。对于过失的具体化而言,各国理论和司法实践都积累了丰富的经验,建构了多样化的判断标准,可作为其他不确定概念具体化的有益参考。

一、过失认定的核心:合理注意义务

在侵权法领域,"过失"无疑是最为重要、最为复杂、也最难实际认定的不确定法律概念。我国民法典侵权责任编共计95条,其中出现"过错"[①]25次,单独出现"重大过失"9处,其重要性由此可见一斑。

(一)从主观过失到客观过失

实践中,过失的认定经历了一个从主观到客观的发展过程,这也是为了回应这一认定难题的自然反应。初期主要通过考察行为人的主观心理状态予以判定,其重点在于判断行为人在行为时的内心活动。基本观念是借助刑法学中对于过失的判断,一种情形是应当预见到自己行为的危害后果,因为疏忽大意而没有预见到,称为疏忽大意的过失;另一种情形是尽管预见到了且轻信能够避免,但实际上并没

[①] 严格说来,过错包括故意和过失两种情形,但在二者当中,过失显然更为重要。民事侵权案件中的绝大多数都是过失,除非行为人有意追求或放任侵权的结果。在下文的论述当中,除非有特别的说明,过错就代表过失。

有避免，成为过于自信的过失。主观心理的认定建立在准确分析行为人对自身行为及其后果的理解、控制能力上，这种揣测他人意志活动过程的方法无疑加重了受害人的证明义务，不利于民事权益的保护。

从认识论的角度看，法官是否有能力对他人的内心及应有的行为方式等做出评价？法律实践面临着主体间认识的问题，法官作为裁判的主体，需要在一定的认识基础之上作出裁决，这包括对当事人的内心活动形成认识和作出评价。对此，"设身处地"地移情性思考，也许是一种方法。有学者指出："移情判断问题的实质，是'主体间性'问题，即某一认知主体能否达到对另一认知主体的诸如快乐、恐惧、疼痛等此类情感的感知问题。其实，我们确实无法通过'经验'他人的心理经历来认识他人的心理感受。"[1] 如果借助于外在表现来揣摩行为人的心理，则已经走向了客观过失。

所谓客观过失，是指不考察行为人的内心状态，而是判断其行为是否符合特定的行为标准。不去关注这个特定的被告是否诚实行动，或者胸怀良好的愿望——他确实相信自己的行为并不会给他人造成损害，或者他根本就没有意识到自己行为所具有的危险性。[2] 过失从主观判断走向客观认定的一个特征是，并非根据个案中行为人具体的知识水平和能力确定其注意义务的标准，而是将其与所处团体或所在职业的类似人员予以比较，以确定在具体情境中行为人的注意义务标准，进而确定其是否存在过失。换言之，判断行为人的行为在当时当地是否是合理的，符合一般人的行为标准，如果是就不存在过失，否则就构成过失。因此问题的焦点就转化为对行为合理性的判断。

从技术上看，行为合理性的判断并不容易，需要通过将特定的行

---

[1] 叶金强：《私法中理性人标准之建构》，《法学研究》2015年第1期。
[2] Richard L.Hasen, *The Glannon Guide to Torts*, Wolters Kluwer Law and Business 2009, p.116.

为与一个行为标准进行对比,看是否达到这一标准。在行为确定的情况下,这一标准越高,则认定这一行为构成过失的可能性就越大。

(二)客观过失的认定核心

注意义务乃现代侵权法上过失判定的指标或者基准,是过失及其判断标准客观化的必然结果。客观过失在不同国家的侵权法体系中有着不同的理论表达,但最终都汇聚为注意义务的存在和合理注意义务的违反两个方面。

罗马法中的过失归责对现代大陆法国家产生了重要影响,过失意味着"未能像一个善良家父,即一个细心的、谨慎的、顾及他人的人在同样的外部情况下行为"①。德国法学家借鉴罗马法的精神提出了客观过失理论,即应当以客观的、抽象的注意义务作为判断过失存在的要素,具体表现为可通过同职业、同年龄人的行为作为判断特定行为人是否能够预见损害结果的依据。②德国民法典第276条第2款规定,疏于尽到社会生活上的必要注意,即属于有过失。具体法律实践中,"社会必要注意义务"可作以下解释:某种行为如果符合其所处圈层或所属职业范围内一般个体应当存在的行为期待,该行为便不被认为是存在过失的。③德国民法典第823条第2款做出了"违反以保护他人为目的的法规者,并负同一义务"的规定。倘若行为人以违反法规的形式作为或不作为,无论其对自身行为的结果是否得以预见,都不影响责任的成立。④

我国法对注意义务是从刑法学界介入并逐渐深化的,⑤刑法学的

---

① Andre Tune, *International Encyclopedia of Comparative Law, Vol. 4, Torts, Introduction*, J. C. B. Mohr(Paul Siebeck, Tubingen),1974, p.71.
② 王利明:《侵权行为法研究》(上卷),中国人民大学出版社2004年版,第493页。
③ 程啸、张发靖:《现代侵权行为法中过错责任原则的发展》,《当代法学》2006年第1期。
④ 屈茂辉:《论民法上的注意义务》,《北方法学》2007年第1期。
⑤ 同上。

旧过失论视结果预见为注意义务的当然内容，新过失论认为注意义务更多表现为结果避免义务，至于结果是否被预见并不影响对过失的认定。基于法律作为行为规范的抽象性，刑法学界的成果当然可供民法学借鉴。民法界王泽鉴提出过失侵权的成立须具备三项要件：注意义务（duty of care）、义务的违反（breach of the duty）和过失的行为（careless conduct）。[1] 注意义务产生于社会运行所必要的秩序规则，包括制定法、技术性规范、习惯、常理、合同或委托、先行行为等。注意义务是法律要求对具体的他人所承担的义务，当然并非没有限度——行为人应在合理范围内对他人承担义务。一般而言，合理注意义务由四个因素决定，即预见可能性、预见义务、避免可能性、避免义务。合理注意防范有可能预见的事件和具有避免可能性的事件，不会防范不可避免的事件和完全不可能预见的事件。

与故意类似，过失的构成包含认识和意愿两大要素。其中认识要素是指能够或应当能够预见其行为可能会侵害他人的民事权益；意愿要素是指行为人具有避免这种侵害发生的可能性。[2] 根据过失的类型及刑法学对过失的理论，民法学上的合理注意义务也可细分为结果预见义务和结果回避义务。[3]

结果预见义务中，"结果"是预见义务的内核，其不仅包涵具体的损害结果，也包含行为人违法性的意识。应当预见，是预见义务与预见能力的统一。预见义务是法律、职务、业务或社会共同生活规则所赋予的在实施特定行为时预见其可能危害社会结果的责任。如果

---

[1] 王泽鉴：《民法学说与判例研究》（第二册），北京大学出版社2009年版，第109页。
[2] 程啸：《侵权责任法》，法律出版社2015年版，第268页。
[3] 刑法学的旧过失论视结果预见义务为注意义务的当然内容，新过失论则认为注意义务的内容不仅包括预见义务而且包括结果避免义务。周光权：《注意义务研究》，中国政法大学出版社1998年版，第69—72页。

行为人在行为时并无义务预见可能发生危害结果，即使他当时能够预见，也不能认为其应当预见。预见能力是在行为当时的条件下，根据行为人的实际情况，其有预见行为导致他人权益损害的可能性。如果行为人没有预见能力，法律也应免其责任。在理论上预见能力存在客观标准与主观标准的分歧，主观标准以行为人本身实际具有的知识、能力为依据，客观标准以普通人的知识、能力水平为依据。预见能力在法律史上经历了从主观到客观的演变，目前多以一般理性人标准对预见能力进行判定。

如果一般人可能预见结果发生，便产生回避该结果发生的义务。实践中结果回避义务并非以预见为前提，其取决于行为本身的危险性程度，以及行为时的其他相关因素。只要行为人造成了无法避免的危险，就可以认定为有过失。但行为是否造成了无法避免的危险的判断，并不以一般人的预见可能性为前提。如行为的危险程度越高，就越需要采取充分的结果回避措施，甚至应当放弃该行为。结果回避义务更强调结果的可回避性，倘若行为人虽能预见危害结果但无法避免糟糕结果的出现，那么法律也不该苛以责任。

（三）帕斯格拉芙案的启示

帕斯格拉芙的世纪奇案（Palsgraf v. Long Island Railroad）诠释了英美法中的合理注意义务，该案是美国侵权法历史上的经典案例之一。卡多佐（Cardozo）法官为此案所写的判决书确立了美国侵权法的一项重要原则，即判断过失侵权的新标准，也奠定了该案在美国侵权法史上的里程碑地位。基本案情是，1924年8月24日，原告帕斯格拉芙和她的女儿正在纽约长岛火车站的站台候车，车站工作人员在帮助一名迟到的旅客登上一列已开动的列车时，不小心碰掉了该旅客携带的一个包裹。出人意料的是，包裹内竟然装有烟花爆竹，包裹掉在铁轨上被开动的火车辗轧发生爆炸，造成车厢损害以及13人受伤。

爆炸的冲击力将据称有数英尺远的体重秤击倒,砸中原告头部并造成损伤。原告受到伤害和惊吓之后,甚至患上严重的口吃症。包裹的所有人已不知去向,原告只好起诉长岛火车站以寻求民事赔偿。初审法院陪审团裁决原告获得 6000 美元的赔偿,纽约上诉分院确认这一结果并强调了"公共传输者的高度注意义务"。之后这一判决被纽约上诉法院推翻,并让原告承担了诉讼费用。直到死,原告一直经受着口吃、眩晕、头痛和愤怒的折磨。

原告无辜受伤却没有得到任何赔偿。该案的核心问题在于,火车站两位工作人员的行为对帕斯格拉芙受到的损害是否存在着过错(严格来讲,是过失),铁路公司是否承担责任?纽约上诉法院卡多佐法官在此案的判决书中写道:"一个合理理性的人所能预见到的危险的范围,决定其应当承担责任的范围。"在此案中,以当时的情形,谁也不会预料到一个小小不起眼的包裹的掉落,会对远在站台另一端的帕斯格拉芙造成如此严重的伤害。对此,应该承担责任的是携带烟花爆竹的那位乘客,而不是碰掉包裹的车站工作人员,因为后者在做这样一个不经意的举动时,根本无法预料到有如此巨大的危险存在。如果火车站工作人员确实存在过失,那也应当是对那位携带包裹的旅客的过失(即侵犯了包裹持有者的财产安全),而不是对原告的过失,原告的损失不在被告的"合理注意义务"范围之内。

合理感知的危险决定行为人应遵守的义务。例如某被告遛狗时未能拴好绳索导致路人甲被狗咬伤,站在两个街区以外一栋高楼上的乙看到了恶犬伤人的场景,受到严重惊吓以致从楼上掉下摔成重伤,或者一个孕妇看到此种情形而导致流产等。毫无疑问,被告负有对动物采取安全措施的义务,应对甲的损害承担责任。但是,要求被告对两个街区以外的乙也负有安全义务,对其所受的伤害承担责任是不合理的。因为一个正常人,无论如何小心谨慎,处在被告的位置,也绝不可能预见到自己的行为会对乙造成伤害，即被告对乙没有应尽的"合理注意义务"。

本案的另一法官安德鲁（Andrew）持反对意见。他认为，此案中应考虑的是造成损害后果的"近因"[①]而非"过失"[②]，根据被告已承认的爆炸系造成原告损害直接原因的事实，不难推知这样一种事实逻辑次序：车站工作人员使包裹落地—包裹爆炸—原告受伤，这种"自然而连续的次序"可被认为是"直接联系"。虽然原告并非被爆炸本身所伤，但爆炸造成伤害这一事实是确定能够预见的，只是伤害发生方式难以预见罢了，因此火车站应当对原告承担赔偿责任。

法院最终认可了卡多佐法官的意见，并为认定过失侵权确立了可预见性这一标准，即行为人只对自己合理可预见的并在合理限度内的损害承担责任。那么可预见的合理限度何在？理论界的统一意见是：一个正常的人如果处于行为人的地位，在当时的情形下将如何作为，是否可以对这一范围内的损害进行合理的预测。若能够预见到，则该损害就是可预见的，行为人就应当负有合理谨慎义务。若被告由于疏忽或懈怠违反之并造成损害，就应承担相应的过失责任。在帕斯格拉芙案的判决意见中，被引用最多的就是"一个正常的小心谨慎的人所

[①] 针对"近因"及其判断方式，安德鲁法官认为：如果没有某种原因，事件就不会发生，那这个原因可称之为近因。法庭应考察在原因与结果之间，是否存在自然的、连续的先后次序（a natural and continuous sequence between cause and effect）。原因是否是造成结果的实质性因素？原因与结果之间是否存在直接的联系，而没有太多干扰性原因？依人类通识，该原因是否可能造成该项结果？如果谨慎行为，该结果是否可预见？在时间与空间范围内，结果与原因是否相距过于遥远？

[②] 安德鲁法官阐述了"过失"的定义：只要非理智地实施了作为或者不作为的行为，实际上或者可能影响他人权利，即存在过失。并强调，归责时应强调的是行为本身，而不论行为人的动机。只要不法行为造成了他人损害，且是促成损害的近因，就应该对此承担责任，不论行为是否属疏忽大意（unusual）、出乎意料（unexpected）、没有预知（unforeseen）或无法预知（unforeseeable）。

感知的危险的范围决定应承担责任的范围"。①

由此可见,过失认定的核心,在于确定合理注意义务的范围。"注意义务存在于不法行为之前,是一个需要法官处理的法律问题,而非需要陪审团确定的事实问题。"②过失是对注意义务的违反,而注意义务是行为人在实施某种行为时,应当采取相应的防范措施以避免给他人造成损害。注意义务源于行为人对自己行为后果的预见,因此应该被限制在合理范围内,通常应以正常人认知水平为基础。行为人既是理性人也是社会人,对自身行为应当有风险的预判和分寸感的把握(致害后果的避免义务)。

(四)合理注意义务与行为合理性

对是否尽到合理注意义务的判断应该考虑诸多因素,如行为人的主体标准、法律的明确规定、社会公共利益因素、社会的普世价值观、避免损失手段和成本及其两者之间的比例关系、损害的可预见性和可避免性、社会的期待可能性等,这些因素与注意的合理程度之间有着某种促进关系(正比例关系)或阻碍关系(反比例关系)。例如,避免损害的社会成本(防范风险成本)越小,其注意程度就越高;行为的效益(行为的目的及效用)越高,其注意义务就越低。此外,社会期待越高,其注意程度就越高;行为的危险性越高,其注意程度应当相对提高;危险结果发生的概率越小,注意程度就越小。③

在过失侵权中,无论是疏忽还是懈怠,都以合理注意义务的违反为前提,因此注意义务是过失侵权的核心,或者说在过失侵权中,基本上就是在讨论合理注意义务的相关问题,因此过失的本质不在于造成社会危害的结果或危险结果,而在于行为人对合理注意义务的

---

① 闫天怀:《法律救济的界限》,《读书》2005 年第 9 期。
② Richard L. Hasen, *The Glannon Guide to Torts*, Wolters Kluwer Law and Business, 2009, p.114.
③ 晏宗武:《论民法上的注意义务》,《法学杂志》2006 年第 4 期。

违反。

合理注意义务与行为合理性,是一个问题的两个方面,合理注意义务是判断在特定情况下行为人应当预见给他人带来风险并避免这种风险的义务要求,而行为合理性是在判断其行为是否达到了合理注意义务的要求,其实二者的重点是一样的,判断行为合理性与合理注意义务紧密相关,二者辩证统一:尽到了合理注意义务,则意味着其行为具有合理性,反之,如果认定行为具有合理性,则反推其尽到了合理注意义务。因此,二者可以相互替代,关键点都在于确定合理注意的范围。

案例 27

南通开发区国际贸易有限公司与航运佳国际货运(上海)有限公司海上货物运输合同纠纷案。[①] 法院认为:被告虽然在没有收回全套正本提单的情况下将货物交付给了收货人,但承运人系根据境外目的港法院的生效法律文书交付货物,其行为合理合法,被告主观上也不存在过失,不应承担无正本提单交付货物的民事责任。

此案法院并没有去探求行为人当时的主观心理,而是将其转化为对被告行为合理性的分析。被告在交付货物时虽然没有采取常规的正本提单放货方式,但领货人手持的境外目的港法院生效法律文书,是领取涉案货物的正当凭据,站在一般人角度,其行为符合常情常据不具有瑕疵,因而就可认定其主观上已尽到合理的注意义务。在司法

---

① 参见上海海事法院(2012)沪海法商初字第 606 号判决书。基本案情为:被告分别签发两套正本提单以承运原告出运的一批货物。原告诉称,被告在原告持有全套正本提单的情况下,将货物交付给目的港收货人,应承担无单放货的侵权赔偿责任。被告辩称,其系根据目的港加拿大魁北克省梅冈迪克辖区高级法院出具的裁决书放货,对此并无过错。已知前述加拿大法院在被告交货前确实出具了两份裁决书,宣布被告出具的涉案提单复印件及货运单复印件等材料可代替原件,作为领取涉案货物的凭证;命令接到领取涉案物品要求的人员认可该复印件为领取货物所需文件。

裁判中，将过失的判定从对主观心理状态的描绘，到合理注意义务的判断再到对行为合理性的判定，无疑更加客观，且简便了法院的裁断工作。

二、危险性标准

著名法学家特里（Terry）提出过失的危险性判断标准，其文发表在 1915 年的《哈佛大学法学评论》。特里认为：某种行为要成为一种过失行为，则其所涉及的危险必须是非常大的、极不合理的。行为的某种损害后果不仅有发生之虞，而且是极有可能发生。法律并非禁止人们从事有损他人的一切危险活动，而是要求此种危险不能太大和太不合理。过失的本质就是不合理性。在某些情况下，极大的危险可能是合理的，而在其他情况下，极小的危险可能是不合理的。如果适当地注意采取一定的预防措施即可防止损害发生，那么法律就要求仅仅采取合理的措施，而不是采取一切可能的预防措施。人们并不要求对一切危险采取预防措施，而仅仅要求对可能发生的不合理危险采取措施。某种即定危险的合理性取决于下列五种因素的考量：(1)危险的极大性；(2)法律所保护的主要目标的价值或重要性；(3)次要目标的价值或重要性；(4)那些对主要目标构成危险的行为是否能实现次要目标；(5)危险的必要性。[①] 特里的危险理论得到美国司法的遵循，《美国侵权法重述（第二次）》第 291 条规定：一个有合理理性的人认为其某种行为会对他人造成损害或现实危险，且此种危险极大并超出了实施该种行为所带来的价值时，则此种危险是不合理的，其行为就是有过失的。

由此可见，是否尽到合理注意，需要结合危险的种类来判断。危

---

① Terry, Negligence, 29 *Harv.L.Rev.*40, 42-44(1915).

险分为合理危险和不合理的危险。对于合理危险，其合理注意的判断标准要低，甚至为零；而对不合理危险，合理注意判断标准要高，不仅要尽到结果预见义务，还要尽到结果避免义务。

案例 28

李帅帅与上海通用富士冷机有限公司等人身损害赔偿纠纷案。[①] 二审法院认为：富士公司系上诉人实习期间的直接管理人，上诉人此次受伤的危险来源属其所从事劳动的正常风险范围。综合考量富士公司与上诉人之间支配与被支配的地位、劳动所创造经济利益的归属、富士公司应承担的劳动保护以及劳动风险控制与防范的职责和义务，富士公司应对本案上诉人所受之损害承担主要赔偿责任。工商学校作为上诉人实习期间的间接管理人，应就学生在实习中的安全防范和权益依法提供必要的保障。学校虽无法直接支配上诉人工作，但其作为职业教育机构应清楚学生参与实习工作的危险性，理应通过安全教育及与企业的沟通协商，控制和防范风险。然而，工商学校并未采取必要措施予以防范，放任实习生加班，因此，工商学校未尽到其防范督促职责。上诉人作为实习生，技能尚处于学习阶段，劳动报酬也与富士公司正常员工有别。因此，上诉人在劳动过程中所应尽到的谨慎注意义务，是不能以富士公司正常员工为标准的。上诉人事发当日在没有带教老师陪同加班的情况下所出现的操作不当尚不足以构成重大过失，相较于富士公司、工商学校对风险防范所应承担的义务，其自身所犯的一般过失不能减轻富士公司及工商学校所应承担的赔偿责任。

---

① 参见《最高人民法院公报》2015 年第 12 期案例。基本案情为：原告在被告工商学校安排下，到被告通用富士公司处实习。实习期间，原告在加班时操作数控折边机，在未有带教师傅在旁指导的前提下更换模具，不慎踩到开关，致使机器截断其右手第 2—5 指，经司法鉴定，原告右手伤残等级相当于道路交通事故九级伤残。

在实习单位，实习生在工作时间、工作场所因工作原因受到伤害的，即使自身存在一般性过失，也不能减轻或免除实习单位的赔偿责任。此案中原告在接受培训的前提下，违规运作机器导致自身损伤，未尽到足够的注意义务。但考虑到其作为实习生与普通员工的知识技能差距，原告注意义务的限度应小于同岗工作的正式员工。实习单位作为学员在实习期间的直接管理人，应承担实习人员工作安排及工作过程的监督管理责任，对劳动风险应有必要的防范机制与措施。工商学校未对实习单位尽到必要的督促义务，在清楚实习单位不得安排实习生加班等相关规定的情况下，① 未通过加强对学生的安全教育以及与企业明确约定等方式予以防范，实际上是对危险情形的发生呈现放任态度，也未能完全尽到合理注意义务。富士公司虽尽到了岗前培训义务，但要求原告进行危险作业却未安排带教师傅在旁指导，显然未尽到合理注意义务，也即其应当预见实习生单独操作机器的风险，却过度自信认为此危险能够避免发生。

（一）合理危险下的行为合理性判断

"合理注意"标准的判断，首先应从危险标准入手，判断哪些危险是合理的，哪些危险是不合理的。合理的危险即使造成了权益侵害结果，也无需承担责任。随着社会的不断发展，社会生活日益复杂化，一些具有权益侵害的危险行为明显增加，但这些行为是社会发展的必需行为，排除了其违法性。这些行为所伴随的一定危险是社会所允许的，于是产生了"被允许的危险理论"：一些具有法益侵害的危险行

---

① 教育部、财政部发布的《中等职业学校学生实习管理办法》及《教育部办公厅关于应对企业技工荒进一步做好中等职业学校学生实习工作的通知》中规定，学校及相关企业"不得安排学生每天顶岗实习超过 8 小时""不得安排学生加班"。国务院部门的规范性文件虽然不宜作为法院裁判的直接法律依据，但在本案中可以作为法院评判学校是否有过错的依据。

为在现实生活中是不可或缺的，即使其产生了权益侵害的结果，从社会普罗大众的角度来看也是允许其存在的，如果行为人遵守了相关规则，以谨慎的态度实施行为，即使造成了权益侵害结果，也应当认为是尽到合理注意义务。例如驾车是一种危险行为，但这是社会发展的必需行为，是合法的，如果对这种行为都加以限制，就会阻碍社会的发展。对于合理危险，其合理注意的判断标准要低，只要驾驶人注意检查自己的车辆没有瑕疵、自己不是无证驾驶、开车时谨慎驾驶即可，至于其他需要注意的，应根据具体情况而定，如果将此情形下行为合理性的判断标准提高，就会得出所有的交通事故都成立机动车侵权的结论，这显然不利于交通业以及相关事业的发展。

（二）不合理危险下的行为合理性判断

对不合理危险的合理注意判断标准要高，不仅要尽到结果预见义务，还要尽到结果避免义务。此种情形下的合理注意的判断，在方法论上的逻辑顺序为：当有社会危害结果发生时，首先要判断行为人对该结果的发生是否具有避免义务，如果没有则不存在是否尽合理注意的问题；如果有，下一步则要考虑有无避免的可能性，如果是不可能避免的，也不存在是否尽合理注意的问题；如果有避免的可能性，则继续考虑行为人对该结果是否具有预见的义务，如无则也不存在是否尽合理注意的问题；如有则要判断有无预见可能性，在有预见可能性的情况下才算是未尽到合理注意，反之则否。因此，不合理危险情形下的合理注意标准是以行为人具有结果避免义务、避免可能性、结果预见义务和预见可能性为要件，缺一不可。一般认为，所谓违反注意义务，是指违反结果预见义务与结果回避（避免）义务，而预见义务与回避义务，只存在于具有预见可能性与回避可能性的场合。或者说，结果预见义务、结果回避义务与预见可能性、结果回避可能性是表里关系。

案例 29

广东安盾安检排爆装备有限公司与石河子市人民医院产品责任纠纷案。[①]一审法院认为：安检仪在传送过程中从传送带上拿取物品存在夹伤手指的安全隐患，而这种隐患完全可以通过安装保护罩等方式予以避免，因此该种安全隐患属于不合理的危险。即便该种危险不可避免，被告作为产品厂家亦应当在安检仪的显著位置予以警示，而该安检仪上并无该种警示标志，故安盾公司应当对医院损失进行赔偿。安盾公司以涉案产品通过了公安部的行业检验、符合国家质量标准，不存在产品缺陷为由上诉。二审法院认为产品缺陷可从两方面进行认定，一是产品存在一种不合理危险，二是产品不符合法定安全标准。从案件事实看，安检仪确实存在不合理的危险缺陷，且安盾公司没有法定免责事由。其次，传送过程存在使用不当危及人身安全的危险，因此应当有警示标志或标示说明，安盾公司未尽到相应的注意义务。

社会对不合理危险的认识是不断发展的，国家、行业标准也会随之进行修订。以产品的不合理危险为例，由于设计制造上的原因，导致产品存在危及人身、财产安全的危险。需要注意的是，产品本身固有的致损危险（比如切割机可能切掉使用人的手臂等），如果正常使用

---

① 参见新疆生产建设兵团第（农）八师中级人民法院（2020）兵08民终101号民事判决书。基本案情为：原告石河子医院从右安商行处购买由被告安盾公司生产的安检仪4台，作为门诊大厅的安检设备。后贾某来医院就医，安检时在手提包通过安检仪后尚在传送带上未落入托物架时，直接从传送带上拿取手提包，致左手食指不慎被卷入传送带底部夹伤。贾某以医院违反安全保障义务为由要求其承担侵权责任。法院认为：医院作为公共场所管理人，安装的安检仪在传送带上拿取物品时存在夹伤手指的危险，且未对贾某进行相应的提醒，属于未尽到必要的安全保障义务致使贾某受伤，应当承担相应侵权责任。但贾某作为成年人应认识到自身行为的风险，其直接从传送带上拿取手提包且拿取过程中未尽到必要的审慎注意义务，对损害的发生亦存在一定的过错。综合酌定医院对贾某的损失承担70%的民事责任。判决生效且医院进行赔付后，医院以安盾公司生产设备存在产品缺陷为由诉至法院要求其赔偿损失。

就不会发生，则不属于产品缺陷。在本案中，安检仪利用 X 光线进行安全检查，存在一定放射性危险，但传送带不属于因产品本身性质而具有一定危险的部件，不应当出现不合理的危险。但该安检仪在传送过程中从传送带上拿取物品具有夹伤手指的安全隐患，这种隐患完全可通过安装保护罩等方式予以避免，不属于不可避免的危险。即便该危险不可避免，产品厂家应有义务在显著位置予以警示，这也是厂家特殊身份所必要的注意义务。

(三)危险性标准的具体适用

从制度宗旨看，侵权行为法旨在规范不法侵害他人权益所生损害的赔偿问题，涉及两个基本利益的平衡，即受害人权益保护和加害人行为自由。二者处于一种紧张关系。从受害人的观点，无论加害人有无过失，对侵害其一切权益的所有损害皆应赔偿，最属有利。但这将严重限制加害人的行为自由，动辄得咎，难以预估其行为所生损害赔偿的范围，势必阻碍个人的人格形成和经济活动，对社会发展亦非有益。整个侵权行为法的历史就在于平衡行动自由和权益保护。[①] 注意义务的扩大，固然对受害人的保护有利，但对行为人不够公平，其承担责任的风险大大增加，这会影响行为人的主动性和创造性，不利于社会的发展和进步。如果注意义务的范围过于狭窄，必然会导致行为人任意作为，这对保护他人明显不利。因此必须合理限制注意义务的范围，以求得行为人与受害人间的利益平衡。

所以，危险性标准的应用，就必须考虑下列三个要素，其目的在于保护行为人的适度自由。

1. 致害可能性

需为极大可能性或极有可能性，偶然的可能性不足以使行为人负

---

① 王泽鉴：《侵权行为法》(第一册)，中国政法大学出版社 2001 年版，第 67 页。

担合理的注意义务。如果满足这种可能性要求,行为人即应承担一定的注意义务(预见义务)并采取一定的措施(避免义务)。从哲学层面看,可能性并不是现实性,如果把行为人的过失侵权责任单纯建立在损害可能性的基础之上,对于行为人则难免过苛。损害可能性究竟是偶然还是极大,抑或是正在变为现实性,不能仅根据数字来判断,还必须结合其他相关因素。假如一个人在较偏远的地方遛狗,此前并未对狗进行管束,也从未发生过危险,然而在附近出现了住宅小区或热闹的集市后,狗的主人应当预见到狗可能对他人造成损害,对狗的看护义务随着人群的增加而相应增加。再如精神病人的监护人,在精神病人对行人和儿童具有危险性时,应当尽量使其少外出或不外出。在1951年的博尔顿诉斯通案(Bolton v. Stone),一个棒球越过17英尺高的栏杆飞出百米开外,并把站在场外的受害人击伤,这种飞出和击伤的概率相当低,在30年里仅发生过6次。损害可能性是如此之小并如此偶然,以致被告对此置之不理并不构成过失。

案例30

杨泽松与重庆江津市供电有限责任公司人身损害赔偿纠纷案。[①]一审法院认为:供电公司未终止向已经废弃的电线供电,同时有人在原安装变压器的位置上兴建一个砖混石台,使电杆上带电的领克给他人造成损害的潜在危险性增加时,供电公司也没有采取任何措施加以防范,因此供电公司对于杨某的受伤存在过错。杨某为年满16周岁

---

① 参见重庆市第五中级人民法院(2006)渝五中民终字第159号民事判决书。基本案情为:2005年6月4日晚21时,某中学年满16周岁的初三学生杨某到重庆江津市几江人民公园玩耍,攀爬到公园东侧的变压器平台上后攀爬电杆,双手接触带电领克被电击伤,导致杨某左桡神经、尺神经中度异常,正中神经刺激无反应,后经重庆市法医学会鉴定其损伤属于八级伤残。杨某以供电公司未尽到必要管理责任为由向法院起诉。查明案涉变压器因铁芯被盗,该处所有配电设施均已废弃,但供电公司未停止向该线路供电,亦未设立相应警示标志和防护装置。

的学生，以其年龄和智力的正常发育状况，应当清楚擅自爬电杆的危险性，故对于事故的发生具有重大过错，其监护人对此没有尽到教育监护义务，应当承担主要责任。

二审法院认为：根据"报酬理论"和"危险控制理论"，从高度危险事业获得利益者和实际控制该高度危险者，应当承担该危险源所致的不利后果。造成本案杨某受伤的带电领克属于供电公司所有，供电公司直接享受其带来的利益，在变压器拆除后，供电公司既未拆除变压器平台，也未在平台上或附近设置危险警示标志，致使杨某攀爬上变压器平台，使其与电杆领克带电端的距离缩短，危险性大为增加。因此供电公司对此次事故的发生具有过失。杨某对自己攀爬电杆的行为所致风险存在预见和避免的可能，其父母疏于管教监督，具有监护人过失，应适当减轻供电公司的责任。

2. 致害的严重性

一般而言，可能损害的后果越严重，行为人应承担的注意义务应越重。英国贵族院[①]的判例对此有过说明。在帕里斯诉斯蒂芬尼区议会案（Paris v. Stepney Borough Council）中，原告一只眼睛于战争中失明，其受雇于一家汽车修理厂，雇主未提供护目镜对从事危险作业的原告予以特殊保护，使原告那只健康的眼睛于工作中受害致瞎，原告以过失侵权为由向雇主索赔。英国上诉法院认为：残疾不会使工人受伤的风险增加，作为合理且审慎的雇主，在确定护理标准时无需特别考虑原告的残疾情况，因而也没有义务提供护目镜。原告向贵族院提起上诉，后者撤销了此判决，认为如果事故确实发生而且相当严重，

---

① 又称为上议院，即 the House of Lords，曾经是英格兰和威尔士的最高上诉法院及终审法院。受理不服上诉法院判决的二审上诉或某些进入三审程序的重要案件，包括英格兰、威尔士所有案件的终审以及苏格兰民事案件的终审。现在其职能已并入英国最高法院。

在确定合理注意义务时,应当考虑后果的严重性。残疾这一事实虽然并不会使原告的工作风险增加,但其一定程度上意味着伤害的潜在严重性,如果受害人的损害极其严重,在确定行为人的注意义务时便要考虑这一点。该规则不仅只在人身侵权案件中适用,在财产损失案件中同样适用。[①]

案例 31

中国平安财保广州市花都支公司与叶华美机动车交通事故责任纠纷案。[②]一审法院认为:叶某在事故中受到严重伤害,虽经住院治疗但并未完全康复,二次治疗也与事故发生后初诊伤情相符。叶某的自身疾病不属于侵权法上的过错,在确定赔偿责任时,不应当考虑自身疾病的参与度。既然追尾事故造成叶某的身体损害,且与其死亡结果直接关联,过错应当归于行为人而非受害人自身,保险公司应在合约范围内承担保险责任。

在受害人特殊体质合并侵权的案件中,侵权责任的构成与分配一直是审判实践中的难点,目前我国对此类案件的损害赔偿责任分配尚缺乏共识。最高人民法院于 2014 年发布的第 24 号指导性案例,[③]

---

① 张民安:《过错侵权责任制度研究》,中国政法大学出版社 2002 年版,第 265—266 页。
② 参见广州市中级人民法院(2020)粤 01 民终 19993 号民事判决书。基本案情为:周某驾车在高速行驶过程中因未与前车保持安全距离导致追尾事故,前车乘客叶某受伤,经治疗无效死亡。其家人起诉要求保险公司在交强险、商业第三者保险范围内承担赔偿责任。保险公司辩称,交通事故并非导致叶某死亡的直接原因,叶某自身患有严重疾病,其死亡系自身疾病的发展和归转。且死者的疾病与长期吸烟存在重大关联,因此叶某未尽到自我保护的义务,明显增加了其因特殊体质造成的危害,具有过失。即当叶某能支配、控制其特殊体质时却放任,将自身置于可避免的危险中,纵然按照普通注意标准无过错或者过错较轻,也因违反更高注意义务而陷于过错,根据过失相抵原则,应减轻被告赔偿责任。
③ 裁判要旨:从交通事故受害人发生损伤及造成损害后果的因果关系看,本起交通事故的引发系肇事者王阳驾驶机动车穿越人行横道线时,未尽到安全注意义务碰擦行人荣宝英所致。损害后果系机动车碰撞使人跌倒发生骨折所致,事故责任认定荣宝英对本起事故不负责任,其对事故的发生及损害后果的造成均无过错。虽然荣宝英年事已高,但其年老骨质疏松仅是事故造成后果的客观因素,并无法律上的因果关系。因此,受害人荣宝

明确指出即使受害者的体质因素对损害结果的发生有一定作用,但如果车祸的受害者不存在疏忽大意即无过错,那么其特殊的身体状况就不得作为抗辩理由,以减轻侵权行为人的责任承担。但是该指导案例在实践当中并非完全被遵照,甚至不被多数法院采纳。指导案例关于受害人的特殊体质不构成过失的论断,较为中肯,因为这确实是一种客观存在,不以人的意志为转移。但就责任分担而言,似有进一步斟酌的余地。损害赔偿数额的确定,除了考虑过失因素之外,还须考虑因果关系。侵权行为人所承担的责任,应当限于是自己行为所致的损害,如果某些损害确实是由于受害人的特殊体质所形成,如果不考虑"损失参与度",将其全部分配给侵权行为人承担,会违背自负其责的基本原则,也不公平。

3. 危险行为的目的

并非所有的危险行为都不合理,有一些是社会发展所必需的,如果对这些行为进行限制,将不利于社会的发展。法律规范的指引作用,在于鼓励、指引人们从事有益于社会的行为,但是任何行为均具有侵害他人的潜在可能性和现实危险性,如果仅仅因此而认定其行为不具有合理性,则人们的行动自由将受到严重限制,社会发展也会受到阻碍。因此,在衡量是否尽到合理注意义务时,必须考虑被告行为所欲实现的目的及为实现该目的所采取的手段,以及在此过程中使他人遭受危险的比例关系。正如休斯顿(Heuston)指出的:被告行为的合理性也将取决于其行为所存在的危险与其所欲实现的目的之比例。

英对于损害的发生或者扩大没有过错,不存在减轻或者免除加害人赔偿责任的法定情形。同时,机动车应当遵守文明行车、礼让行人的一般交通规则和社会公德。本案所涉事故发生在人行横道线上,正常行走的荣宝英对被机动车碰撞这一事件无法预见,而王阳驾驶机动车在路经人行横道线时未依法减速慢行、避让行人,导致事故发生。因此,依法应当由机动车一方承担事故引发的全部赔偿责任。

将他人置于某种有损害的危险之中所取得的目的与此种危险不对称，即表明其行为不合理；而将他人置于同样的损害危险之中是为了一个更好的目的，则其行为合法而不具有过错。① 这体现了法律上的比例原则。

我国司法实践中经常以不合理危险的存在为判断过失的基础。

案例 32

王桂兴与于思饲养动物损害责任纠纷案。② 法院认为：于思作为动物管理人理应对其所遛的两只宠物狗严加管束，避免危险、意外的发生，但其在小区 4 号楼门口逗留与他人聊天时，未对宠物狗采取必要约束措施，致其扑向王桂兴，于思当时亦未及时制止，导致王桂兴受到惊吓后退而摔倒骨折，对此于思存在过错，应承担全部的赔偿责任。王桂兴系年迈老人，平时不与狗接触，对狗存有恐惧心理亦属正常，看到于思之狗向己扑来惊恐后退属正常反应，对自己因后退而摔倒骨折并无过错，不应承担相应责任。

该判决的一个预设前提是，动物的饲养人或管理人，特别是在生活小区遛狗者，应当预见到狗基于本性可能对他人造成损害的危险，这种危险对他人是不合理的，应当避免。同时，遛狗的行为并不具有特别的目的，与其给他人造成的损害可能性相比，显然不合比例，因此应当对自己的宠物狗具有管控义务。且在面对老人时，应当考虑到

---

① RF.v.Heuston and R.A.Buckley, *Salmond & Heuston on the Law of Torts*, p.229. 转引自张民安：《过错侵权责任制度研究》，中国政法大学出版社 2002 年版，第 267 页。

② 参见上海市第二中级人民法院(2014)沪二中民一(民)终字第 198 号民事判决书。基本案情为：王桂兴、于思系上海市丽园路 866 弄同一小区住户，2012 年 8 月 17 日，于思在该小区内遛狗(其中一只牵绳，一只未牵绳)，并在 4 号楼门口逗留与他人聊天。此时，王桂兴双手提物外出而归，欲进 4 号楼，于思的两只宠物狗跑向王桂兴，王桂兴见状后退避让，嗣后回头看到两狗不再追赶，又准备走回 4 号楼，此时两只狗扑向王桂兴，而于思未及时采取措施予以阻止，王桂兴受到惊吓后退而摔倒，导致腰椎间盘椎体压缩性骨折。

其身体素质较差，更应当加强管控，但被告显然没有尽到合理注意义务，具有过错。

三、理性人标准

理性人标准，是以一个人格化的形象作为参照来评判个案当事人的一种技术手段。在面对过失的具体化问题时，即裁判中面临具体当事人是否具有过失或者类似的评价时，法官会事先在头脑中建构一个评价标准，这个标准就是一个理性人在该特定情境下的行为模式，然后拿行为人的特定行为与该标准进行比对，如果符合这一标准，其行为就不存在过失。这是过失这一概念具体化最重要的方法。

理性人并不是一个真实存在，而是一个虚构的人。通常不会犯错，能够预见到自己行为会对他人造成某种损害，然后采取合理的措施去预防该损害的发生。问题的难点就是理性人标准的建构。理性人建构以理性人知识结构、能力水准的具体化为核心，一般是在某一具体的类型基础上进行调整，具体类型系参照个案当事人的整体状况而选定，具体知识结构以及认知能力和行动能力的调整，则是在相应价值的指引下结合个案来考量。由此，法官可以在自己的心中勾勒出一个具体的人格形象。具体的人格形象只有在一个具体的场景下，才能发挥认知与评价功能，故法官需要重构理性人所身处的场景。[1]

这一标准的意义在于，当判断某人是否具有过失时，所依靠的是一个社会的标准而不是个人的观点，是根据人类通常的行为来确定的。这一标准有足够的灵活性和判断余地，允许根据不同的人之间的差异进行充分的权衡，当然这种差异是法律允许考虑的，也应当考虑那些会合理影响行为标准的特殊情形。理性人标准事实上排除了个

---

[1] 叶金强：《私法中理性人标准之建构》，《法学研究》2015年第1期。

人因素,并不受其行为受考量的特定人的特异情形的支配。赫伯特伯爵将其形象的描述为:他是一种理想,一种标准,是我们要求优秀公民具备的道德的化身……在构成英国普通法的令人迷惑的博学的审判中旅行或长途跋涉,不与理性人相遇是不可能的。理性人总是替别人着想,谨慎是他的向导,"安全第一"是他的生活准则。①

理性人标准主要是一个客观标准,从社会普罗大众的角度来看,行为人应尽到一个"善良管理人"或"一般管理人"或"合理理性人"的注意义务。对此两大法系的表述趋于一致。早在1881年,美国著名法官霍姆斯即将理性人标准称为一次"没有面目的抽象",期望通过经验、制定法和判决对其加以充实。②认定某人的行为是否合理,基本的方法是拿这个行为与理性人在同等情况下的行为相互比较。③在界定合理性的时候,通常是用客观性的标准,考察一个"合理理性人"在相同的情形下会如何作为。④亦即如果你是行为人,在当时的情况下你会怎么做?即比较被告的行为和谨慎理性人在同等情况下的行为,或者是一个中等理性人在同等情况下的行为。两大法系所接受的"理性人"概念,可以追溯到罗马法上的"善良家父",即"品行端正的民事主体"⑤。

根据客观标准来判断,还必须注意根据不同的人群来确定不同的注意义务。因为一般人的注意义务,是舍弃每个行为人的具体特点,如职业、年龄与身体状况等,尤其是对未成年人、老人、残疾人和专

---

① 〔美〕罗伯特·考特、托马斯·尤伦:《法和经济学》,张军等译,上海三联书店、上海人民出版社1995年版,第455—456页。
② O.W.Holmes, The Common Law 111(1881). http://www.westlaw.com.
③ F. Harper, F. James, Jr.And O.Gray, The Law of Torts, West Publishing Co., 2nd,1986, p.123.
④ Richard L.Hasen, The Glannon Guide to Torts, Wolters Kluwer Law and Business, 2009, p.117.
⑤ 〔意〕彼德罗·彭梵得:《罗马法教科书》,黄风译,中国政法大学出版社1992年版,第115页。

业人士等特殊群体,不能用一般人的注意义务来进行衡量。否则就会忽视各种特殊情形,从而降低或者提高注意义务标准。[1]德国法虽然采纳的是一般人的标准,但是兼顾了不同群体、不同年龄和不同职业等特殊情况,使客观标准在衡量过程中更为合理和准确。[2]理性人标准应当具体考虑下列特殊情形:

(一)年龄和智力

在判断行为的合理性时,年龄是至关重要的。这一规则建立在"统一的成人期"概念基础之上,成年理性人被认为是理智的、成熟的、审慎的,符合社会的一般期待。未成年人是否须遵循与成年理性人相同的注意标准,则有疑问。关于未成年人的侵害,英美法有判例认为,"在儿童的案件中,法律必须伴随着自决力的发展,该过程始于责任的几乎完全的丧失,终于理性人的客观标准。认定儿童与年纪、智力和经验相当的标准,普通法使用了一个增量的标准来反映这个过程。"[3]

罗马法认为,"精神病人和低于责任年龄的儿童的行为不过是动物的行为,或仅仅是一个事件"。[4]小孩无法达到成人的判断、智力、知识、经验和理性,他的行为只能根据同样年龄、智力和经验的孩子合理可期待的行为来判断。其合理性在于:法律需要鼓励孩子们为了个性的成长发育而采取一些必要的冒险行为,这个过程会使其更好地实现从孩子向成人的过渡。一般认为 5 岁以下的孩子并不会构成过

---

[1] 王利明、周友军、高圣平:《中国侵权责任法教程》,人民法院出版社 2010 年版,第 217 页。
[2] 同上书,第 213—214 页。
[3] 〔加〕欧内斯特·J.温里布:《私法的理念》,徐爱国译,北京大学出版社 2007 年版,第 194 页。
[4] 转引自王利明、周友军、高圣平:《中国侵权责任法教程》,人民法院出版社 2010 年版,第 213 页。

失侵权，除非可以起诉他的父母未能尽到监护义务。① 对于 5 岁以上的小孩，在考虑孩子行为的合理性时，多数法院给予一个浮动标准：进行对比的并不是一般意义上的谨慎理性人标准，而是"一个同样年龄、智力和经验的谨慎理性人"。这一方面乃在贯彻对幼童的绝对保护，同时也是对幼童理性认知能力差及造成损害能力弱的肯认。因为对于这个群体而言，其心智发育和通过教育以及经验积累所习得的社会技能，大多达不到一个成年人所具备的对风险的理解和判断能力。这是每个人成长以至成熟的必经之路，所以社会不妨给予更多的宽待与忍耐，否则"将构成他们成长生活中不可承受之重"②。

但是，如果一个孩子实施了大人的行为，上述规则就有例外。③ 虽然未成年人的理性认知能力可能不及成年人，但他们却施加了"大且非相互的风险"。这种风险会因未成年人可能欠缺活动所需的知识、技能、经验、训练等因素而增加，也会因不易自行为属性本身或其他容易获致的信息辨识行为人而更难回避。所以为了更好地保障他人安全，应使此类未成年人行为适用成年理性人的注意标准。此例外规定同时也可促使未成年人的监护人更认真履行监护职责，降低社会风险，否则应自监护制度层面同时使监护人负担过失责任。

智力应采广义，包括心理、性情、记忆等其它精神方面，一般认为理性人的型构不应考虑行为人精神方面的不足，包括愚笨、低能、粗心、健忘、暴躁、判断力低下等。具有此等欠缺的行为人在行为时

---

① 我国民法典侵权责任编亦是如此规定，即第 1188 条：无民事行为能力人、限制民事行为能力人造成他人损害的，由监护人承担侵权责任。监护人尽到监护责任的，可以减轻其侵权责任。
② 郑永宽：《论侵权过失判定标准的构建与适用》，《法律科学》2013 年第 2 期。
③ "A Reasonably Careful Person of the Same Age, Intelligence, and Experience." Richard L.Hasen, *The Glannon Guide to Torts*, Wolters Kluwer Law and Business, 2009, p.119.

仍须符合一般理性人的标准。《美国侵权法重述(第二次)》第283B条规定:"行为人的精神分裂或其他心智缺陷,不应豁免该行为人因其未达到处在类似情形下的正常人标准的行为而应承担的责任,除非行为人是儿童。"因为这类人特别是愚笨低能等智力有障碍的人,更易于施加较大的风险,但却不易被他人辨识其精神欠缺,所以更多为他人安全的考量,"必须限制低智人群的行动,至少应该引导他们付出更多努力以避免侵害他人"。[1] 而且精神要素的区别对待极易引致法律适用的混乱和不确定,以及行为人虚假的主观抗辩。但以下两种情形可作为例外:第一,不具有识别能力的精神病人。其人无理性认知能力,无从判断与回避风险,固可施加很大的危险,但若因此使其担责,无异于完全背离理性能力强加绝对责任。此归责除了受害人救济的价值外,其他面向法律责任的意义,如引导、阻吓行为及安全的保障、促进等,均不可能实现。而单纯就受害人救济而言,着眼于监护责任的追究或许更为正当可行。所以行为人是精神病人的事实,在理性人具体型构时应纳入考量。第二,突然的能力丧失。这种情况的发生没有充分的事先警告,不能被合理预见,如由于晕倒、心脏病突发或使人突然丧失能力的其他疾病导致意识丧失等情形,行为人丧失预见能力,无法采取有效的预防措施。让行为人对因此造成的损害负责是不公平的,因为这"将会损害行为自由,并且也不会使安全获得相应的收益"。[2] 所以行为人能力的突然丧失,在理性人型构时应予考量。当然,将其作为意外事故而纳入行为情境的同构,对于最终过失的判定也能获致相同的结果。

---

[1] 〔美〕沃伦·A.西维:《过错:主观抑或客观?》,林海译,载徐爱国组织编译:《哈佛法律评论——侵权法学精粹》,法律出版社2005年版,第122页。
[2] 〔美〕格瑞尔德·J.波斯特马:《哲学与侵权行为法》,陈敏、云建芳译,易继明校,北京大学出版社2005年版,第72页。

我国法院有相关判决。

案例 33

陆某某与张秀玲、孙吉解、文平香侵害健康权等纠纷案。[①] 原告放学回家途经张秀玲的在建楼房时,被掉下来的砖头砸伤。法院认为:事发地系房屋施工现场,堆砌了大量的砖头且间距狭窄。虽然砖垛之间可以勉强挤进人,但显而易见现场环境已并非日常行人之通道。原告在事发时年满10周岁,应当对危险事务具备相应的识别能力。原告因疏忽大意的过失进入施工现场,增加了遭受损害的可能性,其监护人在教育管理上存在一定的失职。被告文平香在操作吊机运送砖头的过程中,因吊机使用的铁丝断裂导致砖头砸伤原告。文平香作为吊运工程的分包人、吊机的管理人和使用人,不具备施工资质,占用人行道施工未设置警示标志,未采用围场作业等安全措施,其操作吊机的行为直接对原告的人身权益造成损害,故应承担侵权的直接赔偿责任。在建房屋的业主张秀玲将房屋发包给没有资质的被告孙吉解施工建设,其存在选任上的过失。孙吉解再将吊运工程分包给同样没有资质的文平香,且作为工程承包人占用人行道施工,未在现场设置警示标志和采取围场作业等安全措施,亦存在过错。

本案被告在施工过程中掉落砖头砸伤原告。原告是已满10周岁的未成年人,具有一定的识别能力,虽然其应当能预见到工地存在危险,但其辨识能力与控制能力仍不足,不具有完全的责任能力,原告自己具有一定的过失,但不属于重大过失。监护人具有过失,法院认定其承担小部分责任是合理的。本案施工方不具有资质,且施工时没有尽到合理的注意义务,具有重大过失,发包方选择不具有施工资质者进行施工,在选任方面具有重大过失。

---

① 参见广西壮族自治区桂林市秀峰区人民法院(2014)秀民初字第712号民事判决书。

案例 34

李建青、宋宝宁与青海湟川中学人身损害赔偿纠纷案。[①] 一审法院认为：被告湟川中学按学校规定，针对未成年人的作弊行为作出的处分决定虽有瑕疵，但与其自缢身亡无直接因果关系，故被告不应对自杀身亡的后果承担赔偿责任。二审法院认为：第一，针对未成年人的违纪行为，学校以作弊给予记过处分并无不当。第二，学校在校园范围内张贴处分决定，既是对违纪者的惩戒，也是对其他学生的警示，张贴范围仅限校园，并未扩大公布范围，因此张贴处分决定的行为也不具违法性。第三，未成年人在受处分当天下午未到校参加考试，学校对此不存在未尽合理注意义务的过失，因为学生归家后应由家长管理，对于正常离校的学生，学校无法预见会发生怎样的危险。第四，学校在处分未成年人过程中违反工作要求，程序上存在一定过失。湟川中学为了追求惩戒的时效性，没有充分考虑李晖的心理承受能力，且没有按照规定将处分决定及时通知学生家长，使得熟悉、了解李晖个人情况的家长没有机会针对李晖性格中存在的问题及时进行引导和教育，丧失了避免本案悲剧发生的可能。故湟川中学违反工作程序的处分行为存在相应的过失，与未成年人的死亡具有一定的因果关系。

中学生系未成年人，其心理发育并未成熟，对于外界刺激的承受能力有限，学生之间的个体差异也较大。学校作为教育机构，在处分学生时应当充分考虑学生的心理承受能力，在处分的同时做好教育、疏导工作，毕竟惩戒行为本身便意味着风险的存在。从根本上讲，对

[①] 参见青海省西宁市中级人民法院关于该案的民事判决书，载《最高人民法院公报》2009年第4期。基本案情是，原告李建青、宋宝宁之子李晖系被告湟川中学高二(6)班学生。2005年11月8日下午，李晖在参加学校组织的政治课考试中，因夹带纸条被监考老师以作弊处理，随后监考老师将纸条交交政教处。次日上午，湟川中学校政教处依照校规给予李晖记过处分，并张榜公布。同日下午李晖未到校参加考试，并于当晚七时许在家中自缢身亡。

学生的处分也是教育手段，而不是简单的惩罚。只有在充分考虑受处分学生的心理素质，针对其实际情况进行教育、疏导，并按照规定与家长积极沟通，处分手段才能真正发挥教育作用，也才可能避免惩戒所带来的可能风险，学校也才真正尽到了合理注意义务。

（二）身体缺陷

《美国侵权法重述（第三次）》规定，如果行为人是残障人，则其行为未达到一个具有同样残障的理性、谨慎之人的注意，为有过失。这里主要关注的是身体残障生理不健全者，如盲人、聋子、瘸子等，但不包括感知类精神欠缺。对于生理不健全者，要求只须按照与其同样残缺的理性人的标准对待。此规定有判例与学说的支持。若以正常理性人的标准对待身体残障者，意味着要求他们去做无法实现的事，这显然是不公平的。如此情形下的过失归责实无异于严格责任，也势将使身体残障者局限于自己屋门内活动，无法积极参加社会活动，很好融入社会。与精神欠缺者相比，身体残障者可能施加的风险也相对较小。

身体残障者仍然被要求避免从事超出自身能力的危险行为，事先控制自己不进入自己无法控制的领域，因为每个人都"应该知道自己的能力界限，并应依此来塑造自己的行为"[1]。如果缺陷可能会成为侵害他人的原因，身体残障者就有义务知道或牢记这些缺陷，所以如果考虑到其身体的缺陷，从事了不合理的危险行为，从介入自己不能控制的危险状态时起，就将被认定为有过失。此外，身体残障者较易辨识，是非感知类的身体外在残障，所以霍姆斯认为：如果一个人有着明显的缺陷，以致所有人都能认识到，该缺陷将使得一定的预防措施不可能，那么，他将不会因为没有采取这些预防措施而负责。[2]

---

[1] 〔澳〕彼得·凯恩：《侵权法解剖》，汪志刚译，北京大学出版社2010年版，第48页。
[2] 〔美〕小奥利弗·温德尔·霍姆斯：《普通法》，冉昊、姚中秋译，中国政法大学出版社2006年版，第95页。

案例 35

王学明等与安阳县跃进渠灌区管理局等生命权纠纷案。[①] 一审法院认为：该河道是为保障防洪安全用于上游泄洪排水，不是村民行走的道路，在郜某落水处向西 500 多米就有一小桥供两岸行人生活通行。郜某即使平时均有从河道抄近路的习惯，但当河道内有水时也应当绕道远行，其明知河道有危险而抄近路冒险从河道内的浑水中经过导致死亡，对事故的发生有过错。被告跃进渠管理局、水务局对河道管理并不存在过错，相应的，对郜某的死亡也不存在过错。

随后，原告以"跃进渠管理局在非汛期，没有警示通知的情况下，放水造成受害人郜某溺水死亡后果，其行为存在重大过失，水务局对河道疏于管理，也存在过错"为由提起上诉，二审法院认为：郜某当日回家时，河道内已有积水，其冒险从河道内的浑水中经过，不慎滑入坑中溺水身亡，并非是上游突然放水冲入坑中而导致。郜某虽智力迟缓，但能独立劳动，对涉水过河的危险性应该知晓。跃进管理局和水务局对河道的管理行为并无不当。

本案受害人郜某曾患有脑膜炎，智力受损，但不影响其对河道危险的认识。在其智力范围内，明知河道危险，不需要被告予以特别警示。对受害人的警示不是被告应尽的合理注意义务，而避免危险是受害人应尽到的义务，毕竟河道管理部门并没有义务在放水之前巡视整

[①] 参见河南省高级人民法院(2013)豫法立二民申字第 01432 号民事裁定书。基本案情为：受害人郜某因存在脑炎后遗症致智力迟缓，在粉红江沿岸生活多年，平时均从粉红江河道内由北向南至其南岸承包地干活。粉红江河道内宽约 15 米，底部高低不平，距岸上垂直距离约 2—3 米深，平日河道内无水，汛期是上游跃进渠和磊口水库的分洪河道。某日上午郜某似往常一般去承包地干活，当时河道内无水，后上游放水，郜某中午从河道内回家时溺水死亡。死者家属以跃进渠管理局和水务局对河道的管理存在重大过失为由，向法院提起诉讼。

个河道以确保放水行为绝无造成危险的可能。

(三)特殊经验和知识

需将行为人与其所处团体或所在职业的类似人员进行比较。具有特殊经验的专业人士众多,包括科、教、文、卫、体、医等部门,包括导游和饭店的厨师等,或者并非仅掌握某种特殊技能,而是凭借熟练操作经验从事某项工作的人员等。当行为人选择从事一种要求特别训练、技能、教育或经验的行为,那么判断其行为合理性的标准,将是有资格从事此种行为的合格成员的标准。[①]

合理注意义务的范围有时取决于一个人知识储量的多少,会随着知识的增加而增加,当行为人具备相当的专业知识时,会要求持更加谨慎的态度。但理性人的模型是根据社会大众的平均知识而建立的,所以合理注意义务不能仅限于行为人的实际所知,否则就会以"不知道"来规避侵权责任。"不管是共同体中的哪一个人,在危难时都没有理由被完全束缚于自己所知的那点东西。"[②] 因此在构建理性人时,无论行为人是否实际具备,常识、常识以外行业、社区或特定领域中的通常知识,以及一般的认知、判断和观察能力等,都视为行为人已知,进而依此确定注意义务的边界。实践中基于特殊经验与知识的积累程度有以下两类不同标准。

1. 专家的注意义务

专业人士须达到本行业中一个合格的、普通从业人员必须具备的最低限度的水平标准,无需达到"平均水平",因为这很难统计和把握,另一方面如果以此为标准,必然有相当多的专业人士达不到这个

[①] 〔美〕爱德华·J. 柯恩卡:《侵权法》(英文版),法律出版社 1999 年版,第 52 页。
[②] Terry, Leading Principles of Anglo-American Law, 转引自〔美〕沃伦·A. 西维:《过错:主观抑或客观?》,林海译,载徐爱国组织编译:《哈佛法律评论——侵权法学精粹》,法律出版社 2005 年版,第 129 页之注释。

水平，后果将不堪设想。"要去操作一个标准多变的制度是极其困难的。"①《美国侵权法重述（第三次）》明确规定：在判断行为人是否有过失时，不考虑较差的技能、判断与认知。因为初学者并不会因具有较低的技能就造成较小的危险，他们甚至会造成更大的危险。②而且人们通常并不能知晓行为人的实际技能或经验，所以尽管没有人生来娴熟，但初学者可以也应当考虑到自己技能或经验的欠缺而相应调整自己的行为。但是对于专家，应使其负有较高的注意义务，因为专家通常从事更具危险性的行为，会造成更大的危险。而且专家拥有更多的知识和技能，他们能够为保护可能的受害人而实施更高标准的注意，其责任应随危险和注意能力的增加而增加。③可谓"知"则"当为"，④应避免行为人内心已有非难可能性而免于归责，因为过失客观化并非舍行为人的主观恶性于完全不顾。⑤

考虑到专家特殊的工作性质与重大的利益关涉，在判断专家过失时往往有更高的要求。第一，若专家的工作内容高度专业化，则其必须达到与职业资格要求相符的知识或技能，在此水准之下的行为操作即可被认定为未尽到必要的注意义务，不能以专业技能不足为由抗辩。第二，若时空等因素对专家技能存在影响，则需要在判断过失时考虑，比如地域、经济、设备等外在客观因素的影响。如在对医疗过失的认定方面，需要综合考虑因医疗资源在时间和空间两维度上配置

---

① 〔澳〕彼得·凯恩：《侵权法解剖》，汪志刚译，北京大学出版社2010年版，第47页。
② 〔美〕格瑞尔德·J.波斯特马：《哲学与侵权行为法》，陈敏、云建芳译，易继明校，北京大学出版社2005年版，第71页。
③ 同上。
④ 〔瑞〕彼得·高赫：《侵权法的基本概念》，常鹏翱译，载田士永、王洪亮、张双根主编：《中德私法研究》，北京大学出版社2007年版，第138页。
⑤ 邱聪智：《从侵权行为归责原理之变动论危险责任之构成》，中国人民大学出版社2006年版，第63页。

不均衡而产生的影响。[①] 我国民法典第1221条规定"与当时医疗水平相应的诊疗义务",即为著例。第三,专家和委托人之间存在高度信赖关系,因此要求专家尽到与该信赖相符的高度注意义务,即专家应当为委托人的最大利益行动。例如律师或会计师等提供专业服务的人员未综合考虑委托人需求,作出最大化有利于委托人的咨询意见时,可认定其存在过失。我国司法裁判中也有类似案例。

案例 36

王保富与三信律师事务所财产损害赔偿纠纷案。[②] 一审法院认为:律师事务所是依靠聘请律师去为委托人提供服务,从而获取相应服务对价的机构。原告王保富的父亲王守智与被告三信律师所签订代理协议,其目的是通过律师提供法律服务,使自己所立的遗嘱产生法律效力。三信律师所明知这一委托目的,应当指派两名以上的律师作为王守智立遗嘱时的见证人,或者向王守智告知仍需他人作为见证人,其所立遗嘱方能生效。但其在履职过程中并未确保遗嘱的有效性,最终造成原告损失,因此存在过失。

随后三信律师所提起上诉,称律所"代为见证"的是王守智在遗嘱上签字的行为,其在履职中并无过失。二审法院认为:律师在担任非诉讼法律事务代理人时,应当在受委托的权限内,维护委托人的合法权益。王保富的父亲王守智委托三信律师所办理见证事宜,目的是通过熟悉法律事务的专业人员提供法律服务,使其所立遗嘱具有法律

[①] 于佳佳:《医疗资源配置不均衡对医疗过失认定的影响——医疗资源配置的空间性差异和时间性差异两个维度上的展开》,《东方法学》2016年第4期。

[②] 参见《最高人民法院公报》2005年第10期。基本案情为:2001年,王保富之父王守智与三信律师所签订了《非诉讼委托代理协议书》,约定三信律师所代为见证委托人立遗嘱。次年12月9日,王守智去世。王保富于2003年1月起诉要求按照王守智的遗嘱继承遗产。6月30日,北京市第一中级人民法院的终审判决认定:王守智所立遗嘱的形式与继承法律规定的必备条件不符,因此该遗嘱无效,判决王守智的遗产按法定继承处理。王保富因此提起本案诉讼,要求三信律师所赔偿经济损失。

效力。作为专门从事法律服务的机构,三信律师所应当明知王守智的这一签约目的,有义务为王守智提供完善的法律服务,以维护委托人的合法权益。其不完善的法律服务本身即意味着律所的过失。

司法实践对专家义务有更高的标准要求,也即所谓的"勤勉尽责义务"或"合理审慎义务"。其判断标准是通常情境下同一职位或同一行业领域内合格从业人员所应具备的技能与知识。同时,专业人士的行为还需以委托人的利益保护为目的,在履职过程中保持必要的职业谨慎,履行特别的注意义务。

案例 37

付某与某电子公司劳动合同纠纷案。[①] 法院认为:某电子公司绿油工序岗位是具有高危险性的特殊岗位,付某作为绿油工序组长负有监督生产管理,保障绿油工序安全运作的职责,承担比普通岗位员工更高的注意义务。付某在知晓公司规章制度规定,上班时间无手机使用权限者一律不允许使用手机的情况下,仍在上班时间使用手机处理与工作无关的事情,属于严重违反用人单位规章制度的情形,因此公司与其解除劳动合同的行为并无过失。

本案表明,高危特殊职业要避免发生事故重在防患于未然,故高危特殊岗位员工负有较普通岗位职工更高的安全注意义务。

另外,社会身份的加持也会影响行为人注意义务的认定标准,尤其在信息网络环境侵权方面。如我国司法案例中,公众人物在发表网

[①] 参见《江门市劳动人事争议仲裁委员会和江门市中级人民法院联合发布 2017 年度劳动人事争议十大典型案例》案例七,(法宝引证码:CLI.CR.45939304)。基本案情为:付某于 2005 年 6 月开始在某电子公司工作,自 2012 年 3 月 1 日起担任绿油工序组长。2016 年 8 月 24 日凌晨 4 时 30 分,夜班主管巡查时发现付某上班时间趴在办公台上玩支付宝,公司遂以付某违反《员工手册》中"凡是上班时间没有手机使用权限者一律不允许使用手机:如在上班时间用手机聊天、发短信、听音乐、看影片、玩游戏、上网或在厕所听音乐、MP3 等"的规定为由,决定解除与付某的劳动合同。后付某以公司违法解除劳动合同为由,申请劳动仲裁及提起诉讼。

络言论时应承担更大的注意义务，以避免主观言论对他人人格权的侵害。这种更高标准的注意义务产生于社会交互的需要，与专业人员的"合理审慎义务"有相通之处。

案例 38

北京金山安全软件有限公司与周鸿祎侵犯名誉权纠纷案。[①]一审法院认为：周鸿祎并非普通公民，而是金山系竞争对手360公司的董事长，还是微博上被新浪认证加"V"的公众人物。在将个人对于竞争对手的负面评价公之于众时，更应三思而行、克制而为。周鸿祎在微博上拥有众多粉丝，更多话语权，理应承担更多的责任，对于微博上的个人言行及其后果有更为自觉的认识，注意克服自己对于竞争对手主观臆断、意图恶意打压的内在冲动，更加自觉地对自己的言论予以克制，避免因不实或不公正客观的言论构成对竞争对手的诋毁，进而损害其商誉。故周鸿祎对微博言论的注意义务要适当高于普通网民。二审法院认可这一点，并补充称，周鸿祎作为一个"网络老兵"、公众人物，深悉网络传播之快之广，更应谨慎自己的言行。通观周鸿祎微博的前后文，确实读不出其主观上的善意，也不能排除其借助对金山安全公司技术上的指责而获取自己利益的可能性。

由此可见，基于"公众人物""同业竞争对手负责人""网络老兵"等身份头衔影响，行为人在言论表达时被赋予更高的期望，不仅对不

[①] 参见北京市第一中级人民法院（2011）一中民终字第09328号民事判决书。基本案情为：2010年5月25日下午3点左右开始，周鸿祎作为360公司董事长，相继在新浪、搜狐、网易微博发表"揭开金山公司面皮"等数十篇微博，称金山公司曾在微点造毒传毒案件中故意陷害微点恶意作伪证，借机要"岳不群一统江湖"，并使用了"偷鸡摸狗""搞阴谋""作伪证""借刀杀人""暗地里搞动作""至少不会既要当婊子，又要立牌坊"等言辞，还指称金山公司员工道德标准下降极快、排挤老员工、故意偷袭破坏360软件运行等。之后，金山安全公司代表金山软件系企业，称受周鸿祎言论及市场因素的影响，金山软件在2010年5月26日跌幅达到11.9%，市值损失超过6亿元，并就周鸿祎的侵权言论提起名誉权诉讼。

负责任言论的不良后果有所预见，因而要谨慎注意，更进一步地，要求其在发表意见时带有善意，以构建文明诚信的网络言论平台和公平的市场竞争环境。

2. 普通执业人员的注意义务

基于特殊经验和知识产生的注意义务，可能存在于专门的、有较高行业准入门槛的特殊职业，也可能存在于那些仅因长期工作而被要求具备普遍高于外行的知识与技能的人员。因两者在专业知识要求、与委托人之间信赖关系等方面都有所不同，因此注意义务也有所区别。我国司法实践中存在不少认定普通执业人员注意义务的案例。

案例 39

方永平与上海鼎海鞋材有限公司提供劳务者受害责任纠纷案。[①] 法院认为：原告从事该工作已有数年，且一直在切片车间工作，发生本起意外事故之前亦操作过肇事机器，系熟练工，已经不存在被告公司应当对其进行岗前培训的问题。且原告所从事的工作不属于特种作业，在相关行政管理上没有持证上岗的强制性要求。而在审理过程中，原告本人亦认可被告公司曾经张贴过警示告示，提醒过员工注意安全。综合前述情况，原告自身在工作过程中未尽到相应的安全注意义务，采取了不恰当的方式处理机器发生的障碍，造成自身伤害，本身亦存在过失，故应对自身的损害承担部分责任。综合原告自身的过错程度与损害后果的关系大小，法院酌定原告自负 30% 的责任，被告承担 70% 的雇主责任。

[①] 参见上海市浦东新区人民法院 (2013) 浦民一 (民) 初字第 31982 号民事判决书。基本案情为：2012 年 11 月 29 日，原告在被告公司工作过程中发生意外，右前臂被卷进工作的机器中，随即被送往医院治疗。原告主张：自己已经达到法定退休年龄，已享受养老金，与被告构成劳务关系。本起人身伤害事故的发生系因被告在雇佣劳务人员工作时，未采取足够的安全防护措施，也未进行应有的安全教育和岗前培训，以致发生惨剧，被告应对原告承担人身损害赔偿责任。

本案原告是熟练的技术工人,具有专业技能,比一般人对于肇事机器的危险性认知更清楚,且对于其正常操作程序非常熟悉,却没有正确操作导致自己受伤,具有过失。具有专业知识的人,以及因职位需要的熟练工,在该专业或岗位上的注意义务应当高于不具有该专业知识或经验的人。

案例 40

李家英与长阳县水产局损害赔偿案。[①]法院认为:清江水产公司在生产生活水道上设置网箱和固定绳,已造成通行障碍,且网箱固定绳处无警示标志。陈某落水与清江水产公司设置网箱固定绳有直接关系,因此后者应当就其过失承担责任。其次,死者经常往返于被告所属部门设置的网箱区域内,理应小心谨慎驾驶,配备必要的安全设施,依法领取驾驶证照并接受培训,但其均未做到,确有过失,应依法减轻被告的民事责任。

本案即由于死者的特殊身份——经常往返于水产公司设置的网箱区域内的公司员工,熟悉该区域内网箱的设置情况,对其具有的损害危险性有一定的认识,因而对其有较高的注意义务要求。

(四)所处的情境

公共空间的变化要求人们相应调整自己的行为,这是人尽皆知的常识。设想一人住在较偏远的地方,每天带自己的狗出行,对狗的活动一贯放任但从未发生过危险,然而在附近出现一片住宅区后,狗的主人应当认识到狗对他人特别是儿童构成了危险,对狗的看护义务应

[①] 参见湖北省宜昌市中级人民法院判决(法宝引证码:CLI.C.24958)。基本案情为:在政府的批复授权下,清江水产公司经营管理着该县花桥水库 1600 亩养殖水面,为满足库区内交通航线需求,后者投资兴建了一批网箱,周围均用绿色细绳固定。某日原告之夫陈某与往常一般划双桨小船(陈某无证照)上班,当其越过网箱西边的固定绳后落水身亡。因清江水产公司被当地工商局吊销营业执照,原告向法院起诉请求清江水产公司主管单位长阳水产局赔偿损失。

相应增加。正是基于督促社会成员积极采取更安全行为方式之考虑，德国民法典编订委员会将第二次草案中"通常的注意"，提高为"社会交往中必要的注意"。

　　合理注意义务就是一个理性的谨慎之人在具体场合下的动态注意义务，可以因具体场合的不同而增减。具体场合是个变量，也就是说，应有的注意之内容会随场景的变化而变化。理性人标准的意思就是，被告必须使用与已知或可合理预见的危险相称的注意。[1] 在实务操作中，具体什么特殊场合需要考虑，进而适当提高或降低合理注意的标准？通常认为驾车驶入他人的草坪是不合理的，但是如果一个人这样做是为了避免撞上一个突然冲到马路上的小孩时，结论会完全不同。[2] 与之类似，一般认为闯红灯是不合理的，但为了救助突发心脏病的乘客或即将生产的孕妇，则可能会被认定是合理的。所以在处理实际案件时，必须赋予法官适当的自由裁量权，在普通法系国家，这一倾向更加明显。例如 1954 年罗伊诉卫生部长案（Roe v. Minister of Health）中，一位有经验的麻醉师向一位病人注射了纽普卡固剂，因为试剂被污染而导致病人瘫痪，后查明，该污染发生的方式在当时是不能合理预见或发现的。判决结果为麻醉师已表现出了"正常"的能力，因此不构成过失。[3]

　　1981 年怀特豪斯诉乔丹案（Whitehouse v. Jordan）确立了一个规则，一个合乎资格的人在专业问题上的判断错误不等于过失，而且前者并不必然导致后者。该案被告是一名外科医生，过失地使用钳子使正在分娩中的婴儿遭受了严重的损害。初审法院支持原告的请求，理由是该外科医生的职业能力在他应该有的职业能力标准之下。上诉

---

[1] Dan B.Dobbs, The Law of Torts, St Paul, Minn, West Group, 2000, p.303.
[2] Richard L.Hasen, The Glannon Guide to Torts, Wolters Kluwer Law and Business, 2009, p.124.
[3] 徐爱国：《英美判例行为法》，法律出版社 1999 年版，第 82 页。

法院改变了初审法院的事实认定，理由是该医生钳子的运用是他的一种错误判断，而不导致职业过失。在上诉到枢密院司法委员会[①]后，被认定该医生表现出了他应该具有的技能和注意程度，具有普通实践者应该具有的技能和知识。丹宁勋爵结合审判案件的体会，作出很具启发的评价："每当我给出了一个判断，而这个判断后来被贵族院改变，那么是否可以说我是过失了？我没有足够地注意先前有约束力的权威或其它什么？我们每一个人每天都作出了以后被发现是错误的判断，他可能是一种判断错误而不是过失。"[②]

我国法院也有类似的判决。

案例 41

北京市东城区环境卫生服务中心三所与张占义违反安全保障义务责任纠纷案。[③]法院认为：服务三所下雨天在公共卫生间的门口至大厅内的通道处铺设一块地毯，但该地毯的吸水量在一定时间后会饱和，加之游客亦有可能会在地毯两侧行走，因该地毯两侧仍有许多水渍，就需要工作人员更加格外认真负责，及时将地面上的水渍擦干。此外，在张占义摔倒处并未铺设防滑地毯，且确存有水渍。由于服务三所工作人员没有及时将水渍进行清理，导致张占义滑倒受伤，服务三所应承担一定的责任。

[①] 英国在 2005 年宪法改革法案颁布前，没有独立的管辖整个联合王国的最高法院，通常由英国议会第二院即贵族院（House of Lords）兼任最高法院，枢密院司法委员会（the Judicial Committee of the Privy Council）也行使最高法院的部分职权。

[②] 徐爱国：《英美判例行为法》，法律出版社 1999 年版，第 83 页。

[③] 参见北京市第二中级人民法院(2014)二中民终字第 04952 号民事判决书。基本案情是，2013 年 7 月 9 日下午，原告到天安门东侧的公共厕所内方便时摔倒，造成身体受伤。事发当天下雨，原告穿着塑料拖鞋。庭审中被告向法院提交的事发当天的现场照片，显示其已在原告摔倒前在卫生间的门口通向大厅的通道处铺设一块红色地毯，同时还设有"小心地滑"的警示标志。但被告提交的照片中清晰可见红色地毯两侧仍有许多水渍，大厅内及卫生间内均未铺设任何防滑地垫。

本案所处的特殊情景是，事发当天为雨天，因此服务机构对其提供服务的场所，更应倍加注意及时清理水渍，防止客人滑倒摔伤。这就是因特殊的情境而给行为人赋加的特别注意义务。

四、经济成本效益标准

当事人就是否尽到合理注意发生争议且均提出相当证据时，作为兜底规则，法官可以适用"成本效益法"。该标准由经济分析法学派提出，在英美法上将其作为过失认定的辅助性标准。基本规则是，对于可预见的一项损害，当事人付出合理的成本仍无法实现对损害的预防，则无需承担避免此种损害发生的义务。该方法解决两个问题：第一，判断成本与效益之间的关系，即付出努力的大小与避免损害的概率，或者说是否具有更为有效的替代性措施，以及自己的负担是否过重。第二，根据成本与效益之间的关系，判断当事人是否有过失。

该标准是近代以来英美法的理论贡献。适用该方法进行判案的是美国联邦最高法院的汉德（Learned Hand）法官。1947年他在审理美国诉卡罗尔拖船公司案（United States v. Carroll Towing Co.）时，提出了著名的"汉德公式"。在本案中，游艇的所有人将其游艇停泊在港口以后，因无人照看致使游艇脱离泊位，与其他船只相撞并造成其他船只损害。汉德认为，本案的关键问题是游艇所有人是否有义务留人照看游艇，由此决定其是否有过失。汉德法官根据三个变量的数据大小比较来决定这一点：游艇因无人照看而离开港口的可能性（设定为 P，即意外发生的可能性）、游艇脱离港口可能造成的损失（设定为 L，即意外所造成的损害）、派人照看游艇所支出的费用（设定为 B，即为预防损害或为避免意外所应负担的成本）。如果 $P \times L > B$，则行为人存在过失，反之，如果 $P \times L < B$，则行为人不存在过失。

"汉德公式"得到了美国侵权法的确认，第一次和第二次的《美国侵权法重述》都规定了该标准及具体适用方法。第二次重述第291条规定，从一个理性人角度来看，当其可预见某一行为会对他人造成伤害时，如果该风险极大，超过了法律认可的该行为所带来的收益，该风险就是不合理的，该行为便存在过失。第292条规定，在确定行为人的收益时，应考虑以下因素：第一，法律认可的该行为所保护和促进的利益；第二，该行为所保护和促进的利益的概率大小；第三，其他危险性更小的行为对该利益保护和促进的概率大小。

"合理的注意"不是绝对杜绝一切风险的注意，否则就不是行为义务而是结果保证了。例如夜里开车通过亮起尾灯避免后车与自己相撞的危险，雨雪天在户外台阶上铺设地毯减少行人滑倒的危险，银行或电信局发放号码，按照号码顺序办理业务，减少顾客发生混乱及争执的危险。但危险只是减少，并没有完全消失。行为人有权分配自己的资源于不同的合法目的，而不是全部用于保护他人安全。运动场的观众除非被安排在玻璃罩里，否则难免被赛场上失手的球击中，然而对一切竞赛场所提出须安装玻璃罩的要求，超出了场所经营人的负担，使带罩场所失去了存在的可能性。相反，如果某一替代性措施的采纳不会给当事人造成很大的负担，同时又会起到很好的损害防范效果，那么当事人就应当采取这一措施，否则即为未尽合理注意。

1856年英国上诉法院审理的布莱斯诉伯明翰自来水公司案（Blyth v. Birmingham Water Works Co.），即运用了成本效益标准。1855年冬英国十分寒冷，使原本正常埋设的自来水管道发生冻裂，致原告的房屋受损，于是原告起诉自来水公司要求其承担损害赔偿责任。该案的关键问题是被告应加大成本将自来水管道埋得足够深以防止被冻裂，还是根据成本效益标准，对该冰冻事实的概率作出具体判断。两审法院的意见不同，一审法院认为自来水公司没有履行适当的注意义务（即预防冻裂事件的发生），应负赔偿责任。上诉法院却认为，1855年的冰冻前所未有，以往埋设在这一深度的自来水管没有冻裂，本案发生的概率极低，甚至是百年不遇，让自来水公司把管道埋得更深，将使花费大大增加。因此上诉法院推翻了一审判决，判定自来水公司没有过错。在另一案中，①一个16岁男孩在被告废弃的装满水的露天矿坑里游泳时，撞到隐蔽在水下凸起的物体而严重受伤。法院认为被告能够预见到孩子们可能会跑到其废弃的矿坑里游泳，应控制这个可能发生危险的地方，却没有采取有效的防护措施，整个水面只要用1.2万—1.4万美元的钢丝网就能封闭起来，与小孩受伤害的危险比较起来，这一成本微乎其微，故作出有利于原告的判决。

当然，成本效益的分析并非完美，正如王泽鉴所言："侵权法的理念在于维护个人的自由并合理地分配损害，不是纯粹的经济方程式，也不是仅为成本效益的微积分，不能使侵权法上善良管理人成为冷血、精于计算的经济人。"②因此在应用时应当清楚这一点。

借助于成本效益分析我国的一个判例，可以看出法院的判决并非合理。

案例42

黄永超等与曾永荣等机动车交通事故责任纠纷案。③法院认为：受害人黄振未经许可进入高度危险的高速公路行车道内行走，遭受

---

① 〔美〕理查德·A.波斯纳：《法律的经济分析》，蒋兆康译，中国大百科全书出版社1997年版，第215页。
② 王泽鉴：《侵权行为法》（第一册），中国政法大学出版社2001年版，第263—264页。
③ 参见广西壮族自治区百色市中级人民法院(2015)百中民一终字第70号民事判决书。基本案情是：2013年3月22日凌晨2时许，被告曾永荣驾驶某大型卧铺客车行驶时，车辆碰撞到在高速公路行车道内行走的黄振，造成其当场死亡。公安机关认定黄振应承担事故的全部责任。原告诉称，受害人黄振精神正常，没有自杀倾向，其在高速公路上行走，负事故的主要责任。但事故发生路段设置为两车道，受害人在其中一车道内行走，被告曾永荣在车辆稀少和发现前面有行人的情况下完全可以避让，但没有采取措施导致事故的发生，应负事故的次要责任。被告广西坛百公司作为高速公路的管理人，没有尽到安全防范责任，放任行人在高速公路上行走，应负事故的次要责任。

交通事故身亡,是自身未履行谨慎行为义务所致,应负事故全部责任。被告深圳综安公司系肇事车辆车主,也是曾永荣的雇主,根据道路交通安全法第76条第1款第(二)项规定,①应当对原告的损失承担10%的赔偿责任。被告广西坛百公司系事发路段的管理人,虽然本案交通事故系因行人黄振违规进入高速公路引起,但广西坛百公司负有保证高速公路畅通的法定义务,行人能够进入并在高速公路上行走,证明其管理存在瑕疵。该公司未能在合理范围内尽到安全保障义务,对事故的发生存在一定的过错。根据案情实际,酌情由该公司承担15%的赔偿责任。

本案涉及的核心问题是,行人在高速公路行走而发生车祸死亡,高速公路管理者是否违反了安全保障义务?从成本效益角度分析,高速公路蔓延千里,如果依赖于高速公路公司派人管理以防止行人进入,其成本特别巨大,而管理收益非常有限,因为行人进入并在高速公路行走的概率极少,因此,只要高速公路有基本的安全设施,比如护栏,把高速公路与其他区域隔开,就尽到了必要的注意义务,无需派员专门巡查防止行人进入。本案中高速公路公司作为高速公路管理人,已经采取了必要措施并尽到警示义务。其在上诉时称,在3月21号的养护巡查不可能覆盖到3月22日凌晨,而3月22日的养护巡查也要到正常工作时间才开始。法院判决该公司有过错,等同于要求高速公路管理人不间断进行巡查,显然有悖常理。

---

① 该项规定:"机动车与非机动车驾驶人、行人之间发生交通事故,非机动车驾驶人、行人没有过错的,由机动车一方承担赔偿责任;有证据证明非机动车驾驶人、行人有过错的,根据过错程度适当减轻机动车一方的赔偿责任;机动车一方没有过错的,承担不超过百分之十的赔偿责任。"

第九章 不确定法律概念具体化的方法——法律解释

第一节 传统司法三段论之弊及其克服

一、传统司法三段论之弊

法律推理是需要语言作为工具媒介的，某种意义上可以把法律推理看作一种特殊的"语言游戏"，其存在"异质性"问题。事实上，如果法官就某一案件可以选择不同的法律规范，或者就某一规则可以有不同理解，那么单纯的司法三段论推理就存在理论困境：无法充分论证自己的判决与依据其它不同法律规范或解释所形成的判决相比，更加具有可接受性。

大陆法系的法律推理形式严格承袭"司法三段论"，即法官运用"大前提—小前提—结论"的模式对案件进行裁判，以形式逻辑的完整和严密保障法律的客观稳定和案件的准确裁判。需要指出的是，法官依据事实寻找法律规范，进而得出结论的法律推理形式，其正当性仅仅得到了法律体系内在合理性的支持，也即仅仅满足大前提、小前提、结论之间的逻辑关系。固然具有一定的正当性，但不可回避的缺陷是单纯的法律体系内部合理性，无法满足公众对法律裁判可预见性和可接受性的需要。

　　法官为何选择某一法律规范作为大前提，为何认为某一事实符合大前提中的事实要件，这些至关重要的考量因素都无法在形式逻辑中得到体现。司法三段论的形式推理，表面上的严谨往往只是一种假象。对前提的选择在很大程度上取决于法学家的直觉，这会使结论变得不确定。实际来看，推理前提的选择是否合理并不必然影响推理形式的有效与否。波斯纳主张区分司法三段论的推理有效性和真实可靠性，其中后者关键取决于大小前提的真实性。[①] 如果把法官裁判案件看作是一个探究真理性结论的过程，那么司法三段论的功能在于展示推理过程的逻辑性而非结论的理性。

　　尤尔根·哈贝马斯（Jürgen Habermas，1929年出生）提出了重构现代性的理论，"交往理性"是其现代性重构的核心概念，不仅在哲学上论证了"语言游戏"中达成共识的可能性，同时提出了具体的方法论。"我所说交往行为是有符号协调的互动，它服从的是必须实行的规范，这些规范决定交往双方之行为，而且至少被两个行为主体所理解、承认。"[②] 他认为，人们在交往行为中应当建立某种合理化标准，即交往理性。其类似于康德道德法则中包含的形式主义特征，强调交往程序和合理规则，脱离对话的具体内容，聚焦于对话的有效性，本质上是一套促使交往者在对话过程中达成一致与相互理解从而获得共识的程序性操作规则。"一个交往性的、成功的言语行为除了语言学表达的可领会性外，还要求交往过程的参与者准备达到理解，要求他们高扬真实性、真诚性和正确性等有效性要求，并且相互地予以满

[①] 〔美〕波斯纳：《法理学问题》，苏力译，中国政法大学出版社2002年版，第55页。
[②] 傅永军：《哈贝马斯交往行为合理化理论述评》，《山东大学学报》（哲学社会科学版）2003年第3期。

足。"① 进而，哈贝马斯指出交往行为要达到合理化，必须遵循三个有效性的要求：即陈述的真实性、遵循规范的正当性和表达自我的真诚性。② 这些标准充分说明了交往行为在符合一定的表象逻辑论证之外，还需要对于逻辑论证所依据的内容进行合理性论证。

法律推理可以被看作是一种法官与当事人之间达成对案件裁判结果合理性认同的交往过程。依据哈贝马斯的"交往理性"理论，法律推理的形式逻辑体系固然重要，但同时还需要建立一套被不同主体普遍接受的、具有合理性的用以论证形式逻辑所依据内容正当性的解释程序和标准。他尝试用严格规范的司法程序来保障法的整合性，而非依赖于具有高超法律水平的法官。对于法官而言，其并非直接通过自己的行为参与"交往"的过程，而是间接介入案件的其他社会成员的代表，因此在适用法律规范时，不能滥用个人主观判断，而是应当适用社会成员在过去有关规范的证成和解释中已经达成一致的规则。实际而言，法律仅仅提供一种可供解释的结构，最终具体含义由解释者在法律结构中的解释行动和解释者之间的互动交流所决定。③

就法律推理而言，司法三段论的危机根源，就在于人们过于注重推理形式及其规则，而忽视如何证明大小前提的正当性。针对这一问题，有学者开始对传统司法三段论进行整体反省。而反思的核心就在于如何解决传统司法三段论表面确定性背后的内在不确定性。④ 如果说立法仅仅建立了形式上的正当性，那么在司法领域就需要个案中的法律论证，来实现判决从形式上的正当性到实质上正当性的飞跃。法

---

① 〔德〕尤尔根·哈贝马斯：《交往与社会进化》，张博树译，重庆出版社1989年版，第32页。
② 王学敏：《论哈贝马斯对现代性的重构》，首都师范大学出版社2008年版，第134页。
③ 刘宏宇：《法律解释客观性的追问》，《法学论丛》2007年第6期。
④ 〔德〕阿图尔·考夫曼：《法律哲学》，刘幸义等译，法律出版社2011年版，第132—133页。

律只有在被阐释中才能显现出其实践本性。法官并非"法律的自动售货机",机械地将法律套用在事实中,而是推动概念中的法律实践化、具体化。[1] 从这个意义上说,法律活动从注重立法转向注重司法的法律论证,是法律理论与实践发展的必然趋势。

一个充分的法律推理需要满足两个必要条件:一是法律结论必须遵循论证过程的大小前提逻辑,并由其推出;二是大小前提须真实有效。三段论法作为一种论证范式,过分简化了实际进行的论证,隐蔽了论证的复杂性。以考夫曼(Arthur Kaufmann,1923-2001)为代表的诸多学者已经将关注的重点从形式逻辑本身,转移到如何规范形式逻辑进而保证其结论的可接受。这种努力的成果是,在法律论证理论中,法学家们开始将论证与形式逻辑区分开来,论证过程被分为内部证成和外部证成,努力让法律论证过程清晰化与精确化,并将外部证成放到突出位置,试图通过某种普遍公认的方式去阐释论证过程的正当性,以此限制法官个人的恣意擅断。

二、法律推理的证成

内部证成与外部证成所要解决的核心问题,在于对所做出的法律裁判结论进行正当性说明,二者的区分点在于所采用的基本方法和路径不同。内部证成侧重于通过法律规范内部逻辑性、正当性来实现目的,与之相反,外部证成则需借助于法律之外的其他因素,来论证裁判时法律规范的选择及事实认定的正确性。

当代大陆法系学者中,首先对内部证成与外部证成进行区分界定的是波兰学者符卢勃列夫斯基。[2] 之后两大法系的学者在继承其思想

---

[1] 谢晖:《法理学:从宏大叙事到微观论证》,《文史哲》2003年第4期。
[2] 焦宝乾:《内部证成与外部证成的区分》,《浙江学刊》2009年第4期。

的同时都进行了各自的丰富和发展。大陆法系学者中,芬兰法学家阿尔尼奥、德国法学家阿列克西(Robert Alexy,1945年出生)区分了法律判决的内部证成和外部证成。瑞典法学家佩策尼克区分了"语境充分的法律证成"和"深度证成"两个概念。英美法系学者中,英国学者麦考密克区分了"演绎证成"和"次级证成"。[①] 美国法学家沃瑟斯特姆则提出了"二阶段正当化程序理论"[②]。

我国传统的法理学研究并没有明确区分内部证成与外部证成,而是严格遵循所谓"涵摄"理论,在观念上做出如下理论预设:在个案中,事实和法律是两个各自独立的领域。事实是客观的,法官有足够的能力通过理性对事实加以认知,完全地了解事实真相;法律是无内部冲突的完美逻辑体,法律规范与事实之间存在一一对应关系。法官仅需确定案件事实,并将其涵摄于与该事实相对应的条文进而得出法律结论即可。[③] 这种建立在简单形式逻辑基础之上的理想化预设,长期以来深刻地影响着我国的司法实务。

近年来,国内学界在对外交往的过程中,借鉴了国外关于法律推理的研究成果,改变了以往纯粹形式逻辑的思考模式,认识到法律推理不仅是一个逻辑过程,还必然包涵经验性的认识。法律结论并不必然绝对正确,法官要做的是在诸多可能的法律推理中,依据普遍可接受的标准去选择相对正当的一个。如此,区分内部证成与外部证成的思想逐渐被学界所接受。例如有学者认为,在处理事实和提出案件问

---

① 〔英〕尼尔·麦考密克:《法律推理与法律理论》,姜峰译,法律出版社2005年版,第74页。
② Richard A. Wasserstrom, *The Judicial Decision: Toward A Theory of Legal Justification*, Stanford University Press, 1961, p.34.
③ 郑戈:《法律解释的社会构造》,载梁治平编:《法律解释问题》,法律出版社1998年版,第66—67页。

题、寻找规范、分析事实构成、构建大前提之间存在往返流转。[①] 这种观点实际上承认了内部证成与外部证成的区分，将处理事实和提出案件问题、寻找规范、分析事实构成、构建大前提等一系列问题看作是外部证成，而将传统的司法三段论看作是内部证成。此外从判决的正当性角度提出了区分内部证成与外部证成的问题。[②]

（一）内部证成

法律论证理论认为，某一法律证成只有在可被重构为逻辑上有效的论证时，才能被认为是可接受的。因此三段论推理作为一种有效推理形式，一直在法律论证中发挥着重要作用。理论上这种推理模式被称为"涵摄"，即将法律规范作为大前提，将具体的案件事实作为小前提，最后依逻辑演绎的方式得出结论。在当代德国，评价法学派将涵摄理论进行了拓展。评价模式中通过涵摄简单地推出结论的观点被淡化，强调在认定事实及选择法律规范时，必须有价值判断和利益衡量，同时这两个过程呈现交错和相互促进、相互肯定的特色。拉伦茨将之称为"确定法效果的三段论法"，相对于传统的三段论，这种对裁判过程的描述更接近实际。

当法律论证成为法律方法研究的热点之后，人们逐渐发现上述推理模式自身所具有的缺陷。三段论的缺陷主要在于其所运用的逻辑符号不能合理恰当地分析法律适用过程的重要特征，有时也无法恰当地得出结论。拉伦茨也认为，"确定法效果的三段论法"尚不能精确规定法效果，只是划定一个仍须继续填补的范围而已。[③] 因此在具体

[①] 郑永流：《法律方法阶梯》（第四版），北京大学出版社 2020 年版，第 54 页。
[②] 王夏昊：《法律决定或判断的正当性标准——以法律论证为视角》，《法律方法》2008 年第 2 期。
[③] 〔德〕卡尔·拉伦茨：《法学方法论》，黄家镇译，商务印书馆 2020 年版，第 350 页。

个案中，法官需发挥主观能动性进行相应的评价和判断。法律论证实则是在批判地继承三段论推理模式的基础上形成的法律方法。虽然在论证上逻辑三段论依然构成法律论证的重要方法，但三段论推理的重心已然从对确定性结论的寻求，转向对做出决定或判断的过程与结构的分析，即法律论证过程的理性重构。

德国学者阿列克西对内部证成与外部证成的研究较为严谨周密。他认为，内部证成处理的问题是，判断是否从为了证成而引述的前提中逻辑地推导出来；外部证成的对象是这个前提的正确性问题。① 单纯的司法三段论终归仅能解决一些简单的法律问题，而面对例如"法律规范的陈述允许有多个解释"等较为复杂的情况时则显得力不从心。内部证成有两条规则：其一，需要尽可能多地展开逻辑推导步骤，使某些表达无人再争论。其二，应尽最大可能陈述逻辑的展开步骤。这种做法的目的主要是希望通过细化并展开论述推理步骤，在一定程度上缩小可能出现争议的范围并使其明确化，为外部证成打下良好基础。

（二）外部证成

在阿列克西看来，如果推理的前提是清楚的、众所周知或不证自明的，那么运用简单的形式逻辑就可得出可接受性的结论。但如果大小前提本身就不够明确，或具有争议性，那么问题就变得复杂了。内部证成固然对生成裁判可接受性起到重要作用，但相比之下，外部证成的作用更大，也因此成为法律论证理论的核心。② 外部证成的任务是探讨内部证成中为何采用该大前提、为何如此解释该大前提的原因及其正当性，其实质在于对前提本身做出可接受的界定。法律作为一

---

① 〔德〕罗伯特·阿列克西：《法律论证理论》，舒国滢译，商务印书馆2020年版，第277页。
② 同上书，第289—291页。

门社会科学，无可避免地涉及价值判断。而学界越来越关注外部证成问题，则凸显出当代法学已开始超越传统的唯逻辑论。

至于在何种条件下有必要进行外部证成，有不同的观点。博登海默从法官裁判时可能面临的情形入手，认为法官在具体的裁判过程中，有必要运用辩证推理来论证大小前提正当性的情形主要有三种：其一，法律未曾规定简洁的判决原则的新情形；其二，一个问题的解决可以适用两个或两个以上互相抵触的前提，但却必须在它们之间作出选择的情形；其三，尽管存在着可以适用于该当案件的规则或先例，但是法院考虑到该规则或者先例在此争议事实背景下尚缺乏充分根据，而拒绝适用它的情形。[1]而阿列克西则从区分大小前提的类型入手，将外部证成的前提分为实在法规则、经验命题、既非经验命题又非实在法规则。[2]对于第一类前提而言，一般只须认定其符合法律的形式即可，但在特殊情况下，也须对其内容进行论证以确定其是正确的；对于第二类前提的证成，主要针对诉讼上事实的认定与证明；第三类前提的证成是法律论证的重点，其方法主要囊括传统的法律解释、经验论证、应用先例论证等论证形式。

因此，外部证成的最直观体现就在于做出论证的最终依据通常并不确定。如果说在内部证成中，细化推理步骤并尽可能充分展示推理内容，能够有助于逼近问题的核心，那么在外部证成中就不必用类似的手段。为了尽可能减少这种论证的不确定性，往往希望采用某种具有可接受性的解释论证模式。

---

[1] 〔美〕E.博登海默：《法理学：法律哲学与法律方法》，邓正来译，中国政法大学出版社2017年版，第519页。

[2] 〔德〕罗伯特·阿列克西：《法律论证理论》，舒国滢译，商务印书馆2020年版，第289页。

第二节　外部证成中的不确定法律概念

一、外部证成对不确定法律概念的内涵界定

外部证成的任务是探讨法律裁判中为何采用该大前提、如何解释所采用大前提的正当性，而对这些问题进行合理解释，就首先要对前提本身做出可接受的界定，而最为要者是界定三段论推理大前提的法律含义。只有如此，法官才有可能用大前提去衡量现实中的行为，最终得到合乎法律并且具有可接受性的法律结论。但事实上，这种看似简单的司法过程在实践中面临诸多难点。其中法律规范中的不确定性概念是法官裁判的一个较为普遍的难题。

在外部证成中，在界定不确定法律概念时，大小前提的证成是有区别的。大前提（即法律规范）一般包含假设、行为模式和法律后果三部分，其中涉及的不确定法律概念是观念意义上的，它从一个角度表明了抽象规则的适用条件、适用方式和法律效果；而小前提（即案件事实）一般是以"事实 X 符合规范 Y 所规定的条件"的形式存在。与大前提不同，小前提中涉及的不确定性概念是现实具体的，它表明法官在何种具体情况下能够适用法律规范。简单地说在外部证成中，对于某一不确定法律概念而言，对大前提的证成说明了该概念的内涵，即"它是什么"的问题；对小前提的证成说明了该概念的外延，即"什么是它"的问题。因为大前提的性质存在差异，因此这种区分特别有意义。大前提性质的不同会导致推理过程侧重点的不同。具体来说，如果大前提是内容较为明确的法律规则，所使用的法律概念的内涵和外延都是确定的，那么法官就无须进行特别的解释，直接根据三段论即可得出结论；如果法律规则中存在内涵相对确定、外延不确定的法

律概念,那么只需在对小前提进行证成,论证为何该案件事实应该被纳入该不确定法律概念的外延之中;在例外情况下,如果大前提是内容并不明确的法律原则,那么就特别需要论证,因为在成文法系国家,只有在适用法律规则难以实现个案正义的情形下,才能抛弃法律规则而适用法律原则。要适用法律原则,法官先要论证包括不确定法律概念在内的法律原则的内涵。

总体说来,如果欲适用的法律规范当中存在不确定法律概念,就面临着对这一概念的内涵界定,在这一过程中,大小前提的解释和认定是相互促进、相互配合的。对大前提中不确定法律概念的解释,并不是在一般意义上进行非常宽泛的解释,不能脱离小前提的特殊情况,而必须时刻关注小前提的特殊因素;反过来对小前提的认定,一定是结合大前提的要件,看其是否符合大前提中不确定法律概念的外延。

二、追求法律解释的客观性

探讨不确定法律概念问题,就在于探究如何让本不确定的法律概念在具体案件中确定化、具体化,而完成这一跨越的核心力量就是法官在司法理性支配下的自由裁量权。人们相信法官有足够的能力立足自己的认知和经验,通过充分合理的法律推理,在证成过程中实现这一目的。但是法官的自由裁量权也并非万能,"同案不同判,同法不同释"的司法乱象使得人们不得不发出这样的追问——本不确定的法官自由裁量权是否能够担当起不确定法律概念具体化的重任?这个尖锐而富有颠覆性的问题也许在理论上是一个值得研究的问题,但在现实中却是一个不折不扣的多余命题,因为人们尚不能找到一个合理可行的替代方案。于是这个问题就由一个"是否"问题演变为一个"如何做"的问题,即法官如何恰当地运用自由裁量权,使不确定法律概念确定化。具体的法学方法上，就是法官如何在外部证成中通过法律解释恰当界定不确定法律概念。

在法律解释过程中一直存在这样的冲突："即一方面是严格按照法律规定进行解释，维护法律的安定性，追求法律解释的确定性。另一方面引入人之作为主体的价值判断，用法律解释的形式追求案件的公平与正义，以求法律的妥当性，追求法律解释的可接受性。这种差异表现为法律解释的合法性要求与合理性要求、稳定性与灵活性、确定性与非确定性、客观性与主观性之间的矛盾与张力。"[①]

在法治社会，法官的自由裁量权必然要得到合理限制，所以在法律解释问题上，追求法律解释的客观性无可厚非，但在如何理解"客观性"的问题上认识并不一致，大体可以分为过程客观性和结果客观性两大派别。德沃金（Ronald Myles Dworkin, 1931-2013）在结果客观性道路上走得最远。在他那里，法律解释的"客观性"不仅是指解释过程中所采用的法律方法的科学性、统一性，更重要的是指解释结果的"唯一性"，即所谓"唯一正解"。在他看来，法律是一个帝国般的"封闭完美的体系"，不存在法律漏洞，法官总是受到法律的限制，在每一起司法裁判中，甚至在疑难案件中，都存在法官必须遵奉的确定无疑的标准，这个标准可能是具体的，也可能是抽象的，因此一定会找到恰当的法律答案，不管在技术上有多困难。发现正确答案的途径是借助司法技术。[②] 而有的学者则赞同解释过程的客观性。例如，波斯纳在其名著《法理学问题》一书中提到，在法律的现实和适用中，并非不存在普适的共同因素，不过这种共同因素是人们对成本和收益关系的计算，是人们对幸福生活的追求，"以成本和效益为核心的经

[①] 刘宏宇：《法律解释客观性的追问》，《法学论丛》2007年第6期。
[②] 姜保忠：《德沃金"唯一正解"理论及其对司法过程的启示》，《河南社会科学》2011年第4期。

济学方法,对于法律诠释而言是有效的,从某种意义上讲,也是能够达致法律诠释的客观性。"[1]

20世纪60年代以来,随着哲学解释学在法学领域的应用,逐渐形成了与法律解释客观主义相对的一种折中式的法律解释目的范式。该学派的基本立场是认为法律解释是立足于客观的,但是难以摆脱主观影响。例如海德格尔(Martin Heidegger,1889-1976)就提出,把"解释"重新置于特定历史背景的大环境中,认为从人的存在意义上看,主体不能在没有先见的精神状态中开始认识与理解,解释活动本身应是一种扩大的生活的创造性活动。他认为,为了正确把握法律规范的真正内涵,解释者需要知悉法律的历史意义,但是也不能将自己束缚在立法者的原本意思当中,必须承认立法之后社会情势所发生的变化,承认解释者在理解文本的基础上有所创造。[2] 加达默尔(Hans-Georg Gadamer,1900-2002)也指出,任何解释和理解都具有历史性,解释者所处的特定社会环境、人文修养,决定了他对法律文本的基本理解。每个人都是历史的,个人不可避免地接受了历史给予他的"先见",并成为理解问题的基础。不论"先见"是否正确,一方面无法回避,另一方面构成任何认识的基础。基于此,加达默尔认为"合法的偏见"是值得肯定的。同时他认为法律解释既不是解释者原有的"先见",也不完全是作品或历史的原有内容,它应当并且只能是给人新增添的东西。[3]

法律解释是一个主客观相融合的创造性过程。在司法实践中,法

---

[1] 谢晖、陈金钊:《法律:诠释与应用》,上海译文出版社2002年版,第33页。
[2] 郑永流:《出释入造——法律诠释学及其与法律解释学的关系》,《法学研究》2002年第3期。
[3] 〔德〕加达默尔:《真理与方法——哲学诠释学原理》(上卷),洪汉鼎译,上海译文出版社1999年版,第419—335页。

律解释必然受到法官主观性因素的影响,但这绝不意味着可以不追求法律解释的客观性,关键是对客观性应有新的认识。所谓的"客观"并不是指解释的内容完全符合某一客观存在的观念,而是指解释过程中所考虑的因素、运用的方法、遵循的规则要符合某种脱离于法官主观意志之外的,被广泛认同和接受的标准。其客观性并非一成不变,而是与时俱进的。法律解释既不是机械式的严格解释,也不是恣意妄为的自由解释。法官在对法律进行解释时,在受到一些因素制约的前提下有自由发挥的余地。所以应该强调从方法论上建立一套较为科学且具有可接受性的外部证成的规则,在尊重法官自由裁量权的同时,对法官进行必要的约束,使其在外部证成,特别是对法律规范及不确定法律概念进行解释的过程中,能够妥善协调法律解释中的内在矛盾,进而追求法律解释的客观性。

第三节 不确定法律概念解释的方法论

通过规范解释的方式去限制法官的自由裁量权,进而规范不确定法律概念的"歧义性"与"模糊性",是司法过程中适用不确定法律概念的实践意义。在这些概念具体化的过程中,法律解释与价值补充是同一个过程的两种表述。[①] 基本操作模式是:面对一个具体的个案,决定含有不确定法律概念的某一条款的具体内涵(其实最关键者为不

---

① 对此存在不同的观点。德国学者默勒斯认为,确定法律规则具体内容的法律解释,应当是第一个工作步骤,但概念越是不确定,解释就越发困难,其中的危险是,人们可能会妄加解释出一些概念所根本没有包含的意义。通常而言,不确定概念和一般条款过于模糊,以致凭借传统的解释模型已然无法确切地完成工作,因此在传统的解释之外,必须再实施进一步的工作步骤,即具体化。换言之,他将具体化作为法律解释难以达成目的时的必要的、处于第二位的工作步骤。〔德〕托马斯·M.J.默勒斯:《法学方法论》,杜志浩译,北京大学出版社 2022 年版,第 413 页。

确定法律概念的内涵与外延），以便确定该条款是否为处理当下案件的该当条款。换言之，不确定法律概念的解释，是取向于具体个案确定概念的内涵与外延，决定个案事实是否可以被该概念涵摄。在这个过程中，需要交互审视该不确定法律概念与个案事实。

一、不确定法律概念的解释功能

从法律语言学的视角看，法律规范不是规范语句（即法律条文）本身，而是其所表达的意义，这种意义是通过解释法律规范才能表现出来，因此解释是一种媒介活动。正如德沃金所言："法律是一种阐释性的概念。法官们应当通过解释其他法官判断法律是什么的做法，判断法律是什么。"[1]可以说，对法律进行必要解释是法律工作的必然要求。司法中法律解释的真正目的在于明确"案件问题"，即在规范假设的基础上找到可能有关的规范和抽象的法律后果。[2]旺克特别强调将法律规范的构成要件分解为具体要素来处理，"首先通过将构成要件分解为具体的构成要件要素的方式对其加以裁剪"。[3]而不确定法律概念恰恰是重要的构成要件要素，从这个意义上说，不确定法律概念的解释，就是查明其在法律中的意义。[4]

因语言本身所具有的模糊性和歧义性，规范语句很可能被解释成不同的意义，但是法律的权威要求法官对请求裁决的法律问题必须进行具备排他性的裁判，因此法官在进行法律解释时，也只能是在诸多可能的含义中，选择在其看来最恰当的一种。为了追求这种解释过程及其结论的相对确定性（即法律解释的客观性），就应当构建一套法律

---

[1] 〔美〕罗纳德·德沃金：《法律帝国》，上海三联书店2016年版，第321—322页。
[2] 〔德〕罗尔夫·旺克：《法律解释》，蒋毅、季红明译，北京大学出版社2020年版，第9页。
[3] 同上书，第22页。
[4] 同上书，第24页。

解释的标准和规则，以限制法官的自由裁量权。如果法律解释的结论是依照一套普遍承认的法律解释规准[①]得到的，那么该解释至少具有形式意义上的正当性。法律解释规准是用于确定怎样理解、如何应用法律渊源的规准。从法律证成的角度看，通过法律解释并非为了寻找裁判案件的具体法律规范，实际上依赖于法律解释也无法寻找到恰当的规范，因为某一特定法律体系下往往不止有一种解释方法，究竟有多少种解释方法尚未形成共识，况且对于某一具体法律规范，应用不同的解释方法往往会得出两个以上的结论，如何判断其正确性？因此找法的工作主要依赖于法官的个性、直觉、本能、创造性想象等非理性因素，而法律解释的功能则在于证立。[②]即解释的具体方案是次要的，重要的是对解释确证即正当性的基本理由的追寻和理解。[③]"法律解释的问题不在于发现对文本的正确理解，而在于为某种具体的司法作法提出有根据的具有说服力的法律理由。"[④]法律解释规准作为一种转换规则，证成了某种法律解释结论，它建立起了从文本意义上的法律规范到具体案件中的法律规范之间的正当性桥梁，这在很大程度上减少了法官武断的、非理性的、不合理的解释法律渊源，提高了法律

[①] 阿列克西的《法律论证理论》将通常意义的解释方法表述为"解释规准"，强调其最重要的一个任务是对这个解释的证立。然而，它们的功能并不限于这一点。它们还能够直接用于非实在法规范的证立以及大量其他法律语句的证立。〔德〕罗伯特·阿列克西：《法律论证理论》，舒国滢译，商务印书馆 2020 年版，第 294 页。在法律论证架下，各种解释方法的作用不在于解释发现法律规范面对具体个案时的不同含义，而是证立某种已经持有的解释结果的正当性。与之相对，一般意义的解释方法提供的是各种不同的解释形式或方式，以使解释者能够在这些逻辑有效的形式中重构他所持有的某种观点。

[②] 侯学勇：《法律解释方法的证立功能与司法能动主义》，《华东政法大学学报》2010 年第 1 期。

[③] 刘星：《法律解释中的大众话语与精英话语》，载梁治平主编：《法律解释问题》，法律出版社 1998 年版。

[④] 苏力：《解释的难题：对几种法律文本解释方法的追问》，载梁治平主编：《法律解释问题》，法律出版社 1998 年版。

适用的确定性和可预测性，遵循了"相同问题相同处理，不同问题不同处理"的制度价值。对于法律解释规准的效力，法律人因其特殊身份和道德地位与品格，需要将法律解释规准作为一种理性而非权威的理由，"约定俗成"地遵守或适用。法律人需要假定法律解释规准作为一种法律实践所必须预设的前提，拥有先验的正当性。

当然，这种形式意义上的正当性只是初始的正当性，一个正当的法律解释除了需要形式正当性之外，还特别需要内容的正当性。法律解释规准本身并不囊括确定的法律规范内容，而仅仅是提供一种指导视角。因解释者所接受的法律解释规准不一，所以即使存在解释规准，也很难消除解释的随意和非理性。事实上，司法实践中根据不同的解释规准对同一法条进行解释，往往会得出迥异的结论。这就存在一系列问题：在具体案件中，法律人应该选择哪一种解释规准？做出这种选择的理由又是什么？回答这些问题需要法官对法律解释规准的选择进行深入论证。正如阿列克西所言："不同形式的论述在讨论某个（具体）问题的框架内可能导致完全不同的解决方案。因此，在使用这些解释规准的过程中将产生双重的不确定性。某一单个的形式可能按照不同的式样来达到饱和，而不同的形式也可能用来证立不同的结果。"[①]

我国司法实践当中有一些法律解释实例，充分论证法律构成要件，探索法律目的，并基于利益衡量为判决的结论提供有力支持。

案例 43

重庆市黔江区民族医院与重庆市黔江区永安建筑有限责任公司等财产损害赔偿纠纷案。[②] 2005 年 7 月 15 日，永安公司在其承包的

[①] 〔德〕罗伯特·阿列克西：《法律论证理论》，舒国滢译，商务印书馆 2020 年版，第 309 页。
[②] 参见重庆市第四中级人民法院（2006）渝四中法民一终字第 9 号民事判决书。

某堤段工程的施工过程中,损坏了供电公司埋在该地段的电力电缆,导致输电线路中断,造成民族医院停电26小时,影响了其正常经营。事后永安公司于当日支付供电公司电缆维修材料费10,000元,后者于次日上午将被损坏的线路修复,并于12时左右恢复通电。民族医院向法院起诉,认为永安公司损坏电缆,导致其因停电而遭受重大经济损失,应当承担赔偿责任。

一审法院认为,永安公司在施工过程中损坏电力设施,导致停电事故发生,影响医院的正常运行,造成其可得收入的减少,其行为符合侵权行为的构成要件。同时《电力法》第60条第3款规定:"因用户或第三人的过错给电力企业或其他用户造成损害的,该用户或第三人应当依法承担赔偿责任。"故永安公司理应承担赔偿责任。二审法院驳回了民族医院的诉讼请求。主要理由是:用户因电缆被挖断而遭受损失,从侵权行为法的基本理论看,加害人对电缆线的切断,损害了供电部门的物权,是"第一次损害",而电缆线的毁损致用户因供电不能而遭受的损失,系"后续损害",该后续损害是否应当得到赔偿,须依据侵权法的基本构成要件,结合该用户致损的损失应否属于民法所应当保护的法益范围等进行综合评定。从因果关系上看,用户遭致的损害与加害人的加害行为之间存有相当因果关系,用户可以基于侵权法的规定向加害人请求损害赔偿,但侵权法不能对一切的权益作同样的保护,必须有所区别,即以人的保护最为优先,所有权的保护次之,财富(经济上利益)又次之,仅在严格的要件下始受保护。但该种情形下的"后续损害赔偿"一般仅限于人身权、所有权,即除经济损失系因用户的人身或所有权遭受侵害而发生者外,原则上不予赔偿。

经济损失一般又称"纯粹经济上损失",系指被害人直接遭受财产上不利益,而非因人身或物被侵害而发生,除加害人系故意以悖于善良风俗之方法致用户受损害的特殊情形除外,不在赔偿之列。在电缆线毁损而导致电力供应中断时,用户所遭受的多属纯粹经济上损失,以不能营业之损失最为常见。同时,纯粹经济上损失又可具体化为包括债权、营业权在内的损失,用户多因不能营业而受有经济损失。营业经营权被侵害得请求损害赔偿,须以所受侵害与企业经营之间具有内在关联、不易分离的关系为要件。因停电而遭受不利益的不限于企业,亦包括家庭用户等消费者,供电关系非属企业特有。故挖断电缆导致电力中断,不能认为是对企业营业权的侵害。企业纵因此受有经济上的损失,亦不能以企业营业权受侵害为理由,请求损害赔偿。

纯粹经济上损失应否赔偿,一般从以下几个方面进行考量:其一,电力企业是法定的供应者,因过失不能提供电力时,无须对消费者所受的经济上损失负赔偿责任。其二,电力中断事所常有,事故发生后,人身或物品未遭受损害的情况下,虽对人们的生活造成不便,有时产生经济上损失,但电力供应短期即告恢复,纵有经济损失亦属轻微,一般人观念中多认为对此应负容忍义务。有人自备供电设施以防意外,有人投保避免损失等。其三,被害人对于此等意外事故,若皆得请求经济上损失的赔偿,则其请求权将漫无边际,严重地加重了加害人的赔偿义务,有违公平正义,也不利于整个社会经济的发展。

综上,除经济损失系因用户的人身或所有权遭受侵害而发生外,原则上不予赔偿。对《电力法》第60第3款的适用,应当基于上述适当限制加害人赔偿责任的政策考量,对损害作限缩解释为因人身或所有权遭受侵害而发生的损害。本案民族医院要求赔付停电期间的营业损失,性质属于纯粹经济上损失,故其诉讼请求碍难支持。

二审法院首先认定民族医院的损害并非由于其权利直接遭受侵害而致,故属于"后续损害",而这种损害并非当然能够得到侵权责任法的救济,需要进行权衡评定。其次,基于利益衡量,法院对侵权法所保护的权益进行了层次划分,认定案涉损害属于第三层次的纯粹经济损失，原则上不予赔偿。最后，从决定纯粹经济损失应否得到赔偿所需考虑的各个因素，特别是从一般社会观念，及推动整体社会经济发展的政策考虑，认定本案的损失不能得到赔偿。在这一判决中，法院综合应用了多种手段来确定《电力法》第 60 条第 3 款中"损害"的含义，并将其范围予以限缩，是法律解释方法应用的良好范例。

二、法律解释规准

关于法律解释规准的种类，主要有以下几种：

（一）语义学解释

又称为文义解释。是对法律文本的字面含义所进行的解释。[1] 通常是使用日常、一般或法律的语言，以直白方式清晰描述法律规范的内容，用于界定法律规则可能的涵盖范围。由一般的语言用法获得的字义，[2] 构成解释的出发点和界限，一旦超越可能的文义范围，就不再属于法律解释的范畴。"语义学论述可以用来证成、批评某个解释，或证明其至少在语义学上是得以允许的。"[3] 由于这种解释仅仅根据语词的含义来确定制定法的意义，其优势在于明晰法的确定性，需要"求助于他（解释者）的语言资质、经验调查，和引证辞书的权威根据"。[4] 但其功能有限，一般用于证否：排除案件事实属于该法律规范的调整对象，其不能完全实现解释的目的。

（二）主观目的解释

又称为立法者意图解释，是将对某个法律条文的解释建立在对立

---

[1] 王利明：《法学方法论》，中国人民大学出版社 2018 年版，第 372 页。
[2] 当然如果存在法律的特殊语言用法，就应当按照法律的本来含义，而不能按照通常生活语言的含义来确定。除非可以证明法律有意偏离其固有的语言用法。〔德〕卡尔·拉伦茨：《法学方法论》，黄家镇译，商务印书馆 2020 年版，第 432 页。
[3] 〔德〕罗伯特·阿列克西：《法律论证理论》，舒国滢译，商务印书馆 2020 年版，第 295 页。
[4] 同上。

法者意志的探索或立法资料的研究基础之上,或者说根据立法者的意志或立法资料来确定某个条文的意义。这种解释的成立,建立在对立法者意图或目的的证成上,而要做到这一点通常并不容易。立法者意图或目的解释的局限性并不能从根本上予以消除,其作用的发挥有待于其他解释规准的支持。

(三)客观目的解释

这种解释与主观目的解释都属于目的解释,二者的不同之处在于,客观目的解释的基本特点在于,"参与其中论证的人不是依据过去和现在实际存在着的任何个人的目的,而是依据'符合理性的'或'在现行有效的法秩序框架内客观上所要求的'目的"。[1]换言之,是根据基本的法治精神和现实情况判断立法者应有的目的,推断立法该有的实质性追求。对于什么应该被认为是"符合理性的"和"在现行有效的法秩序框架内客观上所要求的"目的,拉伦茨解释:"其一涉及被调整之事物领域的结构,质言之,连立法者也不能改变的实存状态,而且立法者在制定规则时要合理地考虑这种事物结构;另一类是一些法伦理性的原则,其隐藏于规则体之后,只有借助这些原则,规则体与法理念间的意义关联才能够被了解、被言说。"[2]客观目的可能与立法者的主观目的一致,但也可能完全背离,此时客观目的是基于应然的推论,旨在于通过该规则的应用建立科学合理的社会秩序,似乎更具正当性。

(四)比较解释

是通过借助外国立法例和判例学说对本国法律规范的渊源进行

---

[1] 〔德〕罗伯特·阿列克西:《法律论证理论》,舒国澄译,商务印书馆2020年版,第302页。
[2] 〔德〕卡尔·拉伦茨:《法学方法论》,黄家镇译,商务印书馆2020年版,第419页。

解释。基于人类面临问题的同质性和普遍理性，各国私法具有很强的共同性，这为比较解释提供了基础。当无法通过前述的几种方法得出某一规范的特定含义时，可以参考国外对类似规范的具体规定、判例学说等，以此作为解释自己问题的基本参考。

（五）体系解释

法律体系内部各规范之间存在一定的逻辑关联，阐述法律条文的具体内涵时，紧紧围绕法律概念及法律规范在法律体系内的统一性，确认所得结论最能满足维护法律体系统一性，这种解释方法为体系解释。[①] 这种解释意义重大，根据某一规范所处的位置，判断其在整体法律规范中所欲发挥的作用，考虑与其他规范之间的关系，所得结论较为可靠。

法规范并非彼此无关地平行并列，其间有各种脉络关联。解释规范时也应当考量该规范的意义脉络、上下关系体系地位及其对该当规整的整个脉络的功能为何。此外，整个法秩序（或其大部分）都受特定指导性法律思想、原则或一般价值标准的支配，诸多规范的各种价值决定可借此法律思想得以正当化、一体化，并因此避免彼此间的矛

[①] 比如，李永军教授引用体系解释的方式，借助于合同关系的理论来解释婚姻关系。他认为，与此前的合同法不同，我国民法典第464条明确婚姻可以参照适用合同编的有关规范，说明合同与婚姻具有内在联系性。仔细分析婚姻之结构和过程，婚姻缔结与一般的合同缔结过程确有不同：没有"要约＋承诺"的商讨过程，仅有结婚之合意，且该合意仅在登记之时面向登记机关表示。真正类似于债权合同的是婚约，婚约的缔结过程才是真正的合同，其不仅有"要约＋承诺"的过程，而且有"讨价还价"式的商讨。而婚姻合意非常类似于物权合同之缔结，相对于婚约，其也是独立和无因的：无论婚约是否有效，不影响婚姻的效力；且其有效是绝对的。民法上的物权合意尽管具有无因性和独立性，但是一旦原因行为无效或者被撤销，相关给付就会失去根据，将通过不当得利处理。但结婚登记之合意却绝对与原因隔离，不受后者效力影响。婚约在我国《民法典》上没有规定，其效力在学说上存在模糊性。应参照适用合同法认定其效力，但不得强制结婚，仅仅在狭窄的范围内认有缔约过失责任。婚约也不具有一般合同（如买卖合同）意义上"预约"的性质和效力。李永军：《婚姻属性的民法典体系解释》，《环球法律评论》2021年第5期。

盾。这有助于解释，对法律内的及超越法律的法的续造，助益甚宏。依形式逻辑的规则建构的抽象、一般概念式的体系，是许多法律，特别是民法典的体系基础，属于法律的外部体系。此种体系的形式有赖于：从作为规范客体的构成事实中分离出若干要素，并将此等要素一般化，由此等要素可形成类别概念，而借着增减若干规定类别的要素，可以形成不同抽象程度的概念，并因此构成体系。借着将抽象程度较低的概念涵摄于抽象程度较高的概念之下，最后可以将大量的法律素材归结到少数"最高"概念上。此种体系不仅可以保障最大可能的概观性，同时亦可保障法的安定性，因为假设这种体系是完整的，则于体系范围内，法律问题仅凭逻辑的思考即可解决。它可以保障由之推演出来的所有结论，其彼此之间不相矛盾。也就是说，民法典的外在体系实际上是一个逻辑体系，借着逻辑的技术方法——内涵与外延的方法，形成不同内涵与外延的类别概念，将外延较小（内涵较大）的概念涵摄于外延较大（内涵较小）的概念之下，由此形成规则的递进而构成的体系。[1]

（六）历史解释

作为探求法律含义的一种常用方法，是通过对立法者制定法律之时所追求的价值目标的探求，同时结合法律制定之后社会环境所发生的变化，进而解释法律规则的含义。也可称为历史考察，其范围很宽，可以包括立法本身的变迁、司法状况、学者研究等，从中可以探知某一规范的原本意义及其变迁，为现行规范的意义寻找历史根据。

（七）合宪性解释

是指在对法律条文进行解释之时，如果某种结论存在与宪法冲突

---

[1] 李永军：《论民法典形式意义与实质意义上的担保物权》，《西北师大学报》2020年第6期。

的可能，此时应当否定这一解释结论，以避免法律条文与宪法之间冲突。宪法是一国根本法，在国家法律体系中任何下位法及其规范不得与宪法相抵触。在私法案件处理中，宪法的价值日益凸显，司法适用的条文的解释无论如何不得与宪法的规则相冲突，这是法治原则的基本要求。

如上，法律解释的不同解释规准各有其特点。而不确定法律概念的解释相对一般意义上的法律解释有其特殊性。这种特殊性源于不确定法律概念的存在方式和其不确定性存在价值。具体来说：其一，不确定法律概念所具有的"模糊性"与"歧义性"，不仅是由于语言学上的客观原因，很多情形下也是立法者有意为之：立法者试图通过原则性、概括性、抽象性的用语描述某些现实中无法充分列举的概念，这就决定了这类概念并非如一般法律概念一样强调概念确定性和具体性，也决定了在对其进行解释界定的过程中，由于不确定性较强，文义解释的方法往往不能够直接达到目的，常常需要其他解释方法的辅助。其二，对于不同性质的不确定法律概念，其解释方法也存在一定差异，主要体现在文义解释的适用条件上。学理上，文义解释是优先适用的一种解释方法，但其前提是解释对象满足文义解释的条件。对于以描述事物性质为目的的不确定法律概念（例如善意、应当知道等）而言，即便对其进行文义解释，其结果并不一定完美，往往需要其他的解释方法予以辅助，但客观上仍存在文义解释的基本前提，法官应当优先适用之。而对于那些程度类的不确定法律概念而言（例如过分高于等），通过文义解释无法得出有价值的结论，客观上就不存在适用文义解释的可能。其三，不确定法律概念是作为法律规范的部分存在。在部分与整体的关系上，部分为整体的功能服务，整体统率部分。对于一些并非由某一条文规定的不确定法律概念（例如显失公平）而言，从体系解释上可以通过考察若干相关法条之间的关系，帮助法官实现这些概念的具体化。其四,在绝大多数情况下,法官都是依据特定国家现行有效的法律规范裁判案件。由于不同国家间法律移植和法律交流等因素,各国法律间在某些理论和概念上是相通的,不确定法律概念也是如此。这就产生一个问题:外国法因素能否成为本国法律解释的依据?这似乎并不难回答,诚如拉伦茨所言:"现行法也要答复一些不仅在当前法律共同体中,而且在其他法律共同体中亦将以类似形态出现的问题。"[1]但必须考虑实操的困难,因为与一国的法律思维习惯和社会背景等因素有关,而这些往往是不同的,甚至差别很大。

三、法律解释规准的适用准则

法律适用事实上也就是法律解释的过程。为了使法律解释内容具有可预测性和可接受性,其解释过程就必须依照法律共同体所公认的解释规准进行。

(一)应当满足解释规准的适用前提

每种解释规准都包含了一定的经验前提或规范前提。法官对其适用的某个解释规准的前提进行论述,就意味着解释结果更具有可预测性和可接受性。比如对于文义解释而言,某个词语的文义范围,依赖于权威的辞书作为基本依据和前提,因此文化建设及其成果就成为关键因素。如果缺少权威释义,可能就需要借助"通常理解"、社会一般观念等因素,其解释结论的权威性会受影响。对于立法目的解释和历史解释而言,需要具备完整的并可查阅的立法资料,而其中应当有对立法的核心争议、观点流派以及最终决策的依据等的比较清晰的记载,否则,如果仅仅依赖于某个自称是"立法参与者"所发表的"立法

---

[1] 〔德〕卡尔·拉伦茨:《法学方法论》,黄家镇译,商务印书馆2020年版,第310页。

当时的考虑"等言论,[①]要确定立法者的意思将非常困难,也缺乏权威性。按照一般的原理,真正立法者的意思是作为立法机关自身的意向及规范目的,而非参与讨论或草案制定者的相关想法。尽管包含在草稿、讨论会记录及理由说明中的相关观点和想法,对于确定法律规则及某个概念的意义具有重要的协助价值。由于我国立法草案的提出颇具特色,重大立法(如民法典)是在人大法工委专门班子的领衔下起草,期间经过反复讨论数易其稿,而最终由全国人大表决通过时,尽管还会有一些修改,但基本框架和核心内容已定。于是,究竟是全国人大还是人大法工委负责草案起草的民法室的意思是"立法者的意思"? 相关的立法资料很难获取,这些都影响目的解释和历史解释方法的应用。再比如体系解释,要求法律规范本身的设计符合科学性、体系性的要求,是在总则统摄下各分则的依序展开,其内在价值和外在体系都应该是科学合理且符合逻辑的。比如民法典是我国体系化立法的典范。面对纷繁复杂的生活现实,民法典抽象出了民事法律关系的五大核心要素,即主体、客体、权利、义务和责任,并紧紧围绕这些要素展开。总则部分规定了各类民事法律关系共同的规则,以此作为整个民法规范的基石,集中呈现了民法的基本原理、基本指导思想和一般规则,是高度抽象和归纳总结的一般内容。分则部分包括物权、合同、人格权、婚姻家庭、继承和侵权责任六大组成部分。总则和分则之间有统辖关系。之所以采用这个逻辑,是因为民法的法律规范过于繁多,不能采取照相式的规定,只能采取总则与分则,一般与具体相结合的立法模式。民法典的体系性表现在分则的规定不得与总则规定相冲突,概念之间的位阶层次明确固定;各规则之间相互衔

[①] 更有甚者,只是参加了某次关于立法的学术研讨会,也会宣称自己参与了立法。由于对何谓参与立法缺少权威定义和实际的认定,对于喜好标榜自己参与立法,进而通过借助于官方认可来宣示自己具有较高学术水平的学者而言,这种解释的价值会大打折扣。

接配合，共同服务于立法目的；法律条文的位置就可以大致确定其规范重点。[①]

同一国家的不同法律规则，其彼此在事理上、基本价值追求上应高度统一。在我国，立法往往侧重于某个实际问题的解决，而将该问题相关的规则罗列在一起，甚至将不同法域、不同性质的规范并列，造成法律规定的重复、法律性质的冲突、体系的违反等，因此在立法的科学性、体系性方面还有提升空间。这种情况会制约体系解释方法的有效使用。

(二)需得到多元解释规准的支持

不同的解释规准承担不同的功能，"语义学解释和发生学论证的形式让裁判(决定)者受制于法律的文义或立法者的意图，历史论证的形式与比较论证的形式使人能够采纳过去时代和其他国家的实践经验。而体系解释则有助于法秩序免于矛盾。最后，目的论论证的形式

[①] 当然民法典的体系性也受到学者的批评，比如李永军认为，我国民法典在编纂过程中，因为赶时间赶任务，仍然用"单行法或者特别法的思维"来对待民法典，既不区分一般法与特别法，也不区分形式意义上的担保与实质意义上的担保，将所有担保形式，甚至是实质功能意义上的担保都规定在了民法典，即使在民法典的物权编也规定了很多破坏物权法逻辑体系的物权，比如动产抵押。在体系化的民法典中，因为公示的需要，抵押的财产一般是不动产，而动产因其公示方式为占有(转移占有)，其上无法承载一种不转移占有但却具有担保功能、具有对抗第三人的物权效力的抵押权。如果要达到这种效力，就要突破动产公示方式，强行赋予其登记能力，但这会破坏民法典物权编的逻辑体系：首先，动产抵押这种物权因负担行为直接产生，破坏了法律行为的基本分类及其效用，债权合同直接产生物权效果，物权、债权两分的第一个基础被破坏了；其次，抵押权因合同直接产生，但在登记之前，仅仅能够在相对人之间发生效力。那么，一个仅仅在相对人之间发生效力的权利，如何能够是一个物权？也就是说，民法典总则第114条的基石性概念——物权是权利人依法对特定的物享有直接支配和排他的权利，包括所有权、用益物权和担保物权——被击穿了，从而使得民法典第114条与第403条在体系上就没有办法协调。不仅如此，在合同编也将本来是合同关系的纯粹的约定，按照其实质功效将其作为担保权对待，比如所有权保留的买卖。李永军:《论民法典形式意义与实质意义上的担保物权》，《西北师大学报》2020年第6期。

为普遍理性实践论证留有余地。故此,各种不同种类的论证形式中,每一个只以其某一个特别重要的职能而见长"。[1] 一个法律解释结果如果能够得到不同解释规准的支持,就意味着该结论具有诸多不同层面的合理性。支持的理由越多,该法律决定的武断性就越少,就越具有合理性、可预测性和可接受性。这其实是对法律解释提出了更高的要求。非常类似于请求权的检索,并不是在确定一个请求权之后就放弃检索,而是要尽可能将所有的请求权都检索出来,进而通过比较选择最有利于当事人的请求权。诚如王泽鉴所言:"除所提出的问题指明特定请求权外,原则应依上列次序,通盘检讨各项请求权基础,切勿凭直觉任意寻找一个请求权基础而作答之。"[2] 问题的复杂性在于,正是由于不同解释规准的不同功能,在讨论某个具体问题时,不同解释方式很可能得出完全不同的结论,因此多种形式的应用反而会增加不确定性。然而寻找共同点仍然是解释的最佳目标。依据一个法律解释规准所获得的结论,如果被依据另一种解释规准所得出的结论所推翻,就意味着这一结论并不可靠,解释工作尚未结束,还必须借助于其他手段继续探寻这一概念或规则的"真意"。只有当依据各种方法所得的结论能够相互支持和补充,至少不存在明显冲突的情况下,才可以认为得出了较为可靠的结论。当然有时候冲突在所难免,但需要寻求化解该冲突的途径,并予以恰当和充分的说明。

概言之,字义划定了可能的解释范围,并由此启动解释工作。在此过程中应当考虑法的体系,但只有基于对相关目的的精准把握,才

---

[1] 〔德〕罗伯特·阿列克西:《法律论证理论》,舒国滢译,商务印书馆2020年版,第309页。
[2] 王泽鉴认为请求权检查顺序依次为:契约上请求权——缔约过失等类似契约关系上请求权——无因管理上请求权——物权关系上请求权——不当得利请求权——侵权行为损害赔偿请求权——其他请求权(如遗失物拾得人之费用、报酬请求权等)。王泽鉴:《民法思维——请求权基础理论体系》,北京大学出版社2022年重排版,第65—68页。

可以更为深刻的理解体系。因此各个标准之间应互相支援，共同支撑发挥作用。①

(三)遵循法律解释规准之间的位阶优先关系

由于各种法律解释规准的视角与功能不同，其所基于的价值预设和秉持的思维方式也有所不同，这就意味着按照不同的解释规准对同一个法律规则进行解释，可能会得出截然不同的结论。这会导致解释的困难和法律适用的不确定性。为了克服这一缺陷并对其进行合理性论证，就需要在各种解释规准之间确立一个位序或位阶关系。拉伦茨在详细分析了各种法律解释的规准后，提出了相应规准的位阶关系：语义学解释——体系解释——立法者目的解释——客观目的解释。②

一般来说，相对于拉伦茨的解释规准顺序，语义学解释和立法者目的解释具有优先性。"这两种解释规准之所以具有优先性，是因为法的安定性原则的要求。这两种解释规准使法律适用者在做出法律决定时严格受制于制定法，从而使法律适用的确定性和可预测性得到最大可能的保证。另一方面的原因是，制定法是法律决定的较强意义的支持理由，如果法律决定受到支持程度强的理由的支持，就说明该法律决定更具有可预测性和可接受性。"③尽管各个解释方法之间应当相互配合，但并不总是协调一致。"由于年代久远、规范环境变化或者现在起决定作用的法律基本原则之故，以致以历史上的立法者的原初目的或者制定法起草者的规范立场为取向的解释显得不再合理时，很容易出现评价矛盾。"④于是，除了文义范围以及合宪性解释不得突

---

① 梁慧星：《裁判的方法》(第3版)，法律出版社2017年版，第115—211页。
② 〔德〕卡尔·拉伦茨：《法学方法论》，黄家镇译，商务印书馆2020年版，第431—435页。
③ 王夏昊：《法律决定或判断的正当性标准——以法律论证为视角》，载陈金钊、谢晖主编：《法律方法》2008年第2期。
④ 〔德〕卡尔·拉伦茨：《法学方法论》，黄家镇译，第435页。

破之外，其他解释方法所得的结论似乎都可以更改，特别是关于体系解释、目的解释等得出的结论，最终应当服务于该法律规则在当下应当发挥的功能价值，与当下社会主流价值体系、社会经济发展及文明进步方向相一致，因而也成为法律解释的终极依归。

第四节　民法不确定概念解释方法的实证分析

一、文义解释的优位及其适用边界

"文义是所有解释的首要的出发点。"[①] "文义解释作为一种法律解释的方法，在司法实践中是一种常识性的无言之知，因为阅读法律文本是法官解释法律的第一步，也是最为经常性的活动。"[②] 文义解释优位指的是一旦符合文义解释的适用条件，就必须采用该方法，其他解释方法只能是在文义解释的结果不能充分满足现实需求时才会予以考虑，即文义解释是法律解释的起点。

文义解释具有绝对的优先性，只有在有充足的理由怀疑文义解释的结果时，才考虑采用体系解释。这两种方法均不能得到满意结果时再考虑历史解释和目的解释，最后才选择比较法解释。当然对此排序也有不同意见，例如张志铭提出的排序为文义解释——体系解释——目的评价解释——意图解释。[③] 黄茂荣认为，文义圈定法律解释的范围，赋予法律解释和填补法律漏洞的边界；历史因素进一步缩小范围，并且对规范内容予以提示；接着在该范围内，体系和目的因素作为法

---
① 〔德〕魏德士：《法理学》，丁晓春、吴越译，法律出版社2013年版，第311页。
② 王彬：《文义解释的反思与重构》，《宁夏大学学报》2008年第3期。
③ 张志铭：《法律解释操作分析》，中国政法大学出版社1999年版，第174页。

律解释的核心,发现和确定法律规范内容;最后再复查这一解释结果是否符合宪法要求。① 梁慧星也发表过类似观点。② 总之,文义解释被普遍认为处于法律解释的绝对优先地位。

例如在与法律解释非常类似的合同解释过程中,③ 最高法院就明确表达以合同文义解释为优先解释的规则。

案例 44

淄博万杰医院与中国银行股份有限公司淄博博山支行等借款担保合同纠纷管辖权异议案。④ 从合同解释角度来看,当事人对合同条文发生争议时,必须探究当事人内在的真实意思表示,判断当事人真实的意思表示首要方法是判断当事人字面的意思表示。这正所谓合同解释中的文义解释方法,只有在文义解释不能确定该条款的准确含义时,再运用其他解释方法去确定合同条款的含义以及填补合同的漏洞。本案除第一份借款合同之外,其余借款合同条款中均明确写明:当发生纠纷时,交由当地人民法院审理。应该认定该约定就是当事人真实意思。

当然,文义解释除了具有适用上的优位性之外,还具有解释尺度上的有限性,这是由其价值决定的。"当对 R 的某个解释 R' 通过诉诸语言的使用来证成、批评或尽可能地作出主张时,我们所谈的就应该

---

① 黄茂荣:《法学方法与现代民法》(增订七版),第 648 页。
② 梁慧星认为各种解释方法的运用应遵循大致的规律,任何法律条文之解释,均必须从文义解释入手,亦即在顺序上应首先应用文义解释方法。梁慧星:《民法解释学》(第五版),法律出版社 2022 年版,第 180 页。
③ 这是在非严格意义上的说法。拉伦茨就明确指出了二者的区别。举其要者,在法律解释,双方当事人(制定规范者及受规范者)的理解及理解可能性如何,并不重要;而在合同解释,这一点至为关键。〔德〕卡尔·拉伦茨:《法学方法论》,黄家镇译,商务印书馆 2020 年版,第 436 页。
④ 参见最高人民法院(2007)民二终字第 99 号民事裁定书。

是语义学论述。……与此相反，当 W 成为裁判者对该语言的某种确定时，就不再存在任何语义学论述了，因为这样的一种确定不可能通过援引某些现存的（语词）用法来予以证成。"[1] 相比于其他解释方法，文义解释的核心价值在于保证法律的稳定性和判决的相对可预测性。"人们之所以对法律寄予厚望，更深远的目的在于从法治中获得安全，这种安全是基于法律含义的客观性而带来了人们对行为的可预测性。正是在法律文本所存在的确定性、客观性以及可预测性中，人们对自己的行为才获得了某种程度的安全感。"[2] 区别于刑事与行政案件，民事案件的审判对市民生活的影响更大，所涉主体更为广泛，因此一旦产生不当判决，将会对法律的稳定性、可预测性及法治实践的统一性产生更大的影响。这就需要法官在审判工作过程中，尽量采用客观性强，主观任意性程度低的解释方法，以避免这种不良影响。文义解释的主要功能在于确定解释活动的可能范围，避免法律解释的随意。黄茂荣认为："文义因素，亦即可能的文义在这里显示出它的范围性功能。它划出了法律解释活动之可能的最大回旋余地。"[3] 法官在适用文义解释的过程中需要遵循以下规则，以保证文义解释价值的实现。

（一）遵守基本语法规则

在使用文义解释方法时，解释者应遵守基本的语法、文字规则，以保证其在理解、阐释法律文本字面含义时能够得到与一般理解一致的结果。正因此，有不少学者称文义解释法为"语法解释法"。学理上，文义解释的前提是字面含义模糊，因此在运用文义解释之前需要采取语法规则来判断文本含义是否清晰。

---

[1] 〔德〕罗伯特·阿列克西：《法律论证理论》，舒国滢译，商务印书馆 2020 年版，第 294—295 页。
[2] 陈金钊、焦宝乾等：《法律解释学》，中国政法大学出版社 2006 年版，第 187 页。
[3] 黄茂荣：《法学方法与现代民法》（增订七版），第 615 页。

(二)遵循法律文本通常含义

在文义解释时,解释者应该按照人们通常理解的意思来对法律条文进行解释。"法律并不是法律人的专有之物,法律是社会的产物,法律文本中的概念、术语是人们日常生活习惯的总结,法律的颁布也要符合大众的理解。所以解释法律首先要从其普通含义出发,即原则上按照法律文本的通常含义进行解释。"[1] 如果相反,法官按照少数人的理解或者自我的意志解释法律,就会变成司法神秘主义。遵循法律文本能够限制法官的自由裁量权,使得法官的法律解释与社会民众对法律精神的理解同步。实际上,社会公众对法律的理解是一种社会解释,虽然这种解释没有法律效力,但却体现了民众对法律行为和裁判的合理预期。

需要指出的是,如果某一日常生活用语成为法律的专有名词而有特别含义时,则应该按照该特定意义来理解。如"善意"一词,日常生活中的含义为好心好意,基于良好的动机进行行为等,但民法上的意义却是"不知情",在生活中的含义与法律中的含义不一致时,应该按照法律中的特定意思来解释。比如在"王海打假案"中,有的受诉法院对"消费者"以及"生活需要"概念的认定就遵循了公众的一般理解。

案例 45

王海与华联商厦买卖合同纠纷案。[2] 王海明知华联商厦出售的电话台灯不符合国家强制性标准,而后购买并要求华联商厦双倍赔偿,被拒绝后提起诉讼。华联商厦答辩称:王海的行为不是为了生活消费,不符合双倍返还的有关规定。一审法院及二审法院均认为,华

---

[1] 王利明:《法律解释学导论》(第三版),法律出版社 2021 年版,第 261—263 页。
[2] 宋征、胡明:《从王海打假案看知假买假者是否消费者——法解释学意义上的分析》,《当代法学》2003 年第 1 期。

联商厦应当承担产品质量瑕疵担保责任，其所售电话台灯存在质量瑕疵，华联商厦应退还王海的购灯款。因王海的目的在于取得双倍赔偿款，而我国消费者权益保护法的保护对象是消费者，王海的行为不符合"为生活需要"这一目的，不能适用消费者权益保护法。据此对王海的双倍返还购物款的诉讼请求予以驳回。

  法官适用法律的前提，是要正确理解法律规范的内在含义。在法律适用过程中，法规范以及法律概念的意义并不是绝对的先验存在，而是在法官对法规范带有一定主观性的阐释与解读过程中形成的。对法律规范的不同理解，将会导致不同的法律效果。对不确定法律概念而言，这种解读和阐释的不确定性会更加明显。但是，这并不代表法官有权恣意地解释法律，相反为了实现法治的统一，法官对法律的解读必须受到约束，严格遵循解释规则或使用正确的解释方法。"法律解释必先由文义解释入手，且所作解释不能超过可能的文义。否则，即超越法律解释之范围而进入另一阶段的造法活动。解释法律应尊重法条文义，始能维护法律的尊严及其安定性价值。"[①] 在案例1四川泸州遗赠案中，法院认可死者的遗嘱行为属于其对自己财产的处分，从形式上看并无不当，意思表示也真实，但法院却认定该遗嘱因为违反了公序良俗而无效。法官判断该遗嘱是否符合社会公德，是否损害了社会公序良俗，只能根据遗赠行为的内容本身而为判断，但法院对"民事活动"的涵盖范围作了不恰当的扩大，从判决书中的"内容与目的"字样来看，法官把违反社会公德的对象从"民事活动的内容"扩大到了"民事活动的动机"。而依一般民法学说，违背公序良俗而致法律行为无效的是法律行为的内容或标的，并不包括行为的动机。该解释超出了一般人对于"民事活动"单纯行为属性的认知范围，

[①]　梁慧星：《民法解释学》（第五版），法律出版社2022年版，第180页。

超出了法律文本的可能边界。法官之所以对于"公序良俗"条款进行扩大解释，是因为优先考虑了客观目的解释方法和判决的社会影响，并没有优先应用文义解释，甚至没有对"民事活动"这一概念的内涵或外延进行必要的解释和说明。

二、体系解释方法

关于体系解释方法，梁慧星认为是根据法律条文在法律规范中的体系位置即所在的编、章、条、款、项、目及与前后条文的关系来确定条文的真正内涵。[1] 陈金钊认为应该纳入宽泛文义解释的范畴，不就单个条文孤立地解释。[2] 而在刘治斌看来，属于合宪性解释的范畴，目的在于维护整个法律秩序的体系性。[3] 黄茂荣强调其和目的解释互为表里，体系要素属于偏向逻辑的外在体系，而目的要素则属于内在体系。[4] 苏力把其与语境论相联系，认为是狭义的语境解释，即将法律文本作为整体理解，而不是肢解分化。[5] 可见学者对于体系解释方法所归为何并未达成一致意见，但是抛开学术上的内涵争议，从法律实践层面看，对于不确定法律概念进行体系解释，主要是定位该概念所在的法条并将法条所在的编、章、节等的位置，及上下法条之间的协调作为分析工具，使法官确定该法条的法律精神、立法目的及适用要件，进而明晰不确定法律概念的内涵。随着民法的法典化，体系解释应当受到重视，这有助于保持民法典的和谐统一。正所谓引用一个法条乃是运用了整部民法，民法的法典化使得法条的体系性程度更

---

[1] 梁慧星：《裁判的方法》，法律出版社 2017 年版，第 137 页。
[2] 陈金钊、焦宝乾等：《法律解释学》，中国政法大学出版社 2006 年版，第 181 页。
[3] 刘治斌：《法律方法论》，山东人民出版社 2007 年版，第 247 页。
[4] 黄茂荣：《法学方法与现代民法》（增订七版），第 618 页。
[5] 姜福东：《反思法律方法中的体系解释》，《哈尔滨工业大学学报》（社会科学版）2013 年第 3 期。

高，不确定法律概念的体系解释也就更为便宜有效。

由于不确定法律概念的内涵模糊抽象，文义解释对其内涵的界定所起的作用比较有限。比如"应当知道"这一概念，单纯依靠文义解释，仍然无法明确何为"应当"，这就需要应用其他的解释手段进一步予以明确。为了维护法律的稳定性，法官应优先适用位次仅次于文义解释的体系解释方法。当然，并非所有的不确定法律概念都具有适用体系解释的前提。

案例46

孙某与薛某人身损害赔偿纠纷案。[①] 薛某受雇于薛雇主，其受后者指派到孙某工地上帮忙施工时受伤。薛某与孙某签订赔偿协议书约定：第一，薛某住院期间费用已全部由孙某支付；第二，孙某另外一次性赔偿薛某后续费用15000元整；第三，薛某不再要求孙某赔偿。孙某当场支付约定费用，薛某接收上述赔偿款项。后薛某转院治疗，在支付其余费用后，起诉要求撤销与孙某签订的赔偿协议，并要求孙某支付继续治疗等费用共计10万元。一审法院判决：第一，薛某对赔偿协议有重大误解，协议显失公平，判决撤销赔偿协议书；第二，薛某返还孙某现金15000元。薛雇主赔偿薛某各项费用共计105736.6元。

该判决中存在两个不确定法律概念——重大误解和显失公平，法官将二者并用，作为撤销赔偿协议书的依据。我国合同法规定显失公平是导致合同效力瑕疵的事由之一，而"显失公平"作为一个不确定法律概念，其要件如何，亟需通过解释来确定。首先从语言学角度上看，"显"为明显之意，担当程度副词的作用；"失"指的是失去、没有，动词充当谓语作用；公平为名词，既是法律概念也是法律精神，更是

[①] 参见河南省封丘县人民法院（2010）封民初字第1445号民事判决书。

民众对法律简单而又最炽热的向往和表达。显失公平概念的具体化，主要是在具体语境中确定何为"明显"，以及不公平的情形和缘由。显然通过文义解释很难实现这一目标，这就有必要从法律体系的角度进行分析。在民法典中，显失公平具有三个维度的立意：第一是作为民法精神，引导所有民法活动的第6条——公平原则；第二是指导法律行为的第151条，规定显失公平的构成要件，客观上一方要处于危困状态、缺乏判断能力等类似情形，而对方主观上知道并且利用这一点，使得法律行为成立时结果显失公平；第三则更为具体，在合同领域可根据公平原则解除合同。合同成立后，发生了当事人在订立合同时无法预见的、不属于商业风险的重大变化，继续履行合同对于当事人一方明显不公平则可以请求解除合同。合同属于法律行为的重要类型，系民事活动的半壁江山，在对于显失公平这一不确定法律概念进行解释时，必须考虑主客观要件，将适用情形类比第151条规定的危困状态、缺乏判断能力，方能保持这一概念在不同法条之间的融贯。

而在相关概念构成要件内容的差异比较上，在把握"重大误解"与"显失公平"两个概念之间关系的基础上，通过体系解释的方法进行界定。一方面，两种情形对客观结果的要求有所不同：重大误解适用主要是一方存在主观上的误解，而"重大"通常是采取常识判断，确定误解的事项对于法律行为的影响力，以及因误解而遭受的损失。"误解"主要是针对合同的内容，导致自己的意思表示不真实；而显失公平则是双方利益的严重失衡，一方客观上处于危困或没有相应的判断能力，对方主观上利用这一点，订立的合同内容虽然双方知悉，均出自真实的意思表示，但是结果上一方获益远远超过另一方，导致违背了民法所追求的公平精神。从二者适用的关系看，重大误解的情形属于实质性显失公平，系后者的特殊情形，因此一旦能适用重大误解，便不能再适用显失公平规则。由此反思上述判决中的"对撤销协议有重大误解,显失公平,撤销协议",其并非是重大误解和显失公平规则的并用,而是由于一方重大误解造成结果有失公平。该处的显失公平指的是民法中的公平原则,抑或是民众心中的公平理念,而非规制法律行为和解除合同的具体的显失公平规则。

考察我国的司法实践,在某一不确定法律概念具体化时,如果其出现的法规范之外,还有另一规范提供了与之有关的规定,其目的和宗旨非常类似,就可以借鉴该规范的具体规定,对这一法律概念进行具体化。这实际上是一种体系解释的方法,将法律规范综合看成一个整体体系。比如在机械设备买卖当中,买方应当在"合理期限"内安装调试,这一期限如何确定?我国《工矿产品购销合同条例》第15条规定了买方提出质量异议的期限,[①]第三项规定,对某些必须安装运转后才能发现内在质量缺陷的产品,除另有规定或另有商定外,一般从运转之日起六个月以内提出异议。这是考虑了通常情况下发现质量缺陷的必要时间,其目的与宗旨在于妥善保护买受人的利益,让其有充分的时间发现问题,同时这一时间又不能过长,以免出卖人的利益

[①] 我国《工矿产品购销合同条例》第15条规定,需方在向供方提出书面异议时,按以下规定办理:一、产品的外观和品种、型号、规格、花色不符合同规定,属供方送货或代运的,需方应在货到后十天内(另有规定或当事人另行商定期限者除外)提出书面异议;需方自提的,应在提货时或者双方商定的期限内提出异议。二、产品内质量不符合同规定的,不论供方送货、代运或需方自提,需方应在合同规定由供方对质量负责的条件和期限内检验或试验,提出书面异议;某些产品,国家规定有检验或试验期限的,按国家规定办理。三、对某些必须安装运转后才能发现内在质量缺陷的产品,除另有规定或当事人另外商定提出异议的期限外,一般从运转之日起六个月以内提出异议。四、在书面异议中,应说明合同号、运单号、车(船)号,发货和到货日期;说明不符合同规定的产品名称、型号、规格、花色、标志、牌号、批号、合格证(或质量保证书)号、数量、包装、检验方法、检验情况和检验证明;提出不符合同规定的产品的处理意见,以及当事人双方商定的必须说明的事项。五、如果需方未按规定期限提出书异议的,视为所交产品符合合同规定。六、需方因使用、保管、保养不善等造成产品质量下降的,不得提出异议。

受到损害,平衡的结果是给予"六个月以内"的期限。安装调试的时间与之非常类似,因此就可以借鉴这一规定来确定"合理期限"。

案例 47

重庆雨田房地产开发有限公司与约克国际(北亚)有限公司买卖合同纠纷上诉案。[①]雨田公司与约克公司签订合同后,约克公司按约将机组交付雨田公司,而雨田公司四年后才通知约克公司安装。机组长期搁置不用可能会导致电子元器件氧化而致损。合同第 16 条虽约定"保用期为十八个月",但未明确起算时间。合议庭认为,对保质期限的起算时间约定不明确的,应当遵从法定或者行业规定,都无规定的,一般情况下应从实现合同的目的出发,以买方收货后的合理期限调试合格之日起算。本案中,雨田公司在收到机组长达四年多的时间后才安装,从此时起算对约克公司极为不公。安装决定权在雨田公司而不在约克公司,另雨田公司未及时安装机组,未尽到注意义务。与此相应的十八个月保用期限则应当在雨田公司收货后满六个月起算方为合理。

同时在这一判决中,关于保用期的解释非常合理,法院认为双方当事人未明确保用期的起算时间,在发生纠纷后又无法达成协议的,应遵从法定或行业规定,均无规定的,则从合同目的以及现实生产生活的需求出发,起算点为买方收货后的合理期限内安装、调试合格之日。这一解释对于"合理期限"这一不确定概念的具体化来说,具有重要的参考价值。

三、目的解释方法

(一)目的解释的基本类型及其解释目的

在绝大多数情况下,法律文本对其所规范的内容都有较为明确的

[①] 参见重庆市高级人民法院(2003)渝高法民终字 61 号民事判决书。

指向，这是保证法律稳定性的重要基础。但是在一些例外情况下，法律文本对其所规范内容的指向并不明确，解释者无法直接对法律条文的含义做出清晰的阐释，进而做出正确的裁判。此时，文义解释的方法就无法满足司法实践的需要，而能通过体系解释加以界定的不确定法律概念又十分有限。在上述两种解释方法均无法得出有效结论的情况下，可采用目的解释方法。

目的解释方法分为主观目的解释和客观目的解释，前者主要关注立法者的立法意图，以实现法律决定的可预测性；后者则主要关注法律当下的社会价值，以实现法律决定的可接受性。可预测性与可接受性作为目的解释的两个出发点，二者在绝大多数情况下是一致的，但在一些无法兼顾二者的例外情形下，可预测性通常具有更优先的地位。"除非实在法与正义之矛盾达到如此不能容忍的程度，以致作为'非正确法'的法律必须向正义屈服"[①]时，可接受性则具有超越可预测性的地位。考量主观目的可以保障法律的安定性，考量客观目的可以保证解释法律的正当性，为法官的主观能动性建立边界。

所以，通过目的解释的方法，法官可以对立法者目的进行探究或对法律自身的社会目的进行诠释，在符合可预测性与可接受性标准的基础上，对当下的社会实践要求予以回应，减少法律文本滞后的不利影响，缩小法律与社会之间的时间落差。

（二）法律条文的目的渊源

作为一种法律解释方法，目的解释不仅要关注与其他解释方法的位阶关系，及其本身的适用边界，更要追溯和论证法律目的获取的来源和路径，确定该目的合理且正当。而目的的确定又必须运用其他解

---

① 〔德〕阿图尔·考夫曼：《古斯塔夫·拉德布鲁赫传——法律思想家、哲学家和社会民主主义者》，舒国滢译，法律出版社 2004 年版，第 156 页。

释方法，此举将目的解释与其他解释方法相连接。赖默尔提出，除了传统的主观目的论和客观目的论视角，还有第三种——限制性的目的论视角，这种视角将目的脱离预设的主客观立场，转而强调目的需受其他解释的约束。这种对于目的的约束解释标准被称之为"目的的渊源"，[①]将目的的决定限制于解释标准之内，使得目的与法律规则和案情联系更为密切。[②]例如善意取得条文的法律目的是保护善意第三人的利益，维护交易安全。根据这一目的解释该条文时，还需反过来探讨维护交易安全这一目的的来源，是根据立法资料？还是体系解释？[③]

吕克特和塞内克认为，从文义、体系、历史等解释方法中提取的是法律"内在目的"，此外，还有依据实质正义、公平原则、效率、事物本质等外在标准得出的法律"外在目的"。[④]这用本身即是模糊的、不确定的，关乎法律精神和本质的法律概念求证法律目的，未免扩大目的来源，且得出的结论无法得到制定法的支持，可能与法律解释方法约束的目的相左。

将目的解释截然分为主客观两类的做法仅仅具有理论上的意义，而在现实中，如何区分适用主客观目的解释并没有一个完全清晰的标准。在目的解释个案中，二者更多的是按各自不同的分量同时发挥作用，而并非是以法律规则般"全有或全无"的方式予以适用。目的解释其实是在调整主客观目的之间的关系，以及主观目的相互间、客观目的相互间的关系，以实现法律文本意欲完成的目的。巴拉克认为关于立法者意图的主观目的和法律体系的客观目的是以可辩驳的

---

① 钱祎江：《论司法裁判中的目的解释》，《法制与社会发展》2018年第5期。
② 陈金钊：《目的解释方法及其意义》，《法律科学》2004年第5期。
③ 同上。
④ 同上。

命题形式存在的。① 解释者通过以命题的形式来表现文本的主客观目的，在解释进程中的任一阶段都能够兼顾到立法者意图与法律体系的意图。

案例 48

陶红泉与严某、某保险公司侵权纠纷案。② 陶红泉来北京打工十余年，其驾驶摩托车与一辆大货车相撞后死亡。交警认定双方负同等责任。陶红泉家属要求大货车所属单位及车辆承包人赔偿46万余元。其中死亡赔偿金17万余元，是按照北京市城镇居民的标准提出的。一审中，两被告提出陶红泉是江西农业户口，无固定工作，死亡赔偿金不能按照城镇居民标准计算。一审法院以上述理由按农村居民的标准判决赔偿死者家属22万余元，其中死亡赔偿金7万余元。陶红泉家属不服提起上诉。律师提出：死者陶红泉1995年从江西来京从事个体屠宰业，已有10余年。在京虽然未购房，但办理了暂住证，因此死亡赔偿金等应当按城镇居民标准计算和判赔。北京市二中院认为上述理由合理，家属要求正当，应予以支持。最终，改判家属获得死亡赔偿金等共计44万余元。

最高人民法院《关于审理人身损害赔偿案件适用法律若干问题的解释》第29条规定，死亡赔偿金按照受诉法院所在地上一年度城镇居民人均可支配收入或者农村居民人均纯收入标准，按二十年计算。本案争议的焦点在于，无城镇户口却在北京居住、工作的陶宏泉是否可以被认定为城镇居民。民法通则第15条规定，公民以户籍所在地的居住地为住所，经常居住地与住所不一致，则经常居住地视为住所。从其主观目的看，若经常居住地与其住所地不一致时，经常居住地具

---

① Abaron Barak, *Purposive Interpretation in Law*, Princeton University Press, 2005, p.90.
② 2007年10月24日京华时报第三版：《北京对车祸死亡农民工做出"同命同价"判决》。

有法律上的优先性。但这种主观目的上的优先性仅仅具有初始的优先性，还需要考察客观目的。本案中法官将法律体系中一脉相承的公平正义观念放在突出位置，使法律的客观目的与主观目的相一致，既体现了法律体系内在的统一性与稳定性，具备一定的可预测性，又能够符合社会基本价值观念，具备社会的可接受性。

在大多数情况下，兼顾主观目的与客观目的的目的解释都能够实现主客观和谐统一，其主要原因在于，法律作为规范调整社会关系的工具，与社会生活之间存在着合目的的内在一致性。这种一致性在某些情形下是由于法律规范都应符合立法者所确立的立法目的，而有些却是由于法律规范自身规定。比如，从立法目的上看，重大误解与显失公平两个规则，均是为了防止合同一方利用己方信息优势或对方信息劣势，在客观上严重损害对方正当利益的行为发生，而这一主观目的实际上包括了维护公平正义的客观目的。

当然，也存在一些主客观目的相矛盾的特殊情形。当二者产生冲突时，法官就必须作出何者优先的决定。按照法律解释方法顺位确定的基本原则，为了维护法律的稳定性，在立法者目的解释和客观目的解释之间，应当优先适用客观性较强的立法者目的解释，只有当适用立法者目的解释严重背离个案正义时，才能适用客观目的解释。

当事人双方以不确定法律概念的具体化为争辩焦点的案例很少，下述案例为一典型。

案例 49

孙振祥与李晓红房屋租赁合同纠纷案。[①] 李晓红与孙振祥签订房屋租赁协议，合同到期后双方未再签订书面合同，但李晓红继续承租且按照先前的数额支付房租。后孙振祥于 2008 年 9 月 20 日书面通

---

① 参见上海市第一中级人民法院(2009)沪一中民二(民)终字第 739 民事判决书。

知李晓红终止双方的租赁关系，要求李晓红于 2008 年 10 月 20 日前迁出，但李晓红拒绝。原审法院确定租赁合同于 2008 年 10 月 20 日起解除。李晓红上诉称，孙振祥违背承诺突然提出终止租赁协议，如不给合理期限处理后续事宜，自己将遭受损失，故认为合理期限应为一年以上。原审法院判决李晓红二十日内迁出房屋，时间过于仓促，李晓红找不到新房及处理库存品。二审法院认为，本案合同到期后为不定期租赁合同，双方可以随时解除合同，但出租人应在合理期限之前通知承租人。李晓红明知本案中其现占有使用的临时过渡房系周转房，且双方的关系已为不定期租赁合同关系，在孙振祥通知终止租赁合同后，李晓红仍坚持合理期限为一年，本院不予支持。原审判决的期限是合理的，应予维持。

这一案例当中，需要讨论如下两个问题：

其一，30 天是否为解除合同的"合理期限"？

根据案件事实，孙振祥于 2008 年 9 月 20 日向李晓红发出书面解除合同的通知，一二审法院均认定该合同于 10 月 20 日起解除，即给予了 30 天的期限。这一期限是否合理？李晓红主张自己租用系争房屋是用于经营鞋类、服装等物品，其已购进了春、夏、秋、冬各种鞋类、服装等生活用品，原审法院认为在解除合同通知生效后一个月内就解除双方之间的不定期租赁合同，没有考虑其实际经营情况，对其是明显不公的。这就必须回归法律给予合同解除时"合理期限"的目的。旨在给当事人一个合理的时间处理后续事务，一方面处理租赁合同结束后的相关事务，比如物品的处理、搬离等，特别是当物品繁多时，需时更多；另一方面是重新签署租赁合同，继续其经营事务，所需的时间或许比前者更多，除非当事人申明放弃继续经营。结合本案事实，30 天的时间应属于太短。

其二，二审法院提到李晓红明知本案中其现占有使用的系临时过渡房,且双方已为不定期租赁合同关系,是否影响"合理期限"的确定?

合理期限的认定,着重在于考虑当事人妥善处理有关善后事宜所需的最少时间,是对租赁双方当事人的一种利益平衡,这是一种客观目的的考察,与当事人的主观心态无关。应当防止不相关因素对不确定法律概念认定的影响。

综上,本案中法院认定30天的"合理期限"未尽合理,应当予以适当延长。

四、法律解释方法的融贯运作

（一）融贯解释理论

理论上可以将法律解释方法独立分为若干,讨论各自的适用情形和相互之间的位阶关系。但是在实际司法实践中,面对疑难复杂案件,法官往往综合运用多种解释方法,此种方法的融贯适用逐渐成为一种司法解释趋势。法律的融贯解释理论是德沃金法律哲学的核心范式,一般认为是在追求法律整体性的原则下,以建构性解释作为基本方法,进而使得整个法律体系呈现出原则上的一致性。[1] 同时又是一种证成标准,是衡量规范性命题的解释标准和证成方法。[2] 融贯解释理论既是解释结果的证成标准,也是解释过程的重要方法。法官对不确定法律概念进行解释时,即使文义解释具有不可比拟的优先性,但若是解释的结论违反了法典的体系,使得上下法条之间无法得到有效的统一,也就是说当两种解释方法的结果出现了矛盾,这就需要寻

---

[1] 宋保振:《法律解释方法的融贯运作及其规则——以最高院指导案例32号为切入点》,《法律科学》2016年第3期。
[2] 王彬:《论法律解释的融贯性——评德沃金的法律真理观》,《法制与社会发展》2007年第5期。

求矛盾调和的方法,而此即为融贯理论所要解决的问题。

(二)融贯解释的适用规则

关于融贯解释方法的适用,在诸多最高法院指导案例中可见,基本适用规则为:以文义解释优先适用,确立判决的基本架构和规范底线,以目的解释、体系解释等论理解释为裁判架构的修正和现实考量,并证成文义解释结果的恰当性。下面以最高院指导案例第18号为例说明。

案例50

中兴通讯(杭州)有限责任公司与王鹏劳动合同纠纷案。[①] 中兴通讯公司作为用人单位,其员工王鹏从事销售工作,该公司的《员工绩效管理办法》规定,员工半年、年度绩效考核分别为四级,原则上结果为最后一级是不胜任该工作。工作后的三次考核,王鹏的考核结果均为最后一级。公司以此认定王鹏不能胜任工作,故在支付了部分经济补偿金后解除了劳动合同。随后,王鹏提起劳动仲裁。仲裁委裁决,中兴通讯应当支付王鹏违法解除劳动合同的赔偿金。而中兴通讯认为其为合法解除劳动合同,故诉至法院。法院认为,我国劳动法、劳动合同法对用人单位单方解除劳动合同的条件进行了明确限定,其目的是为了保护劳动者的合法权益,构建和发展和谐稳定的劳动关系。原告中兴通讯以被告王鹏不能胜任工作为由解除劳动合同,应负举证责任。虽然王鹏考核结果为最后一级,但这与不能胜任工作无法画上等号。王鹏从分销科转岗,但是转岗前后均从事销售工作,并存在分销科解散这一原因导致王鹏转岗,故不能证明其系因无法胜任工作而转岗。因此,中兴通讯主张王鹏不胜任工作依据不足,应当依法向王鹏支付经济补偿标准二倍的赔偿金。

---

① 参见最高人民法院指导案例18号,浙江省杭州市滨江区人民法院(2011)杭滨民初字第885号民事判决书。

可见，当事人对劳动合同法中"不能胜任工作"的具体适用情形产生了分歧，用人单位认为在公司业绩考核中多次垫底，即符合其现在采行的末位淘汰制，也即用人单位自己规定的不能胜任工作。而法官却从"不能胜任工作"的文义解释出发，认为考核业绩垫底与不能胜任工作从文义上无法对等，不能将企业采取的末位淘汰制归入为不能胜任工作。又从劳动法和劳动合同法维护劳动者合法权益的立法目的出发，考虑案件的社会影响，为法院的裁判结果提供支撑。

第十章 不确定法律概念具体化的方法——类型化

不确定法律概念的具体化，是通过法律解释的过程，使其内涵和外延得以明晰，从而能够作为裁判依据适用于具体个案。[1] 随着社会的发展与法律进步，特别是当法律思维越来越趋于复杂、思考模式从单纯的线性思维转化为以循环往复为特点的立体思维时，类型化思考方式逐渐被法律人所倚重，它一般发生在抽象概念及其逻辑体系不足以掌握某生活现象或意义脉络的多样表现形态时，学者通过借助某种"典型"或者"标准样态"的设定，来诠释相关的类似情境。[2] 作为确定概念的反义词，不确定概念自产生开始就带着某种不确定性，以精确定义为本的抽象概念式思维，与之存在不可调和的冲突，故作为抽象概念式思维有益补充的类型化思维，可以担负不确定概念具体化的任务。

第一节 抽象概念式思维及其特性

一、抽象概念式思维定义

从潘德克顿法学演变而来的概念法学，推崇抽象概念式思维，认

---

[1] 王利明：《法学方法论》，中国人民大学出版社2018年版，第469页。
[2] 胡玉鸿：《法学方法论导论》，山东人民出版社2002年版，第121页。

为可以借由概念间的逻辑关联，建构一个上下之间层次分明而又逻辑严密的法律体系，法官只需借助逻辑三段论式的演绎推理，即可获致法律问题的答案。在概念法学看来，法律概念是构成法规范的基本单元，具有法规范调整对象的本质特征或属性，亦承载着规范价值。

抽象概念式思维包含着向上归纳和向下演绎两个过程。向上归纳是形成抽象概念的过程。黄茂荣认为，概念所欲描述之对象的特征，已经被穷尽地列举，概念始被确定。[①]法学研究者必须对所有欲规范的对象详加观察，掌握其全部特征，始有机会经由归纳获得法律概念。归纳的过程可以简单描述为，将规范对象所具有之共同特征提取出来，形成一个涵括这些特征的规范概念。人们的观察能力有限，未必可以真正经由观察掌握对象的全部特征，所以"穷尽地列举"不是一个真命题。事实上，其本身即系一个概念性的设定，该设定假设概念所包含的特征已经被穷尽地列举，而且它所列举的特征属于概念之涵摄上所不可缺少，不可替代的特征。[②]由此归纳并不是就所有共同特征的选取，而是基于概念承载价值的考量，于共同特征中进一步抽取，在实现规范价值目标上充分且必要的特征。"穷尽地列举"，或可说是法律学者就实现规范意旨所必不可少特征，已经完全充分掌握。

就规范对象归纳出的基本概念，可以经由进一步的取舍，形成抽象程度更高、更具普遍性的规范概念。通过不断就特征的撷取及个别特征的放弃，逐步向上，形成一个类似金字塔式的概念体系。位于底端的概念，和具体事物之间的距离最短，拥有最为丰富的内涵。当然，单个概念的外延也是最窄的。如果从地基攀登而上，每一步会发现一

---

① 黄茂荣：《法学方法与现代民法》（增订七版），第155页。
② 同上。

个横切层,从一层到另一层,这个金字塔丧失了宽度,换得了高度。宽度越宽,包含的素材越多,其所处的高度就越低。[①]随着层级的升高,概念数目将逐步减少,最终由一个最抽象最一般的概念位居塔顶。法律概念由此形成了一个逻辑体系层次分明而又逻辑自洽的法律规范体系。这种体系不但可以提高法律体系之"可综览性",从而提高其适用上的"实用性",而且可以提高裁判之"可预见性",从而提高"法之安定性"。[②]

抽象概念式思维的向下过程,即为演绎。经由个别特征的增加衍生出各种下位概念,亦可以经由三段论式的演绎,确定案涉事实是否为概念所指涉的对象,进而将之置于三段论思维之下,最终决定是否可将规范的法效果赋予该事实。如果经由归纳所产生的概念体系可以包罗万象,覆盖法律交往所可能产生的一切事实,那么纯粹的逻辑运用,便可以得出所有法律问题的答案,且可以确保所得结论具有逻辑的自洽性,不会产生任何矛盾,法学自然可以一跃获致如同自然科学一样的科学性——答案明确唯一。这对法律学者,特别是追求构建完美无缺的成文法典的法律学者,无疑具有至高的吸引力。惟概念建构过程的完美性难以达到,概念覆盖范围有限,以概念为基础建构单元的法规范自然难以实现事无巨细皆有规范,成文法难免出现背离计划或者法规范制定者有意留下的不圆满性。

二、抽象概念式思维特性

(一)概念的抽象性

法律概念在形成过程中,舍弃了规范对象具有个性的特征,而仅

[①] 〔德〕卡尔·拉伦茨:《法学方法论》,黄家镇译,商务印书馆2020年版,第28页。
[②] 黄茂荣:《法学方法与现代民法》(增订七版),第510页。

仅撷取了部分于规范意旨实现而言必不可少的特征。概念必须是主体对客体，思维对其对象的根本特征的把握或反映，人们对于事物特征的高度抽象和概括。[①] 概念并不直接指向某个具体对象，而是涵括了某类具有共性的事物整体。层级越高的概念，与具体事物的距离愈远，抽象程度越高，所包含的对象范围愈广。

借助特征抽象与语言的精确表达，概念实现了普遍的适用性。以法律概念为基本构成单位的法律规范，得以避免了具体个别规范的繁琐无序，使法规范具有相当的简洁性。以合同法为例，生活中充斥着各种类型的契约，内容也不尽相同，如果没有概念的存在，法律规范只能选择就单个具体契约制订规范，这对法律制定者而言是一项工程巨大而又难以完成的任务。借由契约行为中某些共性特征的抽取，并构造出诸如要约、承诺等概念，虽然契约规范数量大大减少，但是仍可以满足规范完整性的要求。正是概念指涉范围的广泛性或者高度抽象化的操作，规范可反复适用的设想才能得到满足。

法律概念毕竟是法律学者构造的产物，客观上概念的完美度（与概念所欲实现规范意旨的适应性）仍然受制于人们的概念构造能力。法律概念的设计者未必能，当然也没有必要完全掌握指涉对象的一切重要特征。概念所拟描述或规范对象特征穷尽列举的基础，在于某种目的性的考虑（规范意旨），对该对象所已知特征加以取舍，并将保留下来的特征设定为充分且必要，同时将事实涵摄于概念中，把其余的特征一概视为不重要。[②] 学者就重要特征的把握与选取可能并不恰当，以致出现涵摄范围过狭或过宽的问题。换言之，该种抽象概念式思维，并不能确保来自具体对象的概念，可以顺利地经由演绎回归到具

---

① 李可：《类型思维及其法学方法论意义——以传统抽象思维作为参照》，《金陵法律评论》2003 年第 2 期。
② 黄茂荣：《法学方法与现代民法》（增订七版），第 157 页。

体对象，这是人们认识能力的有限性所导致的。即便是专业的法律工作者，也未必可以就法律所拟规范或描述的对象，就实现规范意旨而言重要的特征实现全部认知，而且也未必能就认知特征进行符合规范目的的选取。体现在法规范上，便是按照法律计划应予规定者却未予规定，不应规定者反而予以规范。在该范畴内，规范意旨便无法践行。

（二）法律概念的价值负荷及中立

虽然法律概念是就对象特征抽象而来，而特征仅是主体就客体的经验掌握，但是法律概念并不以帮助认知对象的客观存在为目的。在概念设计过程中，尤其是在共性特征的把握上，始终是以某种目标价值为指导。概念是作为追求规范意旨的工具而存在的，指涉对象特征的选择是基于规范意旨的有意识行为。因此，通常认为法律概念主要具有规范价值，而不是叙事价值。[1]借由法律概念的创造，法律工作者将法规范所要实现的目标如愿绑定其上，公平正义的理念通过法规范的实施，贯彻于社会生活之中。

法律概念虽然负荷着规范价值，但是在适用过程中保有价值的中立。按照概念法学的设想，法律在制订之后，法官只需借助司法三段论式的推理，即可解决每个法律问题。在法官运用逻辑推理裁判案件的过程中，法官只需判断要件的该当性，至于概念所蕴含的价值，并不属于法官判断的范畴。概念思维成为了一种价值中立的思维，其要件该当性是唯一的判断标准。任凭一个对象如何地贴近其价值核心，只要其不在文义范围之内，就必须加以排除；而不管一个对象如何偏离其评价观点，只要其仍在文义范围之内，就必须加以涵摄。[2]

概念适用过程中价值中立的特性，使得法官的自由裁量范围被

---

[1] 黄茂荣：《法学方法与现代民法》（增订七版），第168页。
[2] 杜宇：《基于类型思维的刑法解释的实践功能》，《中外法学》2016年第5期。

严格限制,由此避免了法律适用的恣意。借助于形式逻辑而建构的概念体系,可以确保法律适用的安定和一致。抽象概念式思维将价值判断隔离在生成过程中,特别有助于帮助法律人认识法律制度的现状,而不至于过于受到见仁见智之评价所误导,或彼此纠缠不休以致不能沟通。[1]

(三)具有非此即彼的概念特征

抽象概念式思维是严格的定性思维,只有事实该当于概念所有要件,才认为事实是概念指涉对象,进而赋予其规范效果。一个特定事实经由三段论式的推理,只能有两种结果:可或者不可涵摄于该抽象概念。概念的边界分明,只要具有一定理性之人,即可轻易判断某生活事实是否涵摄于特定概念,并具有何种法律效果,法律的可预见性与指引行为的功能大为提升。

抽象概念式思维在处理精确定义的法律概念时具有优势。但法律概念并非都如概念法学者所期望的那样,内涵清晰外延明确,要件可以充分把握,毋宁说,法律体系中存在着众多内涵并不清晰的概念。法律用语间不确定的程度是有区别的,有一种用语是既不确定且封闭的,有一种用语则是不确定而开放的。后者是指尚须评价地予以补充的概念及类型式概念。[2] 这种概念不足以准确划定其文义外延,其外延是开放的。在适用于具体案件之前,须由法官评价地加以补充,使其具体化。[3] 不确定概念与确定概念的区别在于外延的开放性,如果说概念的确定性在于追求法规范的明确性与安定性,实现普遍意义上的公平正义,那么概念的不确定性在于追求法律适用的弹性,给法官

---

[1] 黄茂荣:《法学方法与现代民法》(增订七版),第390—391页。
[2] 同上书,第692页。
[3] 梁慧星:《民法解释学》(第五版),法律出版社2022年版,第254页。

预留自由裁判的空间,将社会价值判断引入个案裁判,适应社会价值变迁,于具体案件层面实现裁判公正。确定概念因其内涵、外延皆清晰,所以法官忠诚地将其适用于个案即为已足,以纯粹的逻辑演绎为主要分析方式的抽象概念式思维,恰与确定概念的特性及功能实现相吻合。但是,以价值引入为特征的不确定概念却排斥抽象概念式思维,尤其是概念的精确定义及三段论式的纯粹逻辑推论过程。抽象概念式思维强调价值中立,反对法律适用过程中由法官进行价值判断,认为价值判断须要严格限制于概念构造过程中,法官在司法裁判中的身份是法律适用的工具。作为一种价值中立的思考过程,概念法学所倡导的抽象概念式思维能够最大限度地保障法律的确定性和客观性。不确定法律概念是为法官将社会价值引入个案提供正当化依据,换言之,司法裁判中的价值判断为必要步骤,抽象概念式思维自然难以满足该要求。

不确定法律概念不过是立法者认识能力有限及语言表达不足精确的产物,而这恰恰是否定了抽象概念式思维适用的前提——可对概念内涵和外延有充分的把握。不确定法律概念的功能定位及特性(或者说产生原因)决定了其具体化难以通过抽象概念式思维获致实现。

第二节 类型的基本理论

一、类型的定义

类型这一概念来自于希腊语,最初被运用于中世纪教父时期神学家的拉丁文神学著作中,以后逐渐演化为一种解释方法。[1]《简明不列

---

[1] 王利明:《法学方法论》,中国人民大学出版社2018年版,第750页。

颠百科全书》这样定义类型："一种分组归类方法的体系，通常称为类型。类型的各个成分是用假设的各个特别属性来识别的，这些属性彼此之间互相排斥，而集合起来却又包罗无遗——这种分组归类方法因在各种现象之间建立有限的关系而有助于论证和探索。一个类型可以表示一种或几种属性，而且包括只是对于手头的问题具有重大意义的那些特性。"① 类型并不是对于已认知对象的定义式描述，毋宁说是对抽象概念的分解或者是对具体事物的有序化处理，将具有某种意义关联的事物归为一类，形成的具有典型意义的集群，然后通过整体性的概观方式予以语言文字上的表述。类型可分别为归纳或具体化之结果，当处理或观察的对象接近于具体的生活，利用归纳认识其共同特征将之类型化，以进一步认识其间更根本的道理。当处理或思考的对象接近于价值，利用解析体认其具体内涵，使之接近于实际的生活。②

二、类型的种类

认识论学说上经常将类型分为经验类型、逻辑类型和规范类型。③
（一）经验类型

经验类型是在经验观察的基础上，对现实世界所存在的事物进行的符合其客观特征的整体性表述，接近于客观世界在思维上的写实反映。因此，经验类型也可以说是实际类型、生活类型。经验类型在形成过程中无需价值判断，而是以客观存在的事实为构建依据，可以尽

---

① 《简明不列颠百科全书》，中文版第 5 卷，中国大百科全书出版社 1986 年版，第 184 页。
② 黄茂荣：《法学方法与现代民法》（增订七版），第 452 页。
③ 其实这三者之间存在紧密的联系。通常类型化的要求是，以生活经验为基础进行逻辑上的归纳和总结，发现存在的类型，进而上升到法律规范的层面，成为裁判案件的依据。李可：《类型思维及其法学方法论意义——以传统抽象思维作为参照》，《金陵法律评论》2003 年第 2 期。

可能"忠实还原"现实世界。

恩吉施将类型分为所谓的"平均类型"与"整体类型"。[①] 平均类型，指因长的期间一再重复出现而依其频率或不断出现的平均特征构成类型者。[②] 如我们将气候分为热带沙漠气候、地中海气候、热带季风气候等，所依据的并不是某个固定时间点上的天气现象，而是经由长期的观察，将温度、雨量等各种气候特征出现的频率作为分类依据所构建的气候类型。平均类型是基于动态视角的观察所得出的结果，而整体类型则恰恰相反，其并不在意事物在时间上的表现，而是更在意于该空间内所具有的特征表现，甚或可以说排斥动态的观察。如我们将人分为秃子和非秃子，类型构建基础是某一时间点下其头发之多寡，至于以前或以后头发的状况，并不在当下分类的考量范畴内。

（二）逻辑类型

逻辑类型也被称为逻辑的理念类型或纯粹类型，是通过突出强调某些在现实世界中观察到的个别特征，同时剔减其他的特征而形成的。[③] 逻辑类型虽多来自于经验的类型，但已经属于思考上的想象的存在。[④] 它是思想的产物，并不是对客观现实的表述，而是在经验类型基础上对现实世界的进一步理解或思考，生活中也许并不会存在与之对应的事物，例如"大同社会"。韦伯提出的"理想类型"是逻辑类型的代表，他如是描述：一种理想类型是通过片面突出一个或更多的观点，通过综合许多弥漫的、无联系的、或多或少存在和偶尔又不存在的个别具体现象而形成。这些现象根据那些被片面强调的观点而

[①] 〔德〕卡尔·拉伦茨：《法学方法论》，黄家镇译，商务印书馆2020年版，第578—579页。
[②] 黄茂荣：《法学方法与现代民法》（增订七版），第455页。
[③] 〔德〕卡尔·拉伦茨：《法学方法论》，黄家镇译，第580页。
[④] 黄茂荣：《法学方法与现代民法》（增订七版），第457页。

被整理到统一的分析结构中。①

逻辑的理念模型被用来作为阐明各个"典型的"流程的模型,其后通过与"纯粹的"类型相比较,现实生活中出现的混合形式能得到更好的理解。②通过构建理念模型,我们获得了评价现实类型的尺度,或者说比较现实的基准。

(三)规范类型

当逻辑类型经由评价后被赋予规范上的意义,作为规范要求去实现接近或避免的典范,则该逻辑类型便兼具有规范类型的意义。③与经验类型和逻辑类型相比,规范类型在价值上的优越性为其特性所在。立法者在构建规范类型之前,首先要对拟规范对象进行充分的观察,建立拟规范对象的类型图谱或者经验类型。通过这一过程,立法者对拟规范对象的认知加深,经由规范所欲实现的意旨也逐步清晰,然后以该意旨为评价标准对其进行类型的增减,从而形成对现实社会具有型构功能的规范类型。在规范之当为的要求下,对受规范拘束者要求有义务,在实际生活上以该规范类型作为生活安排上的参考对象。④换言之,通过规范类型,向行为主体传达了某种应该去努力实现或者避免的行为范式。

规范类型大致有三条建立途径,其一是以经验类型为原型,将其作适当规范化处理后纳入法秩序之中;其二是以事物的整体形象为原型,将其法律化后建成"规范的现实类型",以学者思想上的逻辑类型/理想类型为基础,经由法之评价建成一种"法上之结构类型"。⑤所以,

---

① 〔德〕马克斯·韦伯:《社会科学方法论》,韩水法、莫茜译,商务印书馆2013年版,第46页。
② 〔德〕卡尔·拉伦茨:《法学方法论》,黄家镇译,商务印书馆2020年版,第581页。
③ 黄茂荣:《法学方法与现代民法》(增订七版),第457页。
④ 同上。
⑤ 李可:《类型思维及其法学方法论意义——以传统抽象思维作为参照》,《金陵法律评论》2003年第2期。

虽然类型被划分为经验类型、逻辑类型和规范类型，但是其并非相互排斥，而是存在某种相容性的，特别是基于经验类型、逻辑类型所形成的规范类型，兼具两种或者三种类型特征。如完全行为能力人、限制行为能力人等，即兼具逻辑类型和规范类型双重特性。

三、类型的特性

（一）开放性

表现在三个方面，即层级性、边界的模糊性以及类型构成要素的不固定性。[1] 所谓层级性，是指一个类型内可能会有无数的层级的依序排列。[2] 概念与类型在其对事实对象的"归类程度"上不同：前者只能以"either…or"（是或者不是）方式将某一事实涵摄于概念之下；后者则可以"more or less"（或多或少）的方式将某一事实归类于类型之下。[3] 因此，抽象概念式思维是定性思维，答案只有是或否，而类型化思维则属于定量思维，答案则是相似性程度，正是这种程度差异形成了层级性。对于边界的模糊性，拉伦茨指出，由于类型要素的可变性，当若干要素完全消失、新的要素加入或被超拔到重要地位，类型之间就可以实现交叉转变，此时类型之间的过渡将是"流动的"。[4] 与抽象概念相比，类型概念间是联结的，而且可比较的多个类型之间由于流动过渡形成一种次序排列的状态，一种由不同的混合形态或中间形态所构成的类型系列。[5] 类型的组成要素具有不固定性，为描述类型而列举的各种特征或者其中的某些特征不需要全部存在，特别是，它们

---

[1] 舒国滢等：《法学方法论问题研究》，中国政法大学出版社 2007 年版，第 451—452 页。
[2] 同上书，第 451 页。
[3] 马荣春：《刑法类型化思维的概念与边界》，《政治与法律》2014 年第 1 期。
[4] 〔德〕卡尔·拉伦茨：《法学方法论》，黄家镇译，商务印书馆 2020 年版，第 590 页。
[5] 舒国滢等：《法学方法论问题研究》，第 452 页。

能以不同程度——"或多或少"——地被给出。[①]因此，类型固然通过某些共同特征予以描述，但是这些特征对于该类型，或者说对于某事实可否归属于该类型的判断而言，并非是必要的，某一特征具备与否对抽象概念的判断而言才属重要。就类型而言，真正重要的是特征的结合状态，是否足以使得我们认定该事实在整体上符合类型的外观形象，或者说与其具有相似性。

(二)意义性

也可以称其为价值性。类型与抽象概念的共同特征之一，就是较之具体事物更为抽象。而抽象的必经之路即是对共同特征的撷取。类型非如抽象概念一般是特征的简单加总，其强调的重点并非在于类型不以特征为重，而是说类型的特征要素并非孤立存在，毋宁说是遵循某种脉络的结合。类型的建构需回答两个问题，一是如何确定哪些类型的共同，在法律上有类型化的意义？[②]二是如果类型不仅仅是若干个别特征的简单加总，而是由它们结合而成的"整体形象"，那么问题就是：这种结合的基础是什么，换言之，促使类型成为统一体的因素是什么？类型与抽象概念同为法律上的某种抽象表现形式，规范性亦是其共同特征，即二者皆非现实的简单还原。所以必然具有某种核心意义，也可以说是某种价值观念在主导何种特征之共同有法律上的意义，而且该价值观念才是真正决定"整体形象"相似性的依据。如果没有促使立法者联结特定类型与相应法律效果的价值观念，不管是规范性的现实类型还是法的结构类型都是无法想象的。[③]

以行为能力的分类为例。如果我们面前有一群人，固然可以依据不同的标准将其分为老年人和年轻人，男人和女人，但是这些分类

[①] 〔德〕卡尔·拉伦茨:《法学方法论》，黄家镇译，商务印书馆2020年版，第284页。
[②] 黄茂荣:《法学方法与现代民法》(增订七版)，第463页。
[③] 〔德〕卡尔·拉伦茨:《法学方法论》，黄家镇译，第285页。

对于行为能力的判定并没有什么帮助。行为能力可以理解为自己进行法律交往的能力，以具备足够的辨认能力和控制能力为要件。换言之，人的理性发育程度至为关键，但这属于人的内在特征，不具有足够的外部性，难以为外界获知。因此法律需要找出某些具有规律性的因素，并以之作为衡量标准。[1] 年龄与人的理性能力呈正相关，自然年龄可以作为类型的特征因素之一，因此法律以8周岁和18周岁为界限，分为无行为能力人、限制行为能力人与完全行为能力人。又发现精神健康状态亦会影响人的理性能力，所以又加入了精神障碍这一特征因素。不难看出，在类型的特征选取上并非是一种盲目的作业，而是在考量何种特征因素最能表征人的理性能力。换言之，在行为能力的分类上，"人的理性能力"发挥主导作用。这一例子也反映出类型特征的不固定性。就成年精神病人的行为能力分类而言，年龄特征存在与否无关轻重，只要精神状态差到足够表征其理性能力不足以使其独立为法律交往，即会被认定为无行为能力。

（三）直观性

可以作两方面的理解：其一，类型比抽象概念更接近具体事物。类型具有个体性，"它比概念更具体。"[2] 类型既可以经由归纳的过程实现对生活事实的类型化处理，又可以经由分解的过程使得抽象概念接近具体事物。如果不将类型思维和抽象概念式思维做对立理解的话，类型可以作为沟通二者的桥梁。从类型所处的抽象位置而言，其具有较高的直观性。

其二，类型需要整体被把握。类型不同于抽象概念，后者是通过确定的要素而被把握和适用的，它虽然也是经由某种价值观念主导构建的，但是价值是被隔离在概念构建过程之外，在被适用时隐藏在背

---

[1] 朱庆育：《民法总论》，北京大学出版社2016年版，第242页。
[2] 〔德〕卡尔·拉伦茨：《法学方法论》，黄家镇译，商务印书馆2020年版，第580页。

后的价值不可知，从认知的角度看，无法通过直观认知予以把握。前者虽然也是与某些特征要素相关联，但"类型是一个由多重要素所组成的有机的、有意义的结构性整体，其中每一要素都被联系于一个意义中心，其功能与意义必须从整体出发才能加以确定"。[1] 从建构到适用，其背后的主导价值或者说意义中心始终存在，重要性甚或远超其要素特征。之所以将某一具体事物归入一类型，根本原因在于该事物具有和类型相同的意义，基于同意义性，法律才会赋予同类型事物以相同的法效果。而意义性正是通过"整体相似性"这个概念传达出来的。林立认为："对这个意义性，吾人的把握乃是诉诸一种'对意义性的直观'，即我们无法靠着去看到并数出一个事物中拥有必要的构成要件特征来说'此物属于某一类型'，而是去'直观'到一件事物其组合所'散发''营造''体现'的某种意义，来判别其所应归属的类型。所以我们的直觉宛如是对一个'图像'的把握，即一事物的所有元素作为一个'有机的组合结构体'，仿似化为一'意义的图像'而被直觉的把握到；甚至我们在面对同样可以散发出这种'意义'的诸事例中，也直觉地把握、感知其程度上之比较级差别。"[2] 从直觉把握的角度而言，直观性亦可称为"图像性"。

第三节 类型化思维的基础理论

一、类型化的内涵与基本内容

类型化思维是以特征为判断标准，以归类列举为手段，以变动和

---

[1] 吴从周：《论法学上之"类型"思维》，载《法理学论丛——纪念杨日然教授学术论文集》，台湾月旦出版社股份有限公司1997年版，第328页。
[2] 林立：《法学方法论与德沃金》，中国政法大学出版社2002年版，第129页。

开放为特点的思维方式。[1] 其实质是一种分类思维。经由类型思维，人们获得了经验观察认知事物之间的脉络关联，对世界的经验认知转向了思维认知。类型化的方法就是要把握特定概念的属性，将符合该属性的事物进行归纳列举，从而实现概念的具体化。[2] 考夫曼强调："只有在可比较的事物范围内，才有类型。"[3] 通过"寻找通过区分事件或活动在一个关系模型中的地位来对它们进行解释"[4]，该关系模型是一种整体性描述。换言之，类型化系属一种法律解释技术，将概念所指涉事物进行归纳和整理。"在属于某个社会客体（或现象）的整个变数系统中寻找社会客体（或现象）的属性的固定结合"[5]。从认知的角度看，类型化思维是根据事物的本质特征或者说核心意义所作出的一种划分。

类型化的思维方式是一种双向的思维模式，黄茂荣认为，类型化为体系形成上使抽象者接近于具体，使具体者接近于抽象的方法。使具体者接近于抽象，类似于抽象概念的建构过程。类型的描述可能具有相当的直观性，甚或以某种例示性事例来说明类型，其与具体对象的距离并不会大到如抽象概念的程度。然而，类型依然保持着抽象性特征，其构成皆以物或事务整体上或构造上的共同特征为基础。[6] 抽象性也是类型的典型特征。因此，类型化的方法显然既不属于传统的

---

[1] 王利明：《法律解释学导论——以民法为视角》（第三版），法律出版社2021年版，第511页。
[2] 许中缘：《体系化的民法与法学方法》，法律出版社2007年版，第101页。
[3] 〔德〕亚图·考夫曼：《类推与"事物本质"——兼论类型理论》，吴从周译，第113页。
[4] 〔英〕马克·布劳格：《经济学方法论》，黎明星等译，北京大学出版社1990年版，第139页。
[5] 转引自〔苏〕科兹洛夫主编：《社会学研究的方法论问题》，曹静、吴振海译，南开大学出版社1986年版，第36—37页。
[6] 黄茂荣：《法学方法与现代民法》（增订七版），第462—463页。

抽象方法，亦不属于具体化方法，而是一种介于二者之间的独特思维形式。

梳理类型化在法学领域的发展，可以清楚看出其历史脉络。在法学领域，类型化最先应用于立法中对法律体系的建构。其核心工作是建立类型，在同一个切分标准上加以观察或利用，可以构成类型谱和模组。"类型谱可供为利益权衡上是否应予不同处理，或判断有无漏洞的判断对象；模组可供为观察事务、思考问题的蓝本或检查清单，提供后进在前人经过系统化控制管理的知识的基础上解决问题，以确保生存，争取发展机会的可能性。此为有助于承先启后的文化结晶。故在现代法学方法的实用上，模组的建立和应用，最具立竿见影的功效。其运用的困难为如何选取适当标准建立模组？以及在何种情况下可利用那一组模组。在模组的建立，应取向于要达成的规范目的，选取标准。"[1]

韦伯提出的"理想类型"，通过撷取社会生活中的某一个最足以代表事物本质与特征的内容来构建某些概念框架，用于处理复杂社会关系中的各类社会现象。其并非是通过对实际社会存在的概括而形成的客观存在，而是为了分析、理解社会现实而构想的理论模式，"实际上就存在于无数不定的和变动着的个人头脑之中，而它们的形式和内容、清晰性和意思在这些个体中也有着极其繁复的层次结构。"[2] 借助于理想类型可以用来对比和认定社会现象，进而确定其法律效果，因而构成了分析法律的一个独特视角。[3]

考夫曼从法律实现的三个阶段——即法律理念、法律规范和法律

---

[1] 黄茂荣:《法学方法与现代民法》(增订七版)，第455页。
[2] 〔德〕马克斯·韦伯:《社会科学方法论》，韩水法、莫茜译，商务印书馆2013年版，第52页。
[3] 胡玉鸿:《韦伯的"理想类型"及其法学方法论意义——兼论法学中"类型"的建构》，《广西师范大学学报》2003年第2期。

判决出发，认为事物本质是指向类型的，从事物本质产生的思维是类型化思维。立法者的任务是描述各种类型，规范类型成为制定法背后的存在基础。同时，司法者在适用法律时必须从法律规范所包含的类型中掌握生活事实，以便对其加以正确评价。[1]可见，考夫曼从法律适用的全过程论述了类型的价值，尤其是对于立法。拉伦茨重点论述了"法律关系的类型"，特别是合同类型，认为其是法的构造的产物。拉伦茨认为立法者常常是在法律生活中先发现它们，掌握其类型特征，然后赋予适合此等契约类型的规则。[2]学者所主张的类型化较为抽象，但实际层面的操作性不强，特别是较为严重地忽略了在法律适用领域的类型化方法。

在法律适用领域，类型化就是运用类型思维的一种方法，用来解决内涵不够确定的诸如法律原则、不确定法律概念等的司法应用，是根据其所涵盖的生活事实的不同情形各自所具有的"同理性"建构起类型，然后再根据"同理性"对同一类型的案件进行合理的判决。这不仅有利于实现个案正义，也有助于维护法的安定性。[3]具体而言，"类型化作为一种法律解释方法，其不等于具体列举，它只是对可适用的案件类型和生活经验进行归纳和总结。类型思维的实质在于相似而非同一，它实际上将主要特征相同的案件类型和生活经验加以归纳，从而使不确定概念和一般条款具体化。"[4]由此，类型化"乃是弥补抽象概念不足掌握生活多样的生活现象与意义脉络的生活样态"。[5]

---

[1] 〔德〕亚图·考夫曼：《类推与"事物本质"——兼论类型理论》，吴从周译，第 105—110 页。
[2] 〔德〕卡尔·拉伦茨：《法学方法论》，黄家镇译，商务印书馆 2020 年版，第 582—584 页。
[3] 蔡唱：《公序良俗在我国的司法适用研究》，《中国法学》2016 年第 5 期。
[4] 王利明：《法律解释学导论——以民法为视角》（第三版），法律出版社 2021 年版，第 513 页。
[5] 舒国滢等：《法学方法论问题研究》，中国政法大学出版社 2007 年版，第 449 页。

有学者认为，类型化"即指将具有相似性的事物纳入特定的法律条文之中，从而对一般条款进行类型整理，并将其列举出来，使得抽象的概念或条文趋于具体化"。[1]该说虽然是针对一般条款而言，但类型化的内涵一致，只是"将具有相似性的事物纳入特定的法律条文之中"似有相当的难度，甚至是不可能的。类型化的方法就是对不确定法律概念所涵盖的对象事物进行归纳、整理，以符合价值判断的根本特征为划分标准，进行类型划分和列举的思维方法。其要素主要包括类型化的对象、标准（也可以说是意义中心的确定）和类型化的成果。

1. 类型化的对象

其实就是可为类型所包含的事物或者现象群。事物之间并不完全相同，之所以可以经由处理而归入一个类型，并不是其皆具有某些共同特征，而是因为在意义中心上可评价为相同或相类似。换言之，类型与指涉对象之间的互动不是通过涵摄的方式完成，而是采取价值评价方式。当待处理的某一事物或客观对象经评价被认为与目标具有意义上的相似性时，即认为其可以被纳入类型，获得与该类型相同的处理。可以说，类型是由在中心意义上相同或相似的事物或现象构成。因此，法律上同一类型内不同事实间之所以可以"涵摄"于同一规范并赋予同一效果，是因为它们在法律上被评价为相同。至于其具有个性的特征，因其无关乎法评价结果，或者说无关乎中心意义的形成而被搁置一旁。如行为能力的划分，男、女之要素对"理性能力"这一中心意义而言并不具有予以规范评价的重要性。

有学者认为，"就法律而言，类型化的对象是指具有抽象性、不确定性、模糊性和流动性的一般条款及不确定概念。"[2]这一论断似为一种误解。类型化的对象并非不确定概念或一般条款本身，而是其指

---

[1] 杨峰：《商法一般条款的类型化适用》，《中国社会科学》2022年第2期。
[2] 同上。

涉的对象，只是通过这种方式促进不确定概念的具体化。

2．类型化的标准

借由类型化的处理，散乱无章的事实建立了一种秩序，事实或被归入这个区域，或被划入那个区域，类型由此建立。事实被如此处理必然存在某种标准，正是该标准指导了类型建构的整个过程。该依据即是一种主导性价值或者说意义。需要指出的是，尽管类型化需要借助于归类，但是类型化不同于分类。分类是非此即彼的绝对划分，是根据一定标准对分类对象进行切分之后的结果，各个类别之和即等于该对象整体；而类型化仅仅是进行不完全的、比较具体的列举。故而类型思维是归类思维而非分类思维，只是说被归于某类型名下，并不能包含所有的对象。[①] 此外，类型化是一种法律解释方法，而分类则是一种技术手段，类型化需要借助于分类这一手段来完成。[②] 因此探寻类型化的标准，就是探寻分类的标准。

建立类型的标准取决于两项因素，其一是期望借助类型化所要实现的目的。借助不同的标准可以对同一组对象做多种划分，但是并非所有划分都能满足区分目的，有些甚至毫无助益。必须从规范意旨出发来决定类型建构形态，即类型化思维是一种目的主导性思维。其二是事实本身。何种"共同特征"应该或适于作为类型构成的基础，固然取决于规范上的价值判断，惟该价值判断所得的当为要求则又以该类型在存在上的事实为基础。[③] 类型标准的选择固然是一种目的导向的作业，然而契合目的的标准仍不可对事实上的存在基础视而不见。法学毕竟是一种实践科学，以实现法规范所承载的公平正义为根本目

---

① 王利明：《法律解释学导论——以民法为视角》（第三版），法律出版社2021年版，第516—517页。
② 同上书，第519页。
③ 黄茂荣：《法学方法与现代民法》（增订七版），第456页。

的，所以仍需考虑到现实上的可操作性。因此类型标准的选择是一种保持限制的思维活动，事实上的存在决定了其根本范围。

事实契合类型的标准即意味着事实获得了评价上的一致性，至少在法评价上是如此的，因此应该做相同对待，赋予该类型所关联的法效果。类型化的目的大致和抽象思维相同，不过希望将大量具有差异但又具有相当复杂性的事实，以归类的方式予以简化，从而借助少量的规则去规范大部分的生活事实。因此借助类型建构的规范依然是可重复适用的规范，类型化的标准也可以说是规范适用的依据。

一般可选取的标准是法律关系的要素，即主体、内容和客体。当然针对不同性质的不确定法律概念，所选取的标准会存在差异。比如对于行为起规范作用的不确定法律概念，诸如"善良风俗""恶意"等，往往是以行为方式作为标准，具体列举各类行为表现；对于数量类不确定法律概念，比如"明显高于""显失公平"等，以特定的数量为标准，而数量也可以存在区间。除此之外，标准还可以是事物的性质、保护方式、利益关系和价值等。但无论选取怎样的标准，都是对对象本质特征的提取，且必须满足以下条件：按照同一标准进行分类的结果在逻辑上应属于同一层次；按照同一标准分类的"事物之间的根本特征或属性"必须存在某种一致性或近似性；根据同一标准进行分类所得的类型能以一定方式反复显现。[1]

（三）类型化的结果

类型化的结果是将符合不确定法律概念内涵主要特征的对象事物分成内在要素强弱、程度和层次不同、深浅不一的各种类型，或者组成的类型体系。[2] 总体说来，各类型都凝结了事物的意义核心，但

---

[1] 李可：《类型思维及其法学方法论意义——以传统抽象思维作为参照》，《金陵法律评论》2003 年第 2 期。

[2] 杨峰：《商法一般条款的类型化适用》，《中国社会科学》2022 年第 2 期。

必然都存在独特的个性,共性体现了类型化的前提和本质,而个性则彰显独立类型存在的必要性。不论是对抽象概念的分解,抑或就具体事实抽象化操作,类型化所得的结果均非数个孤立存在的类型,而是遵循某种价值逻辑抑或是意义关联的类型谱系。类型间相互区分而又相互关联,类型间因边界的模糊性而存在一定的重叠交织。在横向上,将这些相互"流动的"类型按照所含"重要之点"的比例予以排列,就可以清楚地看到诸类型间的区别与联系,以及其流动性特征或类型间的意义脉络。正是在这个意义上,可以说类型思维并非是追求形式逻辑的思维,而是一种价值评价的思维。借由对类型横向上的观察与比较,我们得以决定在利益权衡上是否应予不同处理,或判断有无漏洞的比对对象。[①] 当然,类型间并非总是存在一定的流动性,有些情况下子类型间是泾渭分明并列而立,仅仅用来反映上位类型所含事实的多样性特点。

往往通过纵向和横向两种模式建构类型体系。所谓纵向模式,即一类型(母类型)可通过演绎的方法延伸出子类型,形成纵向的类型体系。或者一种类型可以与其并列的类型归纳和抽象出涵盖它们的上一类型(母类型)。而所谓并列类型体系,即通过演绎和归纳的方法,在一种类型内部再分离出在要素结构上既有相通之处,又有相异之处的另一个类型,两个类型都属于横向系列。[②]

二、类型化方法与不确定法律概念的具体化

不确定法律概念以其开放性来维持其适应社会发展的弹性,要件特征自然非属固定,精确定义亦无法达成,司法实践又需要适当具

[①] 黄茂荣:《法学方法与现代民法》(增订七版),第455页。
[②] 杨峰:《商法一般条款的类型化适用》,《中国社会科学》2022年第2期。

体化其内涵和外延。大陆法系的司法实践也表明，通过具体的案例可以较为清晰的显示出不确定法律概念的意义。固然其所肯认的价值标准或法律原则皆不被清楚地定义出来，但却可能通过个案慢慢地澄清，而且也在这些逐例摸索中凝聚了一些可贵的下位原则，或说甚至进一步针对某些案型的处理达到了将其构成要件化的地步。[1] 因此通过对既往案例进行系统化的处理，形成案例类型，进而明晰不确定法律概念的内涵和外延，是一个值得努力的方向。"如若法律的文义难以捉摸，那么考察迄今为止的判例——也即研究相类似的案例——似乎是一种尤为合适的解决方法。"[2]

类型的特性决定了类型化可以作为不确定法律概念具体化的一个方式。首先，类型的开放性可以保证不确定法律概念的弹性。类型是对既往司法实践的总结，目的在于固定就该概念已经形成司法共识的部分，类型化并不是封闭的列举，并不排斥因为新的价值进入而形成新的类型。借由类型化，一方面不确定法律概念的开放性特征得以维持；另一方面其不确定程度会大大降低，法规范的指引、预测作用再次凸显。其次，类型化思维是价值主导的思维模式，与不确定法律概念的价值引入功能相契合。与抽象概念不同，类型在建构过程及适用过程都要遵循一个核心价值观念的指导，由此类型化可以降低直接通过价值补充实现具体化的思维负担。

类型兼具抽象化和具体化的作用：使抽象者接近于具体，使具体者接近于抽象。以善良风俗为例，学者并非没有尝试过定义的方式，但是到目前为止尚未有人精准定义。与其在定义上做徒劳无功的努

---

[1] 黄茂荣：《法学方法与现代民法》（增订七版），第887页。
[2] 〔德〕托马斯·M.J.默勒斯：《法学方法论》，杜志浩译，北京大学出版社2022年版，第433页。

力，倒不如借助对司法案例的类型化，逐案摸索概念的含义，从而降低善良风俗适用的论证说理负担。德国学者霍恩指出："没有一个一般公式能够告诉我们什么行为是不道德，从而是不正当的，因为这个问题在很大程度上取决于一个国家的文化传统，以及当前商业生活所面临的问题；除此之外，人们的观念也在不断地变化。因此，讲求实际的法学家所关注的是将各种不同的情况加以归类，并找出每一类情况所应适用的特定原则。有时，立法者在确定具体的法定禁止事项时，实际上就是在将各种情况加以分类。"[1] 史尚宽也认为："就概括条款或不确定法律概念加以具体化、类型化，对于法律适用的安定性及社会的进步与发展，助益甚巨，实为民法学研究的重大课题。"[2]

（一）有效实现案件与法律规范间的妥当沟通

价值中立的生活事实以及存在分离的价值都只是纯粹的思维构造物，不具有实在性。[3] 诠释学循环[4] 认为，法律的适用是在案例和法规范之间来回穿梭的往复流转，而非一种直线单向的过程。不确定法律概念的具体化，亦然如此。类型作为连接规范价值和案件事实的桥梁，现实关联与价值承载为其必然。类型一方面需要回应现实需求，事实的存在决定了类型的当为，另一方面，也要回应规范意旨，视线应当在事实的存在与规范意旨间来回穿梭。"是一个类型唤醒事实、事实唤醒类型的相互'呼唤'过程，是一个类型让素材说话、素材令

---

[1] 〔德〕罗伯特·霍恩等：《德国民商法导论》，楚建译，中国大百科全书出版社1996年版，第313页。
[2] 史尚宽：《民法总论》，中国政法大学出版社2000版，第339—340页。
[3] 〔德〕亚图·考夫曼：《类推与"事物本质"——兼论类型理论》，吴从周译，学林文化事业有限公司1999年版，第109页。
[4] 属于解释学用语，意指在对文本进行解释时，理解者根据文本细节来理解其整体，又根据文本的整体来理解其细节的不断循环过程。

类型发言的相互'启发'过程。"[①] 类型是双向互动的,呈现出诠释学循环的结构,只有回归类型,诠释学循环才能发生,类型解决了著名的"休谟问题",使实然的经验事实跳跃到了应然的价值判断。[②]

2. 限制自由裁量权

裁量的运用既有正义亦有非正义,既可能是通情达理,亦可能是任意专断。[③] 不确定法律概念设置的目的在于赋予法官较大的自由裁量权,以在具体个案中法官可以综合考虑社会背景、价值观念的变化等诸多在制订法规范时所不能预见的东西,从而实现个案的公正。这也就决定了这些概念的适用结果在很大程度上取决于法官的个人价值观念、社会经验及专业素养,概念的不确定程度愈高,法官的自由裁量权就愈大,相应地法官就有愈大的恣意裁判的可能。因此,应当对不确定法律概念的内涵及外延进行适度的明晰化以降低不确定程度,约束法官的自由裁量权,实现司法公正及判决结果的可预见性。类型化即是一条较优途径。

通过类型化运作而形成的不同类别的案例群,"司法机关可以总结出每一案例群的共性、构成要件以及法律效果,进而为裁判规则的形成提供源源不断的实践指引。如此,实务法官既可以从中获得裁判指引,提高案件办理的效率,同时也在规则的约束下裁审诉争案件,不至于造成自由裁量权的滥用"。[④]

3. 维护法律的安定性

不确定法律概念具有较强的包容性,同样背负着维护法的安定性

[①] 杜宇:《再论刑法上之"类型化"思维——一种基于"方法论"的拓展性思考》,《法制与社会发展》2005年第6期。

[②] 李麒:《再论诚实信用原则的类型化——以传统抽象概念思维为参照》,《西南政法大学学报》2013第5期。

[③] 〔美〕肯尼斯·卡尔普·戴维斯:《裁量正义——一项初步的研究》,毕洪海译,商务印书馆2009年版,第1页。

[④] 常春:《公序良俗原则在劳动争议中适用的类型化》,《山东工会论坛》2022年第2期。

和正确性的使命,通过内涵的模糊和弹性补充法律,实现个别正义,避免机械适用规则以克服规则的局限性。类型化之后形成的案例群,是司法裁决的重要参考,有利于推动适用不确定法律概念时的同案同判,从而维护法律的公平公正。形成的类型较之概念更为接近具体事实,故适用成本更低,也具有更强的司法可操作性。"法律类型由在法律上有'同等意义的'现象建构而成。"[1]法律上有"同等意义",即意味着现象或者法律事实在法评价上为同一,故应被法律做同等对待,赋予相同的法效果。"在类型化的作业中,'相似情形同等待遇'的平等主义原则被奉为根本准则,它既起到事前归类处理的作用,又发挥着对法律决定事后验证的功能。反过来,在一个变幻的时代下,法学家对于法律规范中类型性的体认以及社会现象中类型意义的把握,对于现代法律安定性的维系至关重要。"[2]

(四)有助于弥补概念思维的缺陷

概念思维以定义方式对事物的本质属性做清晰明了的界定,概念彼此之间边界清晰对立,其适用重在于涵摄。过度抽象是概念思维固有的缺陷,同时也是相对封闭的。如果法律主要由抽象的概念来组成或描绘,那么在法律适用过程中,案件事实亦可以为抽象规则所涵盖,遵从演绎推理的规则即可以推导出法律结论。[3]然而这并非真实,对于不确定法律概念自身的解读如何"自圆其说",概念本身已无能为力。[4]某一生活事实是否可以涵摄于特定概念之下,并非"非黑即白"

---

[1] 吴从周:《论法学上之"类型"思维》,载《法理学论丛——纪念杨日然教授学术论文集》,第323页。
[2] 李可:《类型思维及其法学方法论意义——以传统抽象思维作为参照》,《金陵法律评论》2003年第2期。
[3] 张斌峰、陈西茜:《试论类型化思维及其法律适用价值》,《政法论丛》2017年第3期。
[4] 段威、林毓敏:《贿赂物的解构及重塑——从概念思维到类型思维的嬗变》,《天津法学》2018年第4期。

式的两分状况,而更类似于具有若干明显或者不明显差异,而趋于渐变的光谱。① 正如拉德布鲁赫所言:"生活现象的认识只是一种流动的过渡,但概念却强硬地要在这些过渡中划分出一条明确的界限。在生活现象仅仅显得'或多或少'的(模糊)地带,概念却要求须作出'非此即彼'的判断。"② 因此,思维的重点就应当是"界定"而非"包含",前者类似于一堵防火墙,使得概念得借以向外界隔绝其他的思维内涵,而后者是指包含某种特定的思维内化。"当人们借助抽象普遍的概念及其逻辑体系都不足以清晰明白地把握某生活现象或者某种意义脉络时,首先想到的是求助于'类型'的思维方式。"③ 类型的内涵是开放的,类型化思维所独有的描述性、模糊性、开放性和相似性特征,正好能够弥补概念思维下涵摄模式的不足。此外,类型化并非能够归纳出对象事物所有的外延,而只是要归纳出部分典型形态。从这一意义上说,类型化思维是抽象概念式思维不足时的补充性思维活动。

具体而言,相对于概念思维,类型化思维的优势体现在以下几个方面:其一,克服了不确定法律概念难以严格准确定义的缺陷;其二,通过更加具体的类型列举和特征明示,提高法律规范的可操作性;其三,保持不确定法律概念的开放性和包容性,概念本身都是固定的、僵硬的,而类型则具有流动性和较大的弹性,其内涵和外延都是开放的。④ 其四,保持了各种类型之间的法律脉络,突出相似性的特点,使得各种类型相互之间都具有一种共性和整体性。⑤

当然类型思维的局限性也非常明显,相对于概念思维的严谨和准

---

① 曹志勋:《诉讼外鉴定的类型化及其司法审查》,《法学研究》2022年第2期。
② 转引自王利明:《法律解释学导论——以民法为视角》,法律出版社2009年版,第422页。
③ 〔德〕卡尔·拉伦茨:《法学方法论》,黄家镇译,商务印书馆2020年版,第577页。
④ 许中缘:《体系化的民法与法学方法》,法律出版社2007年版,第102页。
⑤ 王利明:《法律解释学导论——以民法为视角》(第三版),法律出版社2021年版,第515—516页。

确，其往往可靠性不足。由于指涉对象本身的模糊性，其是否能够纳入特定不确定法律概念的范围，难以做出非此即彼的认定。同时，针对同一案件事实，不同的法官很可能会归入不同的类型当中。加之类型化主要依赖于法官的主观判断，不可靠性更是确定无疑。此外，类型化需要借助于大量的司法案例，这是进行类型化的前提和基础，而这往往是较难得到的。

抽象思维是达成价值共识的基本手段，正如罗尔斯（John Bordley Rawls，1921-2002）所言："当人们对具有较低普遍性认识的原则失去共识时，抽象化就是一种继续公共讨论的方式。我们应当认识到，冲突愈深，抽象化的层次就应当愈高；我们必须通过提升抽象化的层次，来获得一种对于冲突根源的清晰而完整的共识。"[1] 看上去类型化是抽象化思维的反操作，但其实并非如此。在某种意义上，类型化思维是概念式思维的一种基础工作或"先前加工"，而类型化思维仍要在概念式思维中得以推进和深化。[2] 因此，类型化思维不应被视为抽象概念式思维的对立形态，二者是相辅相成的。

第四节　不确定法律概念类型化的技术路径

不确定法律概念的具体化首先要通过对其内涵、外延的列举与明确完成，类型化不过是在此基础上的整理与归纳。[3] 类型化的目的，一是建立案例类型，为待处理案件提供参考；二是通过个案，逐步厘清不确定法律概念的内涵与外延，以此提高法律的可预见性。类型化需要先行整理已有司法实践中适用该不确定法律概念的案例，然后将

---

[1] 〔奥〕汉斯·凯尔森：《法与国家的一般理论》，沈宗灵译，商务印书馆2013年版，第8页。
[2] 马荣春：《刑法类型化思维的概念与边界》，《政治与法律》2014年第1期。
[3] 王利明：《法学方法论》，中国人民大学出版社2018年版，第472页。

其以一定的标准进行分类，建构案例群，如果当下案例和已建立的案例群具有实质相似性，即视为符合该类型，将其归入；如果和现有案例群均不具有实质相似性，则要考虑采用其它方法对不确定法律概念进行具体化，以满足适用到具体案件的要求，或者是建立新的案例类型。

类型化的过程中，一个重要且复杂的工作是判断当下的案例与已建立的案例群具有实质相似性，对此，英美法的先例规则会提供一定的借鉴，因此首先对此进行一个简要梳理，然后再聚焦类型化的过程。

一、英美法判断是否属于先例的基本经验

（一）先例与类案的判断标准

实践中很难有两个完全相同的案件，法官如何在浩如烟海的判例中寻找到先例？英美有官方和私人出版的案例集，会按照法律主体进行大致的分类，一些案例集会在目录或脚注中简要标明该案裁判的法律问题，或涉及的标的种类，[1] 同时可以借助数据库（例如《谢泼德法律引用索引》）确定先例的效力，以及该先例后续适用的情况，通过锁定关键词在电子库检索，可以快速检出需要的案例。[2] 当然在诉讼进程中，当事人也会积极寻求有利于自己的先例。

法官在找到相关案例后，需判断其是否属于当下案件的先例。法官往往会通过案件事实的相关性进行判断，先例对后案的拘束程度与两案的相似度成正比。[3] 相似度是一个非常抽象的概念，其判断标

---

[1] 例如《法律大全续编》中会标注出产品责任的案件，以及涉及机动车的案件。〔美〕彼得·海：《美国法概论》（第3版），许庆坤译，北京大学出版社2010年版，第12页。
[2] 同上书，第12—15页。
[3] 〔美〕艾伦·法恩思沃斯：《美国法律体系》（第4版），李明倩译，上海人民出版社2018年版，第45页。

准是遵循先例的基础问题。在我国，有学者提出同案的判断标准有四个：案情相似＋争议焦点相似；案情相似＋法律适用相似；构成要件或要件事实相似；依靠主观判断。[①]也有学者认为同案应当以陈述的案件事实较为相似为基准，通过对前后两案的案件事实认定论证完成类案的判断。[②]对于是否具有相同案件事实的论证可以进一步分为是否有相同的法律争点、关键事实、法律要件以及法律关系，其中还需应用包括法感、认知框架、类比事实、相关性检验、实质理由支持和反向排除检验等方法。[③]

判例法中，法官以相同案件事实作为寻找先例的方法，通常只有后案事实范围小于先前案例时，法官才受先例规则的约束。应如何认定案件事实的范围？在赖兰兹诉弗莱彻案（Rylands v. Fletcher）中，案件事实是围绕修建水库出现的侵权，法官在判决中列举了其他可能出现的类似情况，例如草地或谷物被邻居的牛所吃、矿井被邻居的水库淹没，以及厕所被其他人污染等，这些情形共同阐述了有关"从事极度危险活动要承担严格责任"的法律原则。但在本案中，具有约束力的部分是关于修建水库侵权部分的说理，如果未来出现草地被邻居的牛所吃等案件，是否认为本案属于先例，则由该案的审理法官解释。先例中的判决理由和判决意见的界定取决于后案法官，先例中的重要事实也由后案法官进行解释。[④]因此，只有出现修建水库导致他人受损，法官才直接受该先例的约束，其他类似的情形，该案都不一定是先例。可见英美法的遵循先例和我国的同案同判有不同的规则：后者建立在有可重复适用的一般法律规则及相同的构成要件基础上，而

---

① 孙海波：《重新发现"同案"：构建案件相似性的判断标准》，《中国法学》2020年第6期。
② 杨知文：《类案适用的司法论证》，《法学研究》2022年第5期。
③ 雷槟硕：《类案判断的方法论》，《现代法学》2022年第6期。
④ 李培锋：《英美司法方法释义》，知识产权出版社2018年版，第74页。

前者则建立在具体案件及具体法律规则之上；后者是遵守成文法的结果，而前者是实现法官造法的基础，在没有先例可循，或者先例的判决理由没有涉及本案的重要争议事实时，法官都可以在不违反先例的前提下，通过参考其他案例、学说等做出不同的判决。

所以至为要者是法官对案件事实的认定。法官应当仅锁定影响案件性质的事实要素——这需要借助于日常生活经验判断，是变换后整个事件会发生大类改变的事实，比如商品是否符合行业标准即为此要素，符合标准但客观上有缺陷的商品，[1]与不符合标准的缺陷商品在本质上是不同的。比如在多纳休诉史蒂文森案中，[2]原告饮用了她的一位朋友从被告咖啡店购买的一瓶姜啤，因为啤酒中有条腐烂的蛇而受到惊吓并致健康受损。该案之前的先例都是将缺陷产品致人损害的赔偿责任限定在直接购买人，因此关键事实就是原告是否为直接购买人。即便法院判决理由中将法律规则的适用限制在了不透明的瓶子中，也不能认为瓶子的透明与否会有任何实质性影响。同理，在两个比较类似的案例，克里斯特森诉汤恩比案[3]和谢洛克诉斯蒂尔华托诊所案[4]中，原告都接受了输精管切除手术，因为医生过失导致手术失败，且因此诞生了婴儿。但两案的判决完全不同，前者判决原告败诉的基本理由是其未能主张被告的过失，且生产婴儿并不构成损害，而后案判决原告胜诉的理由是，医生未能正确实施手术。可见，即使是同样的案件事实，可能因为当事人诉由的不同而异其结果。

判例法中，除寻找先例外还需寻找类似案件，即具有相似事实的

---

[1] 可能会有标准本身存在缺陷的情况，从符合标准的角度而言，该商品无缺陷，但客观上该商品存在缺陷。
[2] Donoghue v. Stevenson, L.R. App. Cas. 562 (H. L. 1932).
[3] Christensen v. Thornby , 192 Minn. 123, 255 N. W. 620 (1934).
[4] Sherlock v. Stillwater Clinic , 260 N. W. 2d 169 (Minn. 1977).

案件，但一些关键因素不同。对比这些案件是为了寻找相同点和不同点，从而发现该案的法律性质。类比案件需要全面对比所有的关键因素，发现不同关键因素下法律责任是否相同。例如在马克皮尔森诉别克汽车公司案（Macpherson v. Buick Motor Co.）中，因为别克公司的检查过失，导致其汽车上安装了其他公司生产的不合格产品，使得购买别克汽车的原告受伤。该案法官卡多佐寻找因为制造商过失导致第三人受损的案例，发现飞轮制造过失、蒸汽锅制造过失等造成第三人受伤或财产受损的案件，法官都未支持原告的诉讼请求，但在脚手架制造过失和大咖啡壶制造过失等案件中，法官却支持了原告。两类案件的关键事实区别是，在前者，被告提出了标准的过失抗辩，认为其不构成过失，而法院认为其抗辩成立，而在后者，要么被告没有提出这样的抗辩，要么法院认定其抗辩并不成立。卡多佐法官经过对比，选择了后者的判决作为其推理的依据，认为只要被告能够预见到制造过程中的过失会给他人造成伤害，那么无论受害者是否直接购买者，其都要承担法律责任。[①] 可见类比可以帮助法官进行更加准确的判断。

在把案件事实分解成若干因素后，法官要依靠专业素养和生活常识对事实因素进行筛选，排除明显与法律无关且没有评价意义的事实。但因为判例法规则通常缺乏通用的构成要件，无法清晰界定较为通用的法律事实，只能在个案的判决中确立该案的法律事实，当法官在审理过程中，发现案件中的生活事实有被法律评价的意义时，会针对该事实提炼形成新的法律规范。

（二）判例法规则形成的方法

从判例中如何寻找需要的法律规则，是最重要且最困难的工作。

---

① 〔美〕迈尔文·艾隆·艾森伯格：《普通法的本质》，张曙光等译，法律出版社2004年版，第81—84页。

主要有以下三种方法：其一是先例中明确写出了具体的法律规则。法院经常会宣布一些案例中的规则，法官在判决理由中完整、明确地阐述了论证过程，后案法官只需套用该先例规则即可。其二是律师从先例中总结和提炼出法律规则。案件判决后，律师及其他人会通过推理重复该案的论证过程，并予以发表，或提出不同意见，或陈述如何适用该案中的法律规则。后案法官可能会借鉴律师的意见。[①]

第三种方法是由后案法官确立，也是最为重要的方法。若无先例可循或不愿意遵守先例判决结论，后案法官会选择首先总结先例和类案的规则，然后提出适合后案的法律规则。法官需要运用多种推理方法完成先例规则和本案规则的确立，包括先例规则推理、原则推理、类推推理、演绎推理、归纳推理等。

1. 通用方法——归纳法

判例法推理与成文法推理的逻辑不同，后者是依据三段论，当小前提符合固定的大前提时得出相应的结论；前者是法官预设结论，[②] 通过归纳提取可以得出该结论的大前提，再适用三段论得出结论，因此法官在推理中解释的空间非常大。归纳形成的构成要件应当"涵摄"之前的具体案件，适用归纳的法律规则可以推出与先例相同的结论。有学者反对对一般性规则的推理，认为只有涵盖了例证的一般性概念才有意义，但法院仍坚持认为，必须要以一般性的客观法律规则来证明其判决的正当性。[③] 一般性法律规则的推导需要得出通常的、可重复适用的构成要件，以及符合要件后的法律效力。因此，对同一结论

---

① 〔美〕迈尔文·艾隆·艾森伯格：《普通法的本质》，张曙光等译，法律出版社2004年版，第17、67页。
② 林喜芬：《美国法院遵循先例的运行机制及启示》，《比较法研究》2015年第2期。
③ 〔美〕迈尔文·艾隆·艾森伯格：《普通法的本质》，张曙光等译，第111页。

下的构成要件的一般性推导是确立抽象法律规则的核心。归纳是当两个假定事实导致相同的结果时，提出一个包括这两个假定事实的更高层的假定事实。归纳法是提取、凝练更高层概念的方法，该方法的适用没有本质区别，但应用效果会因人而异。

2. 特有方法——大前提的提取

法官在先例和类案中选择合适的大前提是判例法独有的法律适用原则，因此，应当聚焦于大前提的具体提取方法。法官通常会凭借良知预设结论，[①] 如果与先例结论不同，法官会应用各种推理和解释方法，以确保其论证具有说服力。[②]

第一种方法是原则推理方法，主要是应用结果中心方法（the result-centered approach）、最低限度方法（the minimalist approach）解释并确立先例规则为本案所用和宣告式方法（the announcement approach）。[③] 通过这些方法所得出的结论，可能会与先例规则不同，但在形式上并不会否认先例规则。例如前述马克皮尔森诉别克汽车公司案，当时的先例规则是制造商只对直接购买人承担过失责任，损害赔偿不能突破合同相对性，虽然部分先例支持原告的诉求，但并没有否认这一规则，而是认为具有缺陷的危险物品损害案件可以不适用上述规则，即构成例外。[④] 卡多佐法官运用结果中心方法改变了旧规则，将因为过失导致缺陷的危险商品损害第三人的构成要件，转换为因为过失导致商品对第三人构成危险，此规则使得制造商对所有因为

---

① 〔英〕诺曼·多恩：《中世纪晚期英国法》，杨尚东译，中国政法大学出版社 2018 年版，第 191 页。
② 李培锋：《英美司法方法释义》，知识产权出版社 2018 年版，第 83 页。
③ 〔美〕迈尔文·艾隆·艾森伯格：《普通法的本质》，张曙光等译，法律出版社 2004 年版，第 74—77 页。
④ 同上书，第 81—83 页。

过失造成第三人损害的案件承担直接责任。① 该案中，法官没有推翻先例规则，但实质上对其进行了重新的诠释，并确立了新的规则。

不同的案件事实自由组合可以形成多种法律规则，是结果中心方法可以适用的基础。例如一个向全国配送货物的制造商，在制造过程中出现过失且隐瞒缺陷造成他人损害。法官可以运用结果中心方法宣布该案的法律规则是制造商在制造产品时存在过失，该制造商应当对该产品缺陷引起的损害承担责任；也可以宣布法律规则是制造商存在过失并隐瞒商品缺陷，其应当承担因此造成的损害赔偿责任。②

最低限度方法是将先例中有约束力的规则降至最低效力，确立先例中的法律规则，从而区别先后案例。例如在前述绝育案件中，先后案例案件事实完全相同，但两案结论完全不同，后案法官对先例进行最低限度解释，认为先例确立的规则是未能正确实施绝育手术可以成为诉由。③

在区分先例时，法官运用上述方法重新诠释先例规则，直到该规则与正在审理的判决不相矛盾为止。④ 在解释规则的过程中，法官通常会明确的描述应当适用的法律规则，从而确立判例中的法律规则。

第二种方法是类推推理方法。其广义上包括先例规则适用，狭义上是案件事实相似，虽二者有不同之处，但法律评价一致。⑤ 先例对后案有约束力，但只能对等于或小于先例案件事实的后案具有约束力。换言之，即便案件事实相似，但后案的案件事实范围超越前案，

---

① 〔美〕迈尔文·艾隆·艾森伯格：《普通法的本质》，张曙光等译，法律出版社2004年版，第83页。
② 同上书，第76页。
③ 同上书，第80页。
④ 同上书，第85页。
⑤ 〔德〕卡尔·拉伦次：《法学方法论》，黄家镇译，商务印书馆2020年版，第478页。

则前案就不对其产生约束力,也不能成为先例。后案想要适用该规则,就必须对其进行解释,扩大先例规则的效力范围。在说理过程中,法院通常会在这二者的上位概念上抽象出新的规则。[①] 前述别克公司案中,法官为了适用药品错贴毒品案的法律规则,将药品与汽车的概念抽象描述为一旦出现过失就会对他人人身造成威胁的事务。[②] 这种类推方式促使法律效力扩张到同一性质的事务上。

除上述类推方法外,还有一种类推推理方法,是为了保持法律体系的一致性。在某一案件中,支持判决的直接性法律规则支撑力较弱,可以适用另一条间接支持但支撑性较强的法律规则。一般情况下,支撑力较弱表现为有与之冲突的另一法律规则。例如,在紧急避险需要入侵他人土地时,法律允许避险人进入他人土地的依据是:如果不是非法侵入就有权进入。但法律也允许土地权利人驱赶进入者,此时前者规则作为不允许土地权利人以自助行为驱赶避险人的理由支持力较弱,但从法律体系保护的价值一致性上而言,土地权利人不应当驱赶避险人,于是,法官类推适用不允许土地权利人主张损害赔偿,来支持不允许土地权利人以自助行为驱赶避险人的结论。[③]

英美普通法并不存在确定的法律规则,其寻找和创设法律规则的基本原理和方法,对于我们研究借助于类型化来确定不确定法律概念的内涵,具有重要的参考价值,二者本质上都是一种类案类推的方法。下面聚焦于类型化的基本程序步骤研究。

---

① 〔美〕迈尔文·艾隆·艾森伯格:《普通法的本质》,张曙光等译,法律出版社2004年版,第118页。
② 同上,第83页。
③ 同上,第120—122页。

二、建构案例群

作为类型化的前提,需明确是否属于不确定法律概念,其核心含义如何,以确定是否需要类型化及其对象和范围。对于第一个问题,可以通过综合掌握和应用不确定法律概念的性质、特点来确定;对于第二个问题,尽管其具有抽象性、概括性和开放性,含义比较模糊,但总是可以借助于法律解释、社会生活经验、社会价值共识(社会一般观念和伦理标准)等确定其核心含义。"在类型化的过程中,司法者应当明确法律条款的内涵、外延,明确法律文义的射程范围,这是类型化的基础和前提。"①

(一)搜集案例

从方法论看,建构典型案例类型群需要借助于归纳和演绎两种方法。通过归纳,可以从不同案例中提取出较为典型的案例要素,这种案例要素处于抽象的法律规范和具体的生活事实之间,具有桥梁纽带作用,可以发挥通过借助于典型或者标准形态来阐释相关类似情形,进而确定法律是否适用的功能价值。"为保持法律的安定性及可适用性,应当使开放的类型尽可能地通过'典型案例'的形式,将其固定为相对封闭的类型即规范类型。"②"类型化最可靠的办法就是确立一批典型的案例,使人们真切地了解某项原则在个案中是如何被适用的。"③

搜集整理已有的适用该不确定法律概念进行裁判的司法案例是类型化工作的第一步。从案例的权威性及其效力来看,最高人民法院

---

① 王利明:《法律解释学导论——以民法为视角》(第三版),法律出版社 2021 年版,第 519 页。
② 顾祝轩:《合同本体解释论——认知科学视野下的私法类型思维》,法律出版社 2008 年版,第 155—156 页。
③ 韩强:《情势变更原则的类型化研究》,《法学研究》2010 年第 4 期。

发布的指导性案例居于首要地位,[①]各级人民法院审判类似案例时应当参照,[②]因此应该优先选择。指导性案例是正确适用法律和司法政策,切实体现司法公正和司法高效,得到当事人和社会公众认可,实现法律效果和社会效果有机统一的案例。从其性质上看是解释法律的一种形式,更准确地说是解释宪法性法律以外法律的一种形式,起到了解释、明确、细化相关法律,甚至弥补法律条文原则、模糊乃至疏漏的作用。通过这些案例独特的启示、指引、示范和规范功能,让法官及时学习借鉴这些案例所体现的裁判方法和法律思维,并参照指导性案例的做法公正高效地处理案件。指导性案例突出的是典型案例对以后类似案件的指导意义,针对较为模糊的法律规则和概念,相当于提供一个较为具体的参照标准。除此之外,最高人民法院发布的典型案例,高级人民法院在其管辖区内发布的参考性案例,其效力虽弱于指导性案例,但也会发挥重要的参照作用。最后是其他各类案例,

---

[①] 2010年11月26日,最高人民法院发布《最高人民法院关于案例指导工作的规定》(法发〔2010〕51号),正式确立了案例指导制度。其宗旨在于总结审判经验,统一法律适用,提高审判质量,维护司法公正。对全国法院审判、执行工作具有指导作用的指导性案例,由最高人民法院确定并统一发布。自2011年11月发布第一批以来,截至2021年底共发布31批178个,其中民商事案例124个、刑事案例26个、行政和国家赔偿案例28个。构建案例指导制度,根本缘由是适应公正处理各类案件的具体需要,坚持法律的原则性与灵活性的统一,平等性与多样性的统一,实现裁判尺度的统一和司法个案的公正。

[②] 对此理论和实务界有很大的争议。根据胡云腾大法官的意见,所谓"类似案件"?是指相似或者相同案件,包括行为、性质、争议类似案件。不仅指结果类似、数额类似或者某一个其他情节类似。所谓"参照"就是参考、遵照的意思,即法官在审判案件时,处理不相类似的案件时,可以参考指导性案例所运用的裁判方法、裁判规则、法律思维、司法理念和法治精神。处理与指导性案例相类似案件时,要遵循、遵循指导性案例的裁判尺度和裁判标准。所谓"应当参照",就是必须,当法官在审理类似案件时,应当参照指导性案例而未参照的,必须有能够令人信服的理由。否则,既不参照指导性案例又不说明理由,导致裁判与指导性案例大相径庭,显失司法公正的,就可能是一个不公正的判决,当事人有权利提出上诉、申诉。此外,裁判文书是否能够引用指导性案例作为裁判依据?考虑到指导性案例是最高人民法院审判委员会讨论决定的,具有解释法律、指导裁判的性质和作用。因此,至少可以作为裁判说理来引用。

包括各级人民法院审理并以适当方式公开的案例。需要指出的是，所搜集的案例应当不限于是本国的案例，有时也可以搜集外国案例，尤其是国外已经建立的案例群，从而为本国案例群的形成提供参考。

对现有案例的搜集是一项庞杂的工作，很容易出现遗漏，应该通过尽可能多的途径来搜集，以尽量减少遗漏的可能。[①] 随着大数据技术的发展和普及，我国相关官方组织和企业不断创建案例检索平台，为案例检索提供了便利。国内比较著名的网络平台有中国裁判文书网、无讼案例、北大法宝、法意科技等，其中中国裁判文书网由最高人民法院负责运营管理，案例数量丰富，新裁判上网的速度较快，相对也比较权威。希望能够建立国家层面运行规范、数据权威、检索便捷的案例检索平台。国际上比较著名的平台有westlaw和lexis，资源非常丰富。另外，有些国外的平台也会提供案例检索路径，比如旧金山大学法学院的开放资源，有专栏用来查找欧盟的司法案例。

附带说明的一点是，正是由于类型化需要搜寻大量的案例，决定了这一方法具有迟延、滞后和不周延的缺陷。作为类型化基础的大量案例需要岁月的沉淀，在某一立法得以确定后，需经过一段时间的司法实践，才可以进行相应的案例收集，因此迟延和滞后不可避免。此外所收集的案例实难足够丰富，在规则化的过程中，一些具有个别特征的事例在抽象过程中会被删减掉，这就导致类型化方法具有不周延性。[②]

(二) 依据一定的标准进行分类

案例搜集完成后，得到的只是大量繁杂无序的案例，对不确定法律概念的具体化毫无助益。需要借助一定的标准，对这些案例进行分

---

① 为了方便案例的搜集，裁判文书上网公开是一个非常重要的措施。另外，国家有必要建立一个专门的公开平台。
② 于飞：《公序良俗原则研究——以基本原则的具体化为中心》，北京大学出版社2006年版，第163页。

类整理。类型化标准的选择取决于两个因素,一是进行类型化的目的,二是案例本身的客观性。这就要求在类型化之前对案例整体有一个清晰、深刻的认知。类型标准选取的恰当与否,从根本上决定了建构的案例类型是否周延、可靠,是否对不确定法律概念的具体化有益。

需重点考虑所涉案例的共同特征。关于共同特征的选取,取决于规范上的价值判断。类型化实质上是一种提炼、抽象和概括的逻辑思维过程,是将具有相同特征的事物归纳为同一类的过程。[①] 基本的思考路径如下:在根据已经确定的不确定法律概念的核心意义,将所有能够寻找得到的涉及该核心意义的案例全部归纳在一起之后,借助于分类的目的和案例的实际,选取某一或者某一些共同特征作为标准对这些案例进行归类。可以某一个典型案例为切入点,通过与其他个案进行对比联想,在比较和归纳的基础上抽取一些具有综合性的共同特征,以此为基础形成一种"焦点性形象",构成一种典型类型。[②]

类型化属于对不确定法律概念的解构操作,从而使其更接近现实,但是这种解构有一定的限度。第一,应该注意类型化和实现平等原则的关系。不确定法律概念之所以要借助类型建构实现具体化,目的之一即在于实现同案同判,保证平等适用的实现。但是,过度具体化可能会破坏这一目的的实现。类型化的过程中,为了形成区分,类型必须获得某些概念本身不具有的新特征。如果某些特征于法评价而言并不重要,那么这些特征就不应该赋予规范价值,作为类型的新特征予以适用,否则对于公平原则的实现可能有妨害。第二,类型化只是适度的具体化,一定的抽象性仍应为类型的特征之一。换言之,类型仍应具有普适性,以为一定范围的法律关系提供规范指引。第

[①] 朱岩:《危险责任的一般条款立法模式研究》,《中国法学》2009年第3期。
[②] 杜宇:《刑法解释的另一种路径:以"合类型性"为中心》,《中国法学》2010年第5期。

三，类型介于具体事实和抽象概念之间，较之抽象概念更为接近具体事实，而法规范本身是追求抽象的，法律体系的逻辑结构正是建立在这种抽象之上的。因此，不要过分强化类型化的价值，仍应注意具体与抽象逻辑的协调。如果过度的类型化，则有可能使得法律的规定过于零散具体，因而丧失法的整体功能和价值。[①] 由于类型化是某种程度的固定化，过度类型化会导致规范事物过于细碎，法律的适用变得僵化，难以适应多变的现实，使得不确定法律概念的固有功能诸如开放性和包容性的优势弱化。

确定分类标准之后的工作就是按照该标准，将具有标准契合性的案例进行归类。类型化不过就是将在中心意义上具有整体相似性的案例归为一类。借由对具体案例的整理，形成具有一定抽象性与概括性的类型，但是其抽象性又较不确定法律概念本身低，且内涵和外延相对较为明晰。事实上，归为一类的案例并非完全相同，当然司法实践中不会也不可能有完全相同的案例。在类型化的操作中，具体案例中一些与分类标准无关的要素会被忽视，仅那些与分类标准相关联的因素才会被纳入视野，并用来做整体相似性比较。由搜集整理所形成的个别案例，可透过案例比较，使之同类相聚组成类型，并进而建立体系，以促进法律适用的安定性。[②]

（三）形成案例群

以选定的分类标准为依据，将在关键意义上具有相似性者归入一个集合，这样众多的案例经过整理就会形成一个个案例群。案件的分类并不是类型化的终点，仍需对已经建构的案例群进一步整理，以确保分类结果在逻辑上属于同一层次，构成并列关系，如果归属于不同

[①] 黄茂荣：《法学方法与现代民法》（增订七版），第 454—455 页。
[②] 王泽鉴：《侵权行为法》（第一册），中国政法大学出版社 2001 年版，第 290 页。

层次,则应当在不同层面上进行考虑。① 经由体系化的处理,可以得到一组层次分明,逻辑严密的类型集合。由此才能说借由类型化的操作,不确定法律概念的内涵和外延适当具体化了。

建构类型群的过程,关键是对不同事物的共同特征进行描述分析,而不是定性分析,这一过程实际上就是把握类型的"整体性"的过程,也就是说,要抽象出各种不同事物相互之间的共同特点。② 在抽象化操作上,类型思维和抽象概念式思维具有共同点,只是在描述方式上,前者重核心意义,后者重特征。

标准的确定直接决定了类型的可能范围。标准兼具事实与逻辑属性,标准的选取往往就预设了类型的大致分布。此外,由于类型化有纵横两种模式,前者可能有多级的标准,而后者则往往只是一个标准。在归类的过程中,如果通过比较考量确定了某一"焦点性形象",然后就拿其他案例与之进行比较,如果二者在关键之点上有共同的特征,即使存在很多不同的要素特征,二者即可归入一种类型。如果相对于标准而言,在共同特征之外的某种特征比较重要,有予以区别的必要性,就应当归于另一类型。随着个案的不断增加,经过与焦点性形象比较和调整,具有共同特征的案例不断增加,类型的种类和范围也不断增加,最后形成该不确定法律概念下的类型群或类型体系。③

类型化的根本目的在于建立不确定法律概念和具体案件事实之间的纽带,方便其在司法实践中的应用。类型化可以使得不确定法律概念的内涵逐步厘清,但是并不会固定其内涵。换言之,因为不确定法律概念固有的开放性,随着社会的发展,价值理念发生变化,以价值引入为导向的不确定法律概念的外延自然也会扩张,当然新的类型

---

① 王利明:《法学方法论》,中国人民大学出版社 2018 年版,第 479 页。
② 林立:《法学方法论与德沃金》,中国政法大学出版社 2002 年版,第 129 页。
③ 杨峰:《商法一般条款的类型化适用》,《中国社会科学》2022 年第 2 期。

也会形成。类型化是一个不断反思,不断重建的过程,类型体系也并非一成不变。

三、相似性比较

如果仅是客观的观察与评价,类型内部案例之间一定会有某些不同。但是,类型化并不是客观操作,虽然受事实的存在所限,但其仍应为意志主导型的思维模式。操作者在意的仅是这些事实在规范评价上是否具有相似性,或者说它们是否值得法规范做出同一对待。只要它们具有规范意义上的整体相似性,即便客观特征存在诸不同,也可以适用该法律做同一处理。因此类型化完成之后,面对那些待处理案例,法官仅需比较该案例和哪一类型在"核心意义"上具有整体相似性,然后确定该类型所关联的法效果,即可完成对案件的裁判。比较的核心是待决案件事实与类型样态的相似性。类型化之后,不确定法律概念的适用逻辑转向了司法三段论,不过与抽象概念的司法三段论适用模式不同,作为大前提的并非是概念本身,而是概念的解构类型,而且也并非判断小前提是否该当于大前提的全部构成要件,而是小前提和大前提是否在关键之点上具有相似性。借助类型化,不确定法律概念的适用获得了一定的可预见性。但是,相似性的判断并非是客观的,而是一个价值判断的过程,与法官之法学素养及生活经验仍有一定关联。换句话说,类型化并没有破坏不确定法律概念的设定目的——引入价值因素。

通过类型化,法官在适用不确定法律概念时的说理和论证,较之直接适用不确定法律概念有所降低。但是,在涵摄过程中,法官应当对特定事实属于有关类型的理由作出论证。[①]

[①] 王利明:《法学方法论》,中国人民大学出版社 2018 年版,第 480 页。

四、建构新类型

社会并非一成不变，克服成文法滞后性且使法律保持一定弹性的不确定法律概念，其外延必然也处在变动之中。以具体化为目的的类型化将是永无止境的。随着社会的发展，不确定法律概念之下会出现新的类型，旧的类型也许因为核心意义反映的价值不再合适而被抛弃。随着外延的拓宽，原本不属于该概念涵盖的事实可能会进入其外延之内。如果出现新的涉及该不确定法律概念的案例，在经过与既有类型的相似性比较之后，发现并不足以归入，那就意味着该概念之下出现了新的案例类型。基于类型化的司法三段论，不足以帮助获得法律问题的解答，面对新的类型的案例，只能考虑回归到适用不确定法律概念的最原始的方法——在具体案件中进行价值补充。

当然，并不意味着新案例只要归入既有类型，就一定和既有类型的法效果一样。伴随着社会变迁，价值观念和伦理道德也会随之改变，已有类型可能不再属于不确定法律概念的指涉范畴，自然即便新案例可归入该类型，与该类型相关联的法效果也无法适用于该新案例。不确定法律概念的类型化不会有终点，在依据现有案例建构类型谱系之后仍应时刻审视反思，现有类型是否仍属于该概念，以及是否应该建立新的类型。

就法官而言，得到案件的裁判结果即为案件的终结，但是对于类型的建构者而言，案件裁判终结却是类型化的新起点。经由前述步骤建立一种新的案例类型，可以补充到已有的类型谱系。借由新的案例类型的不断建构，不确定法律概念的内涵及外延会更加明晰。当然需注意的是，社会的变迁都会有迹可循，或者说是连续的，这意味着新类型也并不总是和既有类型完全割裂，而可能存在各种联系。

在类型化过程中，一直需要价值判断和利益平衡的技术手段。最为典型的表现是,在厘定不确定法律概念的核心意义时,当然离不开这二者;在对典型案例进行总结归纳以及将待决案件与类型案件进行对比联结也是如此。其实,作为基本法律方法,价值判断和利益衡量适用于法律活动的始终。

  最后一个需要回答的问题是,谁应该做不确定法律概念的类型化工作?面对不确定法律概念,法官有两个选择,一是通过价值补充,使其具体化后适用;二是建立案例类型。在适用第二种方法时,怎么保证法官所得的案例类型谱系不存在疏漏或者错误?且如果该类型化的成果没有经过某种合适途径传播给其它法官,那么其它法官在适用概念裁判案例时,再一次的类型化似不可避免。类型化是一项非常繁杂的工作,而民法中不确定法律概念的数量又为数众多,对每一个概念所涉的案例予以类型化,法官会苦不堪言。如此,本希望借助类型化的操作节约这类概念适用时思维成本的目的并没有达成。毫无疑问法官应是类型化的主体,因为法官深入参与到司法实践中,对司法案例的认知更加透彻,在实现类型化上具有天然的职业禀赋。当法官借由类型化的操作实现某一不确定法律概念的具体化后,通过一定的方式予以公开,[①]并上传到最高法院的研究中心,最后由最高法院以研究中心的名义发布类型化的结果,实现全国范围对成果的共享,作为适用不确定法律概念时的必要参考。由此,类型化的目的——减轻思维负担才得以实现。类型化的实现,学者和法官的通力合作不可缺少。类型化形成的案例群对新案例并没有约束力,仅发挥参考作用。当有新的案例出现时,法官不只是要判断与既有案例类型的相似性,还要审视既有案例群是否还合适。如果需要修正,应该由最高法院通过一定途径公开。

[①] 比如通过法院的信息公开网站公开。

类型思维具有开放性与发展性，有效缓和了抽象概念式思维的僵硬性对整个法体系的负面影响。因此，人们开始逐渐认识到类型化思维的重要性。固然类型化思维不是完美的，但是"在人类认识发展或一门科学的发展过程中，当人们还未获得对研究对象的细致、深入的总体认识之前，总会出现一些片面地、孤立地研究问题的某一方面的理论。而这些片面的理论，只要深入的考察和揭示了某一方面的具体关系和具体问题，它就为整个科学的发展提供了有益的思想材料，从而具有不可否认的科学价值和积极的意义"。[①] 经由类型化的操作，不确定法律概念的确定性得到提高，法官恣意裁判的风险得到有效控制，最大可能地保证了同案同判的实现。尽管目前而言，类型化思维尚未得到应有的重视，但是我们仍应认识到，类型化于不确定法律概念的具体化而言，是不二之选。

第五节　示例：善良风俗的类型化

19世纪末大工业的兴起和社会经济的飞速发展，使得高度自由化掩盖下的不平等逐渐被人们所认识，要求立法具备社会性的主张逐渐得到规范制定者的认可。现代民法中社会性因素被大幅引入，法的伦理性表现得越来越浓厚，此即所谓"私法的社会化"。[②] 借此趋势，作为意思自治原则的限制的善良风俗原则在民法中的地位日益得到彰显，并逐渐成为规制因绝对自由给国家、社会以及他人所带来的不利益状态，维护实质公平的重要手段。21世纪以来的社会经济变化非但没有使善良风俗的作用时过境迁，反而益发张扬出其在民法体系整

---

① 樊纲：《现代三大经济理论体系的比较与综合》，上海三联书店、上海人民出版社1994年版，第149页。
② 赵红梅：《私法社会化的反思与批判——社会法学的视角》，《中国法学》2008年第6期。

合当中的枢纽功能,展现在我们面前的一幅新图景是:私法自治仍然是民法的核心,但已经得到不同程度的修正,公序良俗的地位也悄然发生了变化,俨然已成为意思自治的守护神,与之形影不离。[1] 这是公序良俗在私法上不断得到重视的社会层面原因。

法律学者对不确定法律概念寄望精确定义,作为具有典型意义的善良风俗,自然也难以例外。但就目前的学术研究成果来看,学者的努力尚未成功,因此就逐渐放弃了定义而转向寻求类型化,借助对善良风俗的司法实践案例的分析、归类,展开对善良风俗的研究。"鉴于所有这些表达都不够理想,因此我们大概必须放弃对善良风俗作统一定义的尝试,而应当满足于描述同样类型的,可以认定违反善良风俗的案例。"[2] 这一概念自身所具有的发展性和开放性,使得问题更为复杂,正如梅仲协所言:"至善良风俗一语,其含义殊难确定。因时代之推移与文明之进展,随时随地变更其内容。是故何者得视为善良风俗,应就整个民族之意志决之,初不能拘于某一特殊情形也。"[3] 通过对善良风俗所涉及案例的归纳总结,可以明确善良风俗的部分内涵。当然,这并不能达成其整体意义上构成要件的明确化,而只能是部分适用范围的明确化,为司法审判中处理涉善良风俗的案件提供裁判依据。

一、善良风俗的含义及其基本法律效果

(一)基本含义

善良风俗源起于自由资本主义时期对"意思自治"的限制。大陆法系国家通常称之为"公共秩序与善良风俗""公共秩序与道德""社

---

[1] 姚辉:《民法学方法论研究》,中国人民大学出版社2020年版,第494页。
[2] 〔德〕梅迪库斯:《德国民法总论》,邵建东译,法律出版社2013年版,第514页。
[3] 梅仲协:《民法要义》,中国政法大学出版社2004年版,第119页。

会秩序与善良风俗"等,而在英美法系国家,则将之称作"公共政策"。[1]从其不同的称谓看,人们对善良风俗的基本内涵尚未形成共识,但一般均认为是指国家与社会所认可的一般道德。"善良风俗"只是从道德秩序中裁剪下来的,在很大程度上被烙上法律印记的那部分。[2]王泽鉴认为,公共秩序或善良风俗者,"指社会一般利益或道德观念而言"。[3]拉伦茨认为,善良风俗既包括了法制本身内在的伦理道德价值和原则,也包括了现今社会占"统治地位的道德"的行为准则。[4]公序良俗中的"公序"是指公共秩序,即存在于法律本身的价值体系;"良俗"是指善良风俗,即法律外的伦理秩序,是维护人类社会生活所不可或缺的、最低限度的道德标准。[5]黄茂荣强调善良风俗的基础伦理道德性。[6]德国司法实践对善良风俗最常用的表达是"一切公平和正义的思想者之礼仪感"。[7]王轶认为:"公序良俗原则是公共秩序和善良风俗的合称,包括两层含义:一是从国家的角度定义公共秩序;二是从社会的角度定义善良风俗。在现代社会,它承担着派生禁止性规范限制私法自治,以维护国家利益和社会公共利益的使命。""对个人利益与国家利益以及个人利益与社会公共利益之间的矛盾和冲突发挥双重调整功能。"[8]尽管学者对于善良风俗的表述不同,但是都指向了一个共同的意义核心——伦理道德。

---

[1] 杨德群:《公序良俗原则比较研究》,中国社会科学出版社2017年版,第21—23页。
[2] 〔德〕梅迪库斯:《德国民法总论》,邵建东译,法律出版社2013年版,第511页。
[3] 王泽鉴:《民法总则》,北京大学出版社2022年重排版,第295页。
[4] 〔德〕卡尔·拉伦茨:《德国民法通论》(下册),王晓晔等译,法律出版社2013年版,第597页。
[5] 陈自强:《契约法讲义Ⅰ:契约之成立与生效》,元照出版有限公司2018年版,第193页。
[6] 他认为,"善良风俗是指某一特定社会所尊重的起码的伦理要求,它强调法律或社会之起码的'伦理性',从而应将这种伦理要求予以规范化,禁止逾越。"黄茂荣:《民法总则》,(台北)三民书局1982年版,第539页。
[7] 〔德〕梅迪库斯:《德国民法总论》,邵建东译,第512页。
[8] 王轶:《民法价值判断问题的实体性论证规则》,《中国社会科学》2004年第6期。

"善良风俗系伦理秩序与法律相关联的部分，第 72 条（中国台湾地区民法典）规定，非在于为伦理秩序而服务，使道德性的义务成为法律义务；其规范目的乃在不使法律行为成为违反伦理性的工具。简而言之，即不能使违反法律本身价值体系或违反伦理的法律行为，具有法律强制性。"[1]

公序良俗包括公共秩序和善良风俗，前者代指一般的社会利益，而后者则指向了一般道德。"公共秩序强调的是国家和社会层面的价值理念，善良习俗突出的则是民间的道德观念，二者相辅相成，互为补充。"[2] 所以严格来讲，善良风俗和公序良俗并不是等价的概念，前者仅是后者的一个部分。善良风俗所指向的道德价值与法律精神相契合，有助于建构法律制度所追求的良好秩序，所以法律赋予其规范价值，善良风俗由纯粹的道德概念转化为规范概念。在规范价值追求上，善良风俗和公共秩序有所重叠，所以法学上常把二者放在一起，以公序良俗相称。因此，不应过分强调这两个概念之间的具体差异，而是将其视为等同概念，因此，二者的指代或者意义是相同的。

（二）法律效果

民法规范并未规定主体的行为必须符合公序良俗的要求，而是要求在法律交往过程中不得违反。换言之，善良风俗并不强制民事主体在民事活动中积极地实现特定的道德要求，它只是消极地设定了其进行民事活动不得逾越的道德底线。因此，善良风俗通常并不派生禁止当事人采用特定行为模式的禁止性规范，[3] 也不会派生要求必须采用特定行为模式的命令性规范。善良风俗适用的法效果表现为否定性评价，分为两个方面：其一是违背善良风俗会导致法律行为无效，其

---

[1] 王泽鉴：《民法总则》，北京大学出版社 2022 年重排版，第 294 页。
[2] 黄薇主编：《中华人民共和国民法典释义》（上），法律出版社 2020 年版，第 26 页。
[3] 王利明：《民法学》，中国人民大学出版社 2018 年版，第 31 页。

二是违背善良风俗可能会导致侵权，需要承担侵权责任。在司法判决将善良风俗作为支持某种行为的理由时，往往不具有实质性支撑意义，而仅仅发挥了辅助性甚至标签性的作用。

案例 51

王寅儿与冯磊民间借贷纠纷案。[①] 王某、冯某通过网络相识后次年正式确立恋爱关系，后双方终止恋爱关系。冯某曾写下欠条，内容为"今欠王某人民币玖拾万元整"。原审认为，民间借贷合同具有实践性特征，合同的成立不仅要有当事人的合意，还要有交付钱款的事实，而后者交付行为恰恰无法得到证明。故判决驳回王某的诉讼请求。二审法院认为，本案讼争与普通民间借贷案件具有差异性。双方存在四年的恋爱关系，期间有在宾馆借宿、租房同居、日常开支等其他消费，双方客观上经济收入差异悬殊，然又有经济混同的情况，若依普通民间借贷关系审查"借款"的交付，难能理清。另恋爱同居期间，冯某亦使王某不下一次的怀孕，给王某身心造成创伤。鉴于上述事实状况，冯某于恋爱同居期间或分手后所写借条，内容亦不违反社会善良风俗，该借条应视为其基于客观原因所作给予王某相应补偿的真实意思表示，且具有其合理性。

一二审的判决结果截然相反，涉及诸多问题。仅就善良风俗的应用而言，二审法院将其作为支持欠条有效性的依据之一，这种做法的正当性存疑。从法逻辑来看，法律行为符合善良风俗，并不意味着该行为必然有效，但如果违背了善良风俗，则该行为肯定无效——单一要件就可以否定，但如果要肯定，则需多个要件并存。而本案中，法官似乎是将善良风俗作为了认定法律行为真实有效的依据，这一做法值得商榷。此外，法官在适用时并未尝试界定其内涵，而是表明"于

[①] 参见上海市第一中级人民法院（2011）沪一中民一（民）终字第3143号民事判决书。

恋爱同居期间或分手后所写借条,内容亦不违反社会善良风俗"。该做法应当肯定。

我国司法实践中有大量的将善良风俗作为支持行为合法有效性的依据,惟其支持力比较有限。比如认定农村过节期间主人对宾客热忱相待、无偿帮工、好意同乘等行为均符合善良风俗,从而成为法院支持其判决的一个理由。实际上,在这些案件当中,"符合"善良风俗的认定不具有决定意义,充其量只是对法院裁判理由的一个补强,具有辅助性功能,法院的判决一定另有更加坚实的依据。就效果看,有的是将其作为支持某项请求的理由,有的是将其作为减轻或免除责任的理由。如在一案件中,法院认为,帮工的主要特征是为他人无偿提供劳务,是出于中华民族的善良风俗习惯或者亲朋好友的情分提供帮忙,其所提供的劳务与其本人无经济上的利害关系,因此在帮工过程中遭受的损失应当由被帮工人承担赔偿责任。[①]显然是将符合善良风俗作为支持损害赔偿的理由。其实,原本无需引入善良风俗,根据帮工的相关法律规则,就可以解决这一问题。在其他类似案件中,法院的见解完全相同,只是作为责任减轻的理由,[②]或责任免除的理由。[③]

---

① 参见上海市浦东新区人民法院(2010)浦民一(民)初字第28751号民事判决书。在另一起案件中,法院同样将义务帮工认定为符合善良风俗,只是作为免责事由。法院认为,本案事故发生时吕陆军未满18周岁。本案交通事故发生在吕陆军驾驶摩托车送来伟超回家的途中,双方之间形成义务帮工关系,根据交警的事故认定,吕陆军应负事故同等责任,其不慎导致来伟超受伤,基于善良风俗原则,应当免除其监护人的赔偿责任。参见河南省焦作市中级人民法院(2010)焦民一终字第451号民事判决书。
② 法院认为,因闫晶在本次交通事故中疲劳驾驶、操作不当等原因造成单方车祸,因此应当对郭朝波因车祸受伤的损失承担赔偿责任。因闫晶系无偿帮助郭朝波往家送物品返回途中发生单方车祸,本着善良风俗原则和本案实际情况,应相应减轻闫晶的赔偿责任。参见河南省三门峡市中级人民法院(2011)三民四终字第157号民事判决书。
③ 法院认为,根据本地农村过节的民间风俗,作为主人对前来的宾客不论是否相识,都予以热忱相待并以宴席迎客,这是本土民族热情好客及传统善良风俗的体现,本案中,宴请的主人在本村过节时按照民间风俗迎请宾客的行为并无过错,在对不特定的宾客宴请活动中,也未对麦祥现进行劝酒,宴请行为与麦祥现的损害后果无相应的因果关

关于好意同乘，在民法典正式确认相应规则之前，我国法院常借助于善良风俗，以达到责任减轻的目的。

案例 52

程秀芝、黄瑞莲、刘继荣与孔庆修道路交通事故人身损害赔偿纠纷上诉案。[①]黄汝强搭乘孔庆修的机动三轮车，孔庆修同意，属于机动车驾驶人同意他人无偿搭乘该车去某目的地的"好意同乘"。免费搭乘他人机动车辆的人受到伤害，是一种事务处理行为，而不属于合同行为。在"好意"者方面也未想与同乘者签订契约或者得有何种报酬，完全是在尽义务，而在"同乘者"方面亦未提到出现风险，或出现风险之后的民事责任承担问题，属于自己默示的风险承担，"好意同乘"的行为是事务行为或情谊行为，因此，车辆所有人对于事故的责任，根据"善良风俗"的原则应当进行限定，相应减少。

二、善良风俗的类型划分

善良风俗在进入法规范时，并未以指示性规定的面目出现，因此在利用类型化对善良风俗予以具体化时，也并不会直接采用正面划分的方式，而是对违背善良风俗的行为予以划分，进而从反面界定善良风俗这一不确定法律概念。[②]在德国法上，善良风俗条款主要借助司法判例的类型化而得到界定。这些案例类型主要包括：滥用权力或垄

系，毋须承担相应责任。参见广西壮族自治区富川瑶族自治县人民法院（2010）富民一初字第 67 号民事判决书。

① 参见河南省商丘市中级人民法院（2009）商民终字第 564 号民事判决书。

② 需要说明的是，"以反论正"是一种常见的解释方式。当从正面的解释非常困难，而相反，反面的界定相对容易时，通常采用的方式就是界定反面，然后推出正面的情况。比如善意的认定，从正面非常困难，何为"不知情"在证据上也有难度，所以通常的规则是先进行善意推定，然后认定是否存在"知道"或"有重大过错的不知道"，如果没有这两种情况，善意就是成立的。吴国喆：《善意认定的属性及反推技术》，《法学研究》2007 年第 4 期。

断地位、捆绑契约、危害债权与信用欺诈、法律行为工具化,尤其是个人领域的商业化应用(如卖淫、性交易),危害婚姻与家庭秩序、诱使违约(如以刺激出卖人违约为目的的二次买卖)、贿赂协议、公共职位、学位或贵族称号买卖、准暴利行为等。[1]王泽鉴根据中国台湾地区的司法实践及法学理论发展,就善良风俗进行了更加具有本土特色的分类,分别是:(1)"宪法"中基本权利的保护;(2)行为违反经济秩序;(3)契约上危险责任的合理分配;(4)家庭伦理;(5)婚姻制度的维护;(6)性之关系。梁慧星结合德、日及我国台湾地区有关著作中所介绍的判例,将可能被认定为违反公序良俗的行为划分为了十类。[2]

需要特别指出的是,从正面认定某行为符合善良风俗,与从反面认定相反的行为违背善良风俗,虽然表现形式不同,但就其指向的行为本质而言,则属完全一致。比如若认定"违背家庭伦理的行为不符合善良风俗",则可反推得出"不违背家庭伦理的行为符合善良风俗",因此,问题的本质为特定行为是否有助于维护家庭伦理,推动家庭和谐,是行为自身而不是法院的认定方式。因此在进行类型化时,并不特别聚焦法院的认定方式,而重点关注行为本质。将行为方式同一或类似的,归属于一个类型之下。

---

[1] 朱庆育:《民法总论》,北京大学出版社2016年版,第303页。
[2] 具体为:(1)危害国家公序的行为(如以从事犯罪或说明犯罪行为内容的合同、规避课税的合同等);(2)危害家庭关系的行为(如约定断绝亲子关系的合同、婚姻关系中的违约金条款等);(3)违反性道德的行为(如对婚外同居人所作出的赠与和遗赠等);(4)非法射幸合同(如赌博合同);(5)违反人格和人格尊严的行为(如以债务人的人身为抵押的合同条款);(6)限制经济自由的行为(如限制职业自由的条款);(7)违反公平竞争的行为(如拍卖或招标中的串通行为,以贿赂方法诱使对方的雇员或代理人与自己订立的合同等);(8)违反消费者保护的行为(如利用欺诈性的交易方法致使消费者重大损害等);(9)违反劳动者保护的行为(如规定"工伤概不负责"及女雇员一旦结婚立即辞退等);(10)暴利行为。梁慧星:《市场经济与公序良俗原则》,载梁慧星主编:《民商法论丛》(第1卷),法律出版社1994年版,第57—58页。

(一)违反宪法基本权利的行为

我国宪法规定的公民权利,通常又称为"基本权利"。基本权利是公民在政治、经济、社会和文化领域内所享有的各种权利的集合,是现代政治发展过程中对公民地位的权威阐述。但是宪法中关于基本权利保护的条款并不能直接在司法裁判中得到适用,而必须通过各部门法中的引致条款,将宪法条款内蕴价值反映到司法实践中,如民法中的"诚实信用""善良风俗"等。正如王泽鉴所言,公序良俗的规定旨在维护法律及伦理秩序,具有实践"宪法"基本权的重要功能,使"宪法"上的价值得间接地经由此项概括条款,进入私法领域。[①]

宪法中的基本权利,有很多属于私权性质,但是并没有转化为民事法律中的具体权利。如就业机会及其他方面的平等、人身自由、男女平等、劳动,休息及受到社会保障的权利、宗教信仰自由、通信自由与通信秘密、人格尊严、受教育的权利,职业自由等。被称为"中国宪法司法化第一案"的齐玉苓案,被告陈晓琪在庭审中辩称:受教育权不是民法通则明确规定的民事权利,据此作为赔偿的依据,没有法律根据。山东省高级人民法院最终认定,本案中的侵权行为从表面上看是侵犯原告的姓名权,而实质是侵犯其依照宪法规定所享有的公民受教育的基本权利。本案被告对其侵权行为所造成的严重后果,应当承担民事责任。对此,最高人民法院专门作出批复(〔2001〕25号):"当事人齐玉苓主张的受教育权,来源于我国宪法第46条第1款的规定。根据本案事实,陈晓琪等以侵犯姓名权的手段,侵犯了齐玉苓依据宪法规定所享有的受教育的基本权利,并造成了具体的损害后果,应承担相应的民事责任。"[②]

[①] 王泽鉴:《民法概要》(第二版),北京大学2011年版,第76页。
[②] 参见"齐玉苓诉陈晓琪等以侵犯姓名权的手段侵犯宪法保护的公民受教育的基本权利纠纷案",《最高人民法院公报》2001年第5期。

不论是山东省高级人民法院的判决，还是最高人民法院的批复，都没有对被告提出的为何以受教育权被侵犯为由判决承担民事责任，因为受教育权并不是一个民法中规定的权利这一问题予以回答。这里法院缺少了将宪法中的基本权利通过"善良风俗"这一不确定法律概念纳入民事权利保护的说理步骤。

(二) 危害家庭伦理行为

婚姻家庭关系是人们生活中面临的最复杂的关系之一。应当鼓励和支持有助于推动家庭或者夫妻关系纯正和谐、关系融洽、美满幸福的行为，而阻止产生相反效果的行为，对此法律难以做到事无巨细详细列举，往往借助于善良风俗来弹性化处理。凡是能够推动上述目标实现的行为，均为符合善良风俗，与之相反的行为，则会被认定为违背善良风俗，得不到法律的支持。典型者如重婚、婚外同居、虐待老人、遗弃子女等。有时夫妻双方为了维护婚姻关系的和谐稳定，作出某些违背善良风俗的协议，即便其动机并无错误，或约定本身并不违背道德，协议内容仍然会因此无效。德国一份判例显示，妻子因为害怕丈夫独自外出时对其有不忠行为，让丈夫作出承诺："今后不单独进行业务旅行或娱乐旅行。"单从动机出发，该约定并无不妥，且可能对婚姻家庭关系维护有利，但是德国法院认为该协议内容不当限制了丈夫的人身自由，违背了婚姻的道德，且有违善良风俗，遂裁定无效。法国学者认为类似配偶之间的"分居协议""幼儿赠与合同"等属于危害家庭关系的行为，其效力是无效的。[1] 梁慧星认为约定父母与子女别居的协议，约定断绝亲子关系的协议等，都属于危害家庭伦理关系的行为。[2]

---

[1] 于飞：《公序良俗原则研究——以基本原则的具体化为中心》，北京大学出版社2006年版，第121页。
[2] 同上书，第132页。

近年来在我国，类似"婚外恋协议"、不当赠与协议等有违婚姻家庭伦理道德的协议多次出现，各地法院在审理时，多以其违背善良风俗为由判定无效。比如在一案例中，法院认为，黄锐与袁文红之间的关系属于同居关系，黄锐在同居期间将其购买的房屋赠与袁文红的行为违反了公序良俗，依法也应认定赠与合同无效。[①] 有时，法院也会以行为违背善良风俗而认定侵权行为成立。[②] 还有一种特殊情形，子女要求母亲迁出共同居住的房屋。这会严重影响家庭和谐以及赡养义务的实现，故而得不到法院的支持。

案例 53

王某某与岳某某排除妨害纠纷案。[③] 非婚生子女与婚生子女享有同样的权益，在家庭生活中家庭成员之间应互爱互敬，相互帮助，共同营造和谐幸福的家庭生活氛围，这既是婚姻家庭生活中的法律要求，也是构建和谐社会的基本道德需要。原告早年将被告送养有其当时特殊环境及条件，现将被告接回，足以见证作为母亲的人伦道德之情。由于双方长期分离及各自的生活环境影响，难免在生活中产生分歧和矛盾，但只要双方冷静面对，理性思考生活中遇到的问题，用情

[①] 参见海南省三亚市中级人民法院(2008)三亚民一终字第 100 号民事判决书。
[②] 原告陈伟认为被告金映儿所生之子非其亲生，对其造成了精神上的损害，因此请求对方承担赔偿责任。法院认为，被告的行为违反了《婚姻法》第 4 条夫妻应当互相忠实的义务，同时违背了公序良俗原则。参见浙江省绍兴市中级人民法院在(2005)绍中民一初字第 76 号民事判决书。在另一案件中，法院表达了这样的观点：宗树春与黄某某不珍惜家庭，违反伦理道德和善良风俗，发生不正当男女关系，黄某某搬走后，双方本已分离，但双方再次相约被发现，导致黄某某与其丈夫李某某发生矛盾并离婚，二人的行为理应受到谴责。参见湖北省襄樊市襄阳区人民法院(2011)襄中民四终字第 44 号民事判决书。
[③] 参见甘肃省榆中县人民法院(2011)榆金民初字第 38 号民事判决书。还有一种情形，离婚后主张与前夫共同居住一屋，也被法院认定为违背善良风俗而不予支持。参见上海市第一中级人民法院(2011)沪一中民二(民)终字第 2738 号民事判决书。

感和关怀融化隔阂，双方就能够融洽地生活。尊老爱幼、赡养老人不仅是道德准则，更是法律义务，被告也应深刻思索，有则改之，无则加勉。原告主张让被告迁出房屋的诉讼请求，不符合民事活动应遵循的善良风俗原则，于法于理无据。

从正态面的角度看，法院往往将近亲属之间相互扶助的行为，认定为符合善良风俗。比如夫妻互助[①]、亲属间相互帮扶[②]，以及子女替父母支付医药费[③]等。

(三) 侵犯自然人基于身份而享有的涉祭奠及遗体骨灰等权益的行为

祭奠、遗体骨灰处理等涉及近亲属之间的情感以及尊严，对当事人影响重大。该利益产生的基础是身份权，其与传统的社会伦理道德秩序关系密切，将某些侵犯这类权益的行为视为违反善良风俗，可补法之不完备。

1. 留置尸体

案例 54

平顶山市第二人民医院与王留立侵权损害赔偿纠纷案。[④] 法院认

[①] 法院认为，夫妻有相互扶养的义务。原告在婚姻存续期间患上精神疾病，被告作为有扶养义务的配偶应帮助妻子治疗疾病，尽快恢复正常。原告在被告患病期间提出离婚，违背扶贫救弱的善良风俗，也不利于被告病情恢复，故原告的请求依法不予支持。参见河南省淅川县人民法院(2011)淅民一初字第 42 号民事判决书。

[②] 法院认为，严仁太与余忠前原系翁婿关系，余忠前 2005 年 6 月 9 日向严仁太出具的借条并未约定利息，故本案所涉借款实系亲属间具有帮扶性质的借款，有别于一般意义上的交易行为，并不影响社会交易秩序的稳定。而亲友间的相互帮扶则是中华民族的固有传统和善良风俗。参见浙江省衢州市中级人民法院(2010)浙衢商终字第 137 号民事判决书。

[③] 法院认为，被告称其将自己账户中的钱取出后用于为父亲治病，原告对此予以认可，双方亦都确认父亲治疗花费超过 30 万元，被告作为儿子，为父亲承担医疗费，符合传统善良风俗，故原告要求分割该款，不能得到支持。参见上海市浦东新区人民法院(2009)浦民一(民)初字第 28561 号民事判决书。

[④] 参见河南省高级人民法院(2011)豫法民申字第 00156 号民事判决书。

为：尸体保管虽然是有偿服务，但是尸体不同于一般法律意义上的物，不仅具有物的自然属性还具有一定的人身性、社会伦理属性，能够体现死者亲属的情感和精神慰藉，平顶山市第二人民医院以王留立未付清尸体保管费用、抢救费和医疗费为由留置尸体的做法违背了社会善良风俗，对王留立造成了精神损害，应当承担精神损害赔偿责任。

从正面的视角看，法院将安葬死者认定为符合善良风俗。"对于众原告主张的应对被继承人夫妇进行安葬的意愿，乃民间的善良风俗，被告也表示赞同。"[1]

2. 未经近亲属同意迁移遗骨

案例 55

梁洪文与李果红、李树宏等侵权赔偿纠纷上诉案。[2] 法院认为：上诉人未经被上诉人同意擅自迁移被上诉人母亲的遗骨，违背了民法的基本原则以及社会公共秩序和善良风俗，严重影响和伤害了被上诉人的身心健康，损害了被上诉人的合法权益，给被上诉人的身心造成一定的痛苦和创伤。现被上诉人请求上诉人支付重新安葬费合情合理，应当予以支持。

3. 擅自处分近亲属骨灰

案例 56

史甲与严某某、史丙、史丁一般人格权纠纷案。[3] 法院认为：公民合法的民事权利受法律保护。史甲擅自领取父亲史有田的骨灰并予以扣留的事实，经史甲自认和殡仪馆寄存记录可以认定，但史甲主张骨灰已被撒入江内的事实除史甲陈述外无其他证据可予证实。史甲擅自取走骨灰的行为侵犯了其他亲属对史有田的祭奠权利，也妨碍了

---

[1] 参见上海市徐汇区人民法院(2010)徐民一(民)初字第7214号民事判决书。
[2] 参见海南省海口市中级人民法院(2002)海中法民终字第63号民事判决书。
[3] 参见上海市第二中级人民法院(2010)沪二中民一(民)终字第971号民事判决书。

史有田正常的丧葬事务进程,史甲应及时予以更正。史甲以将史有田的骨灰撒入黄浦江为由拒绝出示史有田的骨灰,其行为严重违背了公序良俗,对其余亲属造成精神损害应承担赔偿责任。

与之相对应,法院认定由成年近亲属保管死者骨灰,符合善良风俗。①

4. 妨害对死者进行祭奠或者参加丧葬的行为

我国法院对自然人死亡后,亲朋参与料理后事、管理财产的行为,也都认定为符合善良风俗。特别是对于近亲属而言,更是如此。对此予以妨碍,则构成对善良风俗的违背。如在一案例中,法院认为,受害人去世后,其亲属为处理交通事故及丧葬事宜,必然造成一定的误工损失,亦符合我国的善良风俗,原审法院根据案情酌定家属误工费于法不悖,数额适当,应予维持。②

案例 57

高秀清与重庆教育学院其他人格利益赔偿纠纷上诉案。③ 法院认为:朱子鸿跳楼死亡后,重庆教育学院未通知其母高秀清及其他近亲属,于次日将朱子鸿的遗体火化,使高秀清作为母亲未能在儿子死亡后的第一时间得知此消息,丧失了进行遗体告别的权利,这对死者近

---

① 法院认为,骨灰系自然人遗体、遗骨的转化物,由于近亲属与死者之间具有特殊亲属关系和情感,因此,只有近亲属才对死者的骨灰享有相应的权利。本案两原告分别是死者的母亲和儿子,均对死者的骨灰享有拥有权,这种权利是基于父母与子女之间的身份而产生的。关于被告所称其作为死者之女徐柠柠的母亲,可代徐柠柠保管死者骨灰的诉讼主张,法院认为,死者的骨灰是蕴含着亲属巨大精神利益的一种特殊物,案外人徐柠柠尚年幼,属于限制民事行为能力人,其年龄和智力状况尚不足以承担保管死者骨灰的责任,而被告并非死者的亲属,另一方面,两原告与死者之间具有最近的直系血缘关系,考虑到我国的传统道德观念和善良习俗,由两原告保管死者骨灰较为妥善,被告的诉讼主张不符合现实的伦理以及生活基础。参见上海市卢湾区人民法院(2007)卢民一(民)初字第 2261 号民事判决书。
② 参见上海市第二中级人民法院(2011)沪二中民一(民)终字第 515 号民事判决书。
③ 参见重庆市第五中级人民法院(2006)渝五中民终字第 225 号民事判决书。

亲属是有违伦常责任的。在我们国家，几千年形成的传统文化和善良风俗中，生者对亡者的悼念和缅怀是一种约定俗成的习惯，这种习惯应当受到人们的尊重。

案例 58

何双流、吴爱琴与何三流生命权、健康权、身体权纠纷案。[①] 法院认为：原告何双流与吴爱琴系夫妻，与被告何三流系兄弟。2009年1月26日二人之母去世，后执事人到原告家中协商让被告参与其母丧葬事宜，遭吴爱琴拒绝。1月29日出殡途中，被告带人至原告家中，双方发生纠纷，并将吴爱琴打伤。法院认为，何三流带人致伤吴爱琴，应承担损害赔偿责任。但由于吴爱琴的拒绝，被告未能参与其母的丧葬事宜，有违农村社会的善良风俗，吴爱琴对此具有过错，应适当减轻被告的赔偿责任。

5. 干扰有关管理墓地的行为

坟地是后辈祭祀先祖、寄托哀思的重要场所。保护自己家族的坟墓和尊重他人的祖坟是民间善良风俗的基本要求。此外，对墓地进行适当维护，立碑纪念，同样与我国的基本道德观念及善良风俗相一致。

案例 59

曹金斗、曹当子与张留帅、张留峰侵权损害赔偿纠纷上诉案。[②] 被告父亲去世后，被告将其葬于曹家祖坟的东南方向，与曹家祖坟距离较近，对曹家祭祖敬祖有一定影响，对其感情造成了一定的伤害，

[①] 参见河南省汝阳县人民法院(2009)汝蔡民初字第34号民事判决书。
[②] 参见河南省三门峡市中级人民法院(2010)三民终字第99号民事判决书。还有一个类似案件，法院认为，墓穴系存放象征使用人人格利益遗物的构筑物。墓穴购销合同系存放象征使用人人格利益遗物的构筑物使用权转让合同。购墓、立碑作为中华民族的善良风俗，应当得到尊重。根据有关规定，墓穴使用人确定后，除非其本人或全体继承人同意，不得随意变更。参见上海市徐汇区人民法院(2009)徐民一(民)初字第4748号民事判决书。

因此，原告要求被告赔偿其精神损失费的诉讼请求应予支持。因被告已将其父下葬，且原告也未向法庭提供有力的证据证明被告父亲的坟墓与其祖坟重叠，现原告要求被告将其父从其坟地迁出，恢复曹氏祖坟原状的诉讼请求，有悖民间死者"入土为安"的善良风俗，不予支持。

案例 60

石某连与石某荷侵权纠纷案。① 根据民法典第 990 条的规定，除法律规定的具体人格权外，自然人还享有基于人身自由、人格尊严产生的其他权益。逝者墓碑上镌刻亲人的名字是中国传统文化中后人对亲人追思情感的体现，对后人有着重大的精神寄托。养子女在过世父母墓碑上镌刻自己的姓名，符合公序良俗和传统习惯，且以此彰显与逝者的特殊身份关系，获得名誉、声望等社会评价，故墓碑刻名关系到子女的人格尊严，相应权益应受法律保护。原有墓碑上镌刻有养女石某连的姓名，石某荷在重新立碑时故意遗漏石某连的刻名，侵害了其人格权益，应承担民事责任。

（四）欺诈行为

法释〔2022〕第 6 号最高人民法院关于民法典总则编的司法解释第 21 条规定，一方当事人故意告知虚假情况，或者负有告知义务的人故意隐瞒真实情况，致使当事人基于错误认识作出意思表示的，可以认定为欺诈行为。欺诈可分为作为和不作为两种。作为的欺诈并不难认定，比较难认定的是不作为的欺诈，即不告知应该告知的真实情况。最为困难的是当事人是否有告知义务的判断：究竟是当事人应当主动告知信息，还是由另一方当事人自己通过尽职调查来获取？对

---

① 2022 年 4 月 11 日，在民法典施行两周年之际，为彰显人民法院人格权司法保护显著成果，指导全国法院正确适用民法典人格权法律制度，树立行为规则，明确裁判规则，最高人民法院民一庭评选出九个人格权司法保护典型民事案例。"养女墓碑刻名维权案"便是其中之一。

此争议,法院常借助于公序良俗来判断。

案例 61

黄某某与杜某某房屋买卖合同纠纷案。[①]法院认为:一氧化碳中毒死亡系意外事件,并非凶杀、自杀等非正常死亡事件,与风俗中所谓"凶宅"之说不尽一致,故原告诉称相悖于公序良俗的主张,既缺乏法律依据,也与善良的社会风俗习惯相背离,不应得到提倡。

"凶宅"这一事实并不会对房屋本身的物质性价值造成影响,但是考虑到我国传统观念对"凶宅"有忌讳心理,所以房屋的价格会受到较大影响,同时也会影响对房屋的使用感受。即"凶宅"的事实对当事人决定是否购买有重大影响。因此卖方应当将该事实告知买方,如果隐瞒,则会构成对善良风俗的违反。

(五)违反风俗习惯的侵权行为

许多国家都承认习惯的法源地位,我国也不例外,民法典明确规定处理民事纠纷时,法律没有明定时可以适用习惯。在现实生活中,习惯对于处理民事争议具有重要作用,而习惯的规范效力部分是通过"公序良俗"在司法实践当中实现的。在法院通过公序良俗引入习惯进行裁判时,重要的一步是认定哪些习惯符合公序良俗。

案例 62

郝山林与郝运兴相邻关系、侵权纠纷案。[②]郝运兴所建北房西山墙屋檐大部分在郝山林房屋上方,在农村习俗中确有不吉利之说,影

[①] 参见上海市普陀区人民法院(2013)普民四(民)初字第 603 号民事判决书。还有一个近乎相同的案件,法院认为,"凶宅"虽不构成人们对房屋本身进行物质性使用的障碍,但会影响使用人的心理,客观上会降低房屋对使用人的效用。刘先生既然知晓涉案房屋为"凶宅",就应在出卖前告知上诉人,但其却加以隐瞒,明显违背了公序良俗的规定。郑法:《公序良俗了断出售"凶宅"案》,《民主与法制》2009 年第 9 期。
[②] 参见河南省南乐县法院(2009)南民初字第 517 号民事判决书;参见河南省濮阳市中级人民法院(2010)濮中法民一终字第 137 号民事判决书。

响了邻居间的和谐相处，且该屋檐不是建房必须设有的部分，建成后也完全可以改造。郝运兴新建北房西山墙上向西突出屋檐所在郝山林房屋上方部分，构成了对郝山林财产的妨碍，属侵权行为，应予排除。

从该案中不难发现，法官将当地的风俗习惯纳入"善良风俗"予以保护，并根据当事人之行为是否违背该习俗，作为判断侵权责任成立与否的条件之一。此外，司法实践还认定一种情形，即在他人祝寿摆宴时，向客人经过的道路泼洒大粪，构成对善良风俗的违背。虽然法院未提及违背风俗习惯，但这一点非常明显。[1]

（六）不正当限制他人自由的行为

个人自由包括人身自由和经济自由。学者将不当限制他人自由的行为，视为违反公序良俗的一个重要类型。如法国案例"空中小姐须为未婚的合同条款无效"，德国案例"酒店老板与啤酒坊签订只能从该啤酒坊进货的合同无效"，中国台湾地区"终身不准任意退伙的合伙契约无效""以土地永久不转让为条件而受赠与的契约无效"。[2] 我国司法实践中也有类似的案例。

案例 63

北京中科大洋科技发展股份有限公司与陈晋苏、成都索贝数码科技股份有限公司不正当竞争纠纷案。[3] 我国合同法并未将竞业禁止条款中没有约定合理经济补偿金的情形明确规定为无效。考察有关需要约定合理的经济补偿规定的本意，在于作为对劳动者劳动权受到限制的补偿，应从该条款是否违反公共政策、公序良俗或有违宪法上的

---

[1] 参见湖南省邵阳市中级人民法院（2010）邵中民一终字第189号民事判决书。
[2] 于飞：《公序良俗原则研究——以基本原则的具体化为中心》，北京大学出版社2006年版，第123—129页。
[3] 参见北京市海淀区人民法院（2005）海民初字第5106号民事判决书。

生存权、劳动权之保障来判断协议的效力，以被竞业者的生活水平不因被竞业而受到影响为标准，而不应单纯以约定经济补偿与否作为合同是否有效的要件。

我国劳动合同法的颁布弥补了劳动法的一些疏漏，但是有些规定仍然不完备。竞业限制条款即为一例，有关该条款效力的认定规则并不明晰，因此需要借助善良风俗加以补充。此外还有其它的不当限制自由的行为，也需要借由善良风俗来调整。

案例 64

张文峰与张文生合同纠纷案。[1] 法院认为：原告与被告以欠条形式达成的协议，从其内容看，确定一方以支付金钱换取另一方不参加投标菜场摊位，损害市场管理部门的利益，扰乱了公平竞争的市场秩序。而一方禁止另一方从事经营活动，限制了他人的职业自由。双方约定被告不干扰原告，使其能够顺利做生意，是涉及行为的约束，不能成为合同的标的，该条款不具备约束力。综上，该欠条上的协议是无效的。

还有一种情形，当事人之间以放弃治疗、放弃鉴定为条件，达成赔偿协议，其实是利用经济手段迫使一方放弃其核心利益，对其自由影响甚巨。[2]

（七）有损社会公共利益的行为

比如明知行为人赌博而予以借款，申请具有不良影响的商标注册等。

---

[1] 参见浙江省舟山市定海区人民法院(2010)舟定商初字第171号民事判决书。在另一案件中，法院认为，中旺公司在保证书第6条中以约定的方式限制原告诉讼权利，违反了现行宪法法律关于保护当事人诉权的强制性规定，与公序良俗相背离，损害了原告的合法权益，应为无效。参见北京市房山区人民法院(2009)房民初字第0509号民事判决书。

[2] 参见河南省平顶山市中级人民法院(2010)平民三终字第351号民事判决书。

案例 65

王甲与赵某某民间借贷纠纷案。①合法的借贷关系应受法律保护，原被告之间的借贷事实清楚，有被告出具的借条为证，被告应当按照约定的期限及时归还借款本金。现到期未还，应承担相应的法律责任。……对被告所辩称的借款时已扣除部分利息以及原告明知被告借高利贷用于赌博等事实，②原告予以否认，被告也未提供相关有效证据予以证明，故法院不予采信。

法院以证据不足为由否定了被告的主张，并没有就明知赌博仍然借款的行为进行定性。但是从判决内容不难推出，若被告主张成立，那么法院会对此进行定性，且有很大可能会支持被告的主张，即原告明知赌博仍然借款，是违反善良风俗的。

案例 66

陈东州与国家工商行政管理总局商标评审委员会商标驳回复审行政纠纷上诉案。③法院认为：《商标法》第 10 条第 1 款第（八）项规定，有害于社会主义道德风尚或者有其他不良影响的标志，不得作为商标使用。判断某一标志作为商标使用是否有害于社会主义道德风尚或者有其他不良影响，并不能局限于相关公众对该标志的直观判断和第一印象，如果该标志能够使相关公众产生相关联想，而该联想与社会主义道德风尚相背离或者有可能产生其他方面的不良影响，也应当予以认定。本案中，申请商标由汉字"夜夜春"构成，而"春"字除指代特定季节、比喻生机活力外，还有指代男女情欲的常见含义，其与"夜"字或"夜夜"两字连用时，容易使相关公众产生相关联想，从

---

① 参见浙江省天台县人民法院（2011）台天商初字第 18 号民事判决书。
② 被告的主张是，原告在赌场且明知被告借款用于赌博的情况下，还放高利借款给被告，原告的行为违反了法律规定及善良风俗，请求法院驳回原告的诉讼请求。
③ 参见北京市高级人民法院（2011）高行终字第 924 号民事判决书。

而与相关文化传统和道德习俗产生冲突，引起消极和负面的影响。故申请商标指定使用在药酒等商品上有悖善良风俗。

上述对善良风俗的类型化，只是一个非常初步的结论，有待于司法实践的检验，也会借助于司法实践的案例不断完善。

附录：案例清单

案例 1 蒋伦芳与张学英遗嘱继承纠纷案

案例 2 江秋莲诉刘暖曦生命权、身体权、健康权纠纷案

案例 3 谢文萍诉杭州肯德基有限公司产品责任侵权案

案例 4 李丽云事件

案例 5 陈某与上海利亚因私出入境服务有限公司服务合同纠纷案

案例 6 霍家军与林校根民间借贷纠纷案

案例 7 李宏晨与北京北极冰科技发展有限公司娱乐服务合同纠纷案

案例 8 潘某与张某、毛某义务帮工人受害责任纠纷上诉案

案例 9 上海腾方贸易有限公司与五矿钢铁上海有限公司买卖合同纠纷案

案例 10 中学生学习报社有限公司与中报报刊图书发行（郑州）有限公司合同纠纷案

案例 11 潘新凤与冯桂珍民间借贷纠纷上诉案

案例 12 林振国、朱爱华与金德星精神损害赔偿纠纷上诉案

案例 13 上海某家具有限公司与章某某房屋租赁合同纠纷案

案例 14 永丰县石马镇店下村民委员会与吴香英、郑乃进房屋租赁合同纠纷案

案例 15 天下公与苏州莫泰合同纠纷案

案例 16 薛燕戈诉张男冒名发送电子邮件侵权案

案例 17 徐某与某房产公司房屋租赁合同纠纷案

案例 18 筑博公司与王淑静房屋侵权纠纷案

案例 19 张文杰与张翠兰租赁纠纷上诉案

案例 20 上海赛埃世机械科技发展有限公司与上海佳量模具有限公司承揽合同纠纷案

案例 21 王某耘与牛某录健康权纠纷上诉案

案例 22 刘桂清与株洲瑞丰渣土工程有限公司财产损害赔偿纠纷案

案例 23 楼某某与宋某某民间借贷纠纷案

案例 24 阮杏娟与许秀娣等民间借贷纠纷案

案例 25 黄洪与益阳维克仓储房地产开发有限公司房屋租赁合同纠纷上诉案

案例 26 张巨澜与张健承揽合同纠纷案

案例 27 南通开发区国际贸易有限公司与航运佳国际货运（上海）有限公司海上货物运输合同纠纷案

案例 28 李帅帅与上海通用富士冷机有限公司等人身损害赔偿纠纷案

案例 29 广东安盾安检排爆装备有限公司与石河子市人民医院产品责任纠纷案

案例 30 杨泽松与重庆江津市供电有限责任公司人身损害赔偿纠纷案

案例 31 中国平安财保广州市花都支公司与叶华美机动车交通事故责任纠纷案

案例 32 王桂兴与于思饲养动物损害责任纠纷案

案例 33 陆某某与张秀玲、孙吉解、文平香侵害健康权等纠纷案

案例 34 李建青、宋宝宁与青海湟川中学人身损害赔偿纠纷案

案例 35 王学明等与安阳县跃进渠灌区管理局等生命权纠纷案

案例 36 王保富与三信律师事务所财产损害赔偿纠纷案

案例 37 付某与某电子公司劳动合同纠纷案

案例 38 北京金山安全软件有限公司与周鸿祎侵犯名誉权纠纷案

案例 39 方永平与上海鼎海鞋材有限公司提供劳务者受害责任纠纷案

案例 40 李家英与长阳县水产局损害赔偿案

案例 41 北京市东城区环境卫生服务中心三所与张占义违反安全保障义务责任纠纷案

案例 42 黄永超等与曾永荣等机动车交通事故责任纠纷案

案例 43 重庆市黔江区民族医院与重庆市黔江区永安建筑有限责任公司等财产损害赔偿纠纷案

案例 44 淄博万杰医院与中国银行股份有限公司淄博博山支行等借款担保合同纠纷管辖权异议案

案例 45 王海与华联商厦买卖合同纠纷案

案例 46 孙某与薛某人身损害赔偿纠纷案

案例 47 重庆雨田房地产开发有限公司与约克国际（北亚）有限公司买卖合同纠纷上诉案

案例 48 陶红泉与严某、某保险公司侵权纠纷案

案例 49 孙振祥与李晓红房屋租赁合同纠纷案

案例 50 中兴通讯（杭州）有限责任公司与王鹏劳动合同纠纷案

案例 51 王寅儿与冯磊民间借贷纠纷案

案例 52 程秀芝、黄瑞莲、刘继荣与孔庆修道路交通事故人身损害赔偿纠纷上诉案

案例 53 王某某与岳某某排除妨害纠纷案

案例 54 平顶山市第二人民医院与王留立侵权损害赔偿纠纷案

案例 55 梁洪文与李果红、李树宏等侵权赔偿纠纷上诉案

案例 56 史甲与严某某、史丙、史丁一般人格权纠纷案

案例 57 高秀清与重庆教育学院其他人格利益赔偿纠纷上诉案

案例 58 何双流、吴爱琴与何三流生命权、健康权、身体权纠纷案

案例 59 曹金斗、曹当子与张留帅、张留峰侵权损害赔偿纠纷上诉案

案例 60 石某连与石某荷侵权纠纷案

案例 61 黄某某与杜某某房屋买卖合同纠纷案

案例 62 郝山林与郝运兴相邻关系、侵权纠纷案

案例 63 北京中科大洋科技发展股份有限公司与陈晋苏、成都索贝数码科技股份有限公司不正当竞争纠纷案

案例 64 张文峰与张文生合同纠纷案

案例 65 王甲与赵某某民间借贷纠纷案

案例 66 陈东州与国家工商行政管理总局商标评审委员会商标驳回复审行政纠纷上诉案

代后记：怀念我的父亲

父亲离开我整整 24 年了。

那是 1998 年正月初四，那一年我即将硕士毕业。那一年他也仅仅年满 60 岁。

我时常想起父亲，刻骨铭心！有时候会在梦里，与他在一起，父亲的形象特别清晰，醒来时尽力回忆他说给我的话，但每次总是很模糊，似乎也没有过多的语言。我急忙又闭上眼睛，渴望着梦境延续，但结果往往是失望的，而我已是泪流满面。

父亲留给我一些永不磨灭的画面，永远定格在我的脑海中，历久弥新。

一

我每年过春节一定是要回老家的。那年我将完成硕士学业，毕业论文也已基本完成，因此特别高兴。大年初三的晚上，在送完先人之后（我们农村的习俗，大年三十家族人隆重迎接先人回家过年，初三晚上送先人返回），我们照例聚在爷爷（父亲排行老大，爷爷跟二爹一起生活）家，父亲等长辈们会在上房中聊天或者打牌（老家叫的 jing 牌，细长型，大约一百多张，规则很复杂，我也不知道具体的名字如何写），而我们亲堂兄弟等则会在侧房打扑克。那个时代比较流行的是"打六家"，六个人聚在炕上，一副扑克牌。大约晚上十二点左右，我听见父亲从上房出来,在院子里说,"我回去睡觉了,今晚不玩了!"心想父亲这几天一定也是累了,因为年龄较长的庄稼人过年的时候,也喜欢熬夜打牌,想必这几天一直没有好好休息。

第二天一早六点多,我回到家中。进上房后,因为没有开灯,模糊看见父亲斜躺在炕角,也没有盖被子,但有很大的鼾声。我心里嘀咕,昨晚不是回家睡觉了吗,怎么这么困呢?却没有多想,也没有多做什么,竟拿出自己的牙具去刷牙了!我一直抱怨自己,要是第一时间发现异常并急救,也许父亲还能救过来!

二哥也回来了,想必也是去别人家玩。他伸手拉了父亲一下,原本是想让父亲睡好的,却发现父亲的身体已经有些僵硬!啊,父亲这是怎么了?他赶紧去喊村上的一名医生(是我的堂叔,赤脚医生),我急忙去喊大哥。医生看了一下情况说,应该问题不大,缓一缓再说。我们陪在父亲身边,焦虑不安。大哥按着父亲手腕,说是脉搏越来越弱!赶紧又去叫医生,这次他说情况很严重,急忙打了一针什么药,我不太清楚。父亲喉咙像是被什么东西塞着,还打着呼噜,我尝试用嘴吸出,可没有任何效果!大约二十分钟左右,父亲慢慢停止了呼吸和心跳!这期间我们也讨论过赶紧送县城的医院,但确实是太快了,根本就没有时间!

医生说,已经不行了,赶紧准备后事吧!我的父亲就这样走了,没有留下一句话,也看不出有什么痛苦。一时间,全村很多人都涌入我家来帮忙,我痴呆呆的,怎么都不相信父亲已经离开了我们!

就是这么突然,这么毫无征兆。

在草堂里(老家在人去世后,将遗体停在上房里,地上铺上麦草,亲人们在麦草上或跪或坐守孝),我看着父亲静静地躺在那里,总是怀疑这一切都不是真的。说不准是睡着了,会忽然醒过来!可这样的事终究没有发生,我是真的失去我的父亲了!

我哭不出声来，但心如刀绞。

二

父亲兄弟姊妹七人，他是老大，也是受苦受累最多的一位。那时候家里很穷，父亲早早就成为了主要劳动力，下田劳作。父亲曾经说，他七八岁的时候就去犁地，由于个头太小，掌不住犁耙，爷爷曾打过他一鞭把，刚好打在"雀儿蛋"（即外踝）上，打裂了，一直就没有长好。我用手摸过，伤口很明显，一道口子清晰可见。分家单过之后，父亲仍然是我们家中的绝对劳动主力。我们家兄弟姊妹五人，父母全部供我们上学。大哥当年因为身体原因，高中毕业后到中学当了一名民办教师，其余四人都在学校上学。

20世纪80年代开始，虽然农村的经济条件有了一些好转，但总体说来大西北的黄土高原上只能靠天吃饭，日子紧紧巴巴。我们那里的农活很重，因为属于完全的山区，基本上没有机械，所有的劳动都是靠人力和畜力。我记得有很多次，庄里人都不止一次给父亲说，"你把娃留一个给你帮忙种地嘛，都去念书怎么行呢？"而我们农村的普遍做法是留一个儿子在家务农。每次父亲的回答都非常干脆，"娃喜欢念书，就让娃念，我苦一点没啥！"时至今日，父亲的这句话还不时在我的耳边响起。

父亲的记忆力超好，对于村上谁家土地的亩数、树木等细节，记得清清楚楚，也对数字非常敏感，心算快而准确。只可惜没有机会上学，所以他才对孩子们读书毫无保留地支持，以弥补自己的缺憾。

母亲曾给我说过，最苦的时候是六十年代。那时候刚从大家族中单出来，全家住在一个窑里，非常的困难。当年挨饿的时候，父亲差一点就饿死了！已经十几天没有下炕了，基本就没有食物，是她从农业社的地里偷了一些生胡麻，才得以把父亲从死亡线上拉回来。母亲还讲过一件事，让人唏嘘。大哥当年念高中时，学费是五毛钱，可家里就是拿不出，母亲从上庄借到下庄，全借遍了，就是没有借到！好在学校同意缓交，大哥才得以继续上学。

听母亲说，在农业社干活的时候，父亲是最卖力的一个，毫不吝惜自己的体力，因此被选为村队长，还参加过一次县里召开的"三干会"，算是父亲的一次"光辉经历"，还留下一张参会的照片，那是父亲留下的极少的照片之一。承包到户之后，尽管自己家的农活很重，但他总是帮助别人。有一次帮人摞麦子，还从麦垛上摔下来，腰都摔伤了。

就是在这样极其穷困的情境下，几乎是父亲一人支撑着这个大家庭，让我们几个孩子安心读书。尤其是重体力活，全部由父亲一肩扛起。

三

后来大哥转正了，我和二哥都考上了平凉师范学校，我还被保送上了大学，眼看着日子一天比一天好，可父亲的劳动强度却丝毫没有减少。

父亲是最传统的庄稼人，最忠实恪守古老的劳动规矩。那时候田里种庄稼用的肥料全是农家肥，基本操作是将村头的土拉回家中，跟农家肥混合，之后再将其拉到地里，俗称送粪。真正送粪的日子是在冬天，农活相对清闲一些的时候。因为那时候冬天经常下雪，为了防止太阳出来后雪消路滑，农人们总是早早起来，父亲往往会更早，有时甚至会是早晨四五点。寒假期间我们在家，因为需要借助于畜力才可以将一架子车的粪（多的成分是土，很重）拉到很陡的山地里，因此除了父亲掌着车把外，还得有一个人陪同，一方面是在返回的时候牵牲口，另一方面在路陡处帮忙推车。

我时常给父亲帮忙。上山的时候，架子车走得很慢，牲口也会很听话，我就会在后面推车。因为起得太早，有好几次我走着走着都睡着了！现在想起来，那时候真是的，为什么不单纯将粪送到地里，再跟地里的土混合，偏偏却要重复劳动而又这么费劲呢？可能就是观念吧。那时候庄里的人基本都是一样。我们送一次粪大致需要一个多小时，每天四趟，有时完工的时候，太阳才开始探头。

夏天收麦拉麦也让人记忆犹新。三伏天气非常炎热。中午两点多左右，父亲早早就上地了。可能是害怕我们受不了毒太阳，父亲走时从不叫我们一起。我们往往会到下午四点左右才出发，即便如此，也还是特别的热。那时收麦用的是镰刀，讲究天气越热，麦秆越脆越好收。可当我蹲到麦茬旁边时，一股热浪袭来，倏忽间一身的汗，加之毕竟干的活不多，手生疼生疼，那种感觉真是太可怕了。

往家拉麦也非常难。割好捆成捆的麦子需要拉回家里，那时用的都是架子车，为了减少次数，每次都尽量多拉一些。可到了中午的时候，由于体力不济，往往最后一趟就翻车了，只能全部拆下来重新装车。麦芒刺得脖子生疼，加上汗的浸润，疼痛更加厉害。看着散落的麦捆，真是欲哭无泪。每当这时，父亲总是说，"赶紧装啊，还愣着干什么？"并开始重新装车。

四

记得是小学四年级，不知什么原因，我的右腿膝盖突然肿胀疼痛，开始还能坚持去上学，后面根本就无法行走而卧床了。父亲决定将我送到县城的医院。那时候很少有班车，加之家庭经济紧张，父亲就用架子车拉着我,还有母亲,我们三个人一起出发去县城。从我的老家到县城大约90里路,我们早早就出发了。开始是很陡的山路,母亲帮着父亲推车,我一个人躺在车子里,到了下坡和公路上的时候,母亲也就一起坐到架子车上,由父亲一人拉着车走。

大约是到了中午,我迷迷糊糊睡着了,忽然醒过来睁开眼的时候,感觉天地白茫茫的一片。父亲伛偻着腰,靠着肩上的绳子用力拉着车子,两只手抓着车把,正走在毒花花的太阳底下,没有一点阴凉!虽然还没有到夏天,但天好出奇的热。我们早已走出了土路,而正走在柏油路上。正中午的柏油路似乎被晒化了,听得出来柏油粘着鞋底的声音。在柏油路上步行简直太慢了,感觉根本就没有动。那时汽车还很少,但不时有电蹦子(相当于加了动力系统的自行车,比摩托车小一些)从我们身边疾驰而过。父亲带着草帽,背上的衣衫早已被汗湿透。没有车辆通过的时候,我能清晰地听见父亲的脚步声。就这样,在太阳的暴晒下,父亲拉着我和母亲,一步一步走向县城。

多少年后,那一幕仍然那么的清晰,白茫茫没有一丝阴凉的世界里,父亲弯腰拉车的样子。

大约下午四五点左右,我们到了县城,并住上了院。一住就是两个多月。我的腿并没有明显地好转。在这期间,父亲还得返回家中种地,留母亲一人陪我。隔三差五他会来医院,带一些吃的,每次也都是步行。

返家之路同样十分的艰辛。刚好村里的拖拉机来县城办事,就顺便把我拉回去,架子车怎么处理的,我记不清了,似乎是绑在拖拉机后。我和父亲、母亲一起坐在拖拉机的拖斗里。开始一切还算顺利,谁料快到老家的时候,突然大雨倾盆而下,父亲用一个毛毡帮我遮雨,但仍然是浑身都湿透了。由于山路泥泞,拖拉机打滑根本爬不上山去,父亲就在拖拉机后奋力推着……

那时候我只看到了父亲的辛劳，可丝毫没有体会到父亲内心的焦虑和痛苦，他从来都不抱怨和叹气。后来有一次他给我说，"我那时真担心你会站不起来！"我开始对父亲的内心有了一些感觉，直到后来自己也做了父亲，才完全理解了父亲的焦虑。

多少年之后我一直在想，为什么这么多苦难都被父亲遭遇到了呢（我们弟兄三人少时都至少有一次大灾难，几乎都是父亲扛过来的。大哥小的时候和几个小朋友玩火枪伤了眼睛，是父亲一个人抱着跑到了医院）？难道就是上苍为了让我看到一个父亲的伟大吗？我想一定是这样的。

五

1997年暑假我回家的时候，母亲去了新疆，父亲在家干着农活。跟父亲聊天的时候，感觉他有些不开心。说身体远不如以前了，晚上也睡不好觉。我只是觉得他比以前消瘦了一些，腰也比先前更弯了，头发稀疏而花白。印象中的父亲一直比较强壮，怎么突然间显出老态来了？让我一直遗憾的是，那时候没有条件，也压根没有想到领父亲去看看病！

那天下午雨后，我准备返回学校。离开家的时候，父亲一直跟着我，从家里一直到半山坡，我好几次劝他回去，他就是不回，感觉要给我说些什么，又始终没有开口。我自己出门在外学习这么多年，印象中父亲从来还没有这么远送过。当我快爬到半山坡时，回头一看，父亲仍然在庄头的地边徘徊。想到父亲这般年纪，还要下这么大的苦，还时常一人在家，我就禁不住潸然泪下。是父亲有一丝预感吗？他是想跟儿子多待一会儿吧，我想很可能是的。

当父亲历尽了世间最苦最累的活，而我们家的日子开始好转的时候，他没有享到一点儿清闲和幸福，就这么突然地走了，甚至连原因都不清楚！哪怕是卧床几年，儿女们伺候尽尽孝也好！哪怕是领着他去兰州或者无论什么地方转一圈看一看也好，可惜都没有机会了！

　　在我修改这篇稿子的时候，刚好是一年一度的父亲节，看到很多人都在朋友圈晒自己的父亲，或怀念自己的父亲，一时间，我泪眼婆娑，我是多么思念我的父亲，多么渴望能够得到父亲的一个拥抱！

　　好在母亲还健在，身体还算健康。我总在想，一定要将亏欠父亲的补偿给母亲，让她平安、快乐！

　　但愿我的父亲在那边一切安好！应该也早已投胎转世了吧？我想是肯定的。

吴国喆

2022 年 6 月 8 日完稿

2022 年 6 月 19 日修改定稿

于西安交通大学